bōhlauWien

Wolfgang Schmale

Geschichte Europas

Böhlau Verlag Wien · Köln · Weimar

Gedruckt mit Unterstützung durch
das Bundesministerium für Bildung, Wissenschaft und Kultur in Wien

Umschlagabbildungen: Jüdische Studierende in Straßburg, Foto AFP (Standard 26.–27. Februar 2000).
Peter Paul Rubens, Die Vier Weltteile (um 1615). Kunsthistorisches Museum, Wien.

Vor- und Nachsatz: Aus: Michael Eytzinger, De Europae virginis ..., Köln 1588. – Europa prima
pars terrae in forma virginis, Heinrich Bünting. Itinerarium sacrae scripturae, Magdeburg 1589.
Bildarchiv der Österreichischen Nationalbibliothek.

ISBN 3-205-99257-1

Gedruckt auf umweltfreundlichem, chlor- und säurefreiem Papier.

Druck: Imprint, Ljubljana

für Katrin

Inhalt

Kapitel 10

Europa kulturell integrieren: Geschichte der kulturellen
Integration seit dem Zweiten Weltkrieg 251

1. Kapitel

Europa definieren:
Was heißt „Geschichte Europas"?

1.1 „Did Europe exist before 1453?"

Peter Burke, einer der bekanntesten Kulturhistoriker unserer Zeit, überschrieb einen 1980 veröffentlichten Aufsatz mit der Frage „Did Europe exist before 1700?" Burke untersuchte anhand gedruckter Quellen, wie häufig bzw. wie selten „Europa" als Begriff Verwendung fand. Erst im 18. Jh. gehörte „Europa" zum allgemeinen gesellschaftlichen Wortschatz, nicht nur zum Wortschatz und Sprachgebrauch der literaten Bevölkerung. Dieser Befund verweist auf einen allmählichen Bewußtseinswandel und deutet an, daß mit „Europa" als allgemeiner Bewußtseinsgröße erst im 18. Jh. zu rech-

Aber jetzt, da die Stadt Konstantinopel in die Hände der Feinde geraten ist, da so viel Christenblut floß und so viele Menschen in die Sklaverei getrieben wurden, ist der katholische Glaube auf beklagenswerte Weise verletzt worden (…). Wenn wir die Wahrheit gestehen wollen, hat die Christenheit seit vielen Jahrhunderten keine größere Schmach erlebt als jetzt. Denn in früheren Zeiten sind wir nur in Asien und Afrika, also in fremden Ländern geschlagen worden, jetzt aber wurden wir in Europa, also in unserem Vaterland, in unserem eigenen Haus, an unserem eigenen Wohnsitz, aufs schwerste getroffen.

Enea Silvio Piccolomini
1454 auf dem Reichstag zu Frankfurt

nen ist. Auf der anderen Seite steht der Befund, daß sich in den Zirkeln der Gelehrten und genereller der literaten Bevölkerung der Begriff „Europa" seit der zweiten Hälfte des 15. Jh.s im Kontext der Türkenbedrohung häufte. Es mangelte nicht an Alarmrufen wie jenem des kaiserlichen Kommissars Enea Silvio Piccolomini (1405–1464) von 1454. Seit dem frühen 16. Jh. wurde eine neue Europaikonographie entwickelt, die sich der weiblichen Form bediente und weit über den tradierten Mythos von der Europa und dem Stier hinausging. „Europa" wurde im Zuge eines breit angelegten visuellen und textuellen Diskurses neu imaginiert, „Europa" wurde diskursiv konstituiert. So könnte man in Anbetracht der katalytischen Wirkung der Rezeption der Eroberung Konstantinopels durch die Osmanen 1453 und unter Abwandlung des Burke'schen Titels fragen: „Did Europe exist before 1453?"

Die Antwort hängt vom Standpunkt und von der Zielsetzung ab. Viele Überblickswerke zur europäischen Geschichte gehen von einer geographisch-politischen Definition Europas aus, in der Regel von der heute üblichen. Bezüglich des Ostens handelt es sich eher um eine geographische Definition mit dem Ural, dem

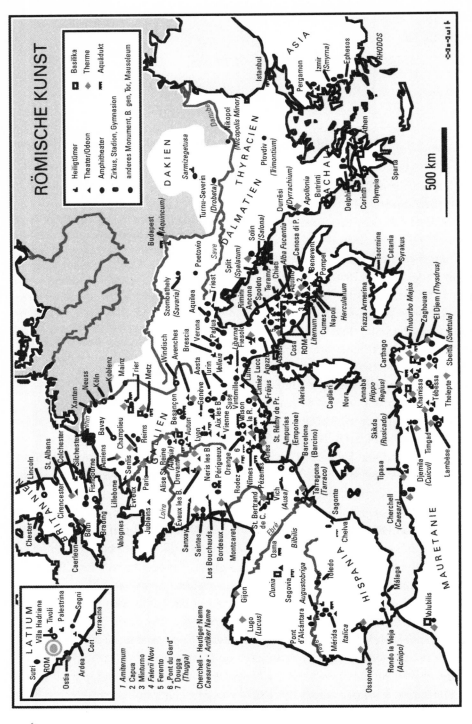

1.1 Ausbreitung der römischen Kunst in Europa.

Schwarzen Meer und dem Bosporus als „Grenze" des Kontinents, bezüglich des Westens handelt es sich eher um politische oder historisch-politische Definitionen, da beispielsweise die Azoren aus historischen und politischen Gründen zu Europa gerechnet werden. Wie auch immer die Begrenzungen im einzelnen dann angegeben werden, europäische Geschichte entspricht bei diesem Verfahren der Addition oder auch Summe der Geschichten, die sich in den letzten drei- oder viertausend Jahren in dem gemeinten Raum zugetragen haben. Die Gefahr dabei besteht darin, daß vieles addiert wird, was sich nicht ohne weiteres addieren läßt, und – das betrifft vor allem die Geschichte im Zeitalter der Nationsbildung und der Nationen – daß europäische Geschichte mit der Aneinanderreihung nationaler Geschichten verwechselt wird. Bei diesem Verfahren nimmt die Frage der Vernetzung der Menschen untereinander, die zu einer bestimmten Zeit in diesem Raum lebten, die Frage nach dem voneinander Wissen keine zentrale Stelle ein. Es läßt sich die Gegenfrage stellen: Ist es sinnvoll, von europäischer Geschichte zu sprechen, wenn die Menschen noch gar kein Bewußtsein davon hatten, in einem Kontinent *zusammen*zuleben? *Zusammen* soll lediglich folgendes meinen: voneinander wissen, kommunizieren, rudimentäre Vernetzungen ausbilden.

Seit dem Zweiten Weltkrieg ist die Geschichtswissenschaft im Zuge neuer Konzepte und Methoden vermehrt den Weg gegangen, nach gemeinsamen Strukturelementen, man könnte auf Europa bezogen sagen: nach universaleuropäischen bzw. nach teileuropäischen Strukturelementen zu suchen. Mit diesem Ansatz läßt sich die Rede von den griechisch-römischen Wurzeln, den jüdischen und christlichen usf. verbinden, obwohl damit zunächst nur teileuropäische Strukturelemente bewiesen werden. Die griechische und römische Kultur erreichten die nördlichsten Teile Europas nicht in der Antike (Abb. 1.1), sondern erst im Zuge des bürgerlich-humanistischen Bildungskanons des 19. Jh.s! Es dauerte mehr als ein Jahrtausend nach Christi Geburt, bis der Kontinent einigermaßen christianisiert war, und außerdem unterschied sich die Christianisierung im Westen enorm von der im Osten (Abb. 1.2). Der allgemein gehaltene Hinweis auf „die" christlichen Wurzeln Europas ist in seiner Allgemeinheit sehr fragwürdig. Über die Feststellung gemeinsamer Strukturelemente konstituiert die Geschichtswissenschaft europäische Geschichte – auch dann, wenn es um Zeiten geht, in denen die Menschen kein Bewußtsein von Europa besaßen. Für uns heute ist es dann trotzdem Europa, weil uns diese gemeinsamen Strukturelemente bedeutsam sind. Sie verschaffen den heutigen Europäerinnen und Europäern eine mehr oder weniger weit zurückreichende historische Identität, die in gewisser Weise Finnen und Spanier einander näherbringt, obwohl die *gemeinsam erlebte* Geschichte vielleicht erst einige Jahrzehnte ausmacht.

In diesem Buch soll ein dritter, ein kulturgeschichtlicher Weg beschritten werden. Der zentrale Punkt, von dem aus diese Geschichte Europas geschrieben ist, besteht

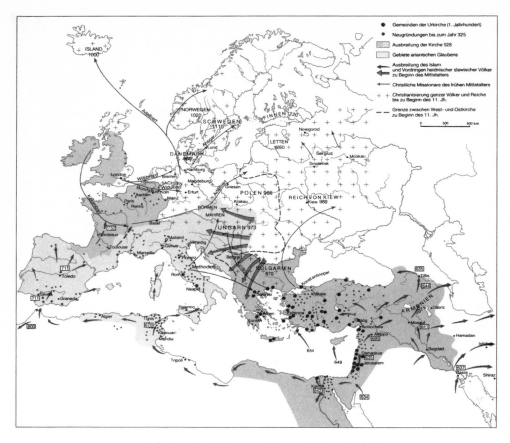

1.2 Ausbreitung des Christentums bis ins 11. Jahrhundert n. Chr.

darin, die Geschichte *Europas* an dem festzumachen, was Menschen in der Antike, im
Mittelalter und in der Neuzeit als *Europa* bezeichnet, als *Europa* wahrgenommen
haben. *Europa* ist da, wo Menschen von *Europa* reden und schreiben, wo Menschen
Europa malen oder in Stein meißeln, oder anders ausgedrückt, wo Menschen *Europa*
imaginieren und visualisieren, wo Menschen in Verbindung mit dem Namen und
dem Begriff *Europa* Sinn und Bedeutung konstituieren. Es ist wichtig, sich zu verdeutlichen, daß *Europa* keine Gegenständlichkeit besitzt wie ein Tisch oder ein Haus.
Das, was im Lauf der Jahrtausende mit dem Namen *Europa* belegt worden ist, ist nie
dasselbe geblieben. Dieses „etwas" hat sich im Blick der Menschen immer wieder verändert, verschoben, vergrößert, verkleinert, geteilt. Die zugemessenen Bedeutungen
haben sich immer wieder geändert. *Europa* ist nur dann mit einem Gegenstand, dessen äußere Konturen feststehen, vergleichbar, wenn eine geographische Definition
absolut gesetzt wird. Geographische Definitionen hängen aber auch vom Blick der

Menschen in ihrer je eigenen Zeit ab, sie sind nicht unveränderlich, im Gegenteil. Das zeigt die Geschichte der Geographie.

Im ersten Augenblick mag es ungewohnt sein, sich von der gegenständlichen Definition Europas einmal abzuwenden und statt dessen zu schauen, was passiert, wenn man *Europa* als das Ergebnis von Diskursen und performativen Akten interpretiert. Aber wer sich auf dieses Experiment einläßt, wird sehen, daß es sehr spannend ist. Der erste Begleiter durch die Zeitreise wird Herodot sein, am Schluß heißt es in die relative Anonymität Zigtausender Menschen einzutauchen, die sich an Wettbewerben zur Findung einer Europaflagge oder der Gestaltung der EURO-Banknoten beteiligt haben. Diese „Geschichte Europas" ist in erster Linie aus der Perspektive performativer Akte und der diskursiven Konstitution Europas verfaßt, was abstrakt klingt, aber sehr nahe an den Menschen ist: an Herodot und an den vielen anderen, auch den vielen anonym Gebliebenen, die dennoch an der diskursiven Konstitution Europas mitgewirkt haben.

Das Verfahren bedeutet nicht, den Boden unter den Füßen zu verlieren, denn – und damit wird wieder die Zeit um 1453 berührt – vor allem seit der zweiten Hälfte des 15. Jh.s bildeten sich nacheinander bestimmte, recht fest gefügte Vorstellungen von Europa aus, die den damaligen Zeitgenossen, aber auch uns heute den Eindruck vermitteln, als handele es sich bei *Europa* um eine feste Größe, als sei *Europa* recht einfach als etwas ganz Bestimmtes zu definieren. Die performativen Akte und Diskurse führten zu Sedimentierungen, die *Europa* als diese feste Größe erscheinen ließen und erscheinen lassen. In der Frühen Neuzeit handelte es sich dabei um die *weibliche Form*, die Europa in Gestalt der Europaallegorie und anderer weiblicher Europafiguren gegeben wurde. Seit der Aufklärung bis in die heutige Zeit hinein handelt es sich bei diesen Sedimentierungen um die Vorstellung Europas als *Kultur*, als *europäische Kultur*, seit dem Zweiten Weltkrieg wird *Europa* vermehrt als *Identität* dargestellt.

Im Vordergrund dieser Geschichte Europas stehen also zunächst:

- performative Akte und diskursive Konstitutionen Europas im Lauf der Geschichte (z. B. Kap. 2, 3, 4, 5, 6, 9.2, 10.1 bis 10.4)

- Sedimentierungen (weibliche Form; Kultur; Identität; z. B. Kap. 4, 6, 7, 8, 10)

- universal- bzw. teileuropäische Strukturelemente (z. B. 7, 8, 9, 10).

Natürlich spielt für uns heute die Frage nach geschichtlichen Integrationsprozessen in Europa, nach der Ausbildung von Systemen, auf denen die heutige Integration möglicherweise aufruht, eine ganz zentrale Rolle, unabhängig davon, ob sich frühere Generationen diese Fragen auch gestellt haben, ob für sie solche Fragen relevant waren. Geschichtliche Integrationsprozesse führten in Europa zur Ausbildung universal- oder teileuropäischer Strukturelemente. Die Perspektiven der einzelnen Kapitel folgen also einerseits der Perspektive, die namentlich benannte oder im einzelnen nicht zu benennende Menschen und Gruppen in einer bestimmten Zeit besaßen, und andererseits der wissenschaftlich-strukturellen Perspektive, die dadurch charakterisiert ist, daß sie über die epochenspezifischen, zumeist engeren Perspektiven der Menschen hinausgeht. Dabei können sich unterschiedliche Schwerpunktsetzungen ergeben. Bezüglich der diskursiven Konstitutionen Europas lassen sich oft bestimmte Zentren feststellen. So im 16. und frühen 17. Jh. das Heilige Römische Reich deutscher Nation, im 19. und 20. Jh. Frankreich; in den nächsten Jahrzehnten werden es wahrscheinlich die mittelosteuropäischen Länder von Polen bis Slowenien sein. Der Osten Europas wurde in seiner Bezüglichkeit zu Europa lange Zeit überwiegend vom Westen her diskursiv konstituiert, während der Osten wenig oder gar nichts zur diskursiven Konstitution Europas, und sei es nur eines östlichen Teileuropas, beitrug. Dem gegenüber zwingt die wissenschaftliche Analyse von universal- oder teileuropäischen Strukturelementen prinzipiell zur Einbeziehung aller Teile Europas. Oftmals, so stellt es sich heraus, führen aber beide Perspektiven – die der diskursiven Konstitution Europas und die der universal- bzw. teileuropäischen Strukturelemente – auf die gleichen Zentren und historischen Schwerpunkte.

Etwas anderes ist es, wenn man sich entscheidet, eine politische Geschichte Europas zu schreiben, wie am Beispiel des Handbuchs der Europäischen Geschichte (Schieder) leicht nachzuvollziehen ist. Dann spielen diese sich aus der Prozessualität der Geschichte ergebenden Schwerpunktsetzungen durch den Verlauf diskursiver Konstitutionen und die Herausbildung von Strukturelementen keine die Darstellung strukturierende Rolle. Jüngere Darstellungen wie die von Schilling und H. Schulze oder Salewski kommen zu Schwerpunktsetzungen, indem sie von den Machtpositionen ausgehen, die politische Gebilde im Lauf der untersuchten Zeit im europäischen politischen Gefüge oder ‚System' erreicht haben. Kurz und gut: hält man sich vor Augen, daß viele der älteren Darstellungen europäischer Geschichte (die zuletzt genannten sind nicht damit gemeint) eigentlich nur Westeuropa meinten oder gar England bzw. Frankreich mit Europa faktisch gleichsetzten, dann kann im Hinblick auf das Ziel, den Norden und Osten und Süden Europas genauso einzubeziehen, zur Zeit eigentlich nur von der Möglichkeit, Schneisen zu schlagen, gesprochen werden. Sinngemäß formulierte dies Heinz Duchhardt am 16. Mai 2000 auf einer von Gerald Stourzh konzipierten Tagung zu dem Thema „Annäherungen an eine europäische Geschichtsschreibung" in Wien.

Diese „Geschichte Europas" gibt nicht vor, alles zu behandeln. Sie geht von performativen Akten und diskursiven Konstitutionen sowie deren Sedimentierungen aus und verbindet dies mit der Frage nach universal- und teileuropäischen Strukturelementen. Das hat Konsequenzen!

Diskursive Sedimentierungen (Körper, Kultur, Identität) – gewonnen aus der Perspektive der historischen Menschen – und die Verdichtung universal- bzw. teileuropäischer Elemente – gewonnen aus der wissenschaftlich-strukturellen Perspektive – kumulierten sich seit der zweiten Hälfte des 15. Jh.s. Das begründet, warum der Schwerpunkt dieser Geschichte Europas auf die letzten 550 Jahre gelegt wurde. Die Frage dieses Kapitels „Did Europe exist before 1453?" könnte bei scharfer Akzentuierung dieser Befunde durchaus mit „nein" beantwortet werden. Die in dieser „Geschichte Europas" gegebene Antwort nimmt sich freilich nuancierter aus.

1.2 Älterer und jüngerer Europabegriff

Das Quellenmaterial legt die Unterscheidung zwischen einem jüngeren und einem älteren Europabegriff nahe: Ein Ergebnis der vorstehenden Überlegungen war, daß europäische Geschichte zunächst einmal die Geschichte der Entstehung und Entfaltung einer spezifischen Konstitution oder auch Konstruktion, die Geschichte eines Diskurses ist. Das ist eigentlich nichts Besonderes, denn schon Droysen wußte, daß ‚der Geist sich Systeme von Zeichen entwickelt‘, „in denen ihm sich die Dinge draußen entsprechend darstellen, – eine Welt von Vorstellungen, in denen er (…) die Welt draußen hat, soweit er sie haben kann, sie haben muß, um sie zu fassen und … zu beherrschen" (Droysen 1868/1974, §4). Der erste Schritt zur Erfassung dieser Konstitution im Diskurs soll mit einem Überblick zur Geschichte des Namens und des Begriffs Europa getan werden.

Der Beginn der Epoche des jüngeren Europabegriffs ließe sich in etwa mit dem 14./15./16. Jh. ansetzen, wo, nicht zuletzt als Reflex auf die nachlassende Autorität von Papst und Kaiser, der Europabegriff aus dem Schatten des Christenheitsbegriffs zu treten beginnt. In dieser Zeit wurde „Europa" im engeren Wortsinn auf den Begriff gebracht, während es zuvor im Grunde darum ging, einen Namen mit einem geographischen und kulturellen Raum tatsächlich zu verbinden. Diese Überlegung mag verwundern, da sich die Kontinent-Namen „Asia" und „Europa" seit der ionischen Kartographie des 6. Jh.s v. Chr. durchgesetzt haben. War damit die eigentliche Taufe nicht schon erfolgt? Grundsätzlich ja, aber ebenso wie Asia und Libya (als dritter ‚Kontinent‘, später Africa) wurde auch Europa erst nach und nach auf ein immer größeres Gebiet bezogen bzw. mit empirisch erworbenem Wissen verbunden, das Mythen und Sagen zu ersetzen begann. Zudem existierten viele Kommunikationssituationen und Diskurse, in denen „Europa" kein wesentlicher Name oder Begriff war. In der Blütezeit des antiken römischen Kaiserreiches, des „Imperium Romanum", spielte „Europa" keine nennenswerte Rolle als Konkurrenzbegriff. Die hinge-

gen offensichtlich große Verbreitung des Mythos der Europa auch im römischen
Reich ist nicht mit der Sedimentierung des Kontinent-Namens „Europa" gleichzusetzen. Ungeklärt bleibt auch bis in die Zeit des 19. Jh.s, für welche sozialen Gruppen
„Europa" als Name und Begriff Identität(en) vermittelte. Zumindest bei der literaten Bevölkerung setzte sich bis etwa 1500 „Europa" in dem Sinne als Name durch,
daß damit eine Art kulturell-geographischer Persönlichkeit verbunden wurde. Der
Prozeß der Namensgebung oder genauer: der endgültigen Annahme des Namens
„Europa", dauerte bis in diese Zeit. Der ältere Europabegriff unterscheidet sich somit
strukturell von dem jüngeren.

Der jüngere Europabegriff wird dadurch gekennzeichnet, daß er zusammen mit
zwei anderen Schlüsselbegriffen ein dreipoliges Bezugssystem bildet. Diese drei Pole
sind Christenheit, Europa und Nation. Alle drei Pole sind bis heute relevant geblieben, wenn auch Christenheit später durch Christentum zu ersetzen und dieses in den
letzten zwei Jahrhunderten immer mehr in den Hintergrund getreten ist und Ende
des 19./Anfang des 20. Jh.s der Völkerbundgedanke sich gewissermaßen als vierter
Pol etabliert hat. Als ein Beispiel, in dem sich verschiedene Entwicklungslinien kreu-
zen, wäre hier Johann Caspar Bluntschli (1808–1881, 1848–1861 Professor der
Rechte in München) mit seinem Werk „Das moderne Völkerrecht der zivilisierten
Staaten als Rechtsbuch dargestellt" (1862) zu nennen.

Besondere historiographische Aufmerksamkeit verdient die Entwicklung des
Verhältnisses zwischen Europa und Nation, weil beider inhaltliche Konkretisierungen zeitlich parallel verliefen und miteinander verwoben sind. Es hat sicher nicht der
österreichischen Krise Europas im Januar/Februar 2000 bedurft, um die anhaltende
Relevanz von „Nation" in Europa zu beweisen. Der Europagedanke befand sich
lange Zeit eher in der Defensive, während der Nationsgedanke das eigentliche gei-
stig-politische Gravitationszentrum bildete. In der zweiten Hälfte des 19. Jh.s schien
sich eine Art Wettlauf zwischen Nationalismus einerseits und Europäismus andererseits anzudeuten. Dabei machten sich Tendenzen bemerkbar, den Europagedanken
in den Nationalismus einzugliedern, ihn von Innen auszuhöhlen. Allerdings: weder
der Deutsch-Französische Krieg 1870/71 noch der Erste Weltkrieg bedeuteten einen
wirklichen Sieg des Nationalismus über den Europäismus, letzterer ging zwar nicht
praktisch, aber ideell gestärkt aus dem Krieg hervor. Für das Jahrzehnt von ca. 1920
bis 1930 kann von einer Blüte des Europäismus gesprochen werden. Die deutsch-
französische Verständigung wurde als Kern der Europafrage begriffen, die Paneuropabewegung des Grafen Coudenhove-Kalergi prägte den Europäismus zusammen
mit zahllosen Vereinsbildungen in praktisch allen europäischen Ländern, in denen
die Diskussion über die wirtschaftliche Integration Europas breiten Raum einnahm.

In den 1930er Jahren wird dann jedoch eine Entwicklung faßbar, die sich zunächst
wie der schon bekannte Wettlauf zwischen Europäismus und Nationalismus aus-

nimmt, in Wirklichkeit aber in eine neue geistesgeschichtliche Situation mündet. Dem bisherigen, auch national geprägten Europagedanken tritt ein neuer entgegen, nämlich der rassistische Europagedanke der Nationalsozialisten. Dessen vielfache Auffüllung mit Elementen des bisherigen und seine keineswegs erfolglose propagandistische Verwendung zur Kaschierung des Vernichtungskrieges als antibolschewistischen Krieg, als Krieg zur Rettung Europas, macht die Gefährlichkeit dieser Konstellation deutlich. Seit dem Ende des Zweiten Weltkrieges sind Integration und in jüngerer Zeit Euroregionalismus auf der einen sowie Globalisierung auf der anderen Seite als weitere Pole hinzugetreten, so daß zu prüfen ist, ob wir uns nicht in einer dritten begriffsbildenden Phase befinden.

1.3 Was heißt „Geschichte Europas"?

Als „Geschichte Europas" ist nach Auffassung des Verfassers die Geschichte der performativen Akte und der diskursiven Konstitutionen Europas verbunden mit der Geschichte der Ausbildung universal- bzw. teileuropäischer Strukturelemente zu verstehen. Andere Definitionen sind möglich und legitim, die vorliegende Geschichte Europas stellt aber zumindest eine wirkliche Novität dar.

Hauptaufgabe ist es, Brücken zu bauen – in Wissens- und Forschungsbereiche, in offene Räume, die dem individuellen Nachdenken der Leserinnen und Leser vorbehalten bleiben. Der gewählte Ansatz läßt sich als kulturgeschichtlich bezeichnen: Der Name und der Begriff *Europa* verweisen auf umfassende Sinn- und Bedeutungsstiftungen und auf die Ausbildung von Strukturen, die mit diesen Sinn- und Bedeutungsstiftungen verbunden sind.

Die Kapitel folgen einer chronologischen Ordnung. Kapitel 2 behandelt Antike und Mittelalter, Kapitel 3 bis 8 die Neuzeit bis in den Zweiten Weltkrieg, die letzten Kapitel die Zeit seit dem Zweiten Weltkrieg.

▌ QUELLENZITATE: *Droysen, Johann Gustav:* Grundriß der Historik, in: ders.: Historik. Vorlesungen über Enzyklopädie und Methodologie der Geschichte. Hrsg. v. Rudolf Hübner, Darmstadt 1974, S. 317–366; *Enea Silvio Piccolomini:* Aufruf zum Kreuzzug (1454), in: Foerster, Rolf H. (Hg.): Die Idee Europa 1300–1946. Quellen zur Geschichte der politischen Einigung, München 1963, S. 40–42.

▌ LITERATUR: *Burke, Peter:* Did Europe exist before 1700?, in: History of European Ideas 1 (1980), S. 21–29; *Duchhardt, Heinz/Kunz, Andreas (Hg.):* „Europäische Geschichte" als historiographisches Problem, Mainz 1997; *Salewski, Michael:* Geschichte Europas. Staaten und Nationen von der Antike bis zur Gegenwart, München 2000; *Schilling, Heinz:* Siedler Geschichte Europas. Die neue Zeit. Vom Christenheitseuropa zum Europa der Staaten. 1250 bis 1750, Berlin 1999; *Schmale, Wolfgang:* Europäische Geschichte als historische Disziplin. Überlegungen zu einer Europäistik, in: Zeitschrift für Geschichtswissenschaft 46 (1998), S. 389–405; *Schulze, Hagen:* Siedler Geschichte Europas. Phoenix Europa, Berlin 1998.
Literaturdatenbank im Internet: http://www.ng.fak09.uni-muenchen.de/gfn/datenbank.html

2. Kapitel

Europa taufen:
Name, Mythos und Ikonographie in Antike und Mittelalter

2.1 Etymologische und mythologische Ursprünge des Namens „Europa"

Die etymologische Herkunft von „Europa" ist bis heute nicht abschließend geklärt. Zum einen könnte Europa aus dem semitischen „ereb" abgeleitet worden sein (Kleiner Pauly). Aus der Sicht der Phönizier, deren Sprache zu den semitischen zählt und die schon vor den Griechen eine geschichtliche Hoch-Zeit erlebten, befand sich das ihnen bekannte Griechenland im Bereich der untergehenden Sonne. „ereb" bedeutete nämlich Abend, untergehen, dunkel. Diese Erklärung hat eine gewisse Stimmigkeit für sich, weil sie sich aus der Notwendigkeit herleitet, von den Phöniziern wahrgenommene Räume und Erfahrungsräume sprachlich zu benennen.

Im griechischen Raum (Paulys Real-Enzyklopädie) selbst bieten sich zwei Herkunftsmöglichkeiten. „euruopa" signalisiert ‚weithinblickend', ‚schallend', wäre also auch eine geographische Benennung, mit der in Gestalt des Wortes ‚Europe' im 7. Jh. v. Chr. das mittlere Hellas, dann auch Thrakien und Makedonien gemeint waren. „Europós" bezeichnete in Thessalien eine und in Makedonien zwei Städte, außerdem einen Fluß in Thessalien. „Europós" bedeutet „weit, breit" und kann nur wegen der Homophonie hier

Artabanos, Sohn des Hystaspes, verließ sich darauf, daß er des Xerxes Oheim war, und sprach:

„Mein König! (…) Ich habe deinem Vater, meinem Bruder, abgeraten, gegen die Skythen zu ziehen (…). Doch er hörte nicht auf mich (…) er kehrte zurück und hatte viele tapfere Männer seines Heeres verloren. Und du, mein König, willst jetzt gegen ein Volk ziehen, das noch viel tapferer ist als die Skythen [sc. die Griechen] (…). Es ist billig, daß ich Dir sage, was ich von dem Kriege befürchte. Den Hellespontos willst du überbrücken und das Heer durch Europa nach Hellas führen. Nun denke, du würdest wirklich besiegt (…) Nein, folge meinem Rat, entlaß jetzt die Versammlung und sag uns später (…), was du als das Beste erkannt hast. (…) Du siehst, wie der Blitzstrahl der Gottheit die höchsten Geschöpfe trifft, die sich prunkend überheben, während die kleinen den Neid der Gottheit nicht reizen. Du siehst, wie der Gott seine Blitze immer gegen die höchsten Häuser und die höchsten Bäume schleudert. Alles Große pflegt die Gottheit in den Staub zu werfen! Ebenso erliegt auch ein großes Heer einem kleinen, wenn die neidische Gottheit Schrecken im Heere verbreitet oder Blitze schleudert, so daß es elend zugrunde geht. Denn Gott duldet nicht, daß ein Wesen stolz ist, außer ihm selbst."

Herodot, Historien,
Buch VII, 10,
vergeblicher Widerspruch
des Artabanos gegen Xerxes
zur Verhinderung
der „Perserkriege"

berücksichtigt werden, die in der christlichen Spätantike von Bedeutung wurde. Dies
überschneidet sich z. T. zeitlich mit dem Mythos vom Raub der Europa, seit alters
her trugen auch verschiedene Göttinnen den Namen „Europe". In seiner Theogonie
ordnete Hesiod (um 700 v. Chr.) die Göttinnen Europe und Asie in die Geschichte
der Entstehung der Göttergeschlechter und der Erde ein. Europe wird dort als
„anziehend" charakterisiert. Ein geographischer Bezug läßt sich aus der Theogonie
jedoch nicht ableiten. In Böotien war Europe eine Göttin, die Zeus in einer Höhle
verbarg und bewachte. Diese Göttin stand zugleich in einer Verbindung mit der Sage
um den kretischen König Minos und den Stierkult. Zu dem Kult gehörten
Stierspiele, an denen auch Frauen beteiligt waren, zudem existierte die Vorstellung
vom Stier als Wasserwesen. Daß der in einen Stier verwandelte Zeus Europa übers
Wasser entführte, entsprach folglich einer bekannten Vorstellung vom Stier. Wie
Name und Mythos ursprünglich zusammenhingen oder auch nicht, entzieht sich
unserer Kenntnis. Sicher ist nur, daß die Ungewißheit darüber schon in der Antike
zu Spekulationen und Konjekturen angeregt hat, daß sie die Phantasie beflügelt hat.
Dies hielt das Interesse wach, was der Sedimentierung des Namens und der Gestalt
der Europa im kulturellen Gedächtnis nur genutzt hat.

Schon Anfang des 6. Jh.s v. Chr. wurde der Raum zwischen Gibraltar und dem
Schwarzen Meer als „Europa" bezeichnet, der Norden fehlte freilich noch ganz. Es
spricht einiges für die Vermutung, daß die Perserkriege zu einer kulturellen Aufladung des Europa-Begriffes beigetragen haben. Es ging nicht mehr nur darum, Er-
fahrungs- und Lebensräume mit einem Namen in Unterscheidung zu anderen, in
einer anderen Himmelsrichtung gelegenen Erfahrungs- und Lebensräumen zu kennzeichnen, sondern um das Aufeinandertreffen zweier Zivilisationen, genauer: um die
Vorstellung, um das Bewußtsein von der Verschiedenheit der persischen und griechischen Kultur. Zu den wichtigsten diesbezüglichen Quellen der griechischen Antike,
die über damalige Europavorstellungen Auskunft geben können, zählen Herodots (geb.
ca. 484 v. Chr.) *Historien* (um 450 v. Chr.) (Sieberer 1995). Herodots Europabegriff läßt
sich nur aus den verstreuten, aber zahlreichen Einzelbemerkungen in den *Historien* re-
konstruieren. Einerseits entwickelte Herodot einen sehr weit gefaßten geographischen
Begriff, so daß ihm Europa als viel größer denn Asien oder Libyen (Afrika) vorkam.
(Abb. 2.1) Genauere geographische Kenntnis besaß er aber nur über einen Teil Griechenlands und Süditaliens. Sein geographischer Europabegriff war sehr weit, die kulturelle Aufladung beschränkte sich auf den griechischen Kulturraum. Er entwarf jedoch
durch die Einwebung mythologischer Erzählungen eine kulturgeographische Grenze
zwischen Griechenland alias Europa und Asien alias persischer Kulturbereich – eine
Grenze, deren Überschreiten im Verständnis Herodots durch Griechen wie durch
Perser jeweils mit dem Untergang der aufgebotenen Heere, mit dem Tod, bezahlt
werden mußte (vgl. z.B. zit. Widerspruch des Artabanos gegen Xerxes; Sieberer 1995:

Kap. 2.1.1). Zur Illustration dieser Grenze bedient sich Herodot auch der Erzählungen geraubter Frauen, mit denen die wechselseitigen Frevel ihren Anfang nahmen. Gleich im ersten Buch der Historien berichtet er von den Phöniziern, die gemäß der persischen Erzählversion nach Argos gekommen seien, um Waren feilzubieten; dabei hätten sie die Königstochter Io, Tochter des Inachos, geraubt und nach Ägypten gebracht. „Danach (…) seien einige Hellenen (…) in Tyros in Phoinikien gelandet und hätten die Königstochter Europa geraubt" (Herodot: I,1–2).

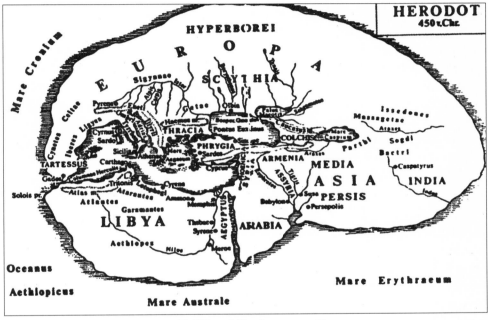

2.1 Die Welt nach Herodot um 450 v. Chr.

Zur Zeit Alexanders d. Gr. begann der Astronom und Geograph Pytheas (um 300 v. Chr.) aus Massilia (Marseille) mit einer Fahrt in den Norden (um 325 v. Chr.), die ihn bis England führte, möglicherweise sogar bis an die Arktis. Sehr unbestimmte Vorstellungen vom Norden und Nordosten beherrschten noch lange Zeit das Bild, zumal einer der berühmtesten Geographen der Antike, Strabo (64/63 v. Chr. bis ca. 23/26 n. Chr.) Pytheas keinen besonderen Glauben schenken wollte. Um 180 n. Chr. jedoch wußte man von der Ausdehnung des Kontinents bis zum nördlichen Eismeer, ohne über Detailkenntnisse zu verfügen. Strabo ist insofern interessant, als er bei der Suche nach geographischen Grenzen für Europa vor allem sog. natürliche Grenzen zu bestimmen suchte, eine Kategorie, die dann im 17. und 18. Jh. mit Eifer auch für die Grenzbestimmung für Nationalstaaten genutzt wurde und dabei einen anderen Sinn als bei Strabo erhielt.

Zur Zeit Diokletians (240–316?; römischer Kaiser 284–305) und Konstantins d. Gr. (285?–337) wurde Thrakien im Zuge einer Verwaltungsreform wiederum als „Europe" bezeichnet, zu dem als Verwaltungseinheit „das Hinterland Konstantinopels etwa von Ainos an der ägäischen Nordküste bis zur Küste des Schwarzen Meeres im Nordosten" zählte (Karageorgos 1992: 151).

Alles in allem ergibt sich bis in die erste antik-christliche Zeit überhaupt noch kein stimmiges Bild von Europa, allerdings sind wesentliche Elemente, die im späteren Europabewußtsein zum Tragen kommen sollten, in die geographisch kulturelle Vorstellungswelt eingefügt. Aus griechischer Sicht reicht Europa im Prinzip so weit, wie der verdichtete Erfahrungs- und Lebensraum der Griechen – ungeachtet der Tatsache, daß die Welt in nur zwei Kontinente aufgeteilt wurde: Europa und Asien, Asien mit dem Anhängsel Libyen, aus dem sich erst später die Vorstellung vom Kontinent Afrika entwickelte. Die Kelten etwa, die den Griechen nicht unbekannt waren, haben gleichfalls eine weitverbreitete Zivilisation begründet (Abb. 2.2), mit der sich die Griechen aber offensichtlich nicht so auseinandersetzten wie mit der persischen und die für die Begriffsbildung Europa keine Rolle spielte. Offenbar ist kein keltisches Wort für Europa überliefert, obwohl die Kelten trotz der Weiträumigkeit ihres Verbreitungsgebiets z. B. durch Handel miteinander in Kontakt standen. Es scheint bei den Kelten, anders als bei den Griechen, keine diskursive Konstitution Europas gegeben zu haben.

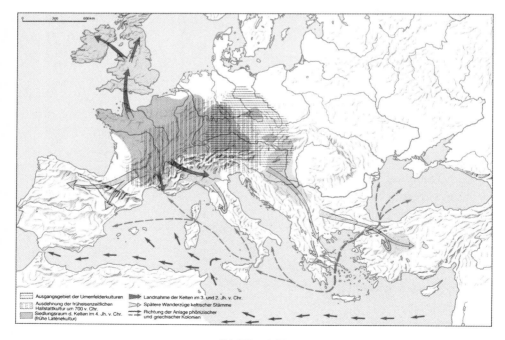

2.2 *Die Kelten in Europa.*

2.2 Der Europamythos in der Antike

Der Europamythos wurde in der Antike in vielen unterschiedlichen ikonographischen und literarischen Versionen überliefert. Der Kern der Geschichte wurde nicht verändert: Zeus verliebte sich in die Tochter des Phoinix (ältere Version?) bzw. des Agenor (jüngere Version?) namens Europa, er verwandelte sich in einen Stier, brachte Europa, die am phönikischen Meeresgestade spielte, dazu, sich auf seinen Rücken zu setzen. Dann erhob er sich, überquerte mit ihr das Meer bis Kreta. Dort (bei der Stadt Gortyn, der kretischen Überlieferung zufolge) eröffnete er sich ihr als Zeus. Europa vollzog (nach einer Reihe ikonographischer Quellen) den rituellen Akt der Frauen, die Enthüllung, und empfing Zeus. Aus ihrer Liebe entstanden drei Söhne: Minos, Rhadamanthys und Sarpedon (in manchen Überlieferungen fehlt Sarpedon). Später wurde Europa mit ihren Söhnen die Gemahlin des kretischen Königs Asterios, der sein Reich an diese drei vermachte.

Der Europa sandte einst Kypris [Aphrodite] *einen süßen Traum. Zur Zeit wenn der dritte Teil der Nacht beginnt und die Morgenröte nahe ist, wenn der Schlaf süßer als Honig auf den Lidern sitzt, (…), wenn auch der Schwarm der wahren Träume umgeht, da schlief Europa, die noch jungfräuliche Tochter des Phoenix (…), und es schien ihr, als stritten sich zwei Erdteile um sie, Asien und der gegenüberliegende; sie hatten die Gestalt von Frauen; die eine von ihnen sah aus wie eine Fremde, die andere glich einer Einheimischen, und (diese) klammerte sich fester an (sie als) ihr Kind, wobei sie sagte, sie hätte sie selbst geboren und aufgezogen. Die andere aber zog (das Mädchen) mit der Gewalt ihrer starken Hände (zu sich), ohne daß es sich sträubte, denn sie sagte, nach dem Willen des ägishaltenden Zeus sei ihr Europa als Ehrengabe bestimmt. Jene schnellte furchtsam vom Lager auf, ihr Herz pochte; der Traum war ihr nämlich wie Wirklichkeit vorgekommen.*

Aus dem Europamythos
in der Fassung des Moschos v. Syrakus
(um 150 v. Chr.)

Die Veränderungen der Erzählung im Lauf der Jahrhunderte schmückten diese poetisch und ikonographisch aus und spiegelten die jeweilige Aktualität des Europamythos wider. Die Geschichte wurde in der vorchristlichen Antike offensichtlich nie als die Geschichte einer Vergewaltigung begriffen, sondern als Glücksmetapher. Von Zeus auserwählt zu werden war als narrativer und mythologischer Topos für sich eine Metapher für Glück, ein Hinweis auf Fruchtbarkeit. Europa wurde z. B. mit dem Attribut der Ähre versehen, d. h., Europa war auch für die Landwirtschaft ein Fruchtbarkeitssymbol, etwa in Gestalt der Demeter-Europa in Böotien. Während die ältesten antiken Darstellungen Europa vollständig bekleidet im Damensitz auf dem Rücken des Stiers sitzend darstellen, wurde die Europa-Ikonologie im Lauf der vorchristlichen Jahrhunderte um erotische Attribute bereichert. Zum Teil erschien Europa mit entblößter Brust (Abb. 2.3) oder vollständig nackt, Aphrodite, die ihr nach der literarischen Version des Moschos von Syrakus einen Traum geschickt hatte, in dem Europa ihr bevorstehendes Schicksal erfuhr, wurde als Attribut und Zeichen

2.3 Europa mit entblößter Brust, pompejanisches Fresko (Ausschnitt).

der erotischen Liebe hinzugefügt; so tauchten auch Eroten auf, oder Zeus wurde neben dem Stier als Person, als nackter Gott und Mann dargestellt. Zeus konnte auch durch einen Adler symbolisiert werden, so daß gelegentlich Europa und der Adler in einer Position wie Leda und der Schwan (d. i. Zeus) gezeigt wurden.

Europa auf dem Stier bedeutete also ein Glückssymbol, eine Metapher für Auserwähltheit, für leibliche Fruchtbarkeit, für ausreichend Nahrung. So begegnete man ihr in der Antike nicht nur an geweihten Stätten oder in wunderschönen Bodenmosaiken in römischen Villen in Nordafrika, sondern auch auf Münzen und Gebrauchsgegenständen wie Öllampen oder als Terrakottafigur, die leicht im Reisegepäck der römischen Legionäre nördlich der Alpen mitgeführt werden konnte, oder auf Spiegeln. Diese Gebrauchsgegenstände wurden gewissermaßen industriell gefertigt, d. h. es wurden Formen erstellt, die wie bei anderen Motiven auch für die Herstellung der Lampen und Figuren benötigt wurden. Die Europa auf dem Stier wurde zu einem geläufigen Handelsobjekt, das bis nach Babylon oder Afghanistan oder nach England gebracht wurde.

Die frühere Meinung, der Europamythos sei in der Antike nicht weit verbreitet gewesen, scheint falsch zu sein, jedenfalls ist sie durch die sehr systematische Arbeit von Eva Zahn (Zahn 1983) hinsichtlich der bildlichen und von Bühler (Bühler 1968) hinsichtlich der literarischen Quellen falsifiziert. Der Europamythos taucht in allen bildlichen und sprachlichen Medien der Zeit auf – in Medien, die teils nur wenigen, teils der Allgemeinheit und im Alltagsleben zugänglich waren. Aber der Europamythos war nicht der Gründungsmythos eines Kontinents, sondern eine mythische Erzählung über Auserwähltheit, Glück und Fruchtbarkeit. Reliefkeramiken (Relieflekythen) mit der Europa und dem Stier wurden in der Antike „hauptsächlich für Frauen hergestellt" (Zahn: 63). Sie wurden in Häusern als Schmuck aufgestellt, oft auf Altären, sie eigneten sich als Grabbeilage. Darstellungen des Mythos eigneten sich auch als Hochzeitsgeschenk.

Die archäologischen und literarischen Fundorte des Europamythos in der Antike führen zu einem ähnlichen Ergebnis wie die Untersuchung des Verhältnisses von Raumvernetzung und Namensgebung in der Antike: Ikonographische und literarische Spuren des Mythos finden sich überall dort, wohin sich die verdichteten und ausgeweiteten Kommunikationszusammenhänge in der Antike bewegten. Das gilt für die griechische wie die römische Antike. Die Etrusker übernahmen den Europamythos als ikonographisches Motiv ebenso wie die Ägypter. Sidon und Tyros in Phönikien (Libanon), wo die Entführung der Europa lokalisiert worden war, prägten in der Kaiserzeit Münzen mit diesem Mythosmotiv. Die *Grafik 2.4* gibt einen Überblick über die Zahl der archäologischen Funde für die Antike, nach Jahrhunderten geordnet. Die Zahl der Funde spiegelt sicherlich in erster Linie auch Zufälle wider, sie ergibt kein objektives Abbild; immerhin sind die Schwerpunkte im 5./4. Jh. v. Chr. und im 1. Jh. n. Chr. doch überaus deutlich. Sie koinzidieren mit der Blüte der antiken griechischen Kultur bzw. des Römischen Reiches, mit Phasen der kulturellen und politischen Selbstbewußtheit.[1]

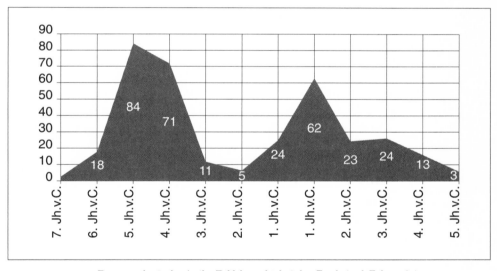

2.4 *Europamythos in der Antike: Zahl der archäologischen Funde (nach Zahn 1983).*

Nun liegt gerade in den Konnotationen Auserwähltheit, Glück und Fruchtbarkeit eine Menge europäischen Selbstverständnisses verborgen. Die naheliegende Frage, ob der Europamythos in der Antike zur Sedimentierung eines solchen Selbstverständnisses, zur basalen Strukturierung einer europäischen Vorstellungswelt beigetragen hat, läßt sich mangels Forschung nicht beantworten.

2.3 Der Europabegriff im Mittelalter

Die Söhne Noachs, die aus der Arche gekommen waren, sind Sem, Ham und Jafet. Ham ist der Vater Kanaans. Diese drei sind die Söhne Noachs; von ihnen stammen alle Völker der Erde ab. Noach wurde der erste Ackerbauer und pflanzte einen Weinberg. Er trank von dem Wein, wurde davon betrunken und lag entblößt in seinem Zelt. Ham, der Vater Kanaans, sah die Blöße seines Vaters und erzählte davon draußen seinen Brüdern. Da nahmen Sem und Jafet einen Überwurf; den legten sich beide auf die Schultern, gingen rückwärts und bedeckten die Blöße ihres Vaters. Sie hatten ihr Gesicht abgewandt und konnten die Blöße des Vaters nicht sehen. Als Noach aus seinem Rausch erwachte und er erfuhr, was ihm sein zweiter Sohn angetan hatte, sagte er: Verflucht sei Kanaan. / Der niedrigste Knecht sei er seinen Brüdern. Gepriesen sei der Herr, der Gott Sems, / Kannan aber sei sein Knecht. Raum schaffe Gott für Jafet. / In Sems Zelten wohne er, / Kannan aber sei sein Knecht. (…) Das ist die Geschlechterfolge nach den Söhnen Noachs, Sem, Ham und Jafet. Die Söhne Jafets sind Gomer, Magog, Madai, Jawan, Tubal, Meschech und Tiras. (…)

1. Buch Mose, 9, 18–27; 10,1–2

Rom als Imperium hat keine direkte Bedeutungserweiterung des Begriffes Europa erbracht. Selbstredend führte die Einrichtung römischer Provinzen nördlich der Alpen zu einer immer besseren Kenntnis dieses Raums und seiner Einbeziehung in die römische Zivilisation mit ihren gewichtigen Anteilen an griechischer und jüdischer Kultur. Das Zugehörigkeitsgefühl zur römischen Zivilisation überdauerte die Umbrüche, die die sog. Völkerwanderung mit sich brachte. Politisch verlegte diese das Schwergewicht auf den Raum nördlich der Alpen, die Christianisierung des Raums folgte unmittelbar nach. In dieser Zeit setzte die Verlagerung der Vorstellung von Europa weiter nach Norden ein, dem jetzt mitentscheidenden Erfahrungs- und Lebensraum. Europa erhielt im Zuge dessen eine christliche Mitbedeutung. Ausgehend von den Berichten im ersten Buch Moses (Genesis) über Noach und seine Söhne Ham, Sem und Jafet, die zu Stammvätern einer Vielzahl von Völkern erklärt wurden (1 Mose 9, 18–29; 10,1–32), entstand im Lauf mehrerer Jahrhunderte die Legende von Jafet als Stammvater der christlichen Völker in Europa. Die Einzelheiten der ziemlich verworrenen Legendenbildung brauchen uns nicht zu beschäftigen, denn im Ergebnis, nämlich im 13. Jh., hieß es ganz schlicht: „Japhet … cum 23 filiis suis venit in Europam, ubi nunc sunt christiani" (Fischer 1957: 18). Damit hatte das im Gesichtskreis der antiken Kulturvölker geschichtslose Europa nördlich der Alpen und mithin junge Land eine Geschichte, die genauso weit zurückreichte wie die Asiens mit Sem als Stammvater und die zum göttlichen Heilsplan gehörte.

Eike von Repgow (um 1180/90 bis nach 1232) nutzte für seinen Sachsenspiegel (zwischen 1220–24) die biblische Erzählung von den drei Söhnen Noachs, um zu zeigen, daß deren Nachkommen frei von Leibeigenschaft seien (Fischer 1957). Und wie man weiß, haben Repgows Überlegungen zur Freiheit breite Wirkung entfaltet. Bis weit in die Frühe Neuzeit hinein war diese Geschichte zumindest der gelehrten Welt

gut bekannt, zeitweise wurde der Name „Japhetien" in Konkurrenz zu „Europa"
angeboten (s. u. Kap. 4).

Unter den Karolingern bildete sich ein neuer politisch-kultureller Schwerpunkt heraus, der wiederum eine enge Verbindung mit dem Begriff Europa einging. Das Kaiser-
tum Karls d. Gr. (Kg./Ks. 768–814) wurde als Fortsetzung des Imperium Romanum
interpretiert und in die Lehre von den Weltreichen eingereiht; dies sicherte den heilsgeschichtlichen Anschluß. Dem war eine durchaus bezeichnende Begriffsbildung im
Zusammenhang mit der Darstellung der Schlacht von Tours und Poitiers 732 in einer
Chronik aus der Mitte des 8. Jh.s vorausgegangen (Anonymus von Córdoba; E. Carpentier 2000: 20). Die europäischen Krieger wurden dort als *europenses* bezeichnet, eine
Wortneuschöpfung, die das seinerzeitige Gefühl der Bedrohung, die die Völker
zusammenschweißte, widerspiegelt.

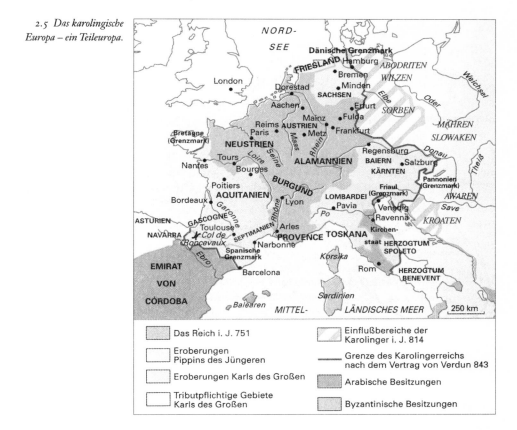

*2.5 Das karolingische
Europa – ein Teileuropa.*

Karl d. Gr. wurde *pater Europae* genannt, er hielt das *regnum Europae* (Fischer 1957:
85), eine Namensgebung, die deutlich macht, daß bei aller heilsgeschichtlichen
Anknüpfung an das Imperium Romanum das Bewußtsein einer grundlegend verän-

derten Konstellation wach war. Doch der Zerfall und die Aufteilung des karolingischen Reiches führten schon unter Ludwig d. Frommen (Kg./Ks. 814–840) zu einer bezeichnenden Veränderung in der Wortfolge: Es hieß nicht mehr *regnum Europae*, sondern *Europae regna*.

Von der griechischen Antike bis ins christliche Mittelalter folgte der Name Europa den kulturellen Schwerpunktverlagerungen; er ging immer dahin mit, wo die historisch größte Dynamik entfaltet wurde, nahm neue Bedeutungen auf und behielt prinzipiell die alten, die aber manchmal in den Winterschlaf verfielen, um später wieder zu erwachen. Europa wurde zu einem sprachlichen Gedächtnisanker, der den aktuellen Stand der historischen Entwicklung in Europa mit den mythischen Ursprüngen und der christlichen Heilsgeschichte verknüpfte. Damit wurde ein eigenständiger Beitrag zur Identitätsbildung und -verfestigung geleistet, der mit zwei anderen Begriffen, nämlich Occidens und Christenheit, nicht einfach austauschbar war. Vielleicht kann man sogar sagen, daß „Europa" als Name Identität stiftete, insoweit er genutzt wurde, um die relativ rasanten Umwälzungen und Schwerpunktverlagerungen mit einer durchaus wesentlichen historischen Kontinuität zu verbinden. Europa erscheint als kreativer Begriff, nicht so sehr als ein Begriff der Abgrenzung, als der er immer wieder bezeichnet wird, selbst wenn die Erlebnisse der Perserkriege in der Antike und das Vordringen der Araber in Europa im Mittelalter ihn *auch* zum Begriff der Abgrenzung in einer Bedrohungssituation werden ließen.

Natürlich gehörte dieser Begriff von Europa überwiegend der Schriftkultur sowie dem aktiven Wortschatz jener sozialen Gruppen an, die im engen Austausch mit den Trägern der Schriftkultur standen (Herrschende z. B.). Noch hat die Forschung nicht geklärt, wie weit die Vorstellung von Europa in die Bevölkerung hineinreichte, inwieweit Europa dem mündlichen Wortschatz angehörte. Vorläufig ist anzunehmen, daß bei der Masse der Bevölkerung weniger die Vorstellung von Europa denn von Christenheit verbreitet war, deren räumliche Perzeption allerdings mit Europa identisch gewesen sein dürfte. Europa erscheint im Rahmen der mittelalterlichen Leitbegriffe als der „politischste". Oben war vom *regnum Europae* die Rede: Im Unterschied zum *imperium*, das die Herrschaft über die Seelen bezeichnete, bedeutete *regnum* Herrschaft über ein Territorium. Unter Karl d. Gr. bestand wegen der Größe des Reiches die Tendenz, beides fast bedeutungsgleich zu verwenden, aber danach trat der Unterschied in der Wortfolge *regna Europae* wieder deutlich zutage.

Ungeachtet dessen wirkte der karolingische Europabegriff nachweislich bis ins 11. Jh. nach. Die Verschiebung des Schwerpunkts der weltlichen Herrschaft des Kaisers nach Rom und die wachsenden Machtansprüche der Kirche und ihrer Päpste ließen den Begriff Europa in ein vorübergehendes Bedeutungstief sinken. „Im mediterranen Bereiche bleibt ‚Europa' als selbständiger Begriff auch weiterhin unbekannt: der alte Gegensatz zum Osten einerseits, der Investiturstreit andererseits verweisen die katholische Kirche stärker denn je auf den *römischen* Raum ihres Ursprungs" (Fischer: 113). Wo dennoch in den mittelalterlichen Quellen des 11. und 12. Jh. von Europa die Rede war, geschah dies zumeist in Verbindung mit der Erinnerung an Karl d. Gr. Aus begriffsgeschichtlicher Sicht hat die Verwendung Karls als Symbolgestalt für Europa im Rahmen der jährlichen Karlspreisverleihung in Aachen also keine eindeutige Berechtigung, da er eher das nördlich der Alpen gewordene, das „jüngere" Europa repräsentiert.

Lange Zeit wurde in der Literatur die Meinung vertreten, daß der Begriff „Europa" nach der Hoch-Zeit Karls d. Gr. bis ins 15. Jh. weitgehend in der Versenkung verschwunden sei.[2] Das ist durch die bisher genannten Beispiele schon widerlegt, und man muß sich nur ein wenig umschauen, um sich vom Gegenteil zu überzeugen. Um 1230 schrieb Snorri Sturluson (ca. 1178/79–1241) eine Geschichte der norwegischen Könige, an deren Anfang er eine Beschreibung Europas unter Verwendung des Begriffs Europa setzte. Der byzantinische Kaufmann Laskaris Kananos gelangte zwischen 1397 und 1448 verschiedentlich in den nordeuropäischen Hanseraum und lieferte um 1400 eine Beschreibung Europas. Der byzantinische Historiker Chalkokondyles (seine „Historia de origine atque rebus Turcorum & imperii Graecorum" behandelt die Zeit von 1298–1462) erinnerte um 1470 angesichts der türkischen Bedrohung an die antike kulturelle Konkurrenz zwischen Griechen und Persern, indem er dem türkischen Sultan Beyazit I. vor einem großen Kampf den Gedanken unterschob, „daß noch niemals zuvor die Könige Asiens die Europas besiegt hätten, sondern immer nur umgekehrt" (Karageorgos: 152).

Die Ausbildung der europäischen *regna*, die Verdichtung der Besiedlung insgesamt und die herrschaftliche Durchdringung der von West nach Ost vorgetriebenen Besiedlung sowie die Verstetigung und Verdichtung der Kommunikationsströme sorgten für einen engeren Zusammenschluß des europäischen Raumes und schufen damit die Grundlage für eine entsprechende Wahrnehmung Europas im Spätmittelalter. Diese Wahrnehmung kehrt die zu Widersprüchen führende Vielfalt keineswegs unter den Teppich, aber sie wird zugleich durch die Erfahrung anderer Kulturräume stabilisiert: arabisch-islamische Welt, Handelsfahrten und Reisen nach Asien, Indien und bis nach China, die eine Reihe von Reiseberichten zeitigen. So verschieden man im einzelnen sein mochte in Europa, so sehr zeigte sich die Zusammengehörigkeit im Augenblick des „Kulturclashs". Als solcher wurde der Fall Konstantinopels 1453 empfunden. Während sich im Osten eine Bedrohung der kulturellen Existenz aufzubauen schien, begannen im Westen die Portugiesen mit ihren Seefahrten entlang der Westküste Afrikas. Damit änderte sich etwas Wesentliches: Das Scheitern der Kreuzzüge hatte schon vorher manchen zur Forderung nach einer politischen Einheit Europas veranlaßt, nun aber, ab Mitte des 15. Jh.s, drehte sich die Diskussion um die Selbstdefinition im interkulturellen Kontext in einer Phase der Expansion.

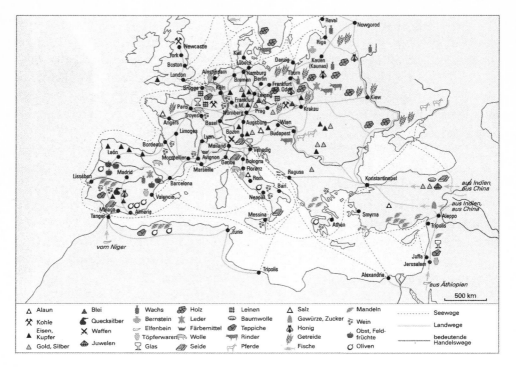

2.6 *Die Handelsverbindungen in Europa um 1500 und ihre Ausdünnung im Osten im Bereich des werdenden*
europäischen Teils des Osmanischen Reichs.

Dazu gehörte auch die spanische Reconquista, die in der Vertreibung der Araber und
der Juden sowie im Griff nach der Weltmacht endete.

Das Haus Europa war um 1500 im großen und ganzen bezogen, man hatte sich
eingerichtet, nun schaute man nach draußen. Im Innern wurde derweil versucht, die
Zimmer neu zu verteilen, Wände einzureißen, es begann ein Verteilungskampf um
die Hausherrschaft, zunächst zwischen Habsburg und Frankreich. „Europa" geriet
in den allgemeinen politischen Interessenkonflikt, der Name eignete sich hervorragend für Instrumentalisierungen. Freilich gibt dies nur westeuropäische Ein-
stellungen wieder. Schon als sich Karl d. Gr. an Weihnachten 800 in Rom zum Kaiser
krönen ließ, reagierte Ostrom mit einem neuen Sprachgebrauch: Die Westeuropäer
wurden nun als Barbaren bezeichnet; die Plünderung Konstantinopels durch die
Kreuzfahrer 1204 tat ein übriges. Christen führten sich gegen Christen wie die Tiere
auf, so lautete es aus byzantinischen Federn. Diese Narben verheilten, als die Türken
immer näher an Byzanz heranrückten, allerdings drückte sich die Gemeinschaft
mit dem Westen überwiegend mit dem Begriff der Christenheit aus, während
die Bezeichnung „Barbaren" nunmehr bevorzugt den Osmanen zuteil wurde
(Karageorgos).

Die Massierung dieser Umstände seit der Mitte des 15. Jh.s und ihre bis heute reichende Wirkung sowie der Umstand, daß in ebendieser Zeit mit der Erfindung des Buchdrucks die modernen Kommunikationsmedien ihren Ausgang nahmen und eifrig genutzt wurden, weisen jener Zeit eine Schlüsselfunktion zu. Dem politischen und staatlich-pränationalen Auseinanderdriften trat die Verdichtung der Kommunikation entgegen, die zwar auch dem Dissens dienstbar gemacht wurde, die aber zugleich für Integration sorgte. In dieser Zeit begannen ‚die‘ Europäer, „Europa" als aktives Kapital zu betrachten, das inner- und außereuropäisch zu nutzen sei. Europa wurde zur Bestimmung. Auch dies galt wiederum vorwiegend für den Westen. Die ehemals von Byzanz beherrschten ost- und südosteuropäischen Teile nahmen an diesem Prozeß erst wieder teil, als es gelang, die türkische Herrschaft zurückzudrängen. Damit soll die ältere These, wonach in der „Türkenzeit" die kulturellen Bande vollkommen abgeschnitten worden seien, nicht wiederholt werden, aber der Südosten wurde für geraume Zeit von der Dynamik intensivierter Kommunikation im Westen abgekoppelt (Abb. 2.6). Es bedurfte der Griechenlandbegeisterung des 19. Jh.s, um diese Einbindung wieder zu dynamisieren. Vollendet ist sie bis heute nicht.

2.4 Der Europamythos im Mittelalter

In den mittelalterlichen Versionen des Mythos wurden die drei Aspekte Auserwähltheit, Glück und Fruchtbarkeit weiterhin mit der Gestalt der Europa in christlicher Anverwandlung verbunden, parallel dazu tauchten die ersten körperlichen Darstellungen des Kontinents Europa als Regina Europa auf, denen eine schöne Karriere in der Frühen Neuzeit bevorstand, als es darum ging, Europa im Konzert der etwas zahlreicher gewordenen Kontinente den ersten Platz zuzuweisen und diesen ikonographisch darzustellen. Im 11. Jh. findet sich eine italienische Darstellung des Weltgerichts, in der die Erde allegorisch durch die Europa auf dem Stier dargestellt wird (Fischer 1957: 124, Anm. 8).

2.7 *Europa und der Stier, aus Franz von Retz, Defensorium virginitatis beatae Mariae, Gotha 1471.*

Der Stier war mit Kraft, Stärke, Zielgerichtetheit, Leidenschaft, Schönheit konnotiert. Zumeist wurde der Stier weiß dargestellt; er duftete den Beschreibungen zufolge nach Rosen oder anderen wohlriechenden Gewächsen. In Antike und Mittelalter wurden Europa und der Stier in liebkosender Haltung abgebildet, statt Zeus wurde im Mittelalter Christus gedacht – der, der auserwählt und die Seele zum Ziel führt.

Der Mythos vom Raub der Europa erfreute sich in der französischen Literatur des 12. Jh.s neuer Beliebtheit, doch blieb er, wenigstens gelegentlich, nicht von einer christlichen Umdeutung verschont. Europe wurde zur menschlichen Seele, Jupiter (alias Zeus) zum Sohn Gottes, „der Fleisch wird, die Seele zu retten: der Stier als heiliges Tier wurde der Aufnahme des Höchsten gewürdigt, und seine Flucht von der phönizischen Küste nach Kreta meint die Flucht vom aktiven Leben zum kontemplativen, von der Zeit zur Ewigkeit" (Fischer: 9). In diesem Sinn brachte der Mönch Petrus Berchorius (Pierre Bersuire) 1342 einen *Ovidius moralizatus* auf den Markt. Ovids Metamorphosen hatten der Verbreitung des Europamythos ausgesprochen gutgetan, allerdings setzten mittelalterliche Autoren an die Stelle der Ovidschen Erotik den Eros christlich heilserwartender Hingebung. „Diese Jungfrau Europa versinnbildlicht die Seele (…) Jupiter ist der Sohn Gottes, der sich, um die Seele zu retten, in einen Stier verwandelte, was bedeutet, daß er körperliche Gestalt annahm. Wie einer von uns nahm er Wohnung in dieser Erdenwelt voller Trübsal (…) die fromme Seele muß ihm folgen und sich an ihn halten wie an einen sehr starken Halt" (Rougemont 1962: 22). Auf diese Europa des Berchorius stützte sich um 1400 der Wiener Dominikaner Franz von Retz in seinem „Defensorium inviolatae virginitatis beatae Mariae", eine Schrift, die 1471, also noch in den Anfängen der Buchdruckkunst, gedruckt wurde. In dieser Ausgabe findet sich der oben abgebildete Holzschnitt, der unter Verweis auf Ovids Metamorphosen Europa und den Stier sich einander liebkosend zeigt. Die Kleidung der Europa erinnert an die Mariendarstellungen der Zeit.

Auf Giovanni Boccaccio (1313–1375) geht eine weitere moralisierende Traditionslinie zurück. Zwischen 1361 und 1375 verfaßte er eine Schrift über die großen Frauen der Geschichte (De claris mulieribus). Boccaccio ist den meisten nur als Autor des *Decamerone* (1348–53) bekannt, in seiner Zeit wirkte er aber ebenso als enzyklopädischer Schriftsteller. Darauf ist der Einfluß der „Großen Frauen" zurückzuführen. Boccaccio interpretierte die Geschichte der Europa als Vergewaltigung, bei der es Jupiter allerdings leichtgemacht worden sei. Deshalb warnte er: „Ganz entschieden muß ich mißbilligen, wenn man jungen Mädchen gar zu viel Freiheit läßt, herumzulaufen und die Worte jedes Beliebigen mit anzuhören; denn oft genug habe ich gelesen, wie ihre Ehre dadurch häßliche Flecken bekommen hat, Flecken, die auch die Reinheit unverbrüchlicher Keuschheit nicht mehr beseitigen konnte." Dennoch reiht Boccaccio die Europa unter die großen Frauen ein, spricht ihr Größe zu, besondere Gaben, denn sonst wäre es auch schwer erklärlich, warum sie einem

2.8 Europa und Jupiter. Illustration aus Gio-vanni Boccaccio, De claris mulieribus, Holz-schnitt von Johann Zainer 1473/74.

ganzen Kontinent ihren Namen gegeben haben sollte. Der Gelehrte und Poet Angelo Poliziano (1454–1494) hatte um 1480 den Mythos umgedeutet, indem er die Nachkommenschaft von Europe und Jupiter kurzerhand zu den Urahnen der Europäer machte. Europe mutierte zur Urmutter Europas, ohne daß der Mythos zu einem allseits anerkannten europäischen Gründungsmythos umerzählt wurde.

2.5 Politische Europakonzeptionen

Auf den ersten Blick spricht einiges dafür, die Anfänge der Idee einer politischen Einheit Europas bereits im 14. Jh., z. B. bei Pierre Dubois (ca. 1250/55–1320), aufscheinen zu sehen. Pierre Dubois, Jurist – in der Forschung wurde er u. a. als einer der begabtesten mittelalterlichen Pamphletisten bezeichnet (Heater 1992: Kap. 1) – verfaßte um 1306 eine Schrift unter dem Titel „De recuperatione terrae sanctae". Äußerlich ging es darum, wieder einen Kreuzzug gegen die Heiden zustande zu bringen, was an der Uneinigkeit der Europäer und ihrer Kriege untereinander scheiterte. Ohne innereuropäischen Frieden kein Kreuzzug, so

Ich glaube nicht, daß ein vernünftiger Mensch es an diesem Ende der Zeiten noch für möglich halten kann, daß die ganze Welt in ihren zeitlichen Belangen von einem einzigen Monarchen gelenkt werden könnte – ein einziger Herrscher, der alles leiten würde und dem alle Gehorsam leisten als ihrem Vorgesetzten; ginge nämlich die Entwicklung dahin, so gäbe es Kriege, Aufstände und Mißhelligkeiten ohne Ende, und wer immer es auch unternähme, dem ein Ende zu setzen – die Vielzahl der Nationen, die große Entfernung und die verschiedene Beschaffenheit der Gebiete sowie der dem Menschen eigene Hang zur Uneinigkeit würden es ihm unmöglich machen.

Pierre Dubois,
De recuperatione terrae sanctae, 1306

lautete ein Grundargument bei Dubois, das bis an die Schwelle des 18. Jh.s immer wieder verwendet wurde, wenn es auch präziser dann nicht mehr direkt um Kreuzzüge, sondern um Krieg gegen die Türken ging. Um Frieden unter die christlichen Fürsten als Vorbedingung eines Kreuzzuges zu bringen, dachte Dubois an die

Schaffung eines Konzils mit dem Papst und den Fürsten, dem ein europäisches Schiedsgericht übergeordnet sein sollte. Unrecht sollte von den Mitgliedern fürderhin nicht mehr durch Krieg, sondern durch Klage vor dem europäischen Schiedsgericht geahndet werden. Dubois orientierte sich im übrigen an den gegebenen Machtverhältnissen. Seinen König, Philipp den Schönen von Frankreich, hätte er gerne als Kaiser gesehen. Abgesehen davon, daß niemand auf Dubois hörte, schon gar nicht der französische König, hat er einige Grundstrukturen formuliert, die in den weiteren Europaplänen immer wieder Verwendung fanden und die man noch heute in den europäischen Institutionen wiedererkennen kann. Der Ministerrat und die halbjährlichen Gipfeltreffen der Regierungschefs erinnern an den Fürstenkongreß/Konzil, das Schiedsgericht an den Europäischen Gerichtshof. Die Beschreibung des Schiedsgerichts, so wie Dubois es sich vorstellte, orientierte sich grundsätzlich an den Maßstäben, die schon das Mittelalter auf der Grundlage des wiederentdeckten Römischen Rechts an ein ordentlich und unabhängig funktionierendes Gericht stellte.

Die Verwirklichung eines solchen Schiedsgerichts setzte nicht nur den notwendigen politischen Willen aller Beteiligten voraus, sondern eine *Normen- und Wertegemeinschaft*, insbesondere auch eine Rechtsgemeinschaft. Gerade letzteres ließe sich gewiß in die Vorgeschichte der europäischen Einheitsidee einordnen. Grundsätzlich steht hinter all diesen Überlegungen aber nicht der Gedanke an ein *Europa der Bürger*, sondern nur der *Fürsten*, die heutige Problemstellung, nämlich „europäische Einheit", wird gedanklich *nicht* durchdrungen. Warum wird sie nicht durchdrungen? Weil Europa im großen und ganzen auf das Europa der Fürsten sowie des Papstes und der (freilich zu reformierenden) Kirche reduziert wird.

Das ursprüngliche Argument lautete daher nicht: europäische politische Einigung um Europas willen, sondern um des Christentums willen. Die Einigung wäre dann nicht das Ausgangsmotiv, sondern nur eine Folge eines anderen Motivs. Es stellt sich freilich die Frage, ob das Kreuzzugsmotiv tatsächlich so dringend war. In der praktischen Politik offensichtlich nicht. Dort ging es um eher weltliche Ziele, den Ausbau des Staates nach innen und Festigung seiner Position in Europa wie im Fall Frankreichs oder die Sicherung der größtmöglichen Machtposition im Reichsverband wie im Fall der Territorien des Heiligen Römischen Reiches. Christliche Motive konnten da nur mehr plakative Rollen übernehmen. So steckte hinter Dubois' Plan auch ein genuin französisches Interesse, das der Universalherrschaft in Europa. Dubois' Plan markierte den Beginn der von nationalen Interessen geleiteten Europapläne. Er markierte deutlicher als andere politische Schriften des 13. und 14. Jh.s, unter denen insbesondere Dante Alighieris (1265–1321) *De Monarchia* (1311) zu nennen wäre, die Abwendung von kaiserlichen bzw. päpstlichen Universalherrschaftskonzeptionen, deren praktische Zeit ausgelaufen war. Im 15. Jh. entstanden weitere Europapläne, auf die im 5. Kapitel zurückzukommen ist.

2.6 Europa und Kartographie

Kartographische Darstellungen
sind seit der vorchristlichen Antike überliefert, in weltgeschicht-
licher Perspektive drängt sich
der Hinweis auf, daß in China
vermutlich schon 2000 Jahre vor
Christus Karten gezeichnet wurden. Seit wann mit Hilfe von
Karten ein Bild der Welt zu
geben versucht wurde, ist nicht
genau zu bestimmen. Es mag
sein, daß die ältesten Karten
eher alltägliche Zwecke besaßen,
z. B. sollten sie die Abgrenzung
von Grundstücken und damit
auch die Besitzverhältnisse festhalten und dergleichen mehr.
Seit der griechisch-römischen
Antike existierten vielerlei Kar-
tentypen nebeneinander: lokale
Vermessungskarten, Kataster-

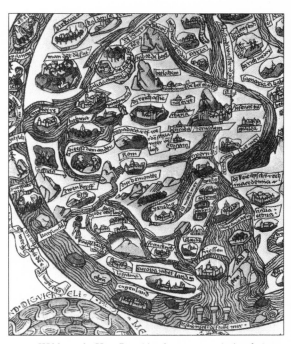

*2.9 Weltkarte des Hans Rüst (Augsburg, ca. 1490), Ausschnitt;
in der linken unteren Hälfte „europa iabet land".*

karten, Straßenkarten, Weltkarten. Die Karten- und Vermessungstechnik hat sich im
Lauf der Jahrtausende immer mehr verfeinert, entsprechend änderten sich die
Darstellungs- und Reproduktionstechniken von Karten. Dabei handelt es sich nicht
allein um einen Vorgang, der der Technikgeschichte und Geschichte der Kartographie zuzuweisen wäre, sondern ganz wesentlich um eine Veränderung des Blicks
auf die nächste wie auf die fernste Umgebung.

Den Grad an Empirismus und Rationalismus, den die antike Geographie bereits
erreicht hatte, mußten die Gelehrten des Spätmittelalters und der Frühen Neuzeit
erst wiedererlangen, bevor sie ihn mit Gerhard Mercator (1512–1594) übertreffen
konnten. Das zeigt sich vorwiegend an den Weltkarten des Mittelalters, deren
Schemenhaftigkeit in grandiosem Gegensatz zur tatsächlich möglichen ‚Genauigkeit'
steht, die mittelalterliche Regionalkarten aufweisen können. Die Zweigleisigkeit von
durchaus empirisch fundierten Regionalkarten einerseits und Schematismus der
Weltkarten andererseits wurde bis weit ins 15. Jh. hinein gepflegt. Die beiden Darstel-
lungstypen folgten völlig verschiedenen Interessen. Regionalkarten sind teilweise in den
Kontext der einsetzenden Nationalhistoriographie einzuordnen, z. T. dienten sie als

Itinerarien. Diese Itinerarien gaben sehr schematisch die Wege und Ortschaften an und wurden etappenweise aufgerollt (Pergamentrollen). Auch die Ritter, die zu den Kreuzfahrerheeren stießen, benutzten solche Itinerarien. Aufgrund der überlieferten schriftlichen Anleitungen zur Erstellung solcher Karten ist anzunehmen, daß eine ganze Menge von Regionalkarten und Itinerarien für diverse praktische Bedürfnisse gezeichnet wurden, selbst wenn nur wenige den Lauf der Zeiten bis heute überstanden haben. Die Pilgeritinerarien halfen, den Weg zu finden (der im übrigen bis weit in die Neuzeit überwiegend durch Erfragen gefunden wurde), ihnen lag nicht die Absicht zugrunde, ein größeres geographisches oder kulturelles Ganzes zu visualisieren.

Die Weltkarten des Mittelalters, von denen ca. 1.100 Stück nachgewiesen sind, visualisierten nicht Geographie, sondern Weltanschauung, die Erde als Ausdruck des göttlichen, vollkommenen Erschaffungsprozesses. Die bekannte Weltkarte von Hereford um 1280 deutet es durch die Christusfigur ganz oben an (Kupčík 1992: Abb. 5), die berühmte Ebstorfer Weltkarte aus der ersten Hälfte des 13. Jh. zeigt noch anschaulicher, daß die Welt als eine Art Corpus mysticum begriffen wurde: oben Kopf, links und rechts die Hände, unten die Füße Christi. In der Ebstorfer Weltkarte wurde die Welt gewissermaßen als Corpus Christi gemalt (Kugler 1995; Kupčík 1992: Abb. I). Den Mittelpunkt dieser Karten bildete immer Jerusalem, die drei Kontinente wurden als miteinander verbunden repräsentiert, ihre Aufteilung folgte einem T-Schema: in der oberen Hälfte Asien, in der unteren Hälfte links Europa und rechts Afrika (Variationen waren möglich; keine Weltkarte glich der anderen). In den ganz schematisch gehaltenen Weltabbildern, die sich die vielen Details der großen gemalten Weltkarten sparten (die im Original nicht mehr erhaltene Ebstorfer Weltkarte umfaßte ca. 12 qm), wurden die Kontinente mit Namen bezeichnet. Da die Weltkarten in den Kontext einer heilsgeschichtlichen Weltinterpretation gehörten, ist der Name „Europa" nicht nur als geographische Bezeichnung einzuordnen, sondern als Chiffre für den Platz Europas in der Heilsgeschichte zu verstehen. Anschaulich wird dieser Hintergrund, wenn, wie in der Weltkarte des Hans Rüst (Abb. 2.9), zu lesen ist: „europa iabet land", was „Europa, Land des Iafet" heißt.

Spezielle Europakarten waren nicht gerade ein Renner des Mittelalters. Das Bedürfnis, sich den Kontinent Europa genauer vor Augen zu halten, war gegenüber dem Bedürfnis nach Regional- und Weltkarten scheinbar unterentwickelt. Fündig wird man jedoch unter den See- oder Portolankarten, also wiederum Karten, die einem sehr praktischen Zweck, der See- und Handelsschiffahrt dienten, nicht aber dem Zweck, ein kulturell und/oder historisch zusammenhängendes Ganzes zu visualisieren. Ein sehr schönes Beispiel für diese Karten bietet die Pisaner Portolankarte von ca. 1300, deren Schwerpunkt im Mittelmeerraum liegt, die aber auch England und einen Teil des nördlicheren Europas umgreift (Kupčík 1992: Abb. 15). Im Verlauf der zweiten Hälfte des 15. Jh. und vor allem seit dem 16. Jh. entwickelte sich die kartographische Repräsentation Europas zu einer der Säulen in der bildlichen Darstellung des Kontinents, während sich gleichzeitig die Traditionen der Itinerarien, der lokalen und der Regionalkarten, ergänzt um eine explodierende Städte- und Landschaftstopographie, zu schönster Blüte entfalteten.

2.7 Konstruktionen des europäischen Menschen

Das Thema „Konstruktionen des europäischen Menschen" ist durchaus zweischneidig, denn zum einen hat es in seiner Spätzeit etwas mit der Rassenlehre zu tun, also mit absichtlicher Selbstdefinition, zum andern mit geschichtlichem Werden, als dessen Ergebnis auch eine Selbstdefinition steht, die aber nicht un-

Die äußersten Länder der Erde besitzen die kostbarsten Dinge; dafür hat aber Hellas bei weitem das gleichmäßigste Klima.

Wenn sie [sc. die Lakedaimonier] auch frei sind, sind sie doch nicht ganz frei. Ihr Herr ist das Gesetz (…).

Herodot, Historien, III, 106; VII, 104

bedingt rassistisch war bzw. ist. Der Begriff „europäischer Mensch" begegnet in vielerlei Zusammenhängen, scheint aber eine Begriffsschöpfung des späten 19./frühen 20. Jh. zu sein. Die Neuausgabe von 1989/1996 der „Kulturgeschichte der Neuzeit" von Egon Friedell [1927–1931 in drei Bänden erschienen] ziert als Klappentext ein Auszug aus Hilde Spiels Essay über Egon Friedell. Darin heißt es: „Mit einer unglaublichen Belesenheit, einem bestrickenden Witz, einem exakt wissenschaftlichen Verstand und wahrhaft subtilen Kunstgeschmack gibt er unzählige Aspekte der kulturellen Entwicklung des europäischen – und amerikanischen – Menschen von der Renaissance bis zum Ersten Weltkrieg." Auch Robert Musil sprach am Anfang des 20. Jh.s vom „europäischen Menschen". Nietzsche setzte eher den Begriff „Europäer" ein, wenn auch den ‚europäischen Menschen' meinend. (Lützeler 1998) Paul Valéry äußerte sich zum „europäischen Menschentypus", Husserl zum „europäischen Menschtum".

Oben war im Zusammenhang mit der Namensgebung Europas die allmähliche Entwicklung eines europäischen Selbstverständnisses angesprochen worden, das wichtige Impulse aus der Abgrenzung gegenüber anderen Kulturen in Bedrohungssituationen erhalten hatte. (Griechen/Perser; Karolinger/Araber; lat. Christenheit/ Osmanen). In diesem Rahmen wurde seit der Antike ein Bild vom *europäischen* Menschen geschaffen, mit dem das Eigene gegenüber dem Fremden bestimmt wurde. In der Regel standen am Anfang geographisch begrenzte Ausgangspunkte, die verallgemeinert wurden: So waren die ersten definierten Europäer eigentlich Griechen. Herodot stellte die Tapferkeit und Freiheit der Griechen den Persern entgegen. Je weiter andere Völker, die Herodot im Kontinent Europa verortete, von die-

sem Mittelpunkt seines Wissens und Denkens entfernt waren, desto mehr wurde beispielsweise auf ausschweifende sexuelle Verhaltensweisen Bezug genommen, eine
Verfahrensweise, die später auch in den Kolonisierungsgeschichten des 16. und 17. Jh.s
reiche Verwendung fand und die besprochenen Völker dem Bereich der Barbarei
außerhalb der eigenen Zivilisation zuwies. In der Ethnographie Herodots wurde
keine Identität von geographischem und kulturellem Europabegriff hergestellt; beide
deckten sich nur bezüglich Griechenlands. Kienast erwähnt eine anonyme Schrift
(überliefert als eine Schrift des Hippokrates) aus der Zeit vor dem Peloponnesischen
Krieg, in der zu lesen sei, „daß auf Grund der geophysikalischen Bedingungen die
Europäer mutiger und kriegerischer seien als die Asiaten. Denn der ewige Wechsel
des Klimas in Europa stärke Körper und Geist, während das milde Klima Asiens
Gleichgültigkeit und Feigheit erzeuge" (Kienast 1991: 17). Aristoteles habe diese
Gedanken aufgegriffen. ‚Die' Europäer, so scheint es, wurden schon sehr früh nicht
nur mental und kulturell, sondern auch körperlich unterschieden von anderen
Menschen gedacht (Kienast), jedenfalls wurde in der griechischen Antike ein Topos
geschaffen, der später ohne weiteres auch auf z. B. das nördliche Europa übertragen
werden konnte. ‚Klimatheorien', wie sie schon in der griechischen Antike anklangen,
wurden immer wieder aufgegriffen.

Dennoch bezeichneten sich die Menschen in Europa anfänglich ausgesprochen
selten als Europäer. Der in der Karolingerzeit verwendete Begriff „europenses"
bezeichnete die europäischen Krieger im Unterschied zu den Arabern, aber nicht
eigentlich „die Europäer". Die antiken Topoi wurden im Mittelalter durchaus wieder zu Ehren gebracht und im Kontext der kosmologischen Körperkonzepte genutzt.
Nicolas Oresme sprach im 14. Jh. nicht direkt von „Europäern" oder „Asiaten", sondern von „ceulz d'Asie" oder „ceulz d'Europe". Die Asiaten seien sklavisch (das sagte
auch u.a. Aristoteles), die Europäer freier, adliger. Die bessere Qualität der europäischen Menschen wurde mit dem nördlichen Sternenhimmel in Verbindung
gebracht, an dem sich mehr und größere und schönere Sterne fänden als in anderen
Teilen des Sternenhimmels (Hiestand 1991: 47). Dante verwendete zwar „Asiani" und
„Africani", nicht aber ein Wort wie „Europaei", statt dessen schrieb er „Europam
colentes" (Fritzemeyer 1931: 7). Das Gefühl „wir Europäer" entstand im Grunde erst
im Zuge der europäischen Expansion, als der Vergleich mit anderen Menschen in
anderen, dazu noch bis dahin unbekannten Kontinenten nicht zuletzt über
Flugblattholzschnitte dem „gemeinen Mann" nahegebracht wurde. Im späten 18. Jh.
knüpfte daran die sich als Wissenschaft etablierende Anthropologie an, in der die
ersten Überlegungen zu einer wissenschaftlichen Einteilung der Menschheit in
Rassen ausreiften. Das späte 19. Jh. pervertierte die Rassenlehre in eine rassistische
Lehre, aus der schließlich der Rassenantisemitismus und der deutsch-germanische
Rassismus der Nazis hervorging.

2.8 Prozesse kultureller Integration – Europäisierung Europas

Im Unterschied zu der Zeit seit dem 14./15. Jh. wurden bis dahin immer nur Prozesse einer teilräumlichen kulturellen Integration ausgelöst, die erst im späten Mittelalter an Nachhaltigkeit gewannen. Sowohl die antike griechische wie römische (vgl. Abb. 1.1) Zivilisation stellten – vom heutigen Europa her gesehen – nicht mehr als eine teilräumliche kulturelle Integration dar, die große Teile Europas *nicht* berührte. Das gilt sinngemäß auch für die keltische Zivilisation. Erst später, im Zuge verschiedener Rezeptionsprozesse, auf die in diesem Buch zurückzukommen ist, wurden diese Zi-

2.10 *Das Teil-Europa der Universitäten bis zum Ende des 15. Jahrhunderts.*

vilisationen im Kontext ihrer Wiederentdeckungen auf die Ebene einer bewußt gesuchten historischen und kulturellen Identität gehoben. Das läßt sich ähnlich für die spätantik-christliche und später für die karolingische Zivilisation formulieren. Diskontinuitäten, grundlegende Transformationen der römischen Zivilisation (Banniard 1993), die Ausbildung paralleler kultureller Zentren in Europa wie südlicher Mittelmeerraum (Carpentier/Lebrun 1998) und nördlicher Hanseraum (Ziegler 1994) sind zu berücksichtigen. Die Entwicklung der materiellen Zivilisation(en) ist nicht zu verwechseln mit der Art ihrer Präsenz im Bewußtsein von Menschen.

Selbst das Christentum hat Europa nicht die einheitliche Zivilisation gebracht, die ihm zugeschrieben wird. Schon das antike Christentum – und nicht erst die späteren Schismen sowie die Konfessionalisierung der Frühen Neuzeit – bildete heterogene Strukturen aus (Markschies 1997), so daß das Prinzip eines heterogenen Christentums erhalten blieb. Außerdem zog sich die Christianisierung des Kontinents über 1.200 Jahre hin, unter jeweils völlig veränderten Rahmenbedingungen. Es bildete sich in Europa keine überall gleichgeartete christliche Mentalität aus – von der politisch-konfliktuellen Instrumentalisierung des Christenheitsbegriffs bei Kaiser, Papst und Königen ganz abgesehen. Trotzdem bewirkte die in Europa praktizierte gegenseitige Zurechnung zur Christenheit ein Gemeinschaftsgefühl, das nicht zu unterschätzen ist und das trotz aller Glaubenskonflikte insbesondere für Zwecke der Abgrenzung gegenüber Nichtchristen aktiviert wurde. Gerade die Kreuzzüge machten eine wichtige Etappe in der Ausbildung jenes Gemeinschaftsgefühls aus (Flori 1997), obwohl sie – und das ist höchst charakteristisch – zugleich der Ausbildung und Sedimentierung protonationaler Stereotypen Vorschub leisteten. Besondere Wirksamkeit entfaltete das Christenheitsgemeinschaftsgefühl im Konflikt mit dem Judentum. Judenpogrome intensivierten sich im Augenblick der Kreuzzüge. Durch z. T. mordende Ausgrenzung des Judentums und jüdischer Kultur wurde zur kulturellen Definition von Christenheit beigetragen, auch wenn z. T. nach den ersten Pogromen an die Stelle von Ausgrenzung Abgrenzung trat, die kulturelle Transfers zwischen Juden- und Christentum ermöglichte.

Die politische Kolonisierung Europas war erst nach 1300 abgeschlossen, was wiederum Voraussetzung für die Entstehung eines Staaten*systems* war, das seinerseits wegen des zunehmenden Systemcharakters zum europäischen Integrationsfaktor wurde. Parallel zu dieser ,inneren' Kolonisierung breiteten sich vom karolingischen Kerngebiet ausgehend bestimmte kulturelle Techniken und Institutionen aus, die als eine Form kultureller Integration interpretiert werden können: Vereinheitlichung der Namensgebung, Münzgeld, Verschriftlichung/Urkunden, Schulen und Universitäten/Bildung: „(…) doch gehörten zu den gemeinsamen Zügen im kulturellen Gesicht des mittelalterlichen Europa sicherlich die Heiligen, die Namen, die Münzen, die Urkunden und das Bildungswesen (…). Im Spätmittelalter waren Europas Namen und Kulte wesentlich einheitlicher als je zuvor; überall prägten die Herrscher Europas Münzen, überall stützten sie sich auf Kanzleien; und Europas Beamte teilten einen gemeinsamen Erfahrungsschatz an höherer Bildung. In all diesen Punkten zeigt sich die Europäisierung Europas" (Bartlett 1993: 350).

Diese Liste könnte kulturgeographisch erweitert werden am Beispiel der Stadtentwicklung, der Ausbreitung von Mönchsorden, des gotischen Stils usf., der Verkehrswege und Handelsverbindungen, der Universitäten. Die Rezeption des Römischen Rechts, Institutionalisierungsprozesse im Bereich von Hof, Ständen, Verwaltung, Staatlichkeit kommen hinzu. Viele der kulturellen Merkmale würden erst im 15. Jh. in sehr großen Teilen Europas gleichzeitig festzustellen sein, dann aber sehr eindrucksvoll den zurückgelegten kulturellen Verdichtungsprozeß dokumentieren. Genau da aber begannen Humanisten mit dem, was oft ,Erfindung der Nationen' genannt wird – kein grundsätzlich neues Phänomen, aber doch auf einer neuen qualitativen Stufe. Genau da wurde der Begriff Europa ,inflationär', wurde die weibliche Form Europas in Text und Ikonographie zu einer zentralen Ausdrucksform. Der jüngere Europabegriff reflektiert die kulturellen Verdichtungsprozesse und bringt sie auf einen Namen: *Europa*.

■ Quellenzitate: *Altes Testament*: 1 Mose 9, 18–29; 10,1–32); *Boccaccio, Giovanni:* De claris mulie-ribus – Die großen Frauen. Lat.-Dt., Stuttgart 1995, Europa: S. 38–41; *Dubois, Pierre:* De recupera-tione terrae sanctae, Auszug und Darstellung in: Rougemont (1962), S. 57–61; *Hanke, Heinz R.:* Die Entführung der Europa. Die Fabel Ovids in der europäischen Kunst, Berlin 1967; *Herodot:* Historien. Dt. Gesamtausgabe. Übers. v. A. Horneffer. Neu hg. u. erl. v. W. Haussig. Mit einer Einl. v. W. F. Otto, Stuttgart 1971; *Kupčík, Ivan:* Alte Landkarten. Von der Antike bis zum Ende des 19. Jh., Prag 1980; *Moschos v. Syrakus:* Europamythos, in: Bühler, Winfried: Die Europa des Moschos. Text, Über-setzung und Kommentar, Wiesbaden 1960, S. 33–43.

■ Literatur: *Art. „Europe",* in: Kleiner Pauly, Sp. 446–449; *Art. „Europe",* in: Paulys Real-Enzyklopädie, Bd. 6, Stuttgart 1909, Sp. 1287–1309; *Banniard, Michel:* Europa. Von der Spätantike bis zum frühen Mittelalter, München 1993; *Bartlett, Robert:* Die Geburt Europas aus dem Geist der Gewalt. Eroberung, Kolonisierung und kultureller Wandel von 950 bis 1350 [engl. 1993], München 1996; *Bühler, Winfried:* Europa. Ein Überblick über die Zeugnisse des Mythos in der antiken Literatur und Kunst, München 1968; *Carpentier, Élisabeth:* Les Batailles de Poitiers. Charles Martel et les Ara-bes en 30 questions, La Crèche 2000; *Carpentier, Jean/Lebrun, François (Hg.):* Histoire de la Méditerranée, Paris 1998; *Heater, Derek:* The Idea of European Unity, London 1992; *Hiestand, Rudolf:* „Europa" im Mittelalter – vom geographischen Begriff zur politischen Idee, in: H. Hecker (Hg.), Europa – Begriff und Idee, Bonn 1991, S. 33–48; *Fischer, Jürgen:* Oriens – Occidens – Europa. Begriff und Gedanke „Europa" in der späten Antike und im frühen Mittelalter, Wiesbaden 1957; *Flori, Jean:* La première croisade. L'Occident chrétien contre l'Islam (Aux origines des idéologies occidentales), Brüssel 1997; *Fritzemeyer, Werner:* Christenheit und Europa. Zur Geschichte des europäischen Gemeinschaftsgefühls von Dante bis Leibniz, München 1931; *Karageorgos, Basileios:* Der Begriff Europa im Hoch- und Spätmittelalter, in: Deutsches Archiv 48 (1992), S. 137–164; *Kienast, Dieter:* Auf dem Wege zu Europa. Die Bedeutung des römischen Imperialismus für die Entstehung Europas, in: H. Hecker (Hg.), Europa – Begriff und Idee …, Bonn 1991, S. 15–31; *Kugler, Hartmut (Hg.):* Die Ebstorfer Weltkarte, Berlin 1995; *Lützeler, Paul Michael:* Die Schriftsteller und Europa. Von der Romantik bis zur Gegenwart [1992], Baden-Baden, 2. Aufl. 1998; *Markschies, Christoph:* Zwischen den Welten wandern. Strukturen des antiken Christentums, Frankfurt 1997; *Rougemont, Denis de:* Europa. Vom Mythos zur Wirklichkeit, München 1962; *Sieberer, Wido:* Das Bild Europas in den Historien. Studien zu Herodots Geographie und Ethnographie Europas und seiner Schilderung der persischen Feldzüge, Innsbruck 1995; *Zahn, Eva:* Europa und der Stier, Würzburg 1983; *Ziegler, Uwe:* Die Hanse. Aufstieg, Blütezeit und Niedergang der ersten europäischen Wirtschaftsgemeinschaft. Eine Kulturgeschichte von Handel und Wandel zwischen 13. u. 17. Jh., Bern u. a. 1994.

Anmerkungen:

[1]   Quantifizierung in der Grafik aufgrund des Kataloges bei Zahn 1983.
[2]   Wichtige neue Ergebnisse hat die bisher unpublizierte Magisterarbeit von Klaus Oschema, Bamberg, erbracht: Oschema, Klaus: Zwischen Weltbild und Weltanschauung. Studien zum Europa-Begriff des 12. bis 15. Jh.s, Magisterarbeit bei Prof. Bernd Schneidmüller, Bamberg 1999.

Europa entdecken, Europa begrenzen: Geographische und kartographische Repräsentationen in der Neuzeit

Daß wir uns Europa geographisch vorstellen, erscheint uns wie eine Selbstverständlichkeit. In der Schule werden wir im Geographie- und Geschichtsunterricht mit vielerlei Europakarten konfrontiert, ebenso wie uns Geschichte, politische Ordnung, Geographie, Bodenschätze, Wirtschaft usw. anderer Teile der Erde über Karten vermittelt werden. In einem Projekt zu europäischem Lernen in der Grundschule, das Ende der 1970er Jahre von Gordon H. Bell, Erziehungswissenschaftler an der Universität Nottingham (GB) initiiert worden war, spielte die Repräsentation Europas durch Karten eine wichtige Rolle. Noch um 1500 war es aber keineswegs für den „Durchschnittsmenschen" normal, sich die Welt oder Teile mittels einer geographischen Karte vorzustellen. Dies wurde erst im Lauf der Frühen Neuzeit zur Sehgewohnheit.

Die Europakartographie muß sicherlich zu jenen Repräsentationsformen gerechnet werden, die jeweils ein breiteres Publikum erreichten. Der Begriff „breiteres Publikum" versteht sich immer in Relation zur jeweiligen Epoche. In der Frühen Neuzeit wurden Europakarten als Holzschnitte und Einzeldrucke vertrieben oder sie wurden in die beliebten Kosmographien, in zu Atlanten ausgebaute Kompilationen oder historiographische Werke eingefügt. Das Publikum bestand aus lesekundigen Adligen und Bürgern, Gelehrten und Kaufleuten, lesekundigen Handwerkern und Geistlichen, Künstlern und Literaten, Entdeckern und Reisenden, Beamten und Diplomaten. Es handelte sich um ein höfisches und städtisches Publikum. Spätestens seit der Epoche der Französischen Revolution und der Napoleonischen Kriege wurden über die politische Satire und Karikatur der nicht-wissenschaftlichen Europakartographie neue Publikumsschichten erschlossen. Die Nationalsozialisten benutzten suggestive Europakarten als Mittel der Massenpropaganda.

Die unterschiedlichen Typen von Europakarten im Lauf der Epochen entsprachen vorhandenen Wahrnehmungsmustern, Denkstilen und topischen Traditionen. Es ist aber anzunehmen, daß sie wegen ihrer Verbreitung über die jeweils zur Verfügung stehenden Massenmedien bei einem Teil des Publikums zur Prägung von Europavorstellungen beitrugen, und nicht nur ohnehin Selbstverständliches reproduzierten. Seit der Revolutionsepoche der 1780er Jahre wurden überall in Europa breitere Bevölkerungsschichten in dem Sinn politisiert, daß sie mit politischen Theorien,

Entwürfen und Plänen konfrontiert wurden, die nicht nur den Umbau des bestehenden monarchischen politischen Systems beinhalteten, sondern die unzähligen lokal zentrierten kleinen politischen Kosmoi in nationale oder übernationale Entwürfe eingliederten und eine Strukturbereinigung vorantrieben. In diesem Kontext standen (nicht-wissenschaftliche) Europakarten. Sie wurden erstmals neuen Publikumsschichten zugänglich gemacht, die nur teilweise oder gar nicht den angesprochenen Wahrnehmungsmustern, Denkstilen und topischen Traditionen verpflichtet waren.

3.1 Europakarten in der Frühen Neuzeit

3.1 Europakarte von Matthaeus Merian: Theatrum Europaeum, Band 1 [1635].

Erst in der Frühen Neuzeit kollidierte die beschriebene Idealisierung der Weltkarten mit der empirisch stärker erforschten Vielfalt der Welt und war nicht mehr haltbar. Dies geschah allerdings in einem recht langen Übergangsprozeß, wie die weiter unten zu besprechende Erfolgsgeschichte der Ptolemäischen Geographie im 15./16. Jh. beweist. Die Frühe Neuzeit entwickelte aus der ‚Naturbetrachtung‘, aus der Betrachtung der empirisch erfahr- und faßbaren Welt eine neue Weltanschauung, die sich nur allmählich an die Stelle der alten setzte. Die Veränderung der Kartographie folgte der Entwicklung der Geographie als eigenständiger Wissenschaft, dabei galt es vorrangig, das Verhältnis zur Theologie und zum Glauben zu klären. Federführend in diesem Prozeß waren protestantische Theologen wie Philipp Melanchthon (1497–1560) oder Lambert Danaeus bzw. Daneau (ca. 1530 bis 1595; Lebensstationen in Genf, als Pfarrer in Gien, als Professor und Pfarrer in Genf, 1581 als Professor in Leiden, dann in Gent, Orthez, Lescar, zuletzt Castres), einem heute erst wiederentdeckten Schüler Jean Calvins (1509–1564), der in seiner Zeit aber zu den meistgelesenen Theologen und Geographen gehörte. Erkennung der Natur, Wissenschaft von der Natur war Gotteserkenntnis. So betitelte Danaeus seine hier einschlägige Schrift als „Physica Christiana" (Leiden 1576) (Büttner 1998). Der Drang zur Erkenntnis mündete in eine Kombination aus Physio- und Kulturgeographie. Neben Mercator revolutionierte Bartholomäus Keckermann (1571/73 bis 1608; Professor in Danzig) die Geographie. Er versuchte das Verhältnis zur Glaubenslehre neu zu bestimmen. Sein Ansatzpunkt war die Gottebenbildlichkeit des Menschen, die durch den Sündenfall verlorengegangen war. Erkennen und Begreifen der Natur, schließlich Beherrschung der Erde wurden als Wege zur Gottebenbildlichkeit verstanden. Mögliche Gegensätze zwischen empirischer naturwissenschaftlicher Erkenntnis und Glaube wurden damit überbrückt. Unnötig auszuführen, daß die genannten „Geographen" wie die meisten Gelehrten der Zeit nicht in Wissenschaftsdisziplinen dachten wie wir heute, sondern in gewissen Grenzen Universalgelehrte waren, die ebenso theologische wie naturwissenschaftliche Traktate verfaßten.

An der Schwelle zur Neuzeit standen, grob vereinfacht, zwei sehr eindeutig voneinander unterschiedene Verfahren geographischer Repräsentation zur Verfügung. Zum einen wurden Karten nach mehr oder weniger empirischen bzw. wissenschaftlich-empirischen Grundsätzen erstellt, weil sie einen praktischen Zweck erfüllen mußten. Dieses Verfahren beschränkte sich auf lokale, regionale und überregionale Räume wie beispielsweise „Mitteleuropa" (kein zeitgenössischer Begriff), also im Kern das Heilige Römische Reich. Um 1450 verfaßte Nicolaus Cusanus (1401–1464) eine für damalige Verhältnisse sehr genaue Beschreibung Mitteleuropas einschließlich der baltischen Länder und der westlichen Schwarzmeerküste. Nach seiner (verlorenen) Beschreibung wurden gegen Ende des Jahrhunderts und zu Beginn des 16. Jh.s ‚Mitteleuropakarten' gestochen. Der Augsburger Kupferstecher Hans Burgkmair (1473–1531) druckte von einer Kupferplatte, deren Fertigung in Italien begonnen, von Konrad Peutinger (1465–1547) dort erworben und zur Fertigstellung nach Deutschland gebracht worden war, wo sie Burgkmair dann 1491 nutzte. Von ca. 1492 stammt eine Karte von Erhard Etzlaub (1462–1532) (Nürnberg), in der die Wege nach Rom „durch deutzsche Landt" eingezeichnet waren. Während die Karte im Westen von den Niederlanden („Seelande") im Norden bis Narbonne im Süden begrenzt wird, zeigt sie im Osten noch einen gut Teil Polens und Ungarns längs einer Nord-Süd„linie" von Danzig über Krakau und ‚Budapest'. In den Holzblock, von dem die Karte gedruckt wurde, waren keine Landes- oder Reichsgrenzen eingeschnitten worden, allerdings wurden wenigstens zum Teil die gedruckten Karten von Etzlaub anschließend handkoloriert. Auf einer dieser Karten erscheint Böhmen hellgelb, Ungarn grasgrün, die Lausitz dunkelgelb usw. (Kupčík 1992: 49).

Der Aufstieg der Europakarten seit dem späten 15. Jh. hing eng mit der kartographischen Repräsentation der Erdteile zusammen, also mit der veränderten empirischen Erfassung der gesamten Welt. Er wurde begleitet von den aufkommenden Erdteilallegorien. Es scheint wichtig festzuhalten, daß den Europakarten eine Unzahl lokaler und regionaler kartographischer Beschreibungen voranging. Erst die genauere Detailkenntnis der Räume oder vieler Räume in Europa ermöglichte die Europakarten als Konsumprodukt, als ausgesprochenes Nachfrageprodukt. Der Personenkreis, der im Besitz solcher Karten war, erweiterte sich gegenüber dem Rezipientenkreis beispielsweise der Portolankarten, aber in aller Regel wird es sich um ein zahlungskräftiges oder in gewisse Tauschmechanismen eingebundenes Publikum (Drucker und Verleger, Kaufleute, Adel, Höfe, reiche Bürger, Gelehrte, Künstler) gehandelt haben. Die Herstellung von Kupferstichkarten war ein vergleichsweise teures Unterfangen; die billigeren Holzschnitte, die heute vielfach verloren sind, mögen ein breiteres Publikum erreicht haben, aber mangels Quellen können dazu keine exakten Angaben gemacht werden (Woodward 1996).

Zumeist hießen diese Karten nicht ‚Karten', sondern „descriptio"/„descrittione" oder etwa „delineatio". Womöglich steckt in dieser Betitelung der Hinweis auf die ausführlichen textuellen geographischen Beschreibungen mit den Koordinatenangaben, nach denen die Karten erstellt wurden. Die ‚Geographie' des Ptolemäus, die ‚Mitteleuropakarte' des Nicolaus Cusanus usf. waren keine Karten, sondern exakte Angaben zur Herstellung entsprechender Karten. Der Text ging dem Bild voraus.

Der britische Historiker John Hale überschrieb das erste Kapitel seines Buches über die Kultur der Renaissance in Europa mit „Die Entdeckung Europas" (Hale 1994). Das mag im ersten Augenblick verwunderlich erscheinen, denn war um 1500 Europa nicht schon längst entdeckt und dicht besiedelt, fanden Entdeckungen nicht außerhalb Europas statt? Die Titelwahl verweist auf einen auffälligen Parallelismus in der Geschichte Europas seit dem 15. Jh.: Die Entdeckungsreisen nach Afrika, Amerika, Asien führten nicht zuletzt – aus europäischer Sicht – zur Entdeckung neuer Kulturen mit einer eigenen, d. h. vor allem einmal nicht-europäischen und nicht-christlichen Sinngebung. Trotz allem, was getan wurde, um diese Kulturen zu zerstören bzw. sie auf eine europäisch-christliche Sinnerfülltheit umzupolen, entwickelte sich nicht nur bei Gelehrten eine spezifische Neugierde auf das Nicht-Europäische, auf dessen Beschreibung und auch auf dessen Verständnis. Ethnologie als Wissenschaft nahm in dieser Zeit ihren Anfang.

Jene Neugierde beschränkte sich nicht nur auf das Außereuropäische, sondern erstreckte sich auch auf den europäischen Kontinent. Zu Beginn des 15. Jh.s wurde die antike Geographielehre des Claudius Ptolemäus (ca. 100–170 n. Chr.) in Italien ins Lateinische übersetzt und die wahrscheinlich nicht von Ptolemäus selbst gezeichneten Karten, darunter besonders die Weltkarte, gedruckt. Der byzantinische Gelehrte Emmanuel Chrysolarus (auch: Emanuel Chrysoloras; ca. 1335–1415) hatte das Manuskript der Geographie des Ptolemäus nach Italien mitgebracht, wo er u. a. Griechisch lehrte. Sein Schüler Jacobus Angelus (Jacopo d'Angelo) übersetzte das Werk 1409 in Florenz, das schnell zu einer Art Bibel der Geo- und Kosmographie aufstieg und bis gegen Ende des 16. Jh.s immer wieder neu aufgelegt wurde. Kolumbus hatte sich intensiv mit Ptolemäus befaßt. Die antike Weltkarte selbst stimmte mit den vorhandenen geographischen Kenntnissen nicht mehr überein, dennoch behauptete sie sich lange Zeit parallel zum Fortschritt der Wissenschaft. Die Verleger geographischer und kosmographischer Werke lösten das Problem im 16. Jh. zumeist so, daß sie neben der berühmten Karte des Ptolemäus auch die aktualisierten Weltkarten mit abdruckten. So wurde beispielsweise in Sebastian Münsters (1488–1552) „Kosmographie" (erstmals Basel 1544) verfahren; daß Ptolemäus „alt" und die anderen Karten „neu" seien, wurde ausdrücklich hervorgehoben. Zwar wurden Karten auch für gelehrte und Studienzwecke gekauft, sie waren aber ebensosehr Sammelobjekte wie z. B. Gemälde, sie dienten als Schmuck in Privathäusern. Dort hingen sie ggf. in Empfangsräumen und in Studierkammern, in die ein ausgesuchtes Publikum eingeladen wurde. Bei dieser Art Zurschaustellung im eigenen Haus kam es nicht unbedingt auf den letzten Stand geographischer Erkenntnis an, vielmehr galten die gerahmten und ausgehängten Karten als Insignium für die geistige Heimat des Besitzers: die Welt; Europa und die Welt; etc. (Woodward).

Nun stützte sich auch Enea Silvio Piccolomini (1405–1464) in seiner Asien und Europa umfassenden Kosmographie, die postum seit 1501 als Druckwerk verbreitet wurde, auf die antiken Schriftsteller, aber es ist das Charakteristische der Renaissance, daß die Auseinandersetzung mit dem Wissen der Alten Welt und die Konfrontation mit den neuen empirischen Erfahrungen zu einer allmählichen Neuformung des Wissens von der Welt führte. Denkt man von der Grundlage des überlieferten antiken Wissens her, in dem Amerika nicht vorkam und Afrika nur sehr ‚verkürzt', erscheint es fast selbstverständlich, daß Europa zum Gegenstand intellektueller und wirklicher Entdeckungsreisen gemacht wurde.

Man wollte wissen, was ist, aber auch, wie das, was ist, geworden war. Genauso wie sich die Anatomie der Renaissance auf Entdeckungsreise in den menschlichen Körper begab, ohne sofort überall den durch das Mittelalter und die antiken Quellen vorstrukturierten und gelenkten Blick zu verlieren, wurde der Kontinent Europa untersucht. Die innereuropäischen Entdeckungsreisen waren von einem starken historischen

Interesse begleitet, das die Erdgeschichte mit einschloß. Schon im Lauf des Mittelalters hatte sich der Geist der Gelehrten zu der Einsicht bequemt, daß die biblische Schöpfungsgeschichte der Ausdeutung bedurfte. Denn entsprechende empirische Beobachtungen und daraus gezogene Schlußfolgerungen ließen die These aufkommen, daß auch die Erde selbst eine Geschichte habe, daß ihr Äußeres dem Wandel, der Veränderung unterworfen sei. Man stellte sich z. B. die Frage nach der Entstehung von Bergen und Tälern und kam auf die Rolle des Wassers, das sich seinen Lauf in Gestein und Erde grub. Anfangs wurde über Umwelteinflüsse solcher Art nachgedacht, im 17. Jh. kam man der wirklichen Ursache der Entstehung von Gebirgen wie der Alpen auf die Spur (Blei 1987).

Es existierte somit eine Vielzahl von Motiven, sich auf innereuropäische Entdeckungsreisen zu begeben. Seit dem 15. Jh. wurde die Kartographie wissenschaftlich vorangetrieben, und allmählich stimmten auch die Proportionen der Kontinente zueinander. Das Aufkommen der Globen signalisiert hervorragend den Willen zur Wissenschaftlichkeit. Zwar blieb Europa der kleinste Kontinent – für den Griechen Herodot war er hingegen der größte gewesen! –, aber gegenüber den antiken Weltkarten oder den mittelalterlichen, die Jerusalem als Weltmittelpunkt darstellten, gewann Europa an Größe. Davon abgesehen weisen die frühen Europakarten eine Besonderheit auf: diese Karten kennen keine Staatsgrenzen. Die sich an Mercators Europakarte anlehnende Europakarte (1635/1643) des Matthaeus Merian in Band 1 des Theatrum Europaeum (Abb. 3.1), über das sie eine weite Verbreitung erreichte, erfüllte diese Tradition in der ersten Hälfte des 17. Jh.s noch einmal mit Leben (Schmale 1997). Noch wurde aus Grenzen keine unbedingte Identität geschöpft, nur nach Osten hin galt es, eine geographische Grenzlinie zwischen Europa und Asien zu sehen. D. h. nicht, daß man sich nicht der Existenz unterschiedlicher Herrschaftsgebiete bewußt gewesen wäre; Ende des 16. Jh.s tauchten vereinzelt in Europakarten gepunktete Linien auf, die Grenzverläufe zwischen den Herrschaftsgebieten andeuteten, es wurden regionale Karten herausgegeben und Städteansichten, die, zumindest im letzteren Fall, lokale Identitäten illustrierten, z. T. erst hervorriefen. Aber selbst wenn Herrschaft gewissermaßen sein mußte, so waren Grenzen nichts wirklich Trennendes. Die Grenzen der Herrschaftsgebiete waren oft unklar, umstritten, ohnehin nicht geradlinig, die Vorstellung „natürlicher Grenzen" verhalf zur Orientierung im Raum, sie begrenzte aber nicht wesentlich Identitäten. Sprachgrenzen hingegen wurden deutlicher empfunden und ggf. politisch ausgenutzt. „Als Heinrich IV. im Jahre 1601 Teile von Savoyen besetzte, ließ er die Bewohner wissen: «Da ihr von Natur her Französisch sprecht, war es vernünftig, daß ihr Untertanen des französischen Königs seid»" (Hale 1994: 46).

In der Regel finden sich die Europakarten (Wintle 1999) in umfassenderen geographischen Werken, in aktualisierten Ausgaben der Ptolemäischen Geographie, in Kartensammelbänden, in der 2. Hälfte des 16. Jh.s dann in Atlanten, die anfangs aus zusammengebundenen Einzelkarten bestanden. Diese Kompilationen boten oft alles von der Weltkarte bis zur Regionalkarte und Stadtansicht. Parallel dazu entstanden nationale Kartenwerke wie das Théâtre françois (Tours 1594) oder das Theatre of the Empire of Great Britaine (London 1614) (Kartenbeispiele in Wolff 1995). Angesichts des deutlich dokumentierten Bewußtseins regionaler und ‚nationaler‘ Eigenheiten scheinen die ein grenzenloses Europa darstellenden Karten nachdrücklich die Wahrnehmung eines einheitlichen geographischen Körpers namens Europa zu belegen. In den Atlanten des 18. Jh.s hingegen taucht ein staatlich geordnetes Europa auf, auch wurden Karten mit den Verbreitungsgebieten der Konfessionen erstellt (Kartenbeispiele in Wolff 1995: Abb. 55, 56, 57).

3.2 Europakartographie und Europas Grenzen in der Frühen Neuzeit

Die vermutlich erste Europakarte, die sich deutlich von den mittelalterlichen Vorbildern und der Geographie des Ptolemäus löste, war eine Karte von Martin Waldseemüller (1470– ca. 1520) von 1511 (Hale 1994: Abb. S. 31). Sie steht noch „auf dem Kopf", und der Norden Europas beschränkt sich auf England und Irland. Das war keine Spezialität Waldseemüllers, auch Sebastian Münster ließ Europa vor den skandinavischen Ländern enden. In seiner „Mappa Europae" von 1536 schrieb er im Begleittext, der „gemeinen beschreibung und begriff Europe": „Europa endet sich gegen Nidergang an dem Atlantischenn meer : gegen mitternacht an dem Brittanischen oder grossen Teutschen meer :

Es ist aber gedachtes Land Europa *eines von den vier Theilen der Welt (…) Gegen Abend grentzet es an das Atlantische Meer, gegen Mitternacht an das Eiß=Meer, und gegen Morgen wird es von Asien geschieden durch den* Archipelagum, *den See* Marmora, *die Meer=Enge bey Gallipoli, das schwartze Meer, die Meer=Enge von* Cassa *oder den* Bosporum, *den See* Zabaque *und den Fluß* Don *oder* Tanais, *von welchem man eine Linie biß an den Fluß* Obi, *und von dar vollends an das Eiß=Meer ziehen muß. Und darinnen sind der meißte Hauffen derer alten Erd=Beschreiber mit den neuern eins, daß sie den* Tanais *zur Grenze zwischen* Europam *und* Asiam *setzen. (…) Alles nun, was man von der lincken Hand zu gegen Abend antriff, ist* Europa, *alles übrige zur rechten Hand aber* Asia.*

Johann Heinrich Zedler,
Artikel „Europa" (1734)

gegen mittag an dem mittel oder Wendel meer : gegenn auffgang an dem fluß Tanaim/dem die Scithe Silim heissenn/Meotida odder das meer Pontus."

Die Europakarten des 16. Jh.s lassen nichts von den politischen Kämpfen der Zeit spüren. Sie suggerieren ebensowenig irgendein Übergewicht z. B. des Westens oder des Südens. „Weder für die Kartographen noch für die Handeltreibenden bestand Europa aus einem »fortgeschrittenen« Mittelmeer- und einem »rückständigen« Ostseeraum oder aus einem politisch und wirtschaftlich hochentwickelten atlantischen Westen und einem nur marginal bedeutenden Osten. In der Küstenzone von Nord- und Ostsee war man genauso aktiv wie im Mittelmeerraum, und ihr südlicher Bereich war durch Handelsbeziehungen mit dem übrigen Europa verknüpft, während ihre Häfen durch die Handelsgemeinschaft der Hanse miteinander verbunden waren" (Hale 1994: 33 f.).

Was die Darstellung des Nordens angeht, so verdichtete sich im Lauf des 16. Jh.s die Kenntnis vom nördlichen Europa. Zwar hatte ein dänischer Geograph (Claudius Clausson Svart) 1427 einer Ausgabe der Ptolemäischen Geographie eine Skandinavienkarte beigegeben und damit ein frühes Beispiel einer nordeuropäischen Regionalkarte geschaffen, aber er mußte sich auf nicht ganz frische Erzähltraditionen stützen. Immerhin erregte sein Versuch die Aufmerksamkeit der Gelehrten und beeinflußte die Nordeuropakartographie für lange Zeit. 1532 schuf Jacob Ziegler (1470–1549) eine neue Skandinavienkarte, für die er bei den Erzbischöfen von Drondheim und Uppsala Informationen einholte. Weitere Karten folgten. Die Weltkarte des berühmten Geographen Mercator von 1569 gab ein bereits erstaunlich korrektes Abbild dieses Teils Europas (Broc 1986).

Generell muß nach gegenwärtigem Forschungsstand angenommen werden, daß die bildlich-kartographische Repräsentation Europas in Osteuropa wesentlich weniger verbreitet war als in West- und Mitteleuropa. Vor allem in Polen entstanden Polenkarten, während sich in Rußland nur eine rudimentäre Kartographie entwickelte. Die Zentren der Karten- und Atlantenproduktion lagen zunächst in Italien und im Heiligen Römischen Reich deutscher Nation (15. bis frühes 16. Jh.), dann in den Niederlanden (zweite Hälfte des 16. Jh.s), später auch in Frankreich und England sowie seit dem frühen 18. Jh. wieder vermehrt im Reich. Wien stand über Jahrhunderte, bis in den Ersten Weltkrieg, an vorderster Stelle der Kartenproduktion und -entwicklung (Dörflinger/Hühnel 1995). Wie immer im Fall der Druckkunst taten sich ganz bestimmte Städte als Zentren der Karten- und Atlantenproduktion hervor (Venedig und Rom im 16. Jh. zusammen mit den wichtigen Druckorten im Reich; später Antwerpen; usw.), aber Druckplatten wurden quer durch Europa gehandelt. Eine Quantifizierung der Produktion an Welt-, Europa-, Teileuropa-, ‚National'- und Regionalkarten wäre aufgrund der zahlreichen Repertorien (Moreland/Bannister 1989) vermutlich möglich, bedürfte aber einer sehr aufwendigen Auswertungsarbeit.

Wie weit aber reichte nun dies so schön einheitlich dargestellte Europa? Sebastian Münster hatte in seiner „Mappa Europae" von 1536 eine Antwort gegeben, die einige Fragen offenließ. Vom Norden wußte er wohl nicht allzuviel, so viel, wie der Name der Hanse ihm vermutlich sagen konnte. Rußland war bis zum Don eingeschlossen. Im Begleittext zur Mappa Europae wurde der Türkei einige Aufmerksamkeit gewidmet, die gemessen an der Seitenzahl nur von dem das Römische Reich deutscher

Nation betreffenden Kommentarteil übertroffen wurde. Bis ins 18. Jh. hinein wurde der unter osmanischer Herrschaft stehende Balkan als europäische Türkei, das übrige Reich als asiatische Türkei bezeichnet.

Während der Europamythos und die „Europa" der Erdteilallegorie mühelos als ikonographischer Ausdruck eines ‚irgendwie' gedachten Europas zu verwenden waren, zwang die kartographische Repräsentation Europas zu höherer Präzision. Es mußte entschieden werden, was dazugehörte und was nicht, auch wenn die Möglichkeit bestand, die Europakarten an den binnenkontinentalen Grenzen, also vor allem nach Osten hin, ins Unbestimmte ausfransen zu lassen. Dadurch, daß die Karten die innere Anatomie Europas visualisierten wie kein anderes ikonographisches Mittel, schufen sie sicherlich ein verändertes, genaueres Bewußtsein von Europa bei den Betrachtern der Karten. Auf knappem Raum, mit ‚einem' Blick zu erfassen, schufen sie ein Abbild von Europa und waren in dieser Hinsicht dem umständlicheren Medium des Textes überlegen. Daß solche Karten ein Bewußtsein schufen und veränderten, mag die immer genauere Erfassung des Nordens illustrieren. Aber letztlich reichte die Aussagekraft der Karten nicht weiter als die textuell fixierte Kenntnis von Europa, sie dürfen kaum als Motor einer Bewußtseinserweiterung verstanden werden. Dies läßt sich besonders gut am Beispiel Rußland in Text und Kartographie nachvollziehen.

Wie sah es folglich mit Rußland aus? Während die Gemüter in West und Mitteleuropa mit der Eroberung des amerikanischen Kontinents beschäftigt waren, eroberte Moskau zur selben Zeit große Teile Sibiriens, erreichte im Süden das Schwarze und das Kaspische Meer (Abb. 3.2). „Um diese Vorstöße nach Asien kümmerten sich die Europäer nicht. Was sie dann doch zwang, von Rußland Kenntnis zu nehmen, waren die gen Westen gerichteten Einfälle in Livland und Estland, die zu litauischen und schwedischen Gegenangriffen führten. Durch diese Attacken (…) beschwor (Rußland) die gespenstische Vorstellung herauf, der Ostseeraum und Osteuropa würden von seinen endlosen Horden überschwemmt werden" (Hale: 37). Reiseberichte hoben auf das ‚asiatische' Aussehen der Russen ab. Im 15. Jh. hatten jedoch Handelsbeziehungen zwischen der Hanse und Moskau bestanden, die Entwürfe zum Kreml stammten von italienischen Architekten, deutsche und böhmische Soldaten und Kanonengießer ermöglichten die Eroberungszüge. 1549 veröffentlichte Sigismund von Herberstein (1486–1566) die „Rerum moscoviticarum commentarii" (1567 dt.) und beschrieb das Land, das im allgemeinen nicht gut bekannt sei. Die Türkei rechnete er zu den bekannten Ländern. „Gleichwohl ging man davon aus, daß klassische Geographen recht gehabt hatten: »Tanais oder Don«, schrieb Herberstein, »ist ein namhafftiger bekandter fluß/welcher Europam von Asia absünderet.«" (Hale: 39). Das hatte z. B. der schon erwähnte Snorri Sturluson um 1230 gesagt, alles in allem eine Einschätzung, die Strabo im 1. Jh. v. Chr. aufgrund der antiken Literatur

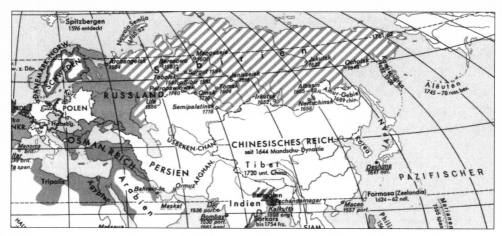

3.2 Die russische Expansion in der Frühen Neuzeit (Kartenausschnitt).

mitgeteilt hatte. Ob nun Moskau zu Europa zähle oder nicht, war umstritten. Ortelius, einer der Schöpfer des neuen Buchtypus „Atlas" im 16. Jh., rechnete Moskau zu Asien. Überhaupt waren die Kenntnisse sehr unpräzise, was nicht zuletzt an der beschränkten Bewegungsfreiheit Reisender lag. Vermessungsorgien, wie sie im übrigen Europa gang und gäbe waren, konnten in Rußland nicht stattfinden.

Sehr viel weiter als das 16. kam das frühe 18. Jh. nicht. Das zitierte Universallexikon Johann Heinrich Zedlers wiederholte im Prinzip die bekannten Positionen. Rein geographisch war die Frage nach der Zugehörigkeit Rußlands zu Europa aber doch geklärt: Rußland bis zum Don gehörte dazu, am Ostufer begann Asien. Geklärt war freilich nichts, denn der Don entsprang schon damals tief im Süden von Moskau, und so sagte dies nichts über den nördlichen Teil Rußlands aus.

Die Antworten der Geographen reflektierten im Grunde den Stand der schwachen Durchdringung des Raums östlich des polnischen Reiches und des ‚Balkans', die geringe kommunikative Vernetzung, deren Maschen bezüglich Rußland erst im 18./19. Jh. nachhaltig und besonders aufgrund russischen Betreibens enger geknüpft wurden. Insoweit wundert es nicht, wenn sich andere wie Sully eher auf kulturelle Argumente stützten [ausführlicher s. Kap. 5]. Dieser meinte 1632 in seinem Europa-Projekt „Großer Plan": „Von Moskau oder Polen rede ich hier nicht: Dieses ungeheure Land, welches sich auf sechshundert (französische) Meilen in die Länge und auf vierhundert in die Breite erstreckt, wird zum Teil noch von Götzendienern bewohnt, zum Teil auch von schismatischen Griechen und Armeniern, deren Gottesdienst mit tausenderlei abergläubischen Gebräuchen vermischt ist und mit dem unsrigen eben deswegen sehr wenig Ähnlichkeit hat; es kann überdies mit ebensovielem Grunde zu Asien als zu Europa gerechnet und für ein ganz unzivilisiertes

Land gehalten werden, so daß es mit der Türkei in eine Klasse gehört, ob man ihm gleich seit fünfhundert Jahren eine Stelle unter den christlichen Mächten angewiesen hat. [...] Ein zweiter Punkt des politischen Entwurfs, welcher ebenfalls die Religion betrifft, bezieht sich auf Fürsten, welche sich nicht zur christlichen Religion bekennen, und besteht darin, daß man diejenigen gänzlich aus Europa vertreibe, die wohl nicht zur Annahme einer der christlichen Religionen zu bewegen sind. Wenn aber auch der Großfürst von Rußland oder Zar von Moskau (…) sich weigern sollte, der Verbindung beizutreten, nachdem man ihn dazu eingeladen hat, so muß man ihn wie den türkischen Sultan behandeln, ihm seine europäischen Besitzungen rauben und ihn in Asien zurücktreiben, wo er, ohne daß wir uns dreinmischen, den Krieg nach Belieben fortsetzen kann, den er fast unaufhörlich mit den Türken und Persern führt" (zit. nach Schulze/Paul: 333 f.).

Der Ural als Grenze zwischen Europa und Asien wurde im 18. Jh. nicht zuletzt von russischer Seite, Peter d. Gr., ins Spiel gebracht. Sie sollte den asiatischen Teil des russischen Reiches gegenüber einem als europäisch erachteten Teil markieren, eine Idee, die sich dann durchsetzte, ohne die Diskussionen über die Zugehörigkeit Rußlands zur europäischen Zivilisation zu beenden. Trotz des immer stärkeren Engagements Rußlands in der europäischen Politik, seines Aufstiegs ins Konzert der europäischen Mächte seit dem späteren 18. Jh. und besonders seit Napoleons Niederlage, wuchs die Neigung, Rußland fraglos zu Europa zu rechnen, keineswegs. Vielmehr wurde der Topos eines zivilisatorischen Rückstandes, wie er schon im 16. Jh. artikuliert wurde, erneut verwendet und vor allem vertieft. In der Schrift über die Demokratie in Amerika schrieb Alexis de Tocqueville 1835: „Es gibt heute zwei große Völker auf der Erde, die (…) dem gleichen Ziel zuzuschreiten scheinen: die Russen und die Anglo-Amerikaner. (…) Alle anderen Völker scheinen ungefähr die von der Natur gesteckte Grenze erreicht und nur noch die Aufgabe der Bewahrung zu haben; jene aber sind im Wachsen: alle anderen haben einen Stillstand erreicht oder kommen nur unter tausend Anstrengungen weiter (…) Der Amerikaner kämpft gegen Hindernisse, die ihm die Natur entgegenstellt; der Russe hat mit den Menschen zu ringen. Der eine führt einen Kampf gegen die Wüste und Barbarei, der andere gegen die mit allen Waffen ausgerüstete Zivilisation (…) In der Verfolgung seines Ziels stützt sich jener auf das persönliche Interesse und läßt die Kraft und Vernunft des Einzelnen wirken, ohne sie zu dirigieren. Dieser zieht gewissermaßen alle Macht der Gesellschaft in einem Menschen zusammen. Dem einen ist die Freiheit der Hauptantrieb, dem anderen die Knechtschaft. Ihr Ausgangspunkt ist verschieden, ihre Wege sind es auch und dennoch scheint nach einem geheimen Plan göttlicher Bestimmung jeder von ihnen berufen, eines Tages die Geschicke einer Hälfte der Welt in den Händen zu haben" (zit. nach Schulze/Paul: 74). Petr Jakovlovič Čaadaev (1794–1856), Sprößling einer alten Adelsfamilie, prangerte auf russischer Seite den Rückstand Rußlands gegenüber dem Westen in seinem Ersten philosophischen Brief an. Zar Nikolaus I. erklärte ihn deshalb für geistig verwirrt, der Mann wurde unter medizinisch-polizeiliche Aufsicht (Text in Tschizewskij/Groh 1959: 73–93) gestellt. Der Spieß wurde mit der Entstehung des panslawistischen Denkens nur umgekehrt, die Frage nach der Zugehörigkeit aber immer noch nicht befriedigend beantwortet. Doch was wäre Europa eigentlich ohne die ständigen Zweifel an der Zugehörigkeit nicht nur Rußlands zu Europa? Auch Englands politische Zugehörigkeit zu Europa konnte und kann in Zweifel gezogen werden, England wurde geographisch aber immer dazugerechnet.

Der historische Rückblick kann keine Antwort auf die Frage geben, ob Rußland zu Europa zählt oder nicht. Der entscheidende Punkt ist, ob es gewollt wird oder nicht. Sully, der Politiker, hatte das im Grunde schon so im ersten Drittel des 17. Jh.s gesagt, hatte das Wollen aber an die Bedingung der Konfession gebunden. Das Wollen findet seine Grenze in der heterogenen Struktur des heutigen russischen Staates. De Gaulle hatte 1960 eine Politik zur Integration des Raumes zwischen Atlantik und Ural vorgeschlagen. Diese Vorschläge ließen sich auch heute nicht ohne Bedenken aufgreifen, da Integrationspolitik nicht am Ural haltmachen könnte. Dies zeigt eine Verlagerung der Problemstellung an: Während man sich in früheren Jahrhunderten fragte, ob sie, die Russen, dazugehörten oder nicht, so als handele es sich darum, eine objektiv vorhandene Wahrheit zu erkennen, ist diese Frage in dieser Form mittlerweile überholt; es geht eher darum, was die bestehenden europäischen und internationalen Institutionen leisten können und sollen. In diesem Kontext bedeutet Europa nur eine Zwischengröße, deren Nabelschau den Gang der Weltgeschichte wenig beeinflussen wird.

Die Europakarte des Matthaeus Merian hatte weit in den Mittelmeer- und kleinasiatischen Raum ausgegriffen. Prinzipiell erinnerte sie damit an die zusammenhängende Verbreitung des Christentums vor dem Islam, sie illustrierte freilich auch die vielfältige Vernetzung der Mittelmeeranrainerreiche untereinander durch den Handel und kulturellen Austausch. Wie im Fall Rußland ist die Frage der Zugehörigkeit zu Europa eine Frage des Wollens, das sich die zweifelsohne zwiespältige Geschichte der Mittelmeervernetzung und Integration zunutze machen kann. Die Fakten gehen mitunter der Bereitschaft, diesen Fakten einen Namen zu verleihen voraus, wie es die Studie von Bichara Khader zu den Beziehungen zwischen Europa und dem Grand Maghreb veranschaulicht (Khader 1992).

3.3 Die satirische Europakarte des 19. Jahrhunderts

3.3 Humoristische Karte von Europa im Jahre 1914.

Die Wünsche der immer perfekter organisierten Staatsverwaltungen sowie militärische Bedürfnisse eröffneten im Wechselspiel mit der Geographie als Wissenschaft
und der Vermessungstechnik eine neue Dynamik, die im 18. und 19. Jh. die kartographische Repräsentation von Räumen revolutionierte. In diesen Karten verrät sich
der Blick des modernen Verwaltungs- und Militärstaates, so wie sich in den mittelalterlichen Weltkarten der Blick des gläubigen Christen und in den frühen Europakarten der Neuzeit der Blick der Wissenwollenden verrät. Die Karten sind immer
Widerspiegelungen der Bedeutungen, die den dargestellten Räumen zugemessen
werden. Die mittelalterlichen und frühneuzeitlichen Karten, besonders die überregionalen, zeichnen sich durch die vielen Beigaben an Emblemen, Symbolen und
Zeichen aus den Bereichen der phantastischen Geographie, der Astronomie, der
Astrologie, der Monsterlehre etc. aus und sind schon deshalb in den Typ der „mental
maps" einzuordnen. Solchermaßen ausgestattete Karten wurden jedoch schon im
17. Jh. rarer. Auf der anderen Seite scheint es fast immer ein Bedürfnis gegeben zu

haben, die geographische Repräsentation Europas nicht allein dem wissenschaftlich-technischen Fortschritt zu unterwerfen, sondern diese als ein spezifisches Ausdrucks-mittel für Bedeutungszuweisungen zu nutzen. An dieser Stelle trennen sich die wis-senschaftliche Entwicklung der Kartographie und die Fortführung allegorischer bzw. symbolischer Traditionen. In Kapitel 4 wird die im 16. Jh. beliebte Verschmelzung von Europakarte und Darstellung Europas als „Europa Regina" besprochen werden. Hier floß die Technik der allegorischen Darstellung schon ein, die sich jedoch im 17. und 18. Jh. im wesentlichen wieder auf die Ausschmückung von Karten mit der Europa als Erdteilallegorie reduzierte. Die Zeit der Napoleonischen Kriege begün-stigte die Entstehung satirisch-allegorischer Karten, ein Genre, das auch im späteren 19. Jh. sehr beliebt war.

Die Traditionen politischer Satire und Karikatur reichen weit zurück, z. T. sind sie mit dem Genre der politischen Pornographie verflochten. Die Opposition gegen Ludwig XIV. brachte der politischen Satire in den nördlichen Niederlanden und in England eine frühneuzeitliche Blütezeit, während die Revolutionsepoche Satire und Karikatur europaweit zu einem populären politischen Ausdrucksmittel beförderte. Charakteristisch wurden Darstellungen von Fürsten in Soldatenuniform, die mit Erdbällen oder Landkarten „spielen". Sowohl England und Deutschland wie die Niederlande und Rußland stellten Zentren der politischen Satire und Karikatur gegen Napoleon dar, die Motive wurden teilweise gegenseitig kopiert und adaptiert (Broadley 1911; Scheffler 1995). Weitere Karikaturen wurden in Frankreich selbst, in Italien und Spanien, in Portugal, in der Schweiz und in Schweden hergestellt. Europa selber wurde immer wieder kartographisch oder als Bildunterschrift thema-tisiert. In England wurde auch Porzellan mit Napoleon-Karikaturen bemalt, die z. T. „Europe" in den aufgemalten Schriftzügen enthalten.

Noch einmal zum Vergleich: In den mittelalterlichen Weltkarten, soweit sie die Welt als Corpus Christi zeigten, drückte sich das Aufgehobensein des Menschen und Erdenbewohners in Christus aus. In den frühneuzeitlichen Europakarten erhielt Europa über die Kartographie eine Art eigenständiger Körperlichkeit, die zum Objekt des forschenden Blicks der Menschen wurde. In der Revolutionszeit und da-nach wurde in der Satire *Europa* – oder der ganze Weltball – zum Spielzeug Napo-leons oder – auch in ernsteren Darstellungen – zu einem ‚Gegenstand', über den sich, wie auf dem Wiener Kongreß, der österreichische Kaiser Franz, Zar Alexander und der preußische König Friedrich Wilhelm beugten, um die Länder aufzuteilen. Kein mittelalterlicher Mystizismus, kein frühneuzeitlicher forschender und entdeckender Blick mehr, sondern Festlegung und Begrenzung von – letztlich dann nationalem – Eigentum an Stücken Europas. Eine anonyme englische kartographische Karikatur aus der Napoleonischen Zeit zeigte eine Europakarte, auf der die einzelnen Länder durch groteske Fürstenköpfe repräsentiert wurden (Broadley 1911: Bd.2, Anhang,

Liste der englischen Karikaturen Nr. 561). Vielleicht war dies der Prototyp jener oben abgebildeten „humoristischen" Europakarte von 1914 (1870), die geringfügig oder stärker modifiziert auch in England und Frankreich nachgewiesen ist (Pastoureau/Schmitt 1990: 138).

Die „Karte" zeigt das Europa der Nationen, in dem jede Nation ihr Stück Europa als Eigentum besitzt und ihm eine eigene, durch die Figuren der Karikatur repräsentierte, Identität verliehen hat. Natürlich enthält die Karte zahlreiche politische Anspielungen auf die Situation in Europa in der Epoche des Deutsch-Französischen bzw. des Ersten Weltkrieges. Die modifizierten deutschen, englischen und französischen Versionen stellen im Rückgriff auf Topoi, die die englische Karikatur gegen Napoleon geschaffen hatte, sehr deutlich den Gegensatz zwischen England und europäischem Kontinent dar.

Darüber hinaus wurden schon im 17. Jh. pädagogische Spiele erfunden wie die „Reise durch Europa", ein Gesellschaftsspiel, das sich bis in die 1920er hielt. Grundlage war eine Europakarte mit eingezeichneten Reiserouten, auf denen man nach entsprechenden Spielregeln vorrücken mußte (Pastoureau/Schmitt 1990: 184).

3.4 Europa als Projektionsfläche

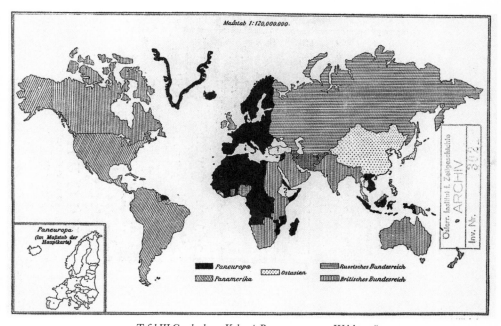

3.4 Tafel III Coudenhove-Kalergi, Paneuropa 1923 „Weltkarte".

Die Zwischenkriegszeit war eine an Europaplänen für die Zukunft reiche Zeit (ausführlicher Kap. 5). Offensichtlich weite Verbreitung wurde der Weltkarte Richard N. Coudenhove-Kalergis zuteil, dem Gründer der Paneuropa-Bewegung, die er seiner Paneuropa-Schrift von 1923 und den zahlreichen weiteren Auflagen beigefügt hatte. Coudenhove-Kalergis Weltkarte folgt der damals gängigen Auffassung von fünf (Wirtschafts-)Großräumen im globalen Maßstab. Coudenhove projizierte seine politisch-ökonomischen Europapläne auf die Karte: Paneuropa umfaßte die Kolonien, erstreckte sich also nicht allein auf den Kontinent Europa, umfaßte allerdings nicht Großbritannien mit seinem Empire und schloß Rußland aus. Links unten ist „Paneuropa" als Detailskizze mit den Grenzen der Nationalstaaten ausgewiesen. Diese Technik der politischen Europakartographie wurde seit den 1930er Jahren dann vor allem von den Nationalsozialisten für ihre propagandistischen Zwecke ausgebaut.

■ Quellenzitate: *Broadley, Alexandre Meyrink:* Napoleon in Caricature 1795–1821, with an introductory essay on pictoral satire as a factor in Napoleonic history by J. Holland Rose, 2 Bände, London/New York 1911 (ca. 250 Abb.); *Coudenhove-Kalergi, Richard:* Paneuropa, Wien 1923, ben. Ausg. 12.–16. Tsd., Wien/Leipzig: Paneuropa-Verlag, 1926; *Merian, Matthaeus:* Theatrum Europaeum, Band 1, Frankfurt a. Main 1635, Ausg. Frankfurt 1643; *Moreland, Carl/Bannister, David:* Christie's Collectors Guides: Antique Maps, Oxford, 3. Aufl. 1989; *Münster, Sebastian:* Mappa Europae, Eygentlich fürgebildet/außgeleget und beschribenn …, Frankfurt: Christian Egenolph, 1536; *Piccolomini, Enea Silvio*: Asiae Europaeque elegantissima descriptio …; s. Quellenautopsie von Elisabeth Pilarski unter http://www.ng.fak09.uni-muenchen.de/gfn/pius.html; *Tschizewskij, Dmitrij/Groh, Dieter (Hg.):* Europa und Russland. Texte zum Problem des westeuropäischen und russischen Selbstverständnisses, Darmstadt 1959; *Wolff, Hans (Hg.):* Vierhundert Jahre Mercator, Vierhundert Jahre Atlas, »Die ganze Welt zwischen zwei Buchdeckeln«. Eine Geschichte der Atlanten, Weißenhorn 1995; *Zedler, Johann Heinrich:* Grosses vollständiges Universal-Lexikon, Artikel „Europa", in: Bd. 8, Sp. 2194 f., Halle/Leipzig 1734, in: Schulze/Paul, S. 55 f.

■ Literatur: *Barraclough, Geoffrey:* Europa, Amerika und Rußland in Vorstellung und Denken des 19. Jahrhunderts, in: Historische Zeitschrift 203, 1966, S. 280–315; *Blei, W.:* Seit wann wird die Wandelbarkeit des Antlitzes der Erde angenommen?, in: Petermanns Geographische Mitteilungen 131, 1987, S. 255–258; *Broc, Numa:* La Géographie de la Renaissance (1420–1620), Paris 1980, Neuausgabe 1986; *Büttner, Manfred:* Geographie und Theologie. Zur Geschichte einer engen Beziehung, Frankfurt 1998; *Dörflinger, Johannes/Hühnel, Helga:* Österreichische Atlanten 1561 bis 1918, Wien, 2 Teilbände, 1995; *Groh, Dieter:* Russland und das Selbstverständnis Europas, Neuwied 1961; *Hale, John:* Die Kultur der Renaissance in Europa, München 1994; *Harder, Hans-Bernd (Hg.):* Landesbeschreibungen Mitteleuropas vom 15.–17. Jh. Vorträge der 2. Internat. Tagung des „Slawenkomitees' im Herder-Institut Marburg, Köln 1983; *Heffernan, M.:* The Changing Political Map: Geography, Geopolitics, and the Idea of Europe since 1500, in: R.A. Butlin/R.A. Dodgshon (Hg.), An Historical Geography of Europe, S. 140–180, Oxford 1998; Kappeler, Andreas: Russische Geschichte, München 1997; *Khader, Bichara:* Le Grand Maghreb et l'Europe. Enjeux et perspectives, Paris 1992; *Klug, Ekkehard*: „Europa" und „europäisch" im russischen Denken vom 16. bis zum frühen 19. Jahrhundert, in: Saeculum 38, 1987, 265–289; *Pastoureau, Michel/Schmitt, Jean-Claude:* Europe. Mémoire et emblèmes, Paris 1990; *Scheidegger, Gabriele:* Perverses Abendland – barbarisches Rußland. Kulturelle Missverständnisse in der russisch-abendländischen Begegnung im 16. und 17. Jh., Zürich 1993; *Schmale, Wolfgang:* Das 17. Jahrhundert und die neuere europäische Geschichte, in: Historische Zeitschrift 264, 1997, S. 587–611; *Wintle, Michael*: Renaissance maps and the construction of the idea of Europe, in: Journal of Historical Geography, 25/2 (1999), S. 137–165; *Woodward, David:* Maps as Prints in the Italian Renaissance. Makers, Distributors & Consumers, London 1996.

4. Kapitel

Europa einen Körper geben: Europas weibliche Form

4.1 Jafet

Die weibliche Verkörperung Europas erfuhr ihre Blütezeit im 16. Jh. Alle Traditionen aus der Antike, z. T. mittelalterlich-christlich vermittelt, wurden genutzt und ausgeschmückt, in Kunst und Literatur, in Kosmographien, später in den Atlanten, in der Historiographie. Hinzu kam der Aufstieg der Erdteilallegorie Europa; die mythologische Europa war ein beliebtes künstlerisches Sujet, weil sich die Geschichte in der Nachfolge antiker Traditionen erotisch ausschmücken ließ. Das 16. Jh.

4.1 Noachs Trunkenheit. Federzeichnung, letztes Viertel 12. Jh.

bietet unter den frühneuzeitlichen Jahrhunderten den reichhaltigsten Körperdiskurs in bezug auf Europa, es erfand eine eigenständige Figur der Europa – eine eklektische, aber auf ihre Weise originelle Figur. Das grammatische Geschlecht der Kontinente spielte bei der Darstellung Europas als Frau eher eine Nebenrolle, zumal Kontinente durchaus männlich repräsentiert werden konnten (Schmale 2000). Die „weibliche Form" Europas meint auch mehr als die allegorische Umsetzung des grammatischen Geschlechts, da sie im 16. und frühen 17. Jh. nicht allein auf die Allegorie zu reduzieren ist. Kontinente „waren" in gewissem Sinn Frauen. Männliche Eroberer traten Amerika wie einer zu erobernden Frau gegenüber – die Kolonisierungsgeschichten illustrieren das (Schülting 1997). Die Europa wurde einem männlichen Blick ausgesetzt. Dies setzte sich auch gegen die fortlebende biblische Erzählung von Jafet und seinen Nachkommen durch.

Noch im 16. Jh. meinte der berühmte französische Humanist Guillaume Postel (1510–1581), Europa müsse eigentlich „Japhetien" heißen. Postel bezog sich dabei allerdings nicht so sehr auf den biblischen Jafet als auf die antike Figur des Titanen Japet (Japetos), Sohn des Uranos und Vater des Prometheus. Postel stützte sich folglich auf das griechisch-römische Erbe, weniger auf das christliche. Noch Jacques Bénigne Bossuet (1627–1704), einer der Haupttheoretiker des Absolutismus, legte im späten

17. Jh. von dieser merkwürdigen Vermengung einer biblischen und einer antik-mytho-
logischen Figur Zeugnis ab, wenn er schrieb, Jafet habe den größten Teil des Westens
besiedelt und sei dort unter dem bekannten Namen des Japet berühmt (Carpen-
tier/Lebrun 1992: 15). Die Geschichte des Namens „Japhetien", der nie Europas Name
wurde, bedeutet mehr als eine Episode, dazu war die Geschichte in der gelehrten Welt
zu weit verbreitet (Borst 1960/1995), und es war ja dieselbe gelehrte Welt, die zur
Verbreitung des Namens „Europa" beitrug. Offensichtlich beinhaltete der Name
„Europa" mehr als mit „Japhetien" ausgedrückt werden konnte, und dieses Mehr wollte
niemand aufgeben, schon gar nicht in einer Zeit, in der die schrittweise Er- und
Umsegelung der Küsten Afrikas und die Entdeckung des bald so genannten Amerika
das Weltbild durcheinanderbrachten und das Bedürfnis nach gesichertem Wissen stärkten. Und was könnte besser Wissen als gesichert suggerieren, wenn nicht uralte
Namen, die Vertrautheit ausströmen? Natürlich war es auch reizvoller, Europa mit der
weiblichen Gestalt der Königstochter Europa zu verbinden als mit der männlichen
Gestalt des Jafet. Der Mythos der Europa steckte voll erotischer Anspielungen, die
gerne erzählt und gemalt wurden, die positiv konnotiert wurden und waren, während
die biblische Geschichte von Noach und seinen Söhnen ihren Ausgang davon nimmt,
daß der Bruch eines sexuellen Tabus bestraft werden mußte. Es soll andererseits nicht
verschwiegen werden, daß der erwähnte Postel im zitierten Zusammenhang 1561
meinte, „es schicke sich nicht, einer Affäre zwischen einem Tier und einer Frau, die
schließlich keine Heilige gewesen sei, zu huldigen" (Hale 1994: 20), und deswegen den
Namen „Japétie" vorschlug. In der Tat war die Erzählung von Europa und dem Stier,
also Zeus bzw. Jupiter, im Mittelalter manchmal auch als die Geschichte eines
Ehebruchs und der Schändung durch Jupiter erzählt worden, aber diese Version hat
letztlich die überwiegend positiven Konnotationen nicht überlagern können. So darf
es nicht wundern, wenn Europa und der Stier auf italienischen Truhen des 15. Jh.s –
also nicht nur in Büchern – wiederzufinden sind (Pigler 1974). Postels Reaktion zeigt
letztlich, wie sehr der Mythos der Europa bei den Zeitgenossen auf Wohlgefallen stieß.

Der andere Grund, warum die Versuche, Europa in Japhetien umzutaufen, nicht als
historische Marginalie betrachtet werden können, besteht darin, daß die Jafet-Legende
ganz den Charakter der beliebten Gründungsmythen und -legenden besaß, derer sich
königliche und allgemein adlige Familien, Städte, Provinzen und werdende Nationen
bedienten, um sich eine historische und genealogische Identität zu verschaffen. Der
Europa-Mythos war kein Gründungsmythos, die Erzählung von Jafet hingegen schon.
Das erklärt einerseits, warum die Jafet-Erzählung bis ins 18. Jh. hinein immer wieder
aufgegriffen wurde, und entdeckt andererseits die erstaunliche Tatsache, daß im allgemeinen Rausch der Verfertigung von Gründungsmythen der für Europa zur Verfügung
stehende ‚Gründungsmythos' des Jafet sich nicht durchsetzen konnte, sondern die ero-
tisierte Geschichte der Europa, die nur selten als Gründungsmythos erzählt wurde.

4.2 Die Europa des 16. Jahrhunderts – eine Dame aus Fleisch und Blut

Lagunas Dame Europa knüpfte an verschiedene Traditionen und ein reichhaltiges Vorwissen des Publikums an. Als Wesen aus Fleisch und Blut, als historische Persönlichkeit, als die sie Laguna behandelte, lehnte sie sich an die mythologische Figur der Europa aus dem antiken Europa-Mythos an. Wiedererkennungszeichen sind die frühere Schönheit und die Bezeichnung ausdrücklich als Mutter. Vergleiche mit einer siegreichen Kriegerin verweisen auf die Gestalt der Europa-Minerva, die es vereinzelt schon im Mittelalter gegeben hatte, die aber erst seit dem 16. Jh. in den Varianten-Kanon der Allegorien auf Europa aufgenommen wurde. Der Vergleich mit dem alten Weib evoziert den gängigen Topos des alten Weibes, allerdings in origineller Weise. Der Vergleich mit Statue und Bild evoziert die gängige Sprache der Repräsentation und auch der Allegorie. Als Arzt verweilte Laguna gern bei der Beschreibung der äußeren und inneren Anatomie der unter qualvollen Gebrechen leidenden Europa. Es entsprach seiner Zeit, sich ausführlich mit dem Frauenkörper zu beschäftigen, in gewisser Hinsicht vollführte Laguna in der Großen Aula der Kölner Universität genau das, was der Frontispiz zu Vesalius' Anatomielehre, die zufällig im gleichen Jahr 1543 erschien, zeigte: der Anatom, der vor großem und gemischtem Publikum im Hörsaal der Universität selbst einen Frauenkörper sezierte. Schließlich konnte Laguna natürlich auf der ehrwürdigen Tradition der

In der Großen Aula der Universität zu Köln hielt am 11. Februar 1543, einem Karnevalssonntag, um sieben Uhr abends ein gewisser Andrés de Laguna eine lateinische Rede über Europa, die noch im gleichen Jahr in Köln als Büchlein gedruckt wurde. Laguna war 1499 in Segovia/Spanien geboren worden, er stammte aus einer adligen Arztfamilie und ergriff selber den Beruf seines Vaters. Zugleich genoß er als Humanist sowie unvergleichlicher Übersetzer griechischer antiker Schriften einen sehr guten Ruf. Studien und Reisen hatten ihn von Spanien nach Paris, Gent und London geführt, nach Köln reiste er von Metz aus an. Später wirkte er in Italien u.a. als Leibarzt des Papstes Julius II. 1560 starb er in seiner Geburtsstadt Segovia. Laguna sprach an jenem Abend vor dem Kölner Erzbischof und Kurfürsten sowie vielen notablen Persönlichkeiten und Gelehrten über Europa. „Vor einer Weile – ich ging gerade privaten Geschäften nach – kam eine Frau zu mir, die, Hochberühmte Männer, ganz elendiglich aussah; sie war tränenüberströmt, traurig, blaß, ihre Körperglieder waren verletzt oder gar abgeschlagen, ihre Augen hohl, sie war schrecklich abgemagert; oft pflegen solche alten Weiber zu mir zu kommen, wenn sie an Tuberkulose leiden." Europa, so nannte sich die Frau, schüttete Laguna, dem Arzt, ihr Herz aus. Sie klagte, daß diejenigen, die sie einstmals hätten triumphieren sehen, die sie bewundert hätten, die sie verehrt hätten, die von ihrem Willen abhängig gewesen seien, sie nun schlecht behandelten. Einige würden in der Ferne an ihr vorbeigehen, wie vor der Statue eines Menschen, der vor langer Zeit gestorben, nun aber zur Erde zurückgekehrt sei. Andere wiederum betrachteten sie von Ferne und gingen dann in eine andere Richtung weiter, weil sie glaubten, sie könnten sich so dem Übel entziehen. Europa beschreibt ihre frühere Schönheit, ja, sie sei eine einzige Augenweide gewesen. Laguna berichtet, sie habe auf ihn wie ein lebender Kadaver gewirkt, wie ein mit Geschick und Kunstfertigkeit hergestelltes Bild (imago), das Schrecken einflössen sollte.

Laguna 1543

politischen Körpermetaphorik aufbauen, die für Einheit und sinnerfüllte, gottgefällige Ordnung stand. Der intakte gesunde Körper der Europa, der bei Laguna als implizites Gegenbild existiert, repräsentiert das, was man sich im 16. Jh. faktisch unter einem gesunden politischen Zustand Europas vorstellen konnte: Ein Europa der als Monarchien oder Republiken verfaßten Protonationen, die alle die Glieder des Ganzen der Christlichen Republik bildeten – jedes Glied mit seiner Aufgabe im Ganzen; jedes Glied aber auch für sich bestimmbar. Zweimal spricht Laguna von der Christiana Respublica, so daß seine Dame Europa an die Vorstellung vom mystischen politischen Körper anknüpfte.

Der kranke Körper der Europa signalisiert, daß die einzelnen Glieder ihre Aufgaben nicht mehr in Abstimmung mit dem Ganzen erfüllen. An die Türken verlorene Gebiete werden deshalb als der Europa abgeschlagene Glieder bezeichnet.

Die politische Zeitlage, in die Laguna hinein sprach, ist klar: Türkenbedrohung einerseits, die Unfähigkeit der christlichen Fürsten andererseits, sich gegen die Türken zusammenzuschließen; statt dessen bekriegten sie sich; außerdem spielt Laguna auf die Reformation an. Daß Laguna, wenn er in Metaphern reden wollte, Europa als Frau auftreten ließ, wird sein Publikum nicht überrascht haben. Klar ist aber auch, daß durch die Annahme der Form des Weiblichen weitere Topoi mitgedacht wurden, denen im 16. Jh. die Form des Weiblichen gegeben bzw. die mit der weiblichen Form verbunden wurden. Diese Topoi stellten sich aufgrund der benutzten Form – weiblich oder männlich – automatisch ein, so wie Metaphern, Allegorien und mythologische Figuren auf ein gemeinsames bedeutungsvolles Vor-Wissen rekurrierten, ohne dies wiederholen zu müssen. Der eigentliche Sinn der Rede erschließt sich erst, wenn die Form des Weiblichen nicht als schmückendes Beiwerk, sondern als Verbildlichung der Kernaussage begriffen wird.

Laguna gibt seiner Europa zwei Körper: den einer schönen tugendhaften Frau, der trotz aller Zerstörungen an ihrem Körper immer noch zu erahnen ist, und einen Körper *wie* den eines alten Weibes. Wichtig ist dieses „wie" oder „als ob", da Europa nicht wirklich ein altes Weib ist. Die Attribute, die Laguna seiner Europa gibt – Stab, Mantel, kostbarer Ring u. a. – erlauben Assoziationen von verbreiteten Bildern der Maria als Himmelskönigin wie als Schutz- und Schmerzensmadonna. Laguna kannte sicherlich die im Spätmittelalter moralisierten Ovidausgaben, in denen die antike Europa aus dem Mythos in die Gestalt der Maria gesteckt oder als Symbol für die Seele aufgefaßt wurde, während der Stier Christus symbolisierte, der die Seele an ihr Ziel führte. Die Form des „alten Weibes" stand im allgemeinen für zahlreiche verschiedene Laster. Das Aussehen der Europa kommt aber nicht aus einer inneren Lasterhaftigkeit, sondern ist Folge des Schlimmen, das ihr angetan wurde. Ihr sei Ehebruch und Inzest angetan worden, so läßt Laguna sie selbst klagen. Ihr schlimmer körperlicher Zustand spiegelt die Lasterhaftigkeit der vermeintlich christlichen

Fürsten Europas. Laguna spielt mit der Sprache der Allegorie: In der Regel drücken die weiblichen Allegorien das an sich Schöne, das an sich Wahre aus, während deren Konkretisierungen im historischen Leben durch männliche Gestalten ausgedrückt werden. Laguna verwendet die weibliche Allegorie für das Schöne und Wahre, er kennt männliche Konkretisierungen in Gestalt europäischer Fürsten, die aber nicht das Wahre und Schöne, sondern das Laster konkretisieren. Laguna nennt später freilich wirklich christliche und gute Fürsten, die der traditionellen allegorischen Entsprechung wieder zu ihrem Recht verhelfen: den Kölner Erzbischof, ein Friedensfürst; Kaiser Karl V., König Ferdinand, die verleumdet würden; u. a. Durch den subtilen und anspielenden Umgang mit Mythologie, Allegorie, Bildern der Sakralkunst usf. häuft Laguna alle positiven Eigenschaften, die mit den verschiedenen Europafiguren und den verschiedenen Formen der Weiblichkeit verbunden wurden, aufeinander. Das, was Europa ist, ist das, wofür die verschiedenen positiv besetzten Formen des Weiblichen im 16. Jh. standen. Europa ist aber nicht nur eine kumulierte weibliche Allegorie, sondern ein sinnlich erfahrbarer Körper: deshalb die fleischliche Europa in Lagunas Rede. Europa ist *wie* und *ist* eine Frau. In der spätmittelalterlichen Wahrnehmung und ganz sicher noch jener des 16. Jh.s lösten Bilder und Statuen oder Skulpturen durchaus Reaktionen aus wie die leibhaftige Erscheinung der Person selbst.

4.3 „Europa prima pars terrae in forma virginis"

Noch Zedler spielte im Artikel „Europa" im achten Band (1734) seines Universal-Lexikons auf die Beschreibung Europas als „sitzende Jungfrau" an, womit er Darstellungen wie die nebenstehende meinte. Zu seiner Zeit wurde diese Art der Europaikonographie neben der Europa als Erdteilallegorie und der mythologischen Europa kaum

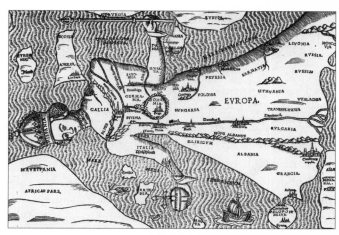

4.2 Europa prima pars terrae in forma virginis, Heinrich Bünting. Itinerarium sacrae scripturae, Magdeburg 1589.

mehr aktiv gepflegt, aber sie war noch bekannt, da sie über Werke wie die Büntings, aber

auch Sebastian Münsters Kosmographie weit verbreitet worden war. Die früheste
kartographische Repräsentation Europas als Frau stammt zwar aus dem Mittelalter, es
scheint sich dabei aber um eine vereinzelte Version zu handeln, deren Überlieferung
in die Frühe Neuzeit erst nachzuweisen wäre. Die Karte stammt von Opicinus de
Canistris (geb. um 1296, um 1330 Schreiber an der päpstlichen Kurie), zielt aber auf
eine allegorische Darstellung der Sündhaftigkeit der Welt. Die Europa als Jungfrau
oder als Königin, verschmolzen mit dem Kontinent Europa, erscheint in dieser
Version erstmals 1537 als Werk des Johannes Putsch (Johannes Bucius Aenicola;
1516–1542). Vermutlich hat sich nur ein Exemplar im Tiroler Landesmuseum
Ferdinandeum erhalten. Putsch war Geheimschreiber Erzherzog Ferdinands und fiel
als dessen Begleiter 1542 während des Ungarn-Feldzuges in Esztergom. Die Tafel
war Ferdinand gewidmet worden. Die Überlieferungsgeschichte dieser Karte im 16. Jh.
liegt im Dunkeln. Sie wurde in Paris von einem calvinistischen Drucker gedruckt, viel
mehr ist aber nicht bekannt. Da sie die iberische Halbinsel als gekröntes Haupt
Europas zeigt – es wurde in der Forschung vermutet, daß Putschs Europa die Züge
Isabellas von Portugal, der Frau Karls V. trage –, das Heilige Römische Reich und das
vornehmste Kurfürstentum im Reich, nämlich Böhmen, den Brust- und Herzbereich
des Körpers ausmachen (u. a. m.) und die „Karte" im allernächsten Umfeld der
Habsburger entstand, ist der politische Tendenzcharakter der Darstellung offensichtlich. Auch Andrés de Lagunas Europa gehört wegen der großen Belobigung
Ferdinands bei Laguna in diesen Umkreis. Soweit im Augenblick nachweisbar, ist
diese Europa sehr eng mit der geistigen Umwelt universalmonarchischen Denkens
im führenden Herrscherhaus Europas verbunden gewesen. Die von Putsch inaugu-
rierte Ikonographie fand erst in den späten 1580er Jahren Fortsetzer, während im
Bereich textueller geographischer Beschreibungen Europas das Bild der Jungfrau
oder der schönen Frau ununterbrochen Bestand hatte. Das Rückgrat dieser Überlieferung bildete Sebastian Münsters (1488–1552) Kosmographie, die erstmals 1544 in
Basel gedruckt wurde und bis 1650 vermutlich 27 deutsche Ausgaben sowie Übersetzungen in andere Sprachen erlebte. Eine weiblich stilisierte Europakarte gab es in
den ersten Ausgaben scheinbar nicht, aber eine textuelle Beschreibung Europas
begleitend zur ‚konventionellen' geographischen Abbildung Europas als Karte, in der
Attribute weiblicher Schönheit untergebracht wurden. In der Baseler Ausgabe von
1550 findet sich dann erstmals eine bereits weiblich stilisierte weitere Europakarte,
die aber Europa noch nicht direkt zur Jungfrau oder Königin macht, sonderlich lediglich die Rockform als Stilisierungsmittel benutzt. 1587 brachte Jan Bußemaker in
Köln einen der Putsch'schen Karte sehr ähnlichen Kupferstich von Matthias Quad
unter dem Titel „Europae Descriptio" auf den Markt, 1588 wurde Sebastian Münsters Kosmographie mit einer stark modifizierten Version ausgestattet. Auf dieselbe
Vorlage muß die gleichartige Europa in der sog. Weltallschale für Kaiser Rudolf II.

zurückgehen, die 1589 in Nürnberg von Jonas Silber gefertigt wurde (Dreier 1982: Abb. 92 [Weltallschale], Abb. 97 [Stich von Quad], Abb. 98 [Holzschnitt von Putsch]). Und schließlich wurde im selben Jahr Heinrich Büntings „Itinerarium" mit der oben abgebildeten Europa ausgestattet. Münsters Kosmographie und Büntings Itinerarium wurden noch mehrfach bis ins 17. Jh. aufgelegt und nicht nur im Heiligen Römischen Reich von den Niederlanden bis nach Prag, sondern auch in England, Dänemark und Schweden verbreitet. Gelegentlich wurde die Europa wie auf einem Flugblatt aus dem Jahr 1598 („Het Spaens Europa") satirisch umgedeutet.

Warum die Europatafel in den 1580er Jahren plötzlich so populär wurde, kann nur gemutmaßt werden. Die Europa in der Bearbeitung von Matthias Quad (1587) konnte durchaus und sehr konkret die spanische Infantin Isabella Clara Eugenia meinen, da zu diesem Zeitpunkt die Verlobung mit Kaiser Rudolf II. noch bestand: Es wäre dann eine Allegorie auf die Europa als Braut des (künftigen) Universalmonarchen gewesen – in Anlehnung an die bei Krönungszeremonien gängige Metapher, daß ein Fürst sein Reich zur Braut nehme.

Mit Weiblichkeit, der benutzten Form, konnte u. a. auch die Vorstellung eines umgrenzten, ja geschlossenen Raumes ebenso wie die Vorstellung von Fremde und Fremdsein verbunden werden. Der umgrenzte oder geschlossene Raum in bezug auf die Form des Weiblichen meint entweder das Haus oder den Garten. Der Kontinent wird hier in der Form des Weiblichen wie ein geschlossener Raum gezeichnet, die Technik des Holzschnitts beförderte in diesem Punkt die Anschaulichkeit. Es spricht einiges dafür, daß beim Betrachter eine Assoziation zum Garten Eden ausgelöst werden sollte. Dies folgt einer entsprechenden Beobachtung von Annegret Pelz, die die Karte mit Paradiesarchitekturen vergleicht (Pelz 1993). Die deutlich zu erkennende Donau imitiert den Paradiesstrom, der *der* Mutterstrom war. An ihrem Austritt verzweigt sie sich wie der Paradiesstrom beim Austritt aus dem Garten Eden. (1 Mose 2,10–14). Der Garten Eden war besonders fruchtbar; auch Europa wurde für sehr fruchtbar gehalten; die mythologische Europa besaß die Bedeutung von Fruchtbarkeit.

Die Tatsache, daß neben der weiblichen Form die Form einer geographischen Karte genutzt wurde, war bedeutungsvoll. Die geographische Karte wurde im 16. Jh. zum Symbol der empirisch-wissenschaftlichen Erforschung der Welt, zum Symbol eines wissenschaftlich geprägten Verhältnisses zur Welt. Der Erkundung des neu entdeckten Amerika lief die Erkundung und innere Entdeckung Europas parallel. Europa, eine scheinbar alte Bekannte, wurde neu entdeckt, auf wieviel Fremdes, das der wissenschaftlichen Erklärung bedurfte, stießen die vorzugsweise männlichen innereuropäischen Entdecker dabei! Die Form aber, mit der Fremdes und Fremdsein ausgedrückt wurde, war die Form des Weiblichen. Der weibliche Körper als Metapher für das Fremde spielte beispielsweise in den Kolonisierungsgeschichten aus Amerika eine zentrale Rolle. Sehr deutlich wird diesen Geschichten der Fremdheitserfahrung eine Begehrensordnung eingeschrieben: Fremde Welt und wilde Frau werden miteinander identifiziert, beide werden zum Lustobjekt des Eroberers (Schülting 1997: 13). Natürlich ist die Europa der Putschs, Münsters, Büntings u. a. keine wilde Frau, aber eine Frau, die die Bedeutung von Fremdheit evoziert und damit auf die Lust der Erkundung und Eroberung verweist, die wiederum durch die Kartenform signalisiert wird.

Der Topos der Eroberung wird schließlich dadurch unterstützt, daß bei Münster wie bei Bünting die weibliche Europatafel mit einem männlichen Leser dialogisiert. In den ersten Ausgaben von Münsters Kosmographie (1544 und 1548) weist die Europakarte noch keine weibliche Form auf. Im Begleittext zur „neuen Europakarte" (neu im Verhältnis zur ebenfalls abgedruckten Karte des Ptolemäus) wird Europa als fruchtbares Land mit natürlich temperierter Luft und mildem Himmel beschrieben.

Im Anschluß an den Kartenteil, mit dem die Kosmographie eröffnet wird, folgen illustrierte Wortbeschreibungen. Buch 2 ist Europa gewidmet. Münster kolportiert die aus dem AT abgeleitete, in verschiedenen Varianten überlieferte Legende, wonach die Erde unter die Söhne Noachs aufgeteilt worden sei. Münster folgt einer Variante, in der Söhne Noachs und verschiedene (legendäre) Fürsten zusammengemischt wurden. Jafet habe Afrika und einen Teil Europas, Tuisco (!) den anderen Teil Europas zwischen Don und Rhein erhalten. In der einige Seiten später folgenden Beschreibung Europas werden die Inseln hervorgehoben: „(…) so wirst du finden das sie unser Europam zieren/gleich wie die edelgestein ein guldene Kron/besonders die inseln/die gegen mittag hinauß ligen" (1548; S. 35). Hier erscheint Europa wie eine königliche Braut, als Braut Karls V. oder Ferdinands. Wenige Seiten weiter wird der Gebrauch der Europakarte erläutert. Es werden einige Reisebeispiele genannt (Pilgerfahrt nach Santiago de Compostela, eine Reise über Land oder Meer nach Konstantinopel, eine Geschäftsreise von Mainz nach Sizilien) und dann beschrieben, wie man sich der Karte zur groben Orientierung im geographischen Raum bedient.

In der Baseler Ausgabe von 1550 wurde genau in diesem Abschnitt (das Europa behandelnde Buch 2) eine erste signifikante Veränderung vorgenommen. Erstmals wurde hier zusätzlich zu der am Buchanfang befindlichen Europakarte eine weitere, kleine eingefügt, die weiblich stilisiert ist. Diese wird dann ab 1588 durch die bekannte weibliche Europatafel ersetzt. Jeweils unmittelbar an die Karte anschließend wird die Fruchtbarkeit Europas beschrieben. Dieser Text wird im Lauf der Jahre geringfügig ausgeschmückt. Der Text ist im Gegensatz zu dem Begleittext bei Bünting, der eindeutig eine Frau beschreibt, ein wenig ambivalent. Die Wörter „fruchtbar", „Nahrung", „ernehren" und andere können auf spezifische Funktionen der verheirateten Frauen/Mütter verweisen. Die Hinweise auf das ausgeglichene Klima in Europa, dem z. B. die „grosse Hitz" in Afrika entgegengestellt wird, mögen eventuell auf die allgemeine Lehre vom menschlichen Körper im 16. Jh. verweisen und den gesunden, also nicht spezifisch weiblichen Körper meinen. Der gesunde Körper ist temperiert, während Hitze und Kälte auf Krankheiten hinweisen. Die Übungsbeispiele für die Benutzung der weiblichen Europakarte scheinen sich vorwiegend an den Mann zu richten. Das gilt besonders für die Fahrtwege nach Konstantinopel (Türkenkriege), die Geschäftsreise von Mainz nach Sizilien und für die Pilgerreise nach Santiago de Compostela, auf die sich aus einer Vielzahl von Gründen in der zweiten Hälfte des 16. Jh.s kaum mehr wirkliche Pilgerinnen machen konnten. Der Gebrauch des männlichen Geschlechts im Text ist kein zwingender Beweis, aber ein starker Hinweis darauf, daß der männliche Leser gemeint ist: „Wie man sich in der Tafeln Europe üben soll. Je wird dir noht seyn daß du offt und viel anschawest die Tafel Europe/und der Länder gelegenheit wol in dein Kopff eynfassest: dann es ein trefflich nutzlich ding ist/so *der Mensch* weißt wo hinauß ein jeglich Land gelegen ist (…). Hie wirst du sehen/daß *einer* zu Basel oder zu Mentz in ein Schiff sitzen mag und fahren biß zu S. Jacob in Hispaniam. Fragest du/wo muß *er* dann hinauß fahren? Antwort ich (…)" (usw.).

Auf einer sehr viel grundsätzlicheren Ebene, der der fundamentalen Voraussetzungen von Diskursen in Europa, steht außer Frage, daß in den zitierten Quellen vom Mann ausgegangen wird: „(…) im Fall von Weiblichkeit als Metapher (…) ist (…) nur ein Geschlecht auf der symbolischen Ebene angesiedelt, nämlich das weibliche, in dem als Spiegel und Gegenbild sich der Mann mit seinem Denken und Tun reflektiert und kontrastiert." Weiblichkeit als Metapher kommt einer „Projektionsfläche männlicher Ideen, Begriffe, Vorstellungen, Handlungen, Wünsche(n) usw." gleich (Klinger 1995: 52 f.).

Noch deutlicher als Sebastian Münster weist Bünting in seinen beschreibenden Texten Europa als hübsche Frau aus und erklärt die Tatsache, daß der Kontinent in Gestalt einer Frau gezeigt wird, mit einem mnemotechnischen Prinzip, der leichteren und nachhaltigeren Einprägsamkeit.

4.4　Der Europamythos und die Erdteilallegorie in der Frühen Neuzeit

4.3 *Frontispiz von Matthaeus Merian, Theatrum Europaeum, Band 1 (Ausgabe Frankfurt/Main 1643).*

In Ausnahmefällen wurde auch der Europamythos als Gründungsmythos verstanden. Ein Kupferstich aus dem Jahr 1546 von Giulio Antonio Bonasone (um 1488 bis nach 1574), der einer Vorlage von Raffaello Santi (1483–1520) folgte, zeigt genealogische Zusammenhänge von Kronos, dem Herrscher des Goldenen Zeitalters zu Zeus, seinem Sohn, der ein neues Weltzeitalter begründete, auf. Der Stier/Zeus und Europa streben auf das zivilisierte Kreta zu, dahinter erhebt sich ein Gebirgsmassiv, das keine Hinweise auf eine schon vorhandene Zivilisation gibt und von Christiane Wiebel als Kontinent Europa gedeutet wird, dem die entführte Europa als Namenspatronin dienen wird. Die Genealogie des Kontinents Europa leitet sich folglich vom Goldenen Zeitalter her (Wiebel 1988: 43 f.). Nach derzeitigem Kenntnisstand war diese genealogische Interpretation des Europamythos selten. Aber vielleicht war es gar nicht nötig, den Europamythos ausdrücklich als genealogischen Mythos auszuweisen, sondern vielleicht verstand sich das von selbst. Nationen, Städte, Regionen und adlige Familien legten sich in der Frühen Neuzeit, insbesondere im 16./17. Jh. mythische Genealogien zu.

Die meisten künstlerischen Darstellungen des Europamythos leben von der Erotik des Sujets. Oft wird der Augenblick des Raubs nicht als eine dramatische Szene behandelt, sondern wie der Moment, in dem die Braut blumengeschmückt von den Brautjungfern in das Eheschließungszeremoniell entlassen wird. Gelegentlich wurde der Ritt auf dem Stier zur Aktszene minimiert. Im Atelier des berühmten italienischen Malers Guido Reni malte Gannaci in der zweiten Hälfte des 17. Jh.s ein solches Bild (Hanke 1967: Abb. 15). Andere haben den Augenblick festgehalten, in dem

4.4 Rembrandt, Der Raub der Europa, 1632.

Zeus seinem Liebesdurst nach der schönen *Europa* auf Kreta endgültig nachgibt und sie zum Beischlaf verführt.

Angesichts dieser Traditionen, die einen lockeren Zusammenhang mit *Europa* haben, kann der Europamythos eigentlich keine identitätsstiftende Wirkung entfaltet haben, sondern höchstens eine identitätsstützende, wenn bereits eine kulturelle europäische Identität in der Vorstellung der Zeitgenossen bestand. Man muß sich zudem vor Augen halten, daß in all den Jahrhunderten von rund 1400 bis 1800 die antike Mythologie zahllose Themen und Sujets für Kunst und Literatur lieferte, unter denen der Mythos der Europa nur einer von vielen und, soviel läßt sich aufgrund der vorhandenen Repertorien sagen, nicht der beliebteste, aber ein beliebter war.

Anders als für die Antike existiert für die Frühe Neuzeit kein systematisches Repertoire zur Verwendung des Europamythos in ikonographischen und literarischen Quellen. Mit Vorbehalt sei deshalb resümiert, daß er in den Medien der literaten Welt gut verbreitet war: in der Graphik, speziell auch in der Buchgraphik, in der Malerei, in der Bildhauerei (Skulpturen in Parks), in der Emblematik. Appliziert wurde der Mythos auf Truhen (seltene Belege), auf Kirchenbronzetüren (Rom z. B.), auf prunkhaften Majolikaschalen, auf einem geschnitzten Spielstein (Deutschland 16. Jh.), auf einer Silberkanne (Deutschland 17. Jh.), er erscheint als Silber- oder Bronzegruppe, ist auf Fayencen zu finden. Die meisten Belege weisen auf Gemälde, Stiche und Zeichnungen hin, nicht ganz so häufig sind Wandteppiche, Fresken und Aquarelle. Ein vollständiges Repertoire dazu existiert nicht, es muß auf das bisher ausführlichste von Pigler zurückgegriffen werden, dessen Quantifizierung eine Hochzeit des Europamythos im westeuropäischen 17. Jh. ergibt (Italien, Frankreich, Heiliges Römisches Reich, Niederlande), während englische Beispiele dürftiger gesät sind. Nicht gezählt sind illustrierte Ausgaben von Ovids *Metamorphosen*.

Europamythos in der westeuropäischen Kunst der Frühen Neuzeit

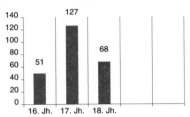

4.5 Auswertung der Einträge zu „Europa" in Pigler 1974.

Nach dieser Zusammenstellung würde dem 17. Jh. eine besondere Bedeutung zufallen, die durch eine andere Beobachtung gestützt wird, nämlich, daß vor allem in der zweiten Hälfte des 17. Jh.s und um 1700 zunehmend Druckschriften zu diversen Europathemen auf den Markt kamen, darunter etliche Zeitschriften oder Fortsetzungswerke wie das berühmte *Theatrum Europaeum* aus der Werkstatt und dem Verlag des Matthaeus Merian (erster Band 1635, letzter Band 1738), das *Diarium Europaeum* (1659 beginnend), der *Europäische Florus* (1659 beginnend), die *Europäische Fama* (um 1700), *L'Europe savante* (1718 beginnend), die *Europäische Staats-Cantzley*, die es vom ausgehenden 17. Jh. bis 1760 auf immerhin 115 Bände brachte, usw. Das läßt sich mit der europäischen Vernetzung der empirischen Wissenschaften (,Gelehrtenrepublik') und dem militärischen wie publizistischen Kampf für ein seit dem Frieden von Utrecht 1713 „balance of power" genanntes politisches europäisches System korrelieren. Wie immer dieses System zu bewerten ist, es gehört zu jenen Bausteinen, die ein ausgeprägtes Europabewußtsein im späten 17. und frühen 18. Jh. repräsentieren. Dieses findet sich in Konkurrenz zum wachsenden Nationsbewußtsein, aber es hat noch nicht mit Nationalismus zu kämpfen. Ein deutlich erkennbares Europabewußtsein, dem parallel die Beliebtheit des Europamythos als künstlerisches Motiv zur Seite steht.

Hinzu kommt, daß die Verwissenschaftlichung der Auseinandersetzung mit den nicht-europäischen Erdteilen der Welt im 17. Jh. die Wahrnehmung Europas als geographisch-kulturelle Einheit verstärkte. Die Europäer führten nicht nur Entdeckungs- und

Forschungsfahrten nach Außereuropa aus, sondern auch ins physische und kulturelle Innere des eigenen Kontinents. Beliebt waren in dieser Zeit Erdteilallegorien, in denen *Europa* oft als Königin und in überlegener Haltung über den anderen Kontinenten figuriert wurde (Poeschel 1985). Das Frontispiz des Merianschen *Theatrum Europaeum* veranschaulicht diese Haltung (Abb. 4.3). In den Erdteilallegorien ist nichts von der tatsächlichen Desintegration Europas zu merken. Um die Überlegenheit Europas über die anderen Kontinente und Kulturen zum Ausdruck zu bringen, wurde die Dame *Europa* bevorzugt mit Herrschaftsattributen ausgestattet. In einigen, nicht ganz so häufigen Fällen erhielt sie aber auch den Stier als Attribut wie in der Erdteilallegorie des Giovanni Battista Tiepolo (1696–1770) aus dem 18. Jh. (1750/53) im Treppenhaus der Würzburger Residenz oder schon früher im Mercator-Atlas von 1595: Es symbolisiert der Stier die besonderen europäischen Qualitäten: Kühnheit, Erhabenheit, Übermut (Eigenschaften, die die Herrschaftsallegorie untermalen), außerdem Schönheit, Enthaltsamkeit, beim Geschlechtsakt jedoch große Leidenschaft, Keuschheit, Mäßigung – alles das, was man Nichteuropäern wie den Indianern oder anderen Völkern *nicht* zutraute und als Eigenschaften *nicht* zusprach.

In der Entwicklung der Erdteilallegorien waren bestimmte Schwerpunkte zu beobachten. Ihre Hoch-Zeit fiel in das 18. Jh. Die Einführung der Attribute der krie-

4.6 Peter Paul Rubens, Die Vier Weltteile (um 1615).

gerischen Minerva in die Gestalt der *Europa* geschah überwiegend nördlich der Alpen. Antwerpen war im 16. Jh. ein Zentrum dieser Ikonographie, während Italien der *Europa Regina* christliche Attribute hinzufügte. Es handelte sich dabei vorzugsweise um einen Tempietto (wahrscheinlich eine Anspielung auf die Jerusalemer Grabeskirche), von Fall zu Fall um die päpstliche Tiara. Im süddeutschen Raum traten Ende des 16. Jh.s die Attribute für Kunst und Wissenschaft hinzu und ergänzten dauerhaft das ikonographische Repertorium der *Europa* als Erdteilallegorie. Nur selten wurde die weibliche *Europa* durch männliche Figuren ersetzt, während dies im Fall der anderen Kontinente seit dem 17. Jh. mehr in Mode kam. Gezeigt wurden die Allegorien überwiegend dem adligen und gelehrten Publikum, gelegentlich einem allgemeinen städtischen Publikum wie beim Antwerpener Ommegang des 16. Jh.s oder bei aufwendigen Straßendekorationen anläßlich von Fürsteneinzügen in wichtigen Städten oder bei Papstkrönungen in Rom. Das 17. Jh. kannte Europaallegorien in einzelnen Kirchen; sie scheinen in den meisten Schlössern präsent gewesen zu sein, als Fresko, Gemälde oder Gartenskulptur – keineswegs nur in Versailles oder Wien oder Madrid. Während die Allegorie im 17. Jh. bevorzugt herrscherliche Macht und herrscherliche Teilhabe an Europas ausgezeichnetem Charakter ausdrückte, schätzte das 16. Jh. die Erdteilallegorien als Darlegung von Gelehrsamkeit in den eigens dazu ausgestatteten Sälen der Palazzi. Die aufwendig ausgestatteten und gedruckten Erd- und Weltbeschreibungen öffneten sich mit Vorliebe vor dem Betrachter (mehr denn vor dem Leser) mit einem Frontispiz zu den vier Erdteilallegorien. Sie stellten keine ausgesprochene Massenware dar. Im 18. Jh. scheint die Versuchung größer geworden zu sein, in Erdteilallegorien nationale Figuren in den Vordergrund zu stellen. Antonio Beduzzi malte 1710 in Wien ein Gewölbefresko, das die *Austria* in den Mittelpunkt stellte und die vier allegorisch dargestellten Erdteile zu Attributen der *Austria* umdefinierte, Tiepolo malte 1762–64 im Thronsaal des Madrider Königspalastes eine „Apotheose Spaniens". Die *Hispania* trat gewissermaßen an die Stelle der *Europa*, da zwar Afrika- und Amerikaallegorien Verwendung fanden, aber keine eigenständige Europaallegorie. Vielmehr ging diese in den Attributen der spanischen Provinzen auf.

Alles zusammen ergibt keinen eigentlichen Europamythos, sondern verweist nur darauf, jedenfalls vorläufig, daß das Thema des antiken Europamythos sich in dem Augenblick besonderer Beliebtheit erfreute, als auch „Europa" für die literaten Bevölkerungsanteile, die Republik der Gelehrten und Belesenen, der Künstler und der Literaten, ein wichtiges Thema war. Was die Masse der Bevölkerung von Europa dachte, ob der Europamythos für sie eine Bedeutung besaß, all das sind offene Fragen, die überhaupt nur sehr schwer zu beantworten sind.

Es nimmt nicht wunder, wenn Ende des 18. Jh.s sowohl der Europamythos wie die Europaallegorie im gängigen Bild- und Erzählrepertoire seltener wurden. Auch andere Mythen und Allegorien sowie Körpermetaphern wurden obsolet oder waren, wie im Fall des Körpers des Königs und der Königin im Frankreich der Revolution, geradezu zerstört worden. Metaphorisch ausgedrückt: in den Revolutionskriegen war auch der Körper der *Europa* zerstört worden. Die Körpermetaphorik des 16. Jh.s hatte für die Auffassung Europas als politisch mystischem Körper namens christliche Republik gestanden; der Europamythos mit seiner Hoch-Zeit im 17. Jh. für eine überaus positive und selbstbewußte Lebenseinstellung, die Erdteilallegorie für das Überlegenheitsgefühl im Kontext der Kulturen der Welt. Mythos und Allegorie faßten Europa als Körper zusammen, wenn auch nicht als politisch-mystischen Körper – die in der frühen Neuzeit um sich greifende Nationalisierung der Monarchien und Republiken ließ dies nicht mehr zu. Mit der Zerstörung der metaphorischen Körpersprache wurde der diskursiven Imagination ein entscheidendes Ausdrucksmittel entzogen, an dessen Stelle lange Zeit nichts Gleichwertiges trat.

Die Masse der Belege, die die Forschung für die Körpermetapher, den Mythos und die Erdteilallegorie bisher geliefert hat, entfällt auf Westeuropa mit Italien und Spanien, Frankreich und den Niederlanden sowie auf das Heilige Römische Reich, das geographisch als Mittelwesteuropa bezeichnet werden kann. Für Nordeuropa, Mittelosteuropa (mit Ausnahme Böhmens, das zum Reich gehörte und in die Rezeption der Europaikonographie eingebunden war), insbesondere Polen, erweist sich die Forschung nicht ergiebig, noch weniger zum osmanischen Europa. Das durch den weiblichen Körper der Europa repräsentierte Europa bezog sich nur auf einen Teil des Kontinents, auf jenen Teil, in dem Europa aktiv und diskursiv konstituiert wurde.

4.5 Der Europamythos im 19. und 20. Jahrhundert bis zum Zweiten Weltkrieg

Die Verbreitung und Gestaltung des Europamythos und der Gestalt der *Europa* sind für das 19. und 20. Jh. nur schlecht erforscht. Vor allem die mythologische Geschichte der Europa überlebte, wenn auch auf niedrigem Niveau. Die Tradition der Europaikonologie der Frühen Neuzeit endete um die Mitte des 19. Jh.s Auffallend häufig wurden danach die Figuren in der Karikatur und Satire verwendet. Satirische Umdeutungen gab es schon in der Antike, einzelne sind aus der Frühen Neuzeit und dem frühen 19. Jh. wie die antijüdische „Europe

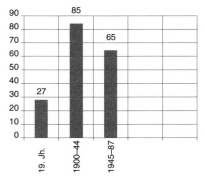

4.7 *Europamythos in der Kunst des 19. und 20. Jahrhunderts.*

pouilleuse" (gemeint sind Juden) bekannt (Abb. 4.8), zur scheinbar vorherrschenden Darstellungsweise wurden sie aber erst ab dem späten 19. Jh. Ähnliches geschah mit anderen Gestalten der antiken Mythologie: Ikarus, Leda usw. In der Tat boten das spätere 19. Jh. und reichlich das 20. Jh. Anlaß zu beißender Europasatire. Die Ausführung der *Europa* als ein Wesen, dem übel mitgespielt wird, ist das ikonographische Zeichen einer inneren Zerissenheit, die es vorher, d. h. bis in die Mitte des 19. Jh.s, im Bewußtsein der Ikonographen und Literaten, die sich mit Europa beschäftigten, nicht gegeben hatte, nicht so dramatisch empfunden wurde. Die Karikaturen und Satiren z. B. im *Simplicissimus* oder im *Kladderadatsch* waren schrille Alarmrufe, Seismographen einer verhängnisvollen Entwicklung. Statt des überlegenen, fruchtbaren, kontrolliert erotischen Europa (im Gegensatz zur vermeintlich unkontrollierten Erotik vor allem des amerikanischen Kontinents in den Erdteilallegorien der Frühen Neuzeit) wird das innerlich zerrissene Europa abgebildet, ein Europa auf der Bombe, wie es Honoré Daumier (1808–1879) 1867 zeichnete, das sein Glück verspielt (die *Europa* auf der Bombe enthält als Bildzitat die Figur der Fortuna; sie erschien unter dem Titel „Équilibre européen" 1867 in der Zeitschrift *Charivari* am 3. 4. 1867). Die Karikatur bezog sich auf die Pläne Napoleons III., das Staatensystem Europas zugunsten einer stärkeren Stellung Frankreichs mit diplomatischen und indirekt kriegerischen Mitteln (Beistandspakte mit Italien) zu verändern. Konkreter Bezug waren die Verhandlungen Napoleons mit dem niederländischen König Wilhelm III. über einen Verkauf Luxemburgs an Frankreich.

Diese *Europa* wird zum exakten Gegenteil der glücklichen auserwählten *Europa* des antiken Mythos. Die Verwendung des Europamythos als Grundlage von Satiren und Karikaturen konnte in zweierlei kritischer Absicht geschehen: entweder wurde die Zerissenheit beklagt, oder es wurden Europainitiativen wie die Aristide Briands (1929/1930) karikiert. Knut Soiné zieht daraus den Schluß: „Trotz oder gerade wegen der verhalten bis offen negativen Akzentuierung dieses Themas beweist sich darin die Mächtigkeit des europäischen Gedankens" (Soiné 1988: 80).

Die Weltausstellung 1878 in Paris wartete wieder mit einer Europaallegorie von A. Schoenewerk (1820–1885) auf, die dieser als Bronzeplastik für den Palais du Trocadéro, der nach dem Ende der Weltausstellung wieder abgebaut wurde, geschaffen hatte (heute im Musée d'Orsay – Museum des 19. Jh.s; Abb. in Pastoureau/Schmitt: 46). Die Ausstellung sollte gewissermaßen das Verlierer-Image Frankreichs abbauen helfen. Die *Europa* wurde mit ihren frühneuzeitlichen Attributen des Krieges, der Kunst und der Wissenschaft ausgestattet. Im 19. Jh. wurden neue Grundsätze für allegorische Figuren, gerade auch weibliche, entwickelt (Wenk 1996), und dies scheint vereinzelt auch der Figur der *Europa* zugute gekommen zu sein.

Die mythologische *Europa* erlebte um 1900, wie Grafik 4.7 zeigt, einen überaus deutlichen Popularitätszuwachs, dessen Ursachen noch nicht wirklich geklärt sind.

4.8 *Johann Heinrich Ramberg, Europe pouilleuse, Feder, um 1815.*

Die künstlerischen Zeugnisse für die Verwendung der mythologischen *Europa* sind während des gesamten 20. Jh.s permanent angewachsen. Ähnliches wird für den Bereich der Literatur angenommen werden können. Luisa Passerini liefert in ihrem Buch „Europe in love, love in Europe" neue Aufschlüsse, die die Renaissance des Mythos erklären. Im Untertitel schränkt Passerini ihren Untersuchungsgegenstand auf die Zwischenkriegszeit in Großbritannien ein, sie greift aber räumlich und zeitlich weit darüber hinaus. Sie legt eine Debatte frei, an der sich Frauen und Männer aus ganz verschiedenen Teilen Europas beteiligten. Auf dem Hintergrund der Frauen-emanzipationsbewegungen, der Psychologie, der von den Bewegungen wie der Wissenschaft gestellten Frage nach dem Verhältnis der Geschlechter sowie auf dem Hintergrund der Suche nach den besonderen kulturellen Merkmalen des ‚europäischen Menschen' im Vergleich zu anderen Kulturen entfaltete sich ein breit angelegter Diskurs über die Liebe zwischen Mann und Frau. Dies führte unter anderem zu zeitgenössischen literarischen ‚Adaptationen' des Mythos von Europa und dem Stier, in dem die Problematik der Liebe zwischen Mann und Frau in der Perspektive der aktuellen Diskussion über das gesellschaftliche und politische Geschlechterverhältnis sowie psychologischer Theoreme entfaltet wurde. Ein damals oft verwendeter Argumentationsstrang führte von der höfischen Liebe im Sinne eines kulturellen Gedächtnisortes bis zur Rollenbestimmung der Frauen bei der politischen Konstruktion der europäischen Einheit. Die Frage nach „Love in Europe" beschäftigte beispielsweise auch jemanden wie den Grafen Coudenhove-Kalergi, Initiator der politischen Paneuropa-Bewegung. In der Debatte über „Love in Europe" hatte sich die auf die Provence zurückgeleitete höfische Liebe gewissermaßen als zentraler Gedächtnisort herausgebildet. Auch Coudenhove-Kalergi nahm darauf Bezug. Er sah als die größte Krise Europas die Krise der als europäisch bezeichneten Form der Liebe an, jener Liebe, die durch die Minnesänger geschaffen worden sei. Die Krise seiner Zeit bestehe darin, daß die Erotik, die eine zentrale Rolle in der europäischen Kultur gespielt habe, durch Sex(ualität) ersetzt worden sei. Coudenhove-Kalergi wendete sich gegen jede ‚androgyne' (Begriff nicht von C.-K.) Interpretation der Geschlechter. Europäische Männer und Frauen unterschieden sich so stark von einander wie Europäer und Chinesen. Der Graf plädierte für eine Wiederherstellung dieser Differenz, dann könnten die Männer als Kämpfer und die Frauen als Mütter ihren geschlechtsspezifischen Beitrag zum Bau Europas erbringen. Frauen sollten der Logik ihres Herzens folgen und sich in der politischen Mission des Friedens engagieren; die soziale Frage gehöre ebenso zu ihrem Aufgabenbereich wie die Verhinderung einer gewaltsamen Revolution im Konstruktionsprozeß der europäischen Einheit. Coudenhove-Kalergi steht für eine sehr konservative Behandlung der Fragestellung; in der fortschrittlicheren Version solcher Argumentationsstränge wird von der Gleichstellung beider Geschlechter in bezug auf Europa ausgegangen. Durchaus repräsentativ ist auch die Auffassung vom essentiellen Zusammenhang zwischen Liebe und Zivilisation, die vor allem durch Sigmund Freud in mehreren Schriften zwischen 1915 und 1930 in die Debatte gebracht worden war (Passerini 1998).

Der Konnex zwischen Zivilisation und Liebe verweist auf die seit der späten Aufklärung unterschiedliche Zuweisung der Geschlechter zu Schlüsselbegriffen. Während „Frau" und „Natur" ein Paar bildeten, bildeten „Mann" und „Kultur" ein zweites Paar. Das weibliche Geschlecht wurde wie eine Metapher auf die Natur, das männliche wie eine Metapher auf die Kultur verstanden. In der Praxis existierte selbstverständlich auch ein Verhältnis Mann-Natur: die Beherrschung der Natur durch den Mann (wie die Beherrschung der Frau durch den Mann). Diese Paare und Zuweisungen wurden im Lauf des 20. Jh.s in Frage gestellt und in Teilen aufgelöst. Die modernisierten literarischen Varianten des antiken Europamythos werden so zum Spiegelbild des sich ändernden Verständnisses von den Geschlechterverhältnissen.

▪ QUELLENZITATE: *Bünting, Heinrich:* Itinerarium sacrae scripturae. das ist ein Reisebuch, uber die gantze heilige Schrifft/in zwey Bücher getheilt. (...), Helmstadt 1582, Magdeburg 1589; *Laguna, Andrés de:* Europa. Heauten timorumene. Hoc est misere se discrucians, suamque calamitatem deplorans, Köln 1543; vgl. http://www.ng.fak09.uni-muenchen.de/gfn/laguna.html, Quellen-autopsie von Wolfgang Schmale; *Münster, Sebastian:* Cosmographia, Basel 1544, 1545, 1548 u. ö.; *Pigler, Andor:* Barockthemen, Eine Auswahl von Verzeichnissen zur Ikonographie des 17. und 18. Jh., 3 Bände, Budapest, 2. erw. Aufl., 1974.

▪ LITERATUR: *Borst, Arno:* Der Turmbau zu Babel. Geschichte der Meinungen über Ursprung und Vielfalt der Sprachen und Völker, 4 Bde., Stuttgart 1960–63; München: dtv, 1995; *Carpentier, Jean/Lebrun, François (Hg.):* Histoire de l'Europe, Paris 2. Aufl., 1992; *Dreier, Franz Adrian:* Die Weltallschale Kaiser Rudolfs II., in: Karl-Heinz Kohl (Hg.), Mythen der Neuen Welt. Zur Entdeckungsgeschichte Lateinamerikas, Berlin 1982, S. 111–120; *Klinger, Cornelia:* Beredtes Schweigen und verschwiegenes Sprechen: Genus im Diskurs der Philosophie, in: Hadumod Buß-mann/Renate Hof (Hg.), Genus. Zur Geschlechterdifferenz in den Kulturwissenschaften, Stuttgart 1995, S. 34–59; *Passerini, Luisa:* Europe in love, love in Europe: Imagination and politics in Britain between the wars, London 1998; *Pelz, Annegret:* Reisen durch die eigene Fremde: Reiseliteratur von Frauen als autogeographische Schriften, Köln u.a. 1993; *Poeschel, Sabine:* Studien zur Ikonographie der Erdteile in der Kunst des 16.–18. Jh., München (Diss.) 1985; *Schmale, Wolfgang:* Europa – die weibliche Form, in: L'Homme. Zeitschrift für feministische Geschichtswissenschaft Heft 2/2000; *Schülting, Sabine:* Wilde Frauen, Fremde Welten. Kolonisierungsgeschichten aus Amerika, Reinbek 1997; *Soiné, Knut:* Mythos als Karikatur. Europa und der Stier in der politischen Karikatur des 19. und 20. Jahrhunderts, in: S. Salzmann (Hg.), Mythos Europa, S. 76–83, Hamburg 1988; *Wenk, Silke:* Versteinerte Weiblichkeit. Allegorien in der Skulptur der Moderne, Köln 1996; *Wiebel, Christiane:* Mythos als Medium – Zur unterschiedlichen Deutbarkeit früher Europa-Darstellungen, in: S. Salzmann (Hg.), Mythos Europa ..., S. 38–55, Hamburg 1988.

5. Kapitel

Europa politisch imaginieren: Europa- und Friedenspläne

	1200	1300	1400	1500	1600	1700	1800	1900	2000
Mythos									
Kartographie									
Allegorie									
Karikatur									
Emblematik									
Literatur									
Europapläne									

5.1 Performative Sprachmittel, diachrone und synchrone Skizze.

Die Bilder, mythischen Erzählungen und Allegorien lassen sich von ikonologischen in textuelle Diskurse übersetzen. Gegenstand der besprochenen ikonologischen Diskurse waren Grundeigenschaften der Europäer (Mythos, Allegorie) und deren Selbstverständnis gegenüber anderen Kulturen und Erdteilen (Allegorie und Attribute). Darüber hinaus ergeben sich viele Berührungspunkte mit jenen politischen Diskursen, die von der Forschung überwiegend als Ursprung der Idee von der europäischen Einheit angesehen werden. Bis in die Zeit nach dem Zweiten Weltkrieg wurde auch in der Politik immer wieder auf solche historische sogenannte Europapläne wie den Großen Plan Sullys aus dem 17. Jh. rekurriert. Dadurch entstand eine diskursive Vernetzung, die dem politischen Europäismus eine historisch weit zurückreichende Dimension zuteilte. Faßt man die unterschiedlichen Quellen und Quellentypen auswertend zusammen, so ergibt sich nicht nur eine diachrone Diskursachse in der Form der Europapläne seit dem 14. Jh., sondern es ergeben sich auch synchrone Achsen innerhalb eines bestimmten Zeitraums, wie es die vorangestellte Skizze andeutet.

5.1 Motive und Urheber der politisch-utopischen Imagination Europas in der Frühen Neuzeit

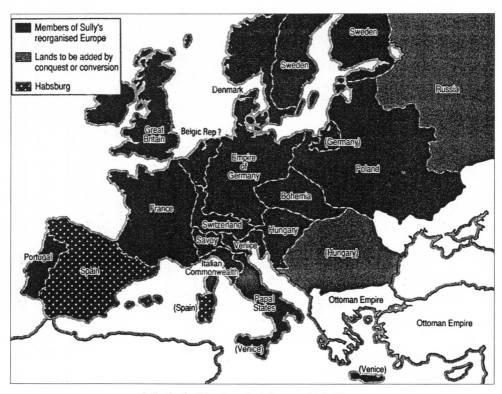

5.2 Sully, Großer Plan (um 1632), kartographische Umsetzung.

Der politische Diskurs unterscheidet sich vom ikonologischen „Text" des Europa-Mythos und der Erdteilallegorien. Der Europamythos war gegen niemanden, auch gegen keine außereuropäische Kultur gerichtet. Der „Text" der Erdteilallegorien drückte zunehmend ein Bewußtsein der Überlegenheit Europas in der Welt aus. Der politische Diskurs entstand als Reaktion auf diverse Bedrohungen von außen und von innen und spiegelte oft genug sehr spezifische nationale Interessenlagen wider. Nach dem Ende der sogenannten Türkengefahr konzentrierte er sich auf die Bedrohung Europas von innen, auf die Herstellung des innereuropäischen Friedens.

Während in der gesamten Frühen Neuzeit die ikonographischen Diskurse des Mythos und der Erdteilallegorie sowie der politische Diskurs gleichzeitig verfügbar waren und neben einer Reihe von Überschneidungen durchaus nebeneinander existierten, erlebte das 19. Jh. einen Rückgang der ikonographischen Diskurse zugunsten der politischen, die schließlich im späteren 19. Jh. in Gestalt der Satire und Karikatur den ikonographischen Diskurs als Anhängsel der politischen textuellen Diskurse bestimmten. Damit trat das Moment der Bedrohung Europas von innen ganz in den Vordergrund.

Der im 2. Kapitel vorgestellte Pierre Dubois gilt als einer der ersten Verfasser eines politischen Europaplanes. Bei den meisten Urhebern solcher Europapläne handelte es sich vor dem späten 19. Jh. um Männer – Verfasserinnen von Europaplänen tauchten im Kontext der Frauen- und Friedensbewegungen des späten 19. Jh.s auf –, die wenigstens zeitweise zum Berater- oder Diplomatenkreis von Fürsten gehörten oder die wie der Abbé Saint-Pierre und Kant als Philosophen, nicht als diplomatische „Diener" im 18. Jh. neue Diskurstraditionen begründeten. Auffälligerweise entstanden die Europapläne zumeist in Lebensphasen, in denen die fraglichen Berater oder Diplomaten der praktischen Politik gegenüber marginalisiert waren. Das gilt für Pierre Dubois im 14. Jh., für Sully in der Richelieu-Zeit, für Saint-Simon im frühen 19. Jh. Einzuräumen ist, daß Ausnahmen existierten. Wer Metternich als Europäisten bezeichnen möchte, kann damit eine notable Persönlichkeit aus der Mitte des damaligen politischen Zentrums benennen. Trotz der auf den ersten Blick sehr langen Tradition von Europaplänen macht es wenig Sinn, die Idee der europäischen Einheit gewissermaßen bruchlos im 14. Jh. wurzeln zu lassen. Die Pläne der Frühen Neuzeit entbehrten eines populären politischen Umfelds. Die hingegen im 19. Jh. entstehenden politischen Volksbewegungen haben neue, vor allem demokratische und wirtschaftliche Argumente in die Idee der europäischen Einheit eingeführt, und erst unter dieser Voraussetzung kann sinnvoll von „europäischer Einheit" gesprochen werden. Dennoch verdienen die jahrhundertealten Überlegungen Respekt, weil im Zuge ihrer Rezeption und Tradierung ein politischer Topos geschaffen wurde, der rechtliche und institutionelle Elemente enthält, die zur gemeineuropäischen Vorstellung von „Politik" gehören.

Beim Weiterziehen durch die politische Literatur nach Dubois treffen wir Mitte des 15. Jh.s auf den bereits im 1. Kapitel zitierten Humanisten, Kaiserlichen Kommissar und künftigen Papst Enea Silvio Piccolomini – keine marginale, sondern eine Schlüsselfigur seiner Zeit. 1453 war Konstantinopel gefallen, auf dem Reichstag zu Frankfurt 1454 warb Enea Silvio als Kaiserlicher Kommissar für den Kreuzzugsgedanken. Viel Hoffnung besaß er eigentlich nicht. Dies wird deutlich aus einem Brief, den er kurz vor dem Frankfurter Reichstag an einen Freund schrieb. Darin heißt es: „Die Christenheit hat kein Haupt, dem alle gehorchen wollten. Nicht dem Papst und nicht dem Kaiser gibt man, was ihnen gebührt. (…) Als wären sie Fabeln und Bildertafeln, so betrachten wir Papst und Kaiser. Einen eigenen König hat jede Stadt. So viele Fürsten gibt's als Häuser. Wie kannst Du so vielen Köpfen, als den christlichen Erdteil lenken, zu einem Kriegszug raten? Doch gut nehmen wir an, daß sich alle Könige zum Kampf zusammenfinden! Wem willst Du die Führung anvertrauen? Welche Ordnung wird im Heere herrschen? (…) Wer wird die große Schar ernähren? Wer wird die mannigfaltigen Sprachen verstehen? Wer wird die bunten Sitten lenken? Wer wird die Engländer mit den Franzosen befreunden? Wer die Genuesen mit den Aragonesen vereinen? Wer die Deutschen mit den Ungarn und den Böhmen versöhnen? (…) Überall sind Schwierigkeiten. (…) Betrachte dann die Sitten der Menschen und erwäge die Taten unsrer Fürsten! Wie tief gähnt der Abgrund des Geizes, wie groß ist die Trägheit, wie mächtig die Gier! Niemand bemüht sich um Schrifttum und Studium der schönen Künste. Und Du meinst, mit solchen Sitten könne man ein Türkenheer vernichten?" (Enea Silvio Piccolomini, Brief an Leonardo dei Benvoglienti, 1454, in Foerster 1963: 39)

An der Art und Weise, wie Enea Silvio das Problem anpackt, erkennt man den Humanisten, der sich in seiner kosmographischen Schrift über Asien und Europa mit den historischen Sittenbeschreibungen der Menschen, Völker und Stämme ausführlich auseinandergesetzt hat, man erkennt den reiseerfahrenen Intellektuellen, der zudem in vielen unterschiedlichen Dienstverhältnissen bei den Großen der Zeit eine gründliche Kenntnis des *homo politicus* und des *homo clericalis* erworben hat. In kurzen Worten zeigt er, daß das, was die Idee einer europäischen Einheit bedeutet, nicht existierte, nämlich eine Werte- und Normengemeinschaft. Er hat folgerichtig keinen ausgesprochenen Europaplan entworfen, wohlwissend, daß dies reine Utopie gewesen wäre, er hat allerdings das „europäische Haus und Vaterland" beschworen, was in unsere heutige Sprache übersetzt „Werte- und Normengemeinschaft" bedeutet. Mittelbar ist aus dem zitierten Brief die gängige politische Körpermetapher zu erkennen, die allerdings nicht in eine *Dame Europa* umgesetzt wird. Piccolomini verweist eher auf Haus und Familie, als die sich die Christenheit zu verstehen habe. Ihm wird zugeschrieben, das Adjektiv „europaeus" geschaffen zu haben. Piccolominis Schriften bilden die Vorboten eines sehr viel stärker mit Körpermetaphern durchdrungenen politischen Europadiskurses im 16. Jh.

Aufschlußreich erscheint der Umstand, daß ein Plan zu einer wie auch immer gearteten politischen gemeinsamen Organisation Europas nicht von Piccolomini, sondern von einem Zeitgenossen, dem böhmischen König Georg v. Podiebrad (1420–1471), aufgestellt wurde. Aufschlußreich, weil auch Podiebrads Plan, von einem Diplomaten französischer Herkunft namens Antonio/Antoine Marini aufgestellt, sehr dezidierten uneuropäischen, d. h. persönlichen Interessen folgt. Georg v. Podiebrad war ein Anhänger des Johannes Hus, er gehörte zur Partei der Utraquisten, den im Vergleich zu den Taboriten gemäßigten Hus-Nachfolgern. Nach langen Auseinandersetzungen im 15. Jh. hatte das Papsttum auf eine Bannung der Utraquisten verzichtet und ihnen in den sog. Kompaktaten kirchliche Freiheiten gewährt. Diese Kompaktaten widerrief Pius II., eben jener Piccolomini. Georg mußte die Exkommunikation fürchten; um seine Stellung zu festigen, setzte er zahlreiche diplomatische Demarchen in Gang, mit dem vorgeblichen Ziel, einen Kreuzzug zu organisieren. Er wußte, wie sehr Pius II. dies am Herzen lag, zugleich wußte er um die eigenen Bemühungen des Papstes, die er in sein Netz einzuspannen versuchte. Seine wichtigsten Adressaten waren der französische König Ludwig XI., Burgund und Venedig, denen er einen Bund vorschlug, der jederzeit für weitere Mitglieder offenstehen sollte. Wenn man so will, die Idee eines *Europa der zwei Geschwindigkeiten*. Kern des Plans war eine Bundesversammlung, beschickt von den Bündnisteilneh- mern, die jeweils 5 Jahre permanent in einer bestimmten Stadt tagen sollte, zunächst ab 1464 in Basel, dann in einer französischen, anschließend in einer italienischen Stadt usf. (Auszug in Foerster 1963: 43–50). Ein *Europa der Nationen* wurde da ange- dacht. Georg v. Podiebrad wünschte sich nicht die Überwindung von Grenzen, son- dern die Stabilisierung des Europas der ‚Nationen' unter Beseitigung des Einflusses der beiden Universalgewalten Papst und Kaiser. Das hätte nicht zuletzt Böhmen seine Eigenständigkeit bewahrt. Vielleicht sollte man in dem Bündnisplan eine versteckte *Gleichgewichtsidee* erkennen, da die Königreiche und Republiken ja jeweils eine Stimme haben, egal wie schwach oder mächtig sie sind. Zeitgemäßer wäre von der Idee der *balancia* zu reden, die im Italien dieser Zeit herumgereicht wurde, um die kriegerische Konkurrenz zwischen den italienischen Stadtrepubliken zu entschärfen. Auch Erasmus von Rotterdam (1469–1536) verwendete einen ähnlichen Gedanken, als er 1517 in seiner berühmten „Klage des Friedens"/*Querela pacis* die Kriege der Fürsten seiner Zeit denunzierte. Er schrieb: „Die Fürsten sollten sich einmal darüber einigen, welches Land ein jeder regieren und beherrschen will. Die einmal festgelegten Grenzen soll keine Verwandtschaftspolitik weiter ausdehnen oder beschränken, sollen keine Bündnisse auseinanderreißen. So wird sich jeder befleißigen, den ihm zugemessenen Anteil nach Kräften zu höchster Blüte zu bringen" (Auszug in Foerster 1963: 51–59).

Deutlicher als Piccolomini orientierte sich Erasmus bei seinen Überlegungen an Körpermetaphern. Er ließ die Klage zwar nicht von einer *Dame Europa* führen wie Laguna, sondern von der Figur des Friedens, aber diese Figur sprach selber. Unter anderem sagte sie: „Gibt es auch sehr viele Himmelskörper mit ungleicher Bewegung und Kraft, so bestehen doch unter ihnen jahrhundertelange, unverbrüchliche Bündnisse. Die miteinander ringenden Elementarkräfte halten sich im Gleich- gewicht, sichern dadurch den ewigen Frieden und fördern trotz großer Gegen- sätzlichkeit die Eintracht durch Übereinstimmung und wechselseitigen Verkehr. Offenbart sich nicht in den Körpern der Lebewesen ein ebenso zuverlässiges Zusammenspiel der Organe unter sich wie eine Bereitschaft zu gegenseitiger Verteidigung? [...] das Leben ist nichts anderes als eine Gemeinschaft von Leib und Seele, und das Wohlbefinden beruht auf dem Zusammenstimmen aller Eigenschaften des Körpers." Mit dem körpermetaphorischen Diskurs wird ein weit höheres Maß an innerer Einheit ausgedrückt bzw. postuliert, als es in den sogenannten Europaplänen meistens der Fall ist.

Das 16. Jh. nimmt hinsichtlich der politischen Imagination in der Frühen Neuzeit eine Sonderstellung ein. Die gewissermaßen rationale Analyse schon bei Pierre Dubois führt zum Entwurf von Institutionen, mit denen die faktische Gegnerschaft der europäischen Fürsten und Granden verwaltet und kanalisiert werden kann. Spätestens im 18. Jh. kommt die Erwartung hinzu, daß nicht nur die Uneinigkeit verwaltet und kanalisiert werden kann, sondern daß eine fundamentale und substantielle Einigkeit hinzutreten wird. Im 18. Jh. wird in diesem Zusammenhang nur mehr oberflächlich mit Elementen aus dem körpermetaphorischen Diskurs gearbeitet, während im 16. Jh. diese Metaphern in den politischen Texten, wo sie Anwendung finden, in der Regel den Befund eines krank gewordenen politischen Körpers, den der christlichen Republik, signalisieren.

Erasmus plädierte für ein Einfrieren der Machtkonstellation, also den Erhalt der Vielstaaterei, von der er, wenn sie denn einmal stabil bleibt, *Wohlstand* für Alle erhoffte. Inzwischen hat sich die Erkenntnis durchgesetzt, daß nationale Autarkie nicht den Wohlstand für alle bedeutet, daß dieser nur durch vielgestaltige wirtschaftliche, politische, kulturelle Grenzüberwindungen und -überschreitungen zu erreichen ist.

Im Grunde war das zu Erasmus' Zeit in der Praxis auch nicht anders, aber es war kein Gesichtspunkt, von dem her Europa gedacht wurde. „Europa" als Topos des politischen Diskurses erscheint eher als Funktion nationalstaatlicher Diskurse, wenn auch mit dem – nicht immer ehrlich gemeinten – Ziel, Frieden zu schaffen. Es muß unterstrichen werden, daß diese sogenannten Europapläne nicht bedenkenlos zur Frühgeschichte der politischen Einigung Europas erklärt werden können.

Die frühe Neuzeit ist über diese Gedankenkonstellation kaum hinausgekommen, trotzdem lohnt es sich, einige Quellen noch unter die Lupe zu nehmen, so den sog. Großen Plan/Grand Dessein von Maximilien de Béthune, Herzog von Sully (1560–1641), den Sully Heinrich IV. (von Frankreich, 1553–1610) in den Mund gelegt hatte. Enthalten ist er in den Memoiren Sullys, er dürfte um 1632 niedergeschrieben worden sein. Die die Zeit von 1572 bis 1605 behandelnden Teile wurden 1638 auf dem Schloß Sully gedruckt, aber nicht auf den Buchmarkt gebracht. Die gesamten Memoiren wurden erstmals postum 1662 gedruckt. 1745 editierte der Abbé de l'Écluse die Memoiren Sullys, wobei er den Stil modernisierte und alles, was ihm umständlich oder überflüssig erschien, herauskürzte. Erst in dieser Edition nahmen die Überlegungen Sullys zu Europa die Gestalt eines zusammenhängenden Planes an, was seine Rezeption nachhaltig beförderte. Die dort formulierten Ansichten sind diejenigen Sullys, kombiniert mit Überlegungen, die in Gesprächen mit Heinrich IV. eine Rolle gespielt haben dürften, und solchen, die den Richelieuschen Machtbestrebungen entgegenkamen. Was sah dieser Plan vor? Im Kern eine Neubestimmung der Staatsgrenzen, eine ziemlich kühne Vorstellung, die aber Erasmus konsequent weiterdenkt.

„Man wird, hoffe ich," – so schrieb Sully – „nunmehr deutlich sehen, welches der Zweck dieses *neuen Staatensystems* war: nämlich ganz Europa in gleichem Verhältnis unter eine gewisse Anzahl von Mächten zu teilen, welche einander weder wegen ihrer Ungleichheit beneiden, noch in Absicht auf das zwischen ihnen nötige Gleichgewicht fürchten müßten. Ihre Zahl war auf 15 gesetzt.

Die Gesetze und Statuten, welche die Verbindung aller dieser Glieder festknüpfen und die einmal eingeführte Ordnung unterhalten könnten; die gegenseitigen Eidschwüre und Verpflichtungen, welche sowohl die Religion als den Staat betreffen; die wechselweisen Versicherungen einer uneingeschränkten Handlungsfreiheit; die Maßregeln, die man nehmen mußte, um alle diese Teilungen mit Billigkeit und zur allgemeinen Zufriedenheit der Parteien zu machen; dies alles sind Sachen, die sich von selbst verstehen (…) Höchstens konnten einige kleine Schwierigkeiten bei der Ausführung der einzelnen Teile vorkommen, welche aber in der allgemeinen Ratsversammlung leicht behoben werden konnten. Diese sollte gleichsam alle europäischen Staaten vorstellen (…)

Die Ratsversammlung sollte aus einer gewissen Anzahl von Kommissarien, Ministern und Bevollmächtigten aller Staaten der christlichen Republik bestehen, welche in Form eines Senats beständig versammelt wären, um sich über die vorkommenden Geschäfte zu beratschlagen, die streitigen Interessen zu einigen, die Zwistigkeiten beizulegen, alle bürgerlichen, politischen und kirchlichen Angelegenheiten der europäischen Staaten, die sowohl unter ihnen als mit Fremden vorkommen würden, aufzuheitern und in Ordnung zu bringen. Die äußerliche Einrichtung und die Prozeduren dieses Senats wären dann in der Folge durch Mehrheit der Stimmen von ihm selbst näher bestimmt worden. […]" (Auszug in Foerster 1963: 60–72).

Auch dieser Plan war eindeutig zugunsten Frankreichs interessengeleitet, ragte aber wegen seiner weitreichenden Vorschläge hinsichtlich der europäischen Staatenkarte über alles bis dahin gedachte hinaus. Das mag erklären, warum bis in die jüngste Zeit der Plan Sullys weithin bekannt geworden ist und als Vorreiter einer europäischen Verfassung gelten konnte. Der Plan fand schon im 17. Jh. ein gewisses Echo, zumal ein anderer Weggefährte Heinrichs IV., Agrippa d'Aubigné (1552–1630), in seiner Universalgeschichte von 1616–1620 angedeutet hatte, daß Heinrich IV. nach der europäischen Universalherrschaft strebe, wobei er sich der Unterstützung der europäischen Nationen hätte sicher sein können. Der Erfolg des Sullyschen Plans in der Version des Abbé de l'Écluse profitierte von der Debatte um den ewigen Frieden, die der Abbé de Saint-Pierre 1713 mit einer entsprechenden Schrift entfacht hatte. Noch Kants Schrift über den ewigen Frieden von 1795 reiht sich in diese Debatte ein, die ihrerseits, dank der Französischen Revolution und der Napoleonischen Kriege, publizistisch fruchtbar war.

Einen weiteren Schritt markierte William Penn (1644–1718) 1692 mit einem

Essay über den gegenwärtigen und künftigen Frieden Europas. Mit Penn, Saint-Pierre, wenige Jahre später, und Kant erhalten die Stimmen Gewicht, die keinem speziellen nationalstaatlichen Interesse folgen. Sie verbinden die Verfassungsgrundsätze der früheren interessengeleiteten Entwürfe mit der Friedensphilosophie, was als methodischer Ansatz bei Erasmus nur sehr rudimentär angeklungen war. Erst diese Verbindung, unterfüttert mit sozialen, wirtschaftlichen, demographischen und anderen Betrachtungen wie bei Penn, berechtigt, den Begriff „europäische Einheit" in die Debatte zu werfen. Kants Entwurf über den ewigen Frieden verstand sich im übrigen nicht europabezogen, sondern weltgeschichtlich. Kant verlangte als Voraussetzung von Frieden Rechtsstaatlichkeit als inneres Prinzip der Staaten und gründete diese auf die Idee der Menschenrechte. Damit machte er eine Werte- und Normengemeinschaft zur Voraussetzung jedes Völkerbundes, den er ja im Visier hatte, und womit er dem *Völkerbund* nach dem Ersten Weltkrieg und dann der UNO ein gewichtiges Vorbild lieferte.

Der Wendepunkt in der Geschichte der politischen Imagination Europas ist genauer in der Zeit um 1800 zu suchen. Die Napoleonische Herrschaft in Europa

5.3 Napoleon: Der Universalmonarch (anonym), 1814.

hatte kurzfristig eine neue effektive Dimension der alten Idee von der europäischen Universalmonarchie aufgezeigt, die im Spiegel der Texte und Karikaturen als Zerstörung Europas aufgefaßt wurde, während die *Europa Regina* des 16. Jh.s aus der Vorstellung des christlichen Europa die Vorstellung des politischen Körpers Europa bezog. Mythos und Allegorie, die frühneuzeitliche metaphorische Körpersprache, waren mit der Revolution untergegangen. Als Bildsprache schien nur noch die Karikatur geeignet, über Europa Auskunft zu geben. Die Karikaturen der Napoleonischen Zeit auf das Napoleon bescheinigte Streben nach der Universalherrschaft rückten den Tod in den Vordergrund (Abb. 5.3).

In der Zeit des Wiener Kongresses erschien das Prinzip des Gleichgewichts der europäischen Mächte, das etappenweise vom Westfälischen Frieden 1648 bis zum Frieden von Utrecht 1713 entwickelt worden war, als die pragmatischste Rettung Europas. Außerdem herrschte bereits ein überraschend klares Bewußtsein von der kommenden Überlegenheit Nordamerikas vor, das Überlegungen zur wirtschaftlichen und politischen Einheit Europas befruchtete. Das Gleichgewichtsprinzip hielt aber dem Phänomen des Nationalismus in der zweiten Hälfte des 19. Jh.s nicht mehr stand. Die aufkommenden Friedensbewegungen, in denen die europäistischen Bewegungen wurzelten, setzten dem den Gedanken eines transnationalen Europas entgegen, den Gedanken der Vereinigten Staaten von Europa. Das 19. Jh. bedeutet jene Übergangsphase, innerhalb derer ein Außenseiterdiskurs zum sedimentierfähigen Diskurs politischer Bewegungen mutierte, der allmählich im 20. Jh. den politischen Diskurs der Regierungen eroberte. Die napoleonische Zeit und ihr Abschluß im Wiener Kongreß erbrachte eine bedeutsame, aber eben nicht dauerhafte, d. h. nicht sedimentierfähige Annäherung der Regierungs- und der Außenseiterdiskurse. Sie reichte dennoch weiter, als die Versuche Sullys, Saint-Pierres oder Kants und der vielen anderen, die ihre Europapläne zumeist im Zusammenhang bestimmter politischer Entwicklungen, Kongresse oder Friedensschlüsse vorlegten. Sully schrieb Anfang der 1630er Jahre, als Richelieu und Ludwig XIII. den Dreißigjährigen Krieg für den Ausbau Frankreichs zur bestimmenden europäischen Macht zu nutzen versuchten. Der Abbé Saint-Pierre hängte sich gewissermaßen an den Kongreß von Utrecht an, Kant mit seiner Schrift über den ewigen Frieden an den Frieden von Basel 1795.

5.2 Der Europäismus zwischen Wiener Kongreß und Revolution 1848

Im Namen der heiligen und unteilbaren Drei-einigkeit. Ihre Majestäten der Kaiser von Öster-reich, der König von Preußen und der Kaiser von Rußland haben infolge der großen Ereignisse der letzten Jahre (…) die innige Überzeugung von der Notwendigkeit gewonnen, ihre gegenseitigen Beziehungen auf die erhabenen Wahrheiten zu gründen, welche uns die Religion des göttlichen Heilandes lehrt. (…)

Art. I. In Gemäßheit der Worte der Heiligen Schrift, welche allen Menschen befiehlt, sich als Brüder zu betrachten, werden die drei Monarchen vereinigt bleiben durch die Bande einer wahren und unauflöslichen Brüderlichkeit (…); sie werden sich ihren Untertanen und Armeen gegenüber als Familienväter betrachten und dieselben im Geiste der Brüderlichkeit lenken, um Religion, Frieden und Gerechtigkeit zu schützen.

Die Heilige Allianz, 1815 (Auszüge)

Die Revolutionsepoche von 1789 bis 1814/15 legte den Grundstein dafür, daß sich neue soziale Gruppen „Europa" als politisches Thema aneigneten. Da die Restauration der Nachkongreßzeit sehr schnell klärte, welcher Abgrund zwischen den politischen Vorstellungen der Volksbewegungen einerseits und der Regierungen andererseits lagen, entwickelte sich ein Widerstreit der politischen Diskurse, der erst mit dem Ende des Zweiten Weltkrieges entschieden wurde.

Das Jahrhundert zwischen Französischer Revolution und Imperialismus kann als Zeitalter des Nationalstaats in Europa bezeichnet werden, das Zweidrittel-Jahrhundert vom Imperialismus bis zur Epoche des Faschismus und Nationalsozialismus als Zeitalter des Nationalismus. Kaum je haben unter politisch-praktischen und politisch-ideologischen Gesichtspunkten die Voraussetzungen für ein einiges Europa schlechter gestanden als in diesen rund 160 Jahren. Paradoxerweise bedeutet diese Zeit jedoch auch eine Hoch-Zeit des Europagedankens, ja auch des Internationalismus und keineswegs nur des kommunistischen bzw. sozialistischen Internationalismus, sondern des Internationalismus jedweder Couleur. Das Bewußtsein von einer kulturellen Einheit Europas ist im 19. Jh. größer als je zuvor gewesen – wenn man von der Gegenwart absieht, in der alle Bevölkerungsschichten am Europabewußtsein Anteil haben. Für das Europadenken im 19. Jh., z. T. auch für das ausgehende 18. Jh., hat sich in den 50er Jahren des 20. Jahrhunderts weitgehend der Begriff „Europäismus", wenigstens im Deutschen, Französischen und Italienischen, durchgesetzt; er soll beibehalten werden.

Es mehrten sich solche Anhänger des Europa-Gedankens, die sich öffentlich zu Wort meldeten, Europa-Bewegungen entstanden, wenigstens z. T. trafen sich auch europapolitische Bürgerbewegungen und politische Machthaber in ihren Intentionen. Zunächst profitierte die Zeit vom europäischen und universalen Kosmopolitismus der Kultur der Aufklärung, von der durch die Französische Revolution in Gang gesetzten mentalen und politischen Dynamik, die z. B. in der Revolution von 1848 wieder durchbrach. In der Zwischenzeit nahm die wirtschaftliche und soziale

Verflechtung Europas sowie der Welt ihren Gang, neue soziale Führungsgruppen
entstanden, neue soziale Bewegungen, die sich grenzunabhängigen Ideen verpflichtet fühlten. Der Kosmopolitismus wurde z. T. durch den in der späten Aufklärung
entwickelten Kultur- und Zivilisationsbegriff getragen, der anational oder sogar
menschheitsgeschichtlich konzipiert war (Fisch 1992). Zwar lassen sich schon um
1800 nationale Applikationen des Kulturbegriffs feststellen, aber nach Jörg Fisch
bedeutet der Erste Weltkrieg die entscheidende Etappe in der Verengung des Begriffs
auf nationale Kulturen, ohne daß dies breitere Anwendungen gewissermaßen auf
kontinentale Kulturen ausgeschlossen hätte. Hier ist auch genauer nach französi-
schem, anglo-amerikanischem und deutschem Sprachgebrauch zu unterscheiden.
Erst mit der Zunahme von Kriegen nach 1850 im Zuge der italienischen und deutschen Einigung bzw. des Krimkrieges schmilzt der genannte Kosmopolitismus teilweise dahin. Bis zum Krimkrieg beispielsweise wurde sehr engagiert über das
Verhältnis von Rußland und Europa debattiert. Westeuropäische und russische
Schriftsteller führten diese Debatten. Daß Rußland nicht mit Europa und europäischer Kultur gleichzusetzen war, scheint ebenso Konsens gewesen zu sein wie die
Nichtineinssetzung mit Asien. Lange Zeit wurde Rußland als kultureller Mittler zwischen Europa und Asien verstanden. An den Debatten über die Zugehörigkeit
Rußlands zu Europa läßt sich auch die Politisierung der Europadiskurse nachvollziehen. Unter dem Eindruck der Idee von der Heiligen Allianz hielten die christlich-
romantisch konservativen Denker die Zugehörigkeit Rußlands zum christlichen
Europa – und das christliche Europa war ihr Europa! – für fraglos, während die
Liberalen, die Demokraten, die Frühsozialisten und noch mehr dann die Kom-
munisten Rußland für den Hort des Absolutismus oder gar Despotismus hielten und
zunehmend aus ihrer Europavorstellung ausgrenzten. Jedenfalls wurde in Madrid wie
in Moskau selbstverständlich über das Verhältnis Europa – Rußland nachgedacht;
man nahm sich gegenseitig wahr und reagierte auf Thesen, aus welcher geographischen Ecke Europas sie immer kamen, mit Zustimmung oder Antithesen. Das gilt
natürlich auch noch für die Panslavismus-Debatte seit den 1860er Jahren, in deren
Verlauf kulturelle Unterschiede zwischen Westeuropa und Rußland nachhaltig konstruiert wurden. Der Begriff „Westeuropa" war durchaus üblich, seit der ersten Hälfte
des 19. Jh.s kam auch „Osteuropa" in Gebrauch, was nichts anderes als Rußland
meinte (Lemberg 1985).

Am Anfang des 19. Jh.s steht jedoch die romantische Renaissance der Idee des
christlichen Europa, die im Umfeld der erstaunlichen christlichen Erneuerung der
nachrevolutionären Zeit an sich nicht wunder nimmt. Das christliche Europa des
19. Jh.s stellte etwas anderes als die Beschwörung christlicher Handlungsmaximen
bei Erasmus von Rotterdam in der *Querela Pacis* von 1517 dar. Das Christentum in
der Vorstellung vom christlichen Europa der Epoche der Romantik war, bei aller

sicherlich aufrichtigen Gläubigkeit der einzelnen, ein *kulturelles Christentum*, das Produkt kulturgeschichtlicher Betrachtungen, insoweit also, wiederum ein wenig paradox, ein säkularisiertes Christentum.

Ohne die geringste Furcht vor historischen Abstrusitäten schrieb Novalis (1772–1801) 1799 in „Die Christenheit oder Europa", seinem Beitrag zur Debatte um den ewigen Frieden, von dessen Veröffentlichung ihm seine Freunde abrieten: „Es waren schöne glänzende Zeiten, wo Europa ein christliches Land war, wo *eine* Christenheit diesen menschlich gestalteten Weltteil bewohnte; *ein* großes gemeinschaftliches Interesse verband die entlegendsten Provinzen dieses weiten geistlichen Reichs" (Auszug in Dietze/Dietze 1989). Danach sei Unfriede und Krieg eingezogen, alles Folgen der zumindest zu Zeiten ,schädlichen Kultur' (Kultur schlechthin).

Dann: „Mit der Reformation war's um die Christenheit getan. Von nun an war keine mehr vorhanden." Als Grundübel der Zeit seit der Reformation diagnostiziert Novalis den Kampf zwischen Glaube und Wissen. Höhepunkt in diesem Kampf ist die Französische Revolution, die, nach Novalis, eine Zeit völliger Anarchie, den Keim der „Auferstehung" (des Religiösen) in sich trägt. Und nun benutzt Novalis eine Denkfigur, die er und mit ihm andere deutsche Publizisten im Grunde den französischen Revolutionären abgeschaut haben. Diese verstanden sich als Träger einer historischen Mission, die über Frankreich hinausging, besaßen aber eine hohe Anschauung davon, daß sie als Franzosen Träger der europäischen und universalen Mission waren. Bezüglich der von ihm diagnostizierten Situation meint Novalis: „In Deutschland hingegen kann man schon mit voller Gewißheit die Spuren einer neuen Welt aufzeigen. Deutschland geht einen langsamen, aber sichern Gang vor den übrigen europäischen Ländern voraus. Während diese durch Krieg, Spekulation und Parteigeist beschäftigt sind, bildet sich der Deutsche mit allem Fleiß zum Genossen einer höhern Epoche der Kultur, und dieser Vorschritt muß ihm ein großes Übergewicht über die andere[n] im Lauf der Zeit geben." Novalis formuliert einen deutsch geprägten Europagedanken, während sich zur selben Zeit Napoleon anschickt, ein französisch geprägtes Europa zu schaffen. Dies geht über die tradierte Interessengeleitetheit des Europagedankens hinaus, es bedeutet eine Art Nationalisierung der Europaidee, mit der allerdings ein erhebliches Maß an politischer Schubkraft verbunden war. „Der Anstoß", so Gollwitzer, „zu einem neuen Europäismus, der stärker als früher zur Tat, zur Gestaltung trieb und philosophische Systeme in der Richtung praktischer Organisation entwickelte, ging von Frankreich aus" (Gollwitzer 1951: 119).

Genauer gesagt: von Napoleon aus. Anfangs knüpften Napoleon I. (1769–1821) und seine Diplomaten wie der Graf d'Hauterive (1754–1830) durchaus an das ältere Gleichgewichtsdenken an, das sich zu einem Föderalsystem ausbauen ließe, aus dem England ausgeschlossen sein sollte. Sehr schnell schlug das Unternehmen aber in ein Hegemonialsystem um, dem eine wirkliche Europaphilosophie fehlte. Napoleon versuchte an Karl d. Gr. anzuknüpfen, indem er sich selbst als dessen Nachfolger verstand und darstellte, ohne damit überzeugen zu können. Ein Stück europäische Integration schaffte er immerhin durch die Verbreitung seines Zivilgesetzbuches, des *Code Napoléon*, zudem waren viele Intellektuelle der Zeit von seiner Gestalt so fasziniert, daß sie daraus vielfache Motivationen für die Schöpfung neuer Europapläne zogen. Gerade deutscherseits, bei den Anhängern des Rheinbundes, war diese Wirkung festzustellen. Dalberg, der letzte Erzkanzler des Heiligen Römischen Reiches deutscher Nation, der Publizist Niklas Vogt, der Völkerbundphilosoph K. Chr. Fr. Krause, Wieland in Weimar, sie alle erdachten sich ein politisch so oder so föderiertes Europa unter Napoleons bzw. Frankreichs Ägide, ohne den Nutzen für ein reformiertes Reich aus den Augen zu verlieren. Sie wollten nicht das Reich aufgeben, wie es ja tatsächlich 1803/6 geschah, sondern sie wollten das Reich im europäischen Verbund reformieren. Der Mythos Karls d. Gr. spielte dabei im übrigen durchaus seine Rolle.

Stuart Woolf veröffentlichte 1991 ein Buch unter dem Titel „Napoleon's Integration of Europe". Integrierte Napoleon Europa? War er ein Vorarbeiter der heutigen EU? Dies widerspräche den bisherigen Auffassungen. Mangels einer Napoleonischen Integrationstheorie kann nur nach Integrations*folgen* der Napoleonischen Politik gefragt werden. Noch mehr als der Ausbruch der Französischen Revolution 1789 zählen die Person und die damit verbundene kurze geschichtliche Epoche zu den europäischen „lieux de mémoire". Ob Anhänger oder Gegner Napoleons, ob Held oder Antiheld, bis heute gibt es praktisch überall in Europa eine Auseinandersetzung mit Person und Epoche. Darüber hinaus setzte die Napoleonische Verwaltungspraxis hinsichtlich Durchorganisation und Professionalität von Verwaltung Maßstäbe für ganz Europa, für das Verständnis von einem modernen Staat, unabhängig vom Verfassungstyp. Nicht als wäre das alles von Napoleon erfunden worden, entscheidend ist vielmehr die praktische Durchsetzung von Prinzipien.

Napoleons Versuch, Kontinentaleuropa zu beherrschen, wurde zum Geburtshelfer geradezu phänotypischer Verhaltensweisen: Kollaboration und Widerstand. Unter den europaweiten Reaktionen auf Napoleons Herrschaft sind Nationsdenken und Liberalismus zu nennen. Die kriegsbedingte Ausbeutung insbesondere Italiens, Deutschlands, der beiden Niederlande, Spaniens und Portugals trug aus schierer Notwendigkeit zu einer Verbesserung der Verkehrsinfrastruktur bei, was Zeitgenossen wie Conrad Friedrich von Schmidt-Phiseldek (1770–1832) als Argument benutzten, um die Existenz einer europäischen Kultur anschaulich zu machen.

In England wurde die traditionelle französisch-englische Rivalität nicht weniger gepflegt als in Frankreich. Edmund Burke (1729–1797) schrieb, daß bei den Briten „die Grundsätze und Formen der alten gemeinschaftlichen Verfassung der europäischen Staaten verbessert und dem gegenwärtigen Zustand von Europa angepaßt" zu finden seien (Gollwitzer 1951: 155), so als habe es eine Art europäischer „Urverfassung" gegeben, die England konserviert habe. Friedrich von Gentz (1764–1832), der Burke ins Deutsche übersetzte, sowie der Publizist, Staatsphilosoph und Diplomat Adam Heinrich von Müller (1779–1829) teilten diese Sichtweise Burkes. Aus preußischer Sicht bedeutete Europa kaum mehr als die Idee des Gleichgewichts und einer europäischen Stellung Preußens, sprich Preußens als einer Macht der Oberklasse.

Die historische Durchmessung Europas, wie sie den Schriften der Romantik eignet, führte, wie in den gesamten Humanwissenschaften, zu einer kulturgeschichtlichen Zweiteilung Europas in Romanität und Germanität, zwei Wurzeln, die als Paar das neue Europa prägten, jedoch nicht zu einem einzigen Kern verschmelzen sollten. Anhänger dieser Auffassung, wie die Gebrüder August Wilhelm (1767–1847) und (Karl Wilhelm) Friedrich (1772–1829) Schlegel verstanden dies als Alternative, wenn nicht als Opposition zur Napoleonischen Universalmonarchie. Ihr positives Englandbild ergänzten sie durch einen bewundernden Blick auf Amerika, das ihnen als „neues" oder „amerikanisches" Europa erschien (Gollwitzer 1951: 191).

Der Wiener Kongreß stellt in mancher Hinsicht ein getreues Spiegelbild der bunten Vielfalt an Europa-Visionen der Zeit dar. Metternich kultivierte die Idee von Mitteleuropa, die er keineswegs rein deutsch verstand, sondern als ein ethnisch-nationales Völker- und Staatenbündnis zwischen dem russischen Osten und dem atlantisch-außereuropäisch orientierten Westeuropa, das zudem im Zuge der Französischen Revolution, gewissermaßen aus mitteleuropäischer Sicht, einen Sonderweg in Europa beschritten hatte. Metternichs Grundgedanke war der der Föderation, sowohl für den deutschen Bund wie für den Zusammenhalt Europas. „Die Überwachung der europäischen Geschehnisse und die Bewahrung der europäischen Stabilität wollte der Staatskanzler einem Areopag der Großmächte anvertrauen, dessen Funktionieren anscheinend ganz ohne statutarische Festlegung lediglich vom Meinungsaustausch der leitenden Staatsmänner erwartet wurde. Eine «permanente Konferenz» oder ein europäisches Informationsbüro in Wien sollten allenfalls den Areopag in seinen Aufgaben unterstützen" (Gollwitzer 1951: 226). Metternich betrachtete die europäischen Staaten als eine Gesellschaft, sie formten seiner Meinung nach einen sozialen Körper. Zeitgemäß war auch die Bezeichnung der europäischen Staaten als Familie (Saitta 1959: 418). Was Metternich angeht, ist hervorzuheben, daß er die Türkei, das Osmanische Reich, in das europäische Mächtekonzert aufnehmen wollte. Das Osmanische Reich war längst zu einem stabilen Faktor geworden, dessen innere politische Gestaltung Ähnlichkeiten mit dem habsburgischen Vielvölkerstaat aufwies. In Metternichs Kalkül brauchte Europa die Türkei, um Rußland in Schach zu halten, selbst wenn, oder gerade weil Rußland im europäischen Mächtekonzert seinen wohldefinierten Platz finden und erhalten sollte. Der griechische Unabhängigkeitskrieg 1821–32 mobilisierte allerdings die Intellektuellen gegen die Türkei, und ab den 1830er Jahren intensivierten sich antirussische oder auch antislawische Töne. Griechenland wurde anfangs zu einer bedeutenden kulturellen Referenz in Europa, die sich im Philhellenismus niederschlug. Gerade im frühen 19. Jh. wurde das antike Griechenland als Geburtsland der europäischen Kultur interpretiert, und das neue Griechenland wurde als Erbin betrachtet. Das änderte sich schon in den 1830er Jahren, als in umfangreichen historischen Forschungen die Eroberung durch die Türken als epochaler Bruch in der griechischen Kultur interpretiert wurde. Außerdem wurde in Zweifel gezogen, daß die zeitgenössischen Griechen direkte Nachkommen der antiken Griechen seien; vielmehr wurden Vermischungen mit Albanern, Türken usw. gegen diese Ansicht ins Feld geführt (Heppner/Katsiardi-Hering 1998).

Zunächst jedoch sollte, um zu Metternich zurückzukehren, die 1815 zwischen Österreich, Preußen und Rußland geschlossene Heilige Allianz, der später noch weitere europäische Staaten beitraten, den Platz Rußlands in Europa bezeichnen. Da inzwischen Asien längst nicht mehr so positiv gesehen wurde, wie zeitweise in der Aufklärung des 18. Jh.s, kam Rußland auch die Funktion eines Mittlers europäischer Kultur nach Asien hinein zu (Saitta 1959: 437) – eine Funktion, die im übrigen auch Griechenland zugeschrieben wurde. Die Heilige Allianz knüpfte an die ältere Idee der „république chrétienne" an, nun aber im Kontext romantischer Christentums-vorstellungen. Insoweit es bei diesen auch darum ging, die konfessionellen Gegen-sätze zwischen Katholizismus und Protestantismus sowie russisch-orthodoxem Glaubensbekenntnis durch ein nicht konfessionell gespaltenes Christentum zu über-winden, besaß dies durchaus pragmatischen Charakter, denn trotz fortschreitender Säkularisierung des Denkens war dieses weiterhin prinzipiell christlich geprägt und durchzog sämtliche Bevölkerungsschichten. Aber der von der Heiligen Allianz gewählte Ansatz eines Europas der Untertanen und Fürsten war verfehlt und kurz-sichtig. Eine Verknüpfung des Gedankens an ein christliches Europa mit dem Prinzip der Volkssouveränität, das in Restauration und Vormärz mit physischer Gewalt von oben niedergehalten wurde, hätte diesem Ansatz vermutlich größere Erfolgsaus-sichten verschafft. Daß in der Akte der Heiligen Allianz von „christlicher Nation" geredet wurde, änderte nichts an der obrigkeitlichen Perspektive.

Da aber, seitdem das Zeitalter der Massenmedien angebrochen war, nichts gesche-hen konnte, ohne unverhoffte Fernwirkungen zu erzeugen, animierte auch die Idee der Heiligen Allianz Diplomaten und Staatsphilosophen zu davon ausgehenden, aber weiterführenden Europakonstruktionen. Einer davon war der oben zitierte deutsch-dänische Publizist und Diplomat Conrad Friedrich von Schmidt-Phiseldek, ein kom-munikationsintensiver Mensch, der sich umfassend wie kaum andere mit der politi-schen Identität Europas im frühen 19. Jh. auseinandersetzte. Bezeichnend ist der

Titel einer seiner Schriften: „Europa und Amerika oder die künftigen Verhältnisse der zivilisierten Welt" (Kopenhagen 1820), auf die 1821 die Schrift „Der Europäische Bund" folgte. „Nichts läßt Schmidt-Phiseldek außer acht, was die Notwendigkeit, ja bereits das Bestehen der europäischen Einheit beweist, vom Verkehr bis zur ‚Gleichheit des geistigen Kulturstands von Europa'. (…) Kein Staat kann durch Krieg mehr vom andern gewinnen, vielmehr sei es für alle Nationen geboten, sich zu einer europäischen Föderation zusammenzuschließen. Die Einzelheiten eines solchen europäischen Bundes hat der staatsgelehrte Verfasser mit einer Ausführlichkeit durchdacht und dargelegt, als ob er sie in Form einer Gesetzesvorlage vor einem europäischen Parlament einbringen müßte. Da werden ein europäisches Bundesheer und eine Bundesmarine vorgeschlagen, ein Kongreß der Nationen, eine gemeinsame europäische Flagge, eine einheitliche Rechtsverfassung, Herstellung eines neuen für Europa allgemein geltenden Münzfußes, gemeinschaftliche Erziehungs- und Bildungsmaßnahmen, schließlich die Errichtung einer europäischen Hochschule" (Gollwitzer 1951: 243).

Noch ein Wort zu einer französischen Stimme, der des Grafen Saint-Simon, entfernter Nachfahre des Herzogs von Saint-Simon. Der Graf (1760–1825) hat etwas von einem Bohemien und Glücksritter der Revolution, aber sein Leben war genauso durch depressive Phasen der Armut gekennzeichnet. Ein Selbstmordversuch 1823 scheiterte. Dessen ungeachtet war er ein reger politischer Denker, ein sog. Frühsozialist, und auch von ihm kann man sagen, daß er kommunikationsintensiv lebte. Es fehlte ihm nicht an der Überzeugung, ein politischer Messias zu sein. Aufgrund einer Namensverwechslung – Saint-Simon ließ den Adelstitel weg und verzichtete auch auf das „Saint" in seinem Namen, so daß er einfach Simon hieß, ein wahrlich häufiger französischer Name – war er während der Terreur ins Gefängnis geraten. Dort erschien ihm der karolingische Geist, der ihm eine große Zukunft als Philosoph, Soldat und Staatsmann voraussagte. Daran hielt er sich für sein weiteres Leben. Neben Versuchen über das „Neue Christentum", Tribut an seine geistige Umwelt, befaßte er sich auch mit der „Reorganisation der europäischen Gemeinschaft oder der Notwendigkeit und dem Sinn einer Vereinigung der Völker Europas in einer politischen Verfassung unter Beibehaltung ihrer nationalen Unabhängigkeit" (1814). Ihm zur Seite bei diesem Werk stand der als Historiker berühmt gewordene Augustin Thierry. Saint-Simon favorisierte ein aus einer englisch-französischen Union bestehendes Kerneuropa, dem sich weitere Staaten anschließen konnten und sollten. Er dachte liberal, d. h. er verpaßte seiner europäischen Verfassung einen guten Schuß Zensusdemokratie.

Saint-Simons Reorganisation wurde im 19. Jh. vielfach rezipiert, seine Anhänger im Geiste setzten sich z. B. in den 1850er Jahren für eine Europäische Verfassunggebende Versammlung ein. In den 1920ern erfuhr Saint-Simon eine Art Renaissance, seine Schrift wurde 1925 neu aufgelegt (Heater 1992). Saint-Simon ist mit der Bewegung zugunsten der Schaffung der „Vereinigten Staaten von Europa" in Verbindung zu bringen, die vor allem im Zuge der 1848er Revolution lautstark an die Öffentlichkeit trat.

1848 wirkte für manch einen wie ein Katalysator, so auch für den italienischen Revolutionär Giuseppe Mazzini (1805–1872). „Mazzini (…) entschloß sich (…), sein Leben der Einigung und Befreiung Italiens zu weihen. Er wurde bewußt Berufsrevolutionär (…). 1828 schloß er sich der Geheimgesellschaft der ‚Carbonari' an und gründete 1831 [in Marseille W. S.] eine eigene Geheimgesellschaft, die er ‚Junges Italien' nannte. Er strebte die politische Erneuerung nicht im Rahmen der Legalität an, da er dies für aussichtslos hielt, sondern durch gewaltsamen Umsturz. Unablässige Aufstände sollten die Fremdherrschaft allmählich immer mehr einengen, bis ganz Italien republikanisch und frei wäre. Das ‚Junge Italien' sollte aber gleichzeitig für eine geistige Erneuerung arbeiten und die übernationalen Menschheitsaufgaben der italienischen Nation vorbereiten. Das ‚Dritte Rom', nach dem antiken und dem katholischen, sollte die Nationen in einem Völkerbund zusammenführen" (Foerster 1967: 276 f.). Im Lauf der Jahre und nach wiederholtem Exil gründete Mazzini eine deutsche Sektion des *Jungen Europa*, mit Exilpolen eine polnische – auch in der Schweiz und in Frankreich entstanden Sektionen. „Als 1848 in Italien die Revolution ausbrach, leitete er mit Garibaldi zusammen die Verteidigung Roms gegen das französische Heer und gehörte ein Vierteljahr lang dem Triumvirat der römischen Republik von 1849 an. Nach der Kapitulation floh er wieder nach London. Mazzini hatte in vielen Zeitungsartikeln, Aufrufen und Broschüren immer wieder die Einheit Europas beschworen (…) Die Heilige Allianz 1815 sei ein gegen die Völker gerichteter Fürstenbund gewesen, eine Verschwörung der Monarchen zur Unterdrückung ihrer Untertanen. Jetzt müßten sich die Völker gegen ihre Despoten verschwören" (Foerster 1967: 277). Freilich führte für Mazzini der Weg zu einem Europa der Vaterländer, zu einem Europa der Nationen. Nach der Flucht aus Rom 1849 verfaßte er die Schrift „Die Heilige Allianz der Völker". „Die Völker müßten sich zu ungefähr gleich starken Nationalstaaten zusammenschließen (…) Da die Lebensräume der Völker nicht gleich groß sind, müßte eine Ratsversammlung Gesamteuropas, die neben den nationalen Parlamenten besteht, die europäische Landkarte neu entwerfen und die Völker wie die Divisionen einer Armee im gemeinsamen Kampf einsetzen. So sollten sich beispielsweise die skandinavischen Völker zusammenschließen, die Niederländer und die Belgier (…) Mazzini wollte sogar die Deutschen mit den Ungarn zu einer ‚Nation' vereint sehen" (Foerster 1967: 277 f.). Die Forderung nach einer neuen europäischen Staatenlandkarte nach dem Prinzip der gleichen Stärke erinnert an Sully, auch wenn es jetzt die Völker und nicht mehr die Fürsten sind, die den Bezugspunkt abgeben. Die Idee, daß sich bestimmte Gruppen von Völkern bzw. Staaten zu mittleren Einheiten zusammenschließen sollten, fand im Zweiten Weltkrieg wieder Anhänger. Wenn Mazzini an Italien als ein „Drittes Rom" für Europa dachte, so vollzog er nur einen Gedankenschritt, der in ähnlicher Weise im

Frankreich der Revolution und im Deutschland der Romantik geübt worden war. Ein weiterer Beleg für die Nationalisierung des Europagedankens im 19. Jh.

5.3 Der Europäismus 1848 bis 1870: Vereinigte Staaten von Europa und Pazifismus

Der Tag wird kommen, an dem ein Krieg zwischen Paris und London, zwischen Petersburg und Berlin, zwischen Wien und Turin genauso absurd und unmöglich erscheinen wird, wie heute bereits ein Krieg zwischen Rouen und Amiens (…) absurd und unmöglich ist. Der Tag wird kommen, an dem ihr Franzosen, ihr Russen, ihr Italiener, ihr Engländer, ihr Deutschen, ihr Nationen des Kontinents euch zu einer höheren Einheit innig verschmelzen werdet, ohne eure besondere Eigenart und ruhmvolle Individualität aufgeben zu müssen (…). Der Tag wird kommen, an dem es keine anderen Schlachtfelder mehr geben wird als die Märkte, die sich dem Handel öffnen, und der Geist, der sich den Ideen öffnet. Der Tag wird kommen, an dem die Kugeln und Bomben ersetzt werden von den Abstimmungen der Völker, von dem allgemeinen Wahlrecht, von dem ehrwürdigen Schiedsgericht eines großen, souveränen Senats, der für Europa das sein wird, was heute das Parlament für England, die [Frankfurter] Nationalversammlung für Deutschland und die gesetzgebende [National-]Versammlung für Frankreich ist! (Beifall) […] Der Tag wird kommen, an dem die beiden großen Ländergruppen, die Vereinigten Staaten von Amerika und die Vereinigten Staaten von Europa (Beifall) sich von Angesicht zu Angesicht die Hände über die Meere reichen werden (…), die Schöpfung unter der Aufsicht des Schöpfers veredelnd, um aus der Kombination dieser beiden unendlichen Kräfte – der Brüderlichkeit der Menschen und der Allmacht Gottes – das Wohlergehen für alle zu erzielen! (Langanhaltender Beifall). […]

Victor Hugo
auf dem Pazifistenkongreß 1849 in Paris

Bevor der französische Dichterfürst Victor Hugo (1802–1885) auf dem Pariser Pazifistenkongreß von 1849 zu den Vereinigten Staaten von Europa aufrief, engagierte sich schon die deutsche Linke im Vormärz in diesem Sinne. Auf dem Hambacher Fest (1832) brachte der Publizist Wirth (1798–1848) ein dreifaches Hoch auf das „konföderierte republikanische Europa" aus, der Student Brüggemann schwärmte von den „Freistaaten Europas". Daneben wurden immer wieder ephemere Zeitschriften wie die „Europäischen Blätter" (1824) oder die „Europäische Zeitung" (1817) herausgegeben. In Frankreich veröffentlichte Pierre Leroux am 24. Dezember 1827 in der Zeitschrift „Le Globe" einen Artikel unter dem Titel „Philosophie de l'histoire de l'Union européenne"! Eine große Zahl von Schriftstellern wie François Guizot (1787–1874) und Jules Michelet (1798–1874) in Frankreich oder Mazzini in Italien usf. sprachen Europa eine Seele zu, verstanden Europa als komplexen Organismus (Saitta 1959: 427), ein Begriff, der zusammen mit „Kultur" bzw. Zivilisation wohl an die Stelle der frühneuzeitlichen Körpermetapher trat. Im Kontext der Revolution von 1848, die viel europäischer als jene von 1789 oder 1830 war, lief das Wort von den Vereinigten Staaten von Europa um.

Nun zu Victor Hugo, der auf dem bewußten Kongreß die eingangs zitierte bewegende Rede hielt, die viel Utopisches enthielt, aber ganz dem Geist von 1848 entsprach, jener Revolution, die noch viel mehr als die von 1789 die Bezeichnung ‚europäische Revolution' verdient. Wortgewaltig resümierte Victor Hugo 1849 gewissermaßen alles, was hinsichtlich Europa in dem halben Jahrhundert zuvor in den unterschiedlichsten Ecken Europas angedacht worden war: „Das Ziel der großen Politik, der wahren Politik, wird künftig sein: alle Nationalitäten anzuerkennen, die historische Einheit der Völker wiederherzustellen und diese Einheit durch den Frieden mit der Zivilisation zu verbinden, die Gruppe der zivilisierten Völker unaufhörlich zu vergrößern, den noch barbarischen Völkern ein gutes Beispiel zu geben, Kriege durch Schiedsgerichte zu ersetzen; kurz, darauf läuft alles hinaus: Das Recht muß das letzte Wort erhalten, das in der alten Welt von der Gewalt gesprochen wurde. (Große Bewegung im Saal.)

Meine Herren, abschließend sage ich etwas, das uns ermutigen kann: Das Menschengeschlecht ist nicht erst seit heute auf diesem von der Vorsehung bestimmten Wege. England hat in unserem alten Europa den ersten Schritt getan und durch sein säkulares Beispiel den anderen Völkern gesagt: Ihr seid souverän! Frankreich hat den zweiten Schritt getan und den Völkern gesagt: Ihr seid souverän! Machen wir nun alle zusammen – Frankreich, England, Belgien, Deutschland, Italien, Europa, Amerika – den dritten Schritt und sagen wir den Völkern: Ihr seid Brüder! (Ungeheurer Beifall)" (Auszug in Schulze/Paul 1994: 356 ff.).

Das Scheitern der Revolutionen von 1848 lag z. T. daran, daß die Vorstellung von Nationen als autarken Gemeinschaften vorangeschritten war, das Prinzip einer europäischen Staatenfamilie, wie es vorher oft geheißen hatte, oder Vereinigter Staaten von Europa nicht durchzusetzen war. Zum Teil förderte das Scheitern das Selbstverständnis von Nationen als autarken Gemeinschaften. Mazzini gründete 1851 in London das „Europäische Komitee", um seinen Traum einer Heiligen Allianz der Völker umzusetzen, im Gegenzug gründete Hugues Félicité Lamennais (1782–1854) in Paris den „Comité démocratique franco-hispano-italien", auch „Comité latin" genannt. Mazzini orientierte sich in den 1850er Jahren immer stärker hin zum Donauraum und zum Balkan. Bezüglich der Griechen stellte er die Frage, was Europa ohne deren Tapferkeit in den Schlachten gegen die Perser geworden wäre; hier scheint der in der Antike von den Griechen schon einmal selbst behauptete kulturelle Gegensatz zwischen Griechen und Persern als europäischer *lieu de mémoire* auf.

Victor Hugo – politischer Gegner Napoleons III. (1808–1873) – blieb der Idee der Vereinigten Staaten von Europa treu, propagierte sie erneut anläßlich der Pariser Weltausstellung von 1867 in einem „Führer durch Paris". Zu diesem Zeitpunkt befand er sich im Exil. Und dies sollte vielleicht nicht übersehen werden: Diejenigen, die im 19. Jh. die Europa-Idee vorantrieben, waren bzw. wurden zum größeren Teil verfolgte Außenseiter, führten ein bewegtes Leben, fernab vom Biedermeier oder gediegenem Second Empire. Sie machten jedoch „Europa" zu einer demokratischen Idee, die zugleich dem Brüderlichkeitsgedanken der Französischen Revolution verpflichtet wurde. Alle zitierten Persönlichkeiten versuchten, National- und Europabewußtsein miteinander zu vereinbaren. Damals erschien dies nicht als Widerspruch in sich, weil bei diesen Persönlichkeiten der Nationsbegriff vom Prinzip der Volkssouveränität und der Demokratie hergeleitet wurde. Es war nicht allzu schwierig, sich neben den demokratischen Ebenen der Kommune, der Region und der Nation auch die Ebene Europas zu denken, streng nach dem Prinzip, daß jede Ebene die ihr eigentümlichen Belange zu regeln hat. Der Blick auf Amerika, die Entwicklung von Wirtschaft, Handel und Kapitaltransfer schärfte das Verständnis für die gegenseitige Abhängigkeit zusätzlich zur politischen Abhängigkeit, die seit den Tagen der jüngeren Gleichgewichtsdoktrin des 17./18. Jh.s für jedermann sichtbar war. Französischerseits formulierte Ernest Renan (1823–1892) das Problem so, daß das Prinzip der Föderation das Prinzip der Nation korrigiere. 1882, nach einer schriftlich geführten Debatte mit dem deutschen Historiker Theodor Mommsen (1817–1903), vermutete er, daß die europäische Konföderation die Nationen ablösen werde. Ende des vorvergangenen Jahrhunderts hatte die politische Europaphilosophie bereits einen paradigmatischen Umfang erreicht, der noch heute Gültigkeit beanspruchen kann.

Die „Internationale Liga für Frieden und Freiheit" griff auf ihrem 2. Kongreß 1868 die Idee von den Vereinigten Staaten von Europa auf. Sie war Anfang der 1860er Jahre in Genf gegründet worden. Franzosen, die zum Regime von Napoleon III. in Opposition standen, hatten an der Veranstaltung eines Friedenskongresses am Institut National Genevois mitgewirkt. Aus dieser Veranstaltung ging die Liga hervor, deren erster Kongreß 1867 in Genf rund 6.000 Teilnehmer anzog. Im Programm des „Zentralcomités" der Liga hieß es u. a., „daß den Vereinigten Staaten von Europa eine Organisation zugrunde gelegt werden muß, welche auf volksthümlichen und demokratischen Institutionen beruht und zu ihrer Grundlage die Gleichheit der Rechte des Individuums sowie die Autonomie der Gemeinden und Provinzen in Beziehung auf Ordnung ihrer eigenen Angelegenheiten hat (...)" (Auszug in Schulze/Paul 1994: 358). Charles Lemonnier (1806–1891), Redakteur der von der Liga herausgegebenen Zeitschrift „Die Vereinigten Staaten von Europa" (in deutscher und französischer Sprache) begründete diese Forderung noch ausführlicher, eine Begründung, der die intensive Beschäftigung mit der sozialen Frage, die überall in Europa auf der Tagesordnung stand, anzumerken ist: „Die europäische Föderation muß jedem der Völker, die ihr angehören, garantiren: a) die Souveränität und Autonomie, b) die individuelle Freiheit, c) die Freiheit der Abstimmung, d) Preßfreiheit, e) Vereins= und Versammlungsfreiheit, f) Gewissensfreiheit, g) die Freiheit der Arbeit ohne Ausbeutung der Arbeiter, h) die wirkliche persönliche Verantwortlichkeit aller Beamten der Executive. Kein Volk kann in die europäische Conföderation eintreten, wenn es nicht schon voll ausübt: das allgemeine Stimmrecht, das Recht, die Steuern zu bewilligen und zu verweigern, das Recht Frieden zu schließen und Krieg zu erklären, das Recht, politische Bündnisse und Handelsverträge zu schließen und zu ratificiren, das Recht, seine Verfassung selbst zu vervollkommnen" (Auszug in Schulze/Paul 1994: 359).

Die Genfer Liga ging in den 1870er Jahren ein, durchaus ein Omen für den zeitweiligen Untergang der Idee der Vereinigten Staaten von Europa. Auf der anderen Seite stand dem ein wachsendes Interesse an internationalen Kongressen und Vereinigungen gegenüber, ein wachsendes Bewußtsein dafür, daß Europa nicht die Welt war.

5.4 Der Europäismus bis in die Zwischenkriegszeit, 1871–1930

Die hohe Geschwindigkeit der historischen Entwicklungen, vor allem seit den 1860er/70er Jahren, löste einen Wettlauf der politischen Ideen aus, der den Europäismus offensichtlich auf die Plätze verwies. Dennoch ging er nicht unter, sondern entfaltete sich gerade in der Zeit zwischen den beiden Weltkriegen zu einer Art europäischer Massenbewegung in Gestalt der Paneuropabewegung. Deren Nährboden ist die Angst ums europäische Überleben, vor dem Untergang des Abendlandes, erwachsen aus den Erfahrungen des imperialistischen Konkurrenz- und Großmachtdenkens, aus dem Ersten Weltkrieg, der als gerade noch einmal fehlgeschlagener europäischer Suizidversuch gewertet wurde. Diese Situation innereuropäischer Uneinigkeit und Kriege unterschied sich von jener des ausgehenden Mittelalters und der Frühen Neuzeit, wo Angst und Bedrohung auch eine gewichtige Rolle gespielt hatten. Die innereuropäischen Kriege jener Epoche sind nicht als Gefahr eines Untergangs Europas interpretiert oder empfunden worden. Sie wurden als hinderlich und kontraproduktiv beim Kampf gegen die Heiden oder gegen die Türken empfunden. Der Dreißigjährige Krieg beispielsweise brach just zu einer Zeit aus, als am Himmel ein Komet beobachtet wurde, so daß der Krieg als göttliche Strafaktion interpretiert werden konnte, so als liege die Verantwortung nicht eigentlich beim Menschen, der sich jedoch durch seine Sünden schuldig gemacht habe. All dies fiel seit dem Säkularisierungsschub des Rationalismus als Hilfsargument hinweg, der Druck, eine im Diesseits politisch tragfähige Europa-Idee zu entwickeln, erhöhte sich um so mehr.

Was die Entwicklung der Europaidee zwischen den 1880ern und dem Ersten

Preis im Einzelverkauf:
an Wochentagen **18 Groschen**
an Sonn- u. Feiertagen **24 Groschen**

Bezugspreis für die Bundesländer:
Monatlich . . . . S 4.20
für das Ausland:
Deutschland . . . RM 2.—
Tschechosl. Republik Kč 22.—
Polen . . . Zł 7.—
Jugoslawien . . Din. 60.—
Alle sonstigen den Weltpostverein angehörenden Länder
Öst. Schilling 7.—

Arbeiter=Zeitung

Zentralorgan der Sozialdemokratie Deutschösterreichs

Erscheint täglich um 6 Uhr morgens, Montag um 1 Uhr mittags

Schriftleitung Verwaltung
Druckerei u. Verlag:
V. Rechte Wienzeile 97
i. Schwenkgasse 14
Tel. R 22-5-89, R 25-2-36.

Alleinige Anzeigenannahme "Annonefla"
Annoncen-, Reklame- u. Inseratengeschäft
Wien, I., Schulerstraße 18
Telephon . . .
Bezugsbedingungen für Wien:
In allen Verschleißstellen u. Kolonien
Monatlich . . . . S 4.20
Vollmonatlich . . S 9.90

Nr. 136.   Wien, Sonntag, 18. Mai 1930.   43. Jahrgang.

Eine „Europäische Union"?
Briands Vorschlag den Mächten überreicht. — Antwort bis 15. Juli.

Die Denkschrift führt aus:

Allgemeine Bemerkungen:

Die Organisation der europäischen Union.

Grundsteinlegung zum Neuaufbau Europas.

Der Young-Plan in Kraft getreten.
Das Rheinland wird pünktlich geräumt.

Paris, 17. Mai. (Transatlantik Radio.)

Der Befehl zur Rheinlandräumung erfolgt!

Paris, 17. Mai. (Wolff.)

Der Bürgermeister in Frauenkleidern.
(Bericht der Arbeiter-Zeitung.)

Paris, 17. Mai.

Sozialdemokratischer Verband.

Freitag, den 23. Mai, 11 Uhr vormittags Klubsitzung.

Vereinigte Staaten von Europa?

5.4 Titelseite der Wiener „Arbeiter=Zeitung" vom 18. Mai 1930 mit dem Bericht über das Briand-Memorandum.

Weltkrieg angeht, so besteht noch ein großer Forschungsbedarf. Ein intensives Quellenstudium könnte eine weitere Popularisierung der politischen Europaidee an den Tag bringen. Daß es hier etwas an Forschungsergebnissen mangelt, dürfte darauf zurückzuführen sein, daß in der praktischen Politik Imperialismus und Nationalismus Europa zuwiderliefen und deshalb der Eindruck entstanden ist, als sei in diesem trüben Wasser nicht viel an politischer Europaphilosophie zu fischen. Aber weder der Völkerbund von 1919/20 noch die Europabewegung der Zwischenkriegszeit sind aus dem Nichts entstanden. Sie sind aus einer ununterbrochenen Bewegung wie etwa der pazifistischen Bewegung entstanden, die schon im 19. Jh. die europäische Flagge hochgehalten hatte.

Was bisher mit Ausnahme des Buches von Luisa Passerini zur Zwischenkriegszeit noch kaum in Angriff genommen wurde, ist eine geschlechterdifferenzierte Analyse der Europadiskurse. Spätestens mit der Zeit um 1900 wird diese Perspektive jedoch gewichtig, weil sich Frauen wie Bertha von Suttner (1843–1914) in den Friedensbewegungen engagierten oder wie die in München lebende, aus Frankreich stammende jüdische Schriftstellerin Renée Marie Girard (1815–1906) das Thema der Vereinigten Staaten von Europa aufgriffen. Im Ersten Weltkrieg gelang es Anette Kolb (1870–1967) aus München (ihre Mutter war Französin), um die von ihr in Zürich begründete „Internationale Rundschau" zahlreiche Schriftsteller, Wissenschaftler und Publizisten aus vielen Ländern Europas zu sammeln, wo gegen nationalistische Kriegshetze, für ein friedliches und kulturell vereinigtes Europa publiziert wurde.

Während die Friedensbewegung um die Genfer Liga einging, begründete Bertha von Suttner eine Friedensbewegung, die sich politisches Gehör verschaffte. Gleichzeitig häuften sich Vorschläge zu internationalen Institutionen, unter denen die Einrichtung eines Schiedsgerichts besonders gefordert wurde. Ebenfalls gleichzeitig wuchs die Sensibilität für die Gefahren, die von der allenthalben zu beobachtenden militärischen Aufrüstung ausgingen. In diesem Kontext richtete Zar Nikolaus II. (1868–1918) am 28. August 1898 eine Erklärung an die Mächte der Welt, insbesondere also europäische Mächte, in der er diese drei Hauptbesorgnisse aufgriff: Frieden, internationale Verständigung, Rüstungsbegrenzung. 1899 versammelte sich in Den Haag eine Erste Internationale Friedenskonferenz, auf der die Einrichtung des Haager Schiedsgerichtshofes beschlossen wurde. Außerdem wurden Regeln bezüglich der Kriegführung vereinbart. Eine Folgekonferenz 1907 in Den Haag, die die USA sehr befürwortet hatten, kam über den Stand von 1899 nicht hinaus.

Zwischen Internationalismus auf der einen und Nationalismus auf der anderen Seite blieb genug Raum für europäisch-regionale Föderationskonzepte. Besonders eignete sich dafür das Habsburgerreich. Vor dem Krieg entstand der Vorschlag zu den Vereinigten Staaten von Groß-Österreich mit 15 halbsouveränen Mitgliedstaaten. Im Umkreis des Thronfolgers Franz Ferdinand (1863–1914) etablierte sich der sog. Belvedere-Kreis, in dessen Reihe weitere Reformprojekte für das Großreich überlegt wurden. Zu diesem Kreis zählte der Slowake Milan Hodža (1878–1944; 1935–38 tschechoslowakischer Ministerpräsident), der später (1942) im Londoner Exil eine Schrift über „Federation in Central Europe" publizierte. Von ungarischer Seite wäre Oszkár Jászi zu nennen, der 1918 in Wien Überlegungen zu einer Konföderation zwischen Österreich, Böhmen, Polen, Ungarn und Illyrien (Süd-Slawien mit Zagreb als Hauptstadt) publiziert hatte. Jászi, ein radikaler Demokrat, mußte Ungarn verlassen, ergriff aber auch in der Emigration immer neue Initiativen, die dem Kulturaustausch und der Völkerverständigung dienen sollten. Er emigrierte schließlich weiter in die USA nach Chicago.

„Europa" war seit dem frühen 19. Jh. ein von Schriftstellern immer wieder behandeltes Thema. Paul Michael Lützeler hat dies in seinem Buch über „Die Schriftsteller und Europa. Von der Romantik bis zur Gegenwart" (1992/1998) untersucht. Auf die politischen Europapläne wendet er die Metapher vom Baum an. In der Tat hat es etwas für sich, die Beziehungen zwischen den Europaplänen seit Pierre Dubois nach Art eines genealogischen Stammbaumes darzustellen. Lützeler hingegen untersucht die Europa-Essays von Schriftstellerinnen und Schriftstellern seit der Romantik bis in die jüngste Zeit und ordnet diese unter die kulturphilosophischen Reflexionen ein. „Nicht die Organik und Einheit suggerierende Metapher des Baumes bezeichnet hier die Sachlage, sondern eher der Vergleich mit dem Wurzelstock, dem Rhizom, also dem unterirdischen Sproßabschnitt bei Kräutern." Rhizom ist als „Metapher zur Verdeutlichung kultureller Prozesse" zu verstehen. „Das Rhizom verästelt sich auf vielfältige Weise, und jeder seiner Punkte kann sich auf Zeit mit einem anderen berühren. Aus seinen End- und Seitenknospen entwickeln sich neue Sprosse, die als Laub oder Blütenstengel über die Erde treten. Zur Aufgabe des Rhizoms gehört die Speicherung von Reservestoffen, die durch die Assimilationstätigkeit der oberirdischen Sprosse erzeugt und in den unterirdischen Teilen abgelagert werden. So kann sich die Pflanze den Wirkungen niedriger Temperaturen während des Winters wie auch großer Trockenheit während der Sommerhitze entziehen. In der Regel sterben die ältesten Teile des Wurzelstocks in dem Maße ab, als er sich an der Spitze verjüngt. Dadurch erreicht er zwar keine größeren Dimensionen, hat sich aber – ein Proteus der Pflanzenwelt – völlig verändert" (Lützeler 1998: 19). Die Metapher insgesamt scheint gut gewählt, um die Verknüpfungen des Europadiskurses und seiner Träger sowie der Veränderungen zu visualisieren.

In der Tat läßt sich sagen, daß eine positive Europa-Einstellung durch viele Schriftsteller auch über den Ersten Weltkrieg hinaus gerettet wurde. War ihre Stimme gegenüber nationalistischen schriftstellerischen Stellungnahmen schwach, verschafften sie sich allmählich mehr Gehör. Überwiegend wurden ihre Essays in Zeitschriften publiziert, d. h. der kommunikative Austausch erfolgte relativ rasch.

Manche wie Thomas Mann (1875–1955) wandelten sich vom Nationalisten zum Europäer – und blieben dann dieser Haltung treu.

Seit den 1860er Jahren sorgte eine wachsende wirtschaftliche Verflechtung Europas für ein Fortschreiten der faktischen Integration. Einer der wichtigsten Theoretiker dieser Integration um einen französisch-britisch-deutschen Kern war der englische Philosoph Herbert Spencer (1820–1903; A System of Synthetic Philosophy, 1855 bis 1896). Diese faktische Integration wurde von verschiedenen sozialen Gruppen mitgetragen, deren Identität aus nationalen, aber ebensosehr aus internationalen und europäischen Elementen zusammengesetzt war: Arbeiter (Internationale; Gewerkschaften), Wirtschaftsleute, Diplomaten, Künstler, Wissenschaftler, Schriftsteller. Es war nicht die Zeit großartiger Europapläne, sondern die eines werdenden integrierten Europa, dessen Strukturen der Erste Weltkrieg nachhaltig beschädigte. Peter Krüger resümiert die eingetretene Situation folgendermaßen: „Der Erste Weltkrieg veränderte in drei wesentlichen Punkten die europäische Integration entscheidend und unwiderruflich: Er zerrüttete die bis dahin entwickelten Strukturen wirtschaftlicher Verflechtung, er schuf neue erschwerte Voraussetzungen für künftige, notwendigerweise andere Wege und Impulse europäischer Integration und rief ungewohnte, tief widersprüchliche und kontroverse Formen des Denkens und Argumentierens über Europa hervor. […] Europa war in vorher unbekanntem Ausmaß zum Problem, zur Herausforderung, zu einem im Grunde dominierenden Thema geworden, und zwar auf Dauer. […] Was an ungeplanter, ohne politische Impulse entstandener Integration Europas vor 1914 schon erreicht war, wurde später im Rückblick verklärend fast wie das verlorene Paradies betrachtet" (Krüger 1995: 10 f.).

Als entscheidende Veränderung der Bedingungen europäischer Integration erachtet Krüger die Tatsache, daß durch den Weltkrieg der Lenkungs- und Kompetenzanteil des Staates an Wirtschaft und sozialen Aufgaben immens gewachsen war. Deshalb fielen Integrationsaufgaben mehr als früher in die Kompetenz der Regierungen, deshalb wuchs die Notwendigkeit, im Rahmen der institutionalisierten Politik Europa zu denken, zugleich förderte dies den Lobbyismus als gewissermaßen kongeniale Erscheinung dieser neuen Verhältnisse.

Die neue europäische Ordnung von Versailles hatte sich nach dem Prinzip des Selbstbestimmungsrechts der Nationen gerichtet, nicht nach dem Mitteleuropa-Konzept, soweit es als Kriegsziel formuliert worden war. Die Grundproblematik, daß Ethnie, Nation und Staat nirgendwo idealerweise zusammenfielen, sondern daß es überall nationale bzw. ethnische Minderheiten gab oder geben würde, war nicht unerkannt geblieben. Tomáš Garrigue Masaryk (1850–1937; tschechischer Staatspräsident 1918–1935) hatte diese Grundproblematik in seiner Schrift „Das neue Europa" (Nová Evropa) ausführlich dargelegt. Das ursprüngliche Manuskript hatte er 1917 in Petersburg verfaßt und zum Druck gegeben, es erschien aber erst 1918, nachdem er Rußland längst verlassen hatte. Nach englischen und französischen Übersetzungen, die aber nicht im Buchhandel erhältlich waren, folgten 1920 eine tschechische, 1922 eine deutsche Ausgabe. Außerdem wurden Übersetzungen ins Serbokroatische und ins Wendische (Lausitzer Sorben) verfertigt. Masaryk setzte das Selbstbestimmungsrecht der Nationen gegen den deutschen und österreichischen wirtschaftlichen, politischen und kulturellen Hegemonialismus innerhalb Europas, er verstand aber ein Europa der Nationen als Ausgangspunkt für eine Kultursynthese: „Der Sinn meiner Ausführungen kann nicht sein, daß wir entweder die französische oder die englische oder irgendeine andere westliche Kultur anzunehmen hätten; in Frage kommt bloß eine Synthese aller Kulturelemente, die das Endergebnis der Arbeit aller Nationen sind. So arbeiten de facto die Philosophen und Fachleute aller Nationen, und viele Leute machen es in ihrer Alltagspraxis (Auswanderer, Kaufleute und alle diejenigen, die Gelegenheit haben, sich mit den verschiedenen Nationen näher bekannt zu machen) auch so. Die erwünschte Internationalität ist nicht damit erschöpft, daß unser Verkehr mit der Fremde erleichtert ist, sondern sie besteht eben in dieser Kultursynthese" (Masaryk 1991: 126). Masaryk erklärte das Prinzip der nationalen Selbstbestimmung gegenüber Deutschland und Österreich-Ungarn und deren Zentraleuropa-Plänen für demokratisch und fortschrittlich.

Das Nationalitätsprinzip war seinem Verständnis nach ein Humanitätsprinzip. Um in Zukunft Frieden und Humanität zu sichern, brauche es einen neuen Menschen, einen „homo Europaeus" (S. 200). Masaryks Schrift enthält auch vieles Fragwürdige, so plädierte er für eine „eugenetische Beaufsichtigung und hygienisch geschütztes Wachstum der Bewohnerschaft in allen Staaten" (S. 199), aber hier ist festzuhalten, daß er das Europa der Nationen als Vorausbedingung eines demokratischen Europa ansah.

Die Pariser Friedenskonferenz von 1919 bestätigte prinzipiell den Verlust vieler Gemeinsamkeiten. Als Institution und mit Blick auf die sehr begrenzte Zahl der Beitrittsländer war der eingerichtete Völkerbund ein Torso und wenig geeignet, das Ideal, das zu seiner Gründung geführt hatte, in die Wirklichkeit umzusetzen. Die Konstruktionsfehler, die Versailler Vertrag und Völkerbund besaßen, blieben freilich nicht unerkannt, allmählich setzte sich in der praktischen Politik eine bessere Einsicht durch, die mit den Konferenzen von Genua und Locarno sowie der Europainitiative Aristide Briands ihrem Höhepunkt zustrebte, dann aber von neuerlichem Nationalismus, von Faschismus und Nationalsozialismus zunichte gemacht wurde. Es ist nicht zu vergessen, daß z. Zt. der Briand-Initiative 1929/1930 einerseits schon Mussolini in Italien an der Macht war, seine Gefängnisse mit politischen Gefangenen füllte und nach Frankreich und anderswohin emigrierte italienische Politiker ermorden ließ, während andererseits im Deutschland der Weimarer Republik sich Stresemann dem Europagedanken gegenüber aufgeschlossen zeigte und Briand eine gewisse Partnerschaft bewies. Weder Briand noch Stresemann dürfen idealisiert werden, aus dem Denkschema „Vorrang der nationalen Interessen" konnten sie sich nicht wirklich lösen, Stresemann und das Auswärtige Amt noch weniger als Briand, der gegen eine heftige innerfranzösische Opposition zu kämpfen hatte.

Die Europafrage der Nachkriegszeit wurde ganz durch das deutsch-französische Verhältnis bestimmt. Briand (1862–1932) und Stresemann (1878–1929) waren für ihre Verständigungspolitik 1926 mit dem Friedensnobelpreis geehrt worden. Beide besaßen eine hohe internationale Reputation. Briand legte am 5. September 1929 vor dem Völkerbund in Genf in seiner Funktion als französischer Ministerpräsident erstmals Überlegungen zu einer politischen europäischen Annäherung vor, am 9. September antwortete ihm der deutsche Außenminister Gustav Stresemann.

Gerade die 1920er hatten eine intensive Europadiskussion erlebt, in der sicherlich mehr denn je wirtschaftliche Gesichtspunkte eine Rolle spielten, in der aber auch das Projekt Vereinigte Staaten von Europa neuen Auftrieb erhielt. Nach Jean-Luc Chabot (1978) wurden zwischen 1919 und 1939 über 600 Bücher und Zeitschriftenartikel zur Idee der europäischen Einheit veröffentlicht, Artikel in der Tagespresse nicht mitgezählt. Die relativ meisten Schriften und Artikel wurden 1929 und 1930, also im zeitlichen Zusammenhang der Briand-Initiative, publiziert (Chabot 1978: 13 f.). Dem Projekt Vereinigte Staaten von Europa machte allerdings der nun real existierende Völkerbund Konkurrenz, der zwar überwiegend aus europäischen Mitgliedern bestand, aber seinem Anspruch nach einen Weltvölkerbund und keinen europäischen Völkerbund darstellte. Die Verhandlungen über Briands Europaprojekt wurden von einem Lavieren der europäischen Mächte zwischen beiden Optionen gekennzeichnet.

Die Kritik am Völkerbund bestand schon, bevor er aus der Taufe gehoben wurde. Attilio Cabiati, Wirtschaftswissenschaftler, und Giovanni Agnelli, Wirtschaftsmagnat, stellten in einem während des Krieges geschriebenen Buch das Prinzip einer europäischen Föderation dem Prinzip nationaler Souveränität entgegen, das durch den Völkerbund aufrecht erhalten bliebe. Ein weiterer Wissenschaftler, der Geograph Albert Demangeon, der an der Sorbonne in Paris lehrte, publizierte 1920 eine Schrift über den „Niedergang Europas", in der er die fundamentale Bedeutung der Behandlung wirtschaftlicher Fragen für die Zukunft herausstellte – gerade in einer Situation, in der die alte weltbeherrschende Stellung Europas nur noch eine geschichtliche Erinnerung darstellte. Er sah Europa zwischen Asien und den USA, sah es vor der Herausforderung, sich zwischen beiden behaupten zu müssen.

Nachdem schon 1921 Louis Loucheur (1872–1931) und Walther Rathenau (1867 bis 1922) mit Blick auf die amerikanische wirtschaftliche ‚Bedrohung' eine deutschfranzösische Wirtschaftskooperation ins Auge gefaßt hatten, äußerte sich der damalige französische Ministerpräsident Edouard Herriot (1872–1957) 1924 zugunsten einer europäischen Wirtschaftsintegration. Dem Völkerbund traute er es zu, die Entstehung der Vereinigten Staaten von Europa befördern zu können. Herriots Rede in Lyon bewirkte die Einsetzung eines „Koordinationskomitees für eine europäische Zollunion". Ziel sollte bereits damals die Verwirklichung eines gemeinsamen europäischen Marktes sein! Es war kein Zufall, daß Herriot nach dem Zweiten Weltkrieg eine aktive Rolle im europäischen Integrationsprozeß spielte. 1924 war überhaupt ein fruchtbares Jahr für Europa. In mehreren Ländern erschienen Bücher, die die Vereinigten Staaten von Europa zum Gegenstand hatten, der dänische Arzt Heerfordt warb in den skandinavischen Ländern für die Gründung einer „Europa-Gesellschaft". Auf dem 33. Weltfriedenskongreß 1924 in Berlin waren die verschiedenen Konzepte soweit gediehen, daß bereits eine Debatte über das richtigere Konzept geführt werden mußte. Der Wirtschaftler Walther Schmücking verwies auf die weltweite wirtschaftliche Verflechtung und sah den Völkerbund als das geeignetere Instrument an, während Graf Richard N. Coudenhove-Kalergi (1894–1972) ab 1923, beginnend mit seinem „Pan-Europäischen Manifest", für Paneuropa warb. 1925, auf dem Heidelberger Parteitag der SPD, erreichte deren linker Flügel die Aufnahme eines Artikels in das Parteiprogramm, daß Sozialdemokraten sich für eine „Europäische Wirtschaftsunion" als Weg in die Vereinigten Staaten von Europa einsetzten (Pegg 1962).

5.5 *Richard N. Coudenhove-Kalergi, Das Pan-Europäische Manifest, 1923.*

Die Paneuropa-Union Coudenhove-Kalergis erreichte einige Tausend Mitglieder, darunter viel politische Prominenz. Mit Paneuropa-Kongressen, deren erster 1926 in Wien zusammentrat, einer Zeitschrift und Büchern sowie einem unermüdlichen Coudenhove-Kalergi hielt sich die Paneuropa-Union im öffentlichen Gespräch. Führende Politiker übernahmen eine Art Ehrenschutz, so Aristide Briand, der 1927 Ehrenpräsident der Paneuropa-Union wurde. Die inhaltlichen Positionen stießen keineswegs überall auf Zustimmung, da der Graf die Sowjetunion und vorerst Großbritannien von seinen Plänen ausschloß, außerdem rechnete er die Kolonialgebiete wie selbstverständlich zu seinem Europa hinzu, seine Vorstellungen von Demokratie waren nicht frei von aristodemokratischen Zügen. Die besondere Behandlung Großbritanniens entsprach allerdings der überwiegenden britischen Haltung, die Winston Churchill (1874–1965) schon 1930 in der Ausgabe vom 15. Februar der *Saturday Evening Post* so auf den Punkt brachte: „Wir sind mit Europa, aber nicht in Europa; mit ihm verbunden, aber nicht eingeschlossen. Wir sind interessiert und assoziiert, aber nicht absorbiert" (zit. nach Foerster 1967: 302).

5.6 Eröffnungssitzung der Paneuropäischen Wirtschaftskonferenz am 22. November 1934 in Wien im Parlament. Coudenhove-Kalergi links neben dem Sprecher (österr. Finanzminister).

Zentren der Auseinandersetzung mit Europa waren Frankreich und Deutschland bzw. Österreich. Die meisten Schriften und Artikel wurden allerdings auf französisch veröffentlicht, sodann in Deutsch, Englisch und Italienisch, in Einzelfällen auf russisch, rumänisch, bulgarisch, polnisch, finnisch, spanisch und griechisch. Hinter den französischen und deutschen Texten versteckt sich eine multinationale Autorenschaft, während damals das Englische fast nur von Engländern oder Amerikanern verwendet wurde. Neben der Paneuropa-Union wurden rund ein Dutzend weitere Bewegungen ins Leben gerufen, darunter mit relativem Erfolg die von Deutschen und Franzosen gegründete „Union douanière européene/Europäischer Zollverein" und die „Fédération Internationale des Comités de Coopération Européenne". Diese Bewegungen organisierten neben periodischen Publikationen auch große internationale Kongresse mit einem gewissen Echo in der Presse. Die Paneuropa-Union hielt große Kongresse

1926 in Wien, 1930 in Berlin, 1932 in Basel und 1935 wieder in Wien ab; 1934 (Abb. 5.6) und 1936 folgten nochmals in Wien ein Wirtschafts- bzw. ein europäischer Landwirtschaftskongreß der Paneuropa-Union. Der „Europäische Zollverein" tagte 1930 in Paris, 1935 in Brüssel und nochmals 1937 in Paris. Die „Fédération internationale …" hielt ab 1926/27 Jahresversammlungen ab. Alles in allem mangelte es nicht an Kongressen und Tagungen mit dem Thema „Vereinigtes Europa". Chabot vermutet, daß alle damals 27 europäischen Staaten daran Anteil hatten (Chabot 1978: 19).

Während die vielen gesellschaftlichen Initiativen den Europäismus der Zwischenkriegszeit sehr gut repräsentieren, bedeutete ein föderatives Europa für die meisten europäischen Regierungen keine Priorität. Die wenigsten waren willens, Souveränitätsrechte abzutreten. Dem trug der Briand-Plan Rechnung, und dennoch schien er vielen Regierungen zu weit zu gehen.

Was schlug Briand vor dem Völkerbund vor? Er forderte föderative Strukturen und gemeinsame wirtschaftliche, politische und soziale Beschlüsse. Die Souveränität der Nationen wurde nicht zur Diskussion gestellt, nachdem sie gerade erst als „Selbstbestimmungsrecht der Völker" allgemein anerkannt worden war (Heater 1994). So konnte der tschechoslowakische Außenminister Eduard Beneš als Repräsentant eines Landes, das dem Prinzip „Selbstbestimmungsrecht der Völker" seine Existenz verdankte, positiv auf Briands Initiative reagieren. Stresemann antwortete unter Bezug auf Europa als Wirtschaftssystem: „Die neuen Staaten, die der Versailler Vertrag geschaffen hat, sind nicht in das Wirtschaftssystem Europas einbezogen worden. Man hat nicht nur die Zahl der Grenzen erhöht, sondern gleichzeitig auch die wirtschaftlichen Schranken vermehrt und die Verkehrsschwierigkeiten gesteigert. Europa gleicht einem riesigen Detailmarkt. Mit diesem Zustande muß aufgeräumt werden.

Man muß dahin gelangen, neue Bande zu schaffen, eine einheitliche Währung, einheitliche Briefmarken (…) Die Verschiedenheit, die gegenwärtig existiert, ist nicht allein dem europäischen Handel hinderlich, sondern sie ist den Kontinenten jenseits der Meere ebenso unverständlich wie manchmal uns selber" (zit. nach Foerster 1967: 301).

Die Völkerbundsmitglieder reagierten verhalten, erbaten von Briand jedoch ein Memorandum zur weiteren Beratung. Dies wurde am 17. Mai 1930 vorgelegt. Briand bezeichnete den Völkerbund als Rahmen der angestrebten europäischen Kooperation, mit dem Völkerbund geschaffene Einrichtungen wie das Schiedsgericht sollten nicht noch einmal auf europäischer Ebene eingesetzt werden, obwohl dies der langen Tradition von Europaplänen entsprochen hätte. Briand blieb teils sehr vage, wenn er einen Vertrag zur „moralischen Union Europas und zur feierlichen Bekräftigung der zwischen europäischen Staaten geschaffenen Solidarität" anregte. Aber ganz so vage waren diese Ideen dennoch nicht, es genügt, auf die nach dem Zweiten Weltkrieg tatsächlich abgeschlossenen Verträge zu schauen. Die politische Zusammenarbeit genoß bei Briand Vorrang vor der Wirtschafts- und Zollpolitik. Er beschrieb sie als einen „Bund auf der Grundlage des Gedankens der Einigung, nicht der Einheit; d. h., er muß elastisch genug sein, um die Unabhängigkeit und die nationale Souveränität jeden Staates zu wahren, aber allen den Vorteil kollektiver Solidarität bei der Regelung der politischen Fragen gewährleisten, die das Schicksal der europäischen Gemeinschaft oder das eines ihrer Mitglieder betreffen" (Auszug in Foerster 1963: 237–246). Wirtschaftlich sei die Schaffung eines gemeinsamen Marktes anzustreben im Sinn der Vereinfachung des Güter-, Kapital- und Personenverkehrs.

So zurückhaltend Briand und sein Mitarbeiter formuliert hatten, so wenig verschaffte dies dem Memorandum Erfolg. Die Weltwirtschaftskrise beantworteten die meisten Länder mit einer Besinnung auf Rezepte nationaler Autarkie, daneben gab es zahlreiche andere Bedenken. Die deutsche Seite war an einer Revision der Versailler Verträge interessiert, aber das Memorandum schien diesen Verträgen treulich verpflichtet zu sein. Zum Zeitpunkt des Memorandums war Stresemann schon gestorben (3. Oktober 1929) und die deutsche Außenpolitik setzte danach überaus deutliche deutschnationale Akzente. Das Auswärtige Amt hatte ein Sonderreferat Völkerbund eingerichtet, in dem ab 1925 Akten über Paneuropa geführt wurden. Diese Konstruktion entsprach genau dem (später vorgetragenen) Ansatz Briands: Europa nicht gegen, sondern mit dem Völkerbund. Der Leiter des Sonderreferats, Bernhard W. Bülow, sah im Völkerbund die größeren Entwicklungschancen. Als 1929 Briands Initiative anhub, fand sie durchaus Bülows Wohlwollen, dieser zielte dabei jedoch bereits überwiegend auf ein Mitteleuropa-Konzept, nicht zuletzt wegen anhaltender Skepsis über die wirklichen oder vermeintlichen Intentionen der französischen Außenpolitik. So verfolgte Stresemann selbst, parallel zu Locarno, einen wirtschaftlichen Verflechtungsprozeß mit Österreich, um eine allzu enge Verflechtung Österreich–Tschechoslowakei zu verhindern, die Deutschland aus Mitteleuropa womöglich herausgedrängt hätte. Im Wirtschaftsministerium erkannte man hingegen in der Zollunion Vorteile, die dem Motiv, gegen die USA wirtschaftlich aufzuholen, entgegenkamen. Dies schien auch Stresemann bei seinem Auftritt am 9. September 1929 vor dem Völkerbund zu bewegen, wo er insbesondere die Frage des erleichterten Wirtschaftsverkehrs behandelte. Der deutsche Botschafter in Paris, Hoesch, verstand das Memorandum wiederum als Beitrag zur deutsch-französischen Verständigung, während andere Kreise in Deutschland und etwa in der Sowjetunion, die dem Völkerbund nicht angehörte und infolgedessen vom Briand-Plan ausgeschlossen war, argwöhnten, daß das Memorandum zu einem Pan-Versailles führen müsse. Der Begriff wurde in Moskau geprägt. Wieder andere wie Rudolf Breitscheid (1874–1944), einer der drei SPD-Vorsitzenden, forderten eine über das Memorandum hinausgehende Revision des nationalstaatlichen Souveränitätsbegriffs. Mit Reichskanzler Heinrich Brüning (1885–1970), einem der Organisatoren des passiven Widerstands im Ruhrkampf mit Frankreich, setzten sich in der Weimarer

Regierung jedoch deutschnationale Motive durch. In der Kabinettssitzung vom 8. Juli 1930 setzte Brüning deutsche Lebensraumplanung gegen das Memorandum Briands, und dieser Weg wurde dann bekanntermaßen beschritten. Zur gleichen Zeit driftete die deutsche Paneuropa-Bewegung immer mehr nach rechts, verstand sich zunehmend als eine antisozialistische Bewegung (Lipgens 1966; Frommelt 1977: 7–62).

In Ostmitteleuropa gab es verschiedene Ansätze zu regionalen Föderationen. Die vorgesehene deutsch-österreichische Zollunion von 1931 wurde nicht Wirklichkeit. Der bulgarische Ministerpräsident Alexander Stambolijski (1879–1923; Ministerpräsident 1919–1923) faßte eine Großsüdslawische Föderation Jugoslawiens und Bulgariens ins Auge, in Polen wurde an eine baltische Föderation gedacht, in Ungarn an eine Donauföderation (Wierer 1960). Frankreich selber unterstützte Überlegungen zu einer wirtschaftlichen Donauföderation, die über die Konstruktion der Kleinen Entente hinausgehen sollte. „Der französische Ministerpräsident André Tardieu legte am 29. Februar 1932 in Form einer Démarche (…) in Genf einen Mitteleuropaplan vor, der die Kerngebiete der ehemaligen Donaumonarchie, also die Tschechoslowakei, Ungarn und Österreich, in zweiter Linie auch Jugoslawien und Rumänien dazu aufforderte, über ein System der Kontingentierung und Gewährung gegenseitiger Präferenzzölle zu einer engeren ökonomischen Zusammenarbeit zu gelangen" (Matis 1995: 243 f.). Der sog. Tardieu-Plan hatte in der geäußerten Form keine Chancen, da er noch zu sehr den außenpolitischen Bedürfnissen Frankreichs, d. h. Stärkung seiner innereuropäischen Stellung, verpflichtet war; eine Einbeziehung Deutschlands, Italiens, Frankreichs, Hollands, Belgiens und der Schweiz hätte dem Plan zu mehr Erfolg verholfen. Die in London zu diesem Zeitpunkt abgehaltene Konferenz zwischen Frankreich, Großbritannien, Deutschland und Italien über den Tardieu-Plan verlief ergebnislos. Die Mitteleuropa- oder Donaukonföderationspläne verdeutlichen sehr gut das Dilemma, in dem sich das Nachkriegseuropa befand: Das Prinzip der Nationalstaatlichkeit hatte der Desintegration des Wirtschaftsraumes, den das Habsburgerreich bis zu einem gewissen Grad bedeutet hatte, Vorschub geleistet; die jungen Nationalstaaten fürchteten in der Einbindung in einen umfassenderen wirtschaftlichen Verbund um ihre gerade gewonnene Selbständigkeit. Andererseits, und daraus erklärt sich die Vitalität der Mitteleuropapläne in der Zwischenkriegszeit, stellten diese eine Eindämmung der wirtschaftlichen Probleme, insbesondere dann in Folge der Weltwirtschaftskrise, in Aussicht (Schot 1994). Aus Deutschland kamen zwar viele Anregungen zu Mitteleuropa als Wirtschaftsraum, aber keine wirklich ernsthaften Pläne. Nach Peter Krüger überwog vor der Machtergreifung Hitlers sowohl in Wirtschaftskreisen wie in der deutschen Außen- wie Wirtschaftspolitik wegen der exportorientierten deutschen Wirtschaft das Interesse am freien Welthandel, dem gegenüber ein mitteleuropäischer Wirtschaftsraum von nachgeordnetem Interesse erschien (Krüger 1995b: 302). Eine wirklich konsensfähige Europaidee zeichnete sich nirgendwo am Horizont ab.

5.5 Antieuropa: Nationalsozialistische und faschistische Europapläne

Die 1930er Jahre waren alles andere als eine Hoch-Zeit des Europagedankens, sie bildeten eher die Grundlage für eine Instrumentalisierung, wie sie bisher noch nicht dagewesen war, bzw. für die Dekonstruktion des Europabewußtseins. Alfred Rosenberg (1893–1946), einer der Hauptideologen der Nationalsozialisten, hielt 1934 einen Vortrag zum Thema „Krisis und Neubau Europas": „Es ist nicht möglich, die Idee Europa irgendwie so zu formulieren, daß sie schwarz auf weiß nach Hause getragen werden kann. Man glaubte einmal, ein solches Europa gehabt zu haben; man verwies auf das Mittelalter und sagte: es hat doch einmal jahrhundertelang ein einiges, von *einem* Gedanken und *einer* Weltanschauung getragenes Europa gegeben. Aber ich glaube, wenn wir *heute* diese Vergangenheit durchforschen, so werden wir feststellen können, daß dieses sogenannte einheitliche Europa des Mittelalters die Konstruktion einer späteren Zeit gewesen ist." Das klingt

Die Bedürfnisse des Krieges haben in Wirklichkeit die Solidarität zwischen den europäischen Völkern noch notwendiger und augenscheinlicher werden lassen (…), die Bedürfnisse des Krieges haben dazu beigetragen, politische Ideen, Regelungen, gesetzgeberische, politische und ökonomische Maßnahmen zu verbreiten, die zuerst nur einzelnen Staaten zu eigen waren, sie haben die Bewertung von Situationen, Ereignissen und Wünschen vereinheitlicht. Die excessive Aufteilung Ostmitteleuropas ist korrigiert worden; Österreich ist in dem großen deutschen Staat aufgegangen, dem es wegen der Identität der Rasse, der Sprache, der Kultur, wegen zahlreicher Traditionen und der gemeinsamen Geschichte verbunden war; (…) Es gibt in Zentraleuropa die Tendenz zu einer weitgreifenden germanischen politischen Einheit unter Berücksichtigung der ökonomischen Notwendigkeiten, die alle Zweige der großen Völkerfamilie umfaßt, die in diese Einheit eintreten; es scheint sich ein Mittelmeer-Zusammenschluß unter dem Einfluß Italiens abzuzeichnen, wie ihn geographisch und historisch unsere Vergangenheit und Gegenwart gebieten.

Raffaele Ciasca,
Die Verteidigung Europas,
1. August 1942

zunächst durchaus plausibel, man muß sich aber vor Augen halten, daß Rosenberg hier auf die Untersuchung der anderen zentralen Begriffe des Mittelalters – *christianitas, oriens* und *occidens* – wohlweislich verzichtet. Er fährt fort: „Wir glauben also nicht, daß alle Völker Europas an einer abstrakten Idee Europa gleichsam *teilhaben*, als ob es möglich wäre, von oben herab eine universalistische Idee über alle Völker Europas niederzulassen und nun jeder Nation, soweit sie begabt sei, einen Teil der Idee zu übergeben (…) Der Punkt, die Idee, die Tatsache, von der wir alle ausgehen müssen, ist die Tatsache der Nation. Der Nationalismus ist heute lebendiger als jemals in früheren Jahrhunderten (…), er zeigt ein *vielgestaltiges* Gesicht. Diese Vielgestaltigkeit hat ihre Wurzel in ganz bestimmten Volkscharakteren. Ich glaube, daß die Art und Weise, wie ein Volk seine Idee des Nationalismus prägt, die entscheidende kulturgeschichtliche und politische Tatsache europäischer Geschichte darstellt" (zit. nach Foerster 1967: 311).

Das Zitat zeigt, daß Rosenberg gegenüber z. B. Briand völlig gegenläufig argumentierte. Die Europa-Argumentation Briands und vieler anderer war in gewissem Sinn utilitaristisch, sie sollte objektive Probleme wie Frieden und Wirtschaftskrise lösen; vom Diktat einer Europa-Idee von oben konnte wahrlich keine Rede sein, die Paneuropa-Bewegung, die Pazifisten, die verschiedenen Organisationen zur Schaffung einer Wirtschafts- und Zollunion, weitere Europagesellschaften, ein Teil der Medien setzten sich für Europaideen ein und übten auf die Politik einen gewissen Druck aus. All das, d. h. die europäische Bürgerbewegung, unterschlägt Rosenberg, ein Beispiel für die perfide Argumentation der Nazis, die Rosenberg in der Kriegszeit im besetzten Osteuropa im Auftrag Hitlers fortführte. Der Nationalsozialismus hat zwar Europavorstellungen entwickelt, aber gemessen an der Tradition der Europaidee waren diese anti-europäisch. Schon das Rosenberg-Zitat läßt dies vermuten. Wenn man nach Anknüpfungspunkten in der Geschichte sucht, dann bietet sich nur das immer wieder auftauchende Hegemoniestreben einzelner Mächte an. Dort endet jedoch der Vergleich, denn selbst Napoleon, der es als Hegemonist am weitesten gebracht hatte und der immer wieder als Vergleichsfigur zu Hitler genannt wird, schwebte keine Versklavung Europas im Dienste französischer Herrenmenschen vor, selbst wenn die zeitgenössische Kritik und Satire von Versklavung sprach. Versklavung aufgrund einer Rassendoktrin kennzeichnet hingegen den nationalsozialistischen Europabegriff. Entwickelt wurde dieser überwiegend erst seit Beginn des Krieges 1939, dann aber mit solcher Vehemenz und Erfolg, daß der traditionelle, auf europäischem Rechtsdenken aufbauende Europabegriff fundamental gefährdet wurde. Das nationalsozialistische Europadenken wurde besonders auch über Zeitschriften, Kongresse und Ausstellungen verbreitet, hinzu kam die Propaganda über Radio und Lautsprecher.

Unter den Begriff Antieuropa wird im folgenden ein hegemoniales Verständnis von europäischer „Einheit" gefaßt. Hegemonial bezieht sich sowohl auf politische wie kulturelle Herrschaft. Napoleon I. war der erste, der politische und kulturelle Hegemoniebestrebungen für eine gewisse Zeit in die Tat umsetzte, aber die französische kulturelle Hegemonie paßte sich zweifelsohne in jene Reformkultur ein, die in der zweiten Hälfte des 18. Jh.s allenthalben Platz gegriffen hatte. Es ist daran zu erinnern, daß die dem sog. aufgeklärten Absolutismus zugerechneten Herrscher wie Friedrich II. in Preußen oder Joseph II. in Österreich, um nur die zwei berühmtesten zu nennen, politische Programme hatten, die in Frankreich dann von den Revolutionären betrieben wurden. Beide, Revolution und Reformabsolutismus, zählen zur Reformkultur. Die einzigen, die eine politische und kulturelle Hegemonie in Europa anstrebten, und dabei entgegen der nach außen geführten Rhetorik mit den kulturellen Traditionen Europas brachen, waren die Nationalsozialisten.

In seinem jüngsten Buch „Die Chimäre Europa" untersucht Wolfgang Burgdorf (1999) Argumente, die vom 17. Jh. bis heute gegen eine politische Einheit vorgebracht wurden und werden und benutzt dabei einen etwas weiter gefaßten Anti-europa-Begriff. Dabei stellen sich überraschende Kontinuitäten heraus. Zu Beginn des 18. Jh.s hatte in Frankreich der Abbé de Saint Pierre (s. o. S. 89 ff.) einen vielbeachteten und das ganze Jahrhundert über immer wieder diskutierten europäischen Friedensplan vorgelegt. Gegner dieses Plans verwiesen u. a. darauf, daß „die verschiedenen Völker Europas noch nie von einem gemeinsamen Oberhaupt regiert worden seien und somit keine historische Einheit (bildeten). Die Einheit Europas ließe sich daher nur durch einen willkürlichen Vernunftakt konstruieren." Dieses Argument, „daß Europa keine Einheit werden könne, da es auch in der Vergangenheit nie eine Einheit gebildet habe, tauchte am Ende des 20. Jahrhunderts mit ganz ähnlichen Worten bei Joscha Schmierer wieder auf, der ursprünglich als SDS-Propagandist im Kontext der 68er-Bewegung bekannt geworden war [Schmierer 1996]. Schmierer ist der Überzeugung, daß ,alle Versuche, das staatliche Vereinigungsprojekt aus einer ›europäischen Identität‹ zu begründen ebenso mißlingen» müssen, wie «der umgekehrte Versuch, eine europäische Identität aus der Union der Staaten abzuleiten, die sich nach und nach bildet', denn ,Europa habe nie ein eigenes Reich gebildet'" (Burgdorf 1999: 139).

Solche Argumente, trotz ihrer offenbar langen historischen Tradition, sind nicht grundsätzlich gegen Europa gerichtet, sondern gegen bestimmte Formen politischer Einheit. Freilich ist die Frage aufzuwerfen, ob sie nicht heute angesichts der erheblich fortgeschrittenen Integration Europas soweit außerhalb des zeithistorischen Kontextes stehen, daß sie antieuropäisch werden.

Begriffsgeschichtlich ist im Fall von „Antieuropa" auf eine faschistische italienische Zeitschrift dieses Namens hinzuweisen, die von April 1929 bis April 1943 in 14 Bänden von Asvero Gravelli herausgegeben wurde. „Der Titel der Zeitschrift", so Burgdorf, „erklärt sich daraus, daß ,Europa' im faschistischen Italien ein Pseudonym für jene Staaten war, die dem Land seinen Aufstieg zur Großmacht nicht gönnten sowie für Demokratie und Parlamentarismus, von denen man sich abgewandt hatte. Sehr bald veränderte die Zeitschrift aber ihre Programmatik und wurde zum Sprachrohr faschistischer Europakonzeptionen, die an der Tradition des antiken Imperium Romanum anknüpften. Im Laufe dieser Entwicklung kam es nach 1933 sogar zu einer Zusammenarbeit zwischen Gravelli und Coudenhove-Kalergi, die es dem Oberhaupt der Paneuropa-Bewegung ermöglichte, den Herausgeber der Zeitschrift ,Antieuropa' als ,überzeugten Paneuropäer' zu bezeichnen" (Burgdorf 1999: 187 f.). Coudenhove-Kalergi traf sich selbst mit Mussolini (10. Mai 1933) und versuchte, diesen für ein Zusammengehen der lateinischen Staaten gegen Hitler zu gewinnen. Der italienische Faschismus knüpfte an die Vorstellung an, daß Europa die verlorene Vorrangstellung in der Weltzivilisation wiedergegeben werden solle. Nach dem Abessinien-Feldzug (1935–36) machte das Schlagwort von der „nuova civiltà" die

Runde. Camillo Pellizzi (1896–1979; Italienisch-Professor in Italien und London), der Herausgeber von „Civiltà Fascista", der Zeitschrift des Istituto Nazionale di Cultura Fascista, organisierte im November 1942 einen Kongreß über die Europa-Idee (Convegno dei Gruppi Scientifici). Pellizzi stellte sich ein System europäischer Institutionen vor, die unterschiedliche Staatscharaktere weiterbestehen ließen, während die Anhänger der „nuova civiltà" ein weltanschaulich einheitliches Europa (Faschismus gegen Demokratie und Kommunismus) anstrebten. Die Achse Rom–Berlin fungierte als Kern des „dritten Weges", wie es sich Nazis und italienische Faschisten dachten, zwischen westlicher Demokratie und „asiatischem Bolschewismus". Europa sollte um diese Achse herum unter Wahrung europäischer Individualitäten organisiert werden; das wurde als offizielle Haltung hingestellt, der die Tatsachen natürlich widersprachen.

Vor allem faschistische Europaideen waren bis zu einem gewissen Grad in gängige Abendlandvorstellungen eingebunden. Nach Paul Egon Hübinger (1990) entstand in der deutschen Sprache „Abendland" im 16. Jh. als Pendant zu „Morgenland", das wiederum Martin Luther (1483–1546) in seiner Bibelübersetzung verwendet hatte. Der Plural „Abendländer" bedeutete noch im 18./19. Jh. nicht die Personen, sondern die Länder in Westeuropa. Das lehnt sich an das Begriffsverständnis von „Europa" als Addition von Nationalstaaten an. Besonderer Zuneigung erfreute sich der Begriff Abendland im 20. Jh. bei christlichen Konservativen; bei Faschisten und Nationalsozialisten wurde er als „politischer Kampfbegriff" (Faber 1979) bemüht. Die Übergänge sind fließend, denn auch demokratische Widerstandsgruppen der Résistance setzten den Abendland-Begriff (occident) ein, obwohl er in der Zwischenkriegszeit von französischen Rechtskatholiken sakralisiert worden war. 1927 veröffentlichte beispielsweise Henri Massis (1886–1970) eine Schrift unter dem Titel „Défense de l'Occident". Massis war Chefredakteur der ab 1920 erscheinenden *Revue universelle*, das zweite rechte Presseorgan nach der Tageszeitung „Action française" (1908–1944); er war allerdings nicht Mitglied der Action Française. Nach Massis zeugte die Zwischenkriegszeit von einer Krise der europäischen Einheit, die mit Luther, d.h. der konfessionellen Spaltung, begonnen habe und durch den Ersten Weltkrieg bestätigt worden sei. Asien hingegen zeige ein neues Selbstbewußtsein. Deutschland habe sich zum Orient hingewendet und aus der lateinisch-abendländischen Kultur verabschiedet. Für Massis war der Bolschewismus eine asiatische Erscheinung. Er forderte einen Rückbezug auf das christliche Mittelalter. Wie Charles Maurras (1868–1952) von der Action Française vertrat auch Massis die Meinung, daß die Französische Revolution, nach der deutschen Reformation, im Grunde deutschem Geist entspreche und deshalb zu verurteilen sei (Dorowin 1991).

Da Hitler selbst sich in „Mein Kampf" oder in seinen Reden nur selten hinter bestimmte Europakonzepte stellte, sondern solche eher zurückwies und die Mehrzahl solcher Konzepte erst nach Kriegsbeginn entwickelt wurde, scheint „Europa" als Konzept nur eine marginale Rolle bei den Nationalsozialisten gespielt zu haben. Das Rosenberg-Zitat zeigte hingegen, daß schon vor dem Krieg, ja schon vor der Machtergreifung mit einem bestimmten Europabegriff argumentiert wurde. An vielen Reden und Texten ist erkennbar, daß die Europadiskurse seit dem 19. Jh. sehr gut bekannt waren und ausgenutzt wurden. Der propagandistische Nutzen von „Europa" als Schlagwort war offensichtlich. Man kann mehrere Felder unterscheiden, in denen eine nicht völlig deckungsgleiche Propaganda betrieben wurde. Zum einen die allgemeine Propaganda durch Goebbels, Rosenberg, Himmler u. a. Zum zweiten durch das Wirtschaftsministerium, zum dritten durch das Außenministerium, zum vierten durch die SS selbst. Hinzu kamen die Kollaborateure in zahlreichen Ländern, die die propagandistische Europarhetorik aufgriffen.

Allgemeine Propaganda: Neben Rosenberg griff schon vor 1933 innerhalb der NSDAP die Arbeitsgemeinschaft der nord- und westdeutschen Gaue im Januar 1926 unter Führung von Gregor Strasser (1892–1934) im Rahmen der Diskussion um ein neues Parteiprogramm das Thema Europa auf. Propagiert wurden ein Zollverein mit der Schweiz, Ungarn, Dänemark, Holland und Luxemburg sowie die Gründung der Vereinigten Staaten von Europa mit einem einheitlichen Maß- und Münzsystem. Deutschland sollte „Anziehungspunkt für den Mitteleuropäischen Zollverein" und „Schwergewicht für die Vereinigten Staaten von Europa" sein. (Neulen 1987: 21) Elemente dieser 1926 allgemein gängigen Vorstellung fanden sich später durchaus in den Verlautbarungen der einzelnen Behörden oder Minister wieder, so besonders 1940 nach den ersten militärischen Siegen.

Neben den Ministerien und deren Arbeitsgruppen entfalteten Forschungsinstitute und akademische Gesellschaften verschiedene Europa-Aktivitäten:

- Gesellschaft für europäische Wirtschaftsplanung und Großraumwirtschaft e.V. (ab September 1939, von Werner Daitz gegründet; Jg. 1884; 1933 Amtsleiter der Außenpolitischen Abteilung der Reichsleitung der NSDAP; Aufsichtsratsposten; Publikationen: Der Weg zur völkischen Wirtschaft, 1938; Der Weg zur Volkswirtschaft und Großraumpolitik, 1943; Wiedergeburt Europas durch europäischen Sozialismus. Europa-Charta, 1944)
- Zentralforschungsinstitut für nationale Wirtschaftsordnung und Großraumwirtschaft (ab 1941)
- Reichsarbeitsgemeinschaft für Raumforschung und Raumordnung (ab 1936)
- Deutsche Weltwirtschaftliche Gesellschaft
- Arbeitswissenschaftliches Institut der Deutschen Arbeitsfront
- Deutsches Auslandswissenschaftliches Institut, Universität Berlin (geführt von Dr.

Franz Alfred Six, Professor und SS-Standartenführer; Jg. 1906; u.a. Haupt-
amtsleiter des NS-Studentenbundes, 1939 Leiter des Amtes II [weltanschauliche
Forschung] des Reichssicherheitshauptamtes; seit 1939 Professor an der Univer-
sität Berlin; 1941 SS-Brigadeführer; Publikationen u.a.: Das Reich und Europa,
1943; Europa. Tradition und Zukunft, 1944)
- Institut für Weltwirtschaft, Universität Kiel
- Institut für Großraumwirtschaft, Universität Heidelberg
- Institut für Staatsforschung, Universität Berlin

Bei genauerem Hinsehen wurde die Europa-Propaganda genauso systematisch wie
jede andere Propaganda der Nazis auf bestimmte Schlüsselbereiche ausgedehnt:
Beamte, Partei, Akademiker und Wissenschaft, Wirtschaft, Jugend, Wehrmacht usw.
Zugelassen wurde ein breit angelegter, auch gemäßigter Europadiskurs, im Keim
erstickt wurden gemäßigte Initiativen, an eine ernsthafte Europapolitik in der
Tradition des Europadiskurses stehend wurde überhaupt nicht gedacht. Es handelte
sich entweder um pure Propaganda oder die Instrumentalisierung gemäßigterer An-
schauungen, um bestimmte Sozialgruppen im In- und Ausland für sich zu gewinnen.

5.7 *Gründungsveranstaltung des Europäischen Jugendverbandes im „Gauhaus" Wien, 16. September 1942.*
Im Hintergrund als Emblem „Europa und der Stier".

Eine dieser Initiativen war die Gründung eines Europäischen Jugendverbandes durch die HJ-Führung. Den Gründungskongreß veranstaltete Baldur von Schirach (1907–1974) vom 14.–18. September 1942 in Wien. 14 faschistische und national-sozialistische Jugendverbände hatten sich beteiligt. Weitere Konsequenzen zeitigte er nicht, weil Goebbels und andere gegen diese Initiative eingestellt waren, aber er wurde eine gewisse Zeit im Rahmen der Auslandspropaganda vermarktet. Die Eröffnungsrede Baldurs von Schirach scheint Anklänge an das Konzept vom Europa der brüderlichen Nationen eines Mazzini aus dem vorangegangenen Jahrhundert aufzugreifen (Auszug in Neulen 1987: 102 f.).

Die Wende im Rußlandfeldzug führte ab Mitte 1942 dazu, daß Joseph Goebbels (1897–1945) vermehrt in der Öffentlichkeit Europa-Ideen entwickelte. Sein Bruch mit den Traditionen der Europaidee wird aus folgendem Zitat deutlich (4. Oktober 1942 zum „neuen Europa"): „Die Erfahrung der Vergangenheit seit dem Ende des ersten Weltkriegs und die geschichtliche Erfahrung im ganzen weisen nach, daß ein Zusammengehen von Völkergruppen zum Zwecke der einheitlichen Vertretung gemeinsamer Interessen überhaupt nur auf dem Wege eines im Kampf gewordenen und von allen anerkannten Führungsanspruchs des Stärkeren ermöglicht werden kann. Man mag das bedauern, aber es ist so, daß nur der Krieg jene Aufweichung von Erstarrungen und Verkrustungen bewerkstelligt, die die Voraussetzung für die Bildung neuer nationalpolitischer Gemeinschaften ist" (Text in Lipgens 1985: Microfiche Nr. 24). Die traditionelle Europaidee diente dem Frieden, die national-sozialistische dem Krieg. Goebbels präzisierte die nationalsozialistische Europa-ideologie in einem Erlaß vom 15. Februar 1943 dahingehend, daß die ‚europäischen Kräfte' zum „Kampf gegen den jüdischen Bolschewismus" zusammengefaßt werden müßten (Text in Lipgens 1985: Microfiche Nr. 30).

Wirtschaft: Die wirtschaftliche Verbindung unter den besetzten Gebieten erforderte eine Art europäischen Denkens, das unter dem Begriff „Großraumwirtschaft" subsu-miert wurde. Das Konzept reichte in die Jahrhundertwende bzw. sogar in das 19. Jh. zurück (vgl. Mitteleuropakonzepte). In einer Rede am 25. Januar 1939 formulierte Richard Walter Darré (1895–1953) vor der Kommission für Wirtschaftspolitik eine „wahre neue europäische Ordnung", wobei er von der wirtschaftlichen Ordnung Mitteleuropas unter deutscher Führung ausging. Dies werde die übrigen europäischen Staaten wie „von selbst" zu einer entsprechenden Positionierung bringen. Schließlich machte sich der Reichswirtschaftsminister Walther Funk (1890 bis 1960) diese Linie zu eigen. Darré hatte 1929 ein Buch unter dem Titel „Das Bauerntum als Lebensquell der nordischen Rasse" und 1930 ein weiteres zu dem Thema „Neuadel aus Blut und Boden" veröffentlicht. Er stieß 1930 zur NSDAP und wurde Hitlers agrarpolitischer Beauftragter. 1931 wurde er Leiter des Rasse- und Siedlungshauptamtes der SS, nach der Machtergreifung wurde er Reichsbauernführer (ab 1936 begann sein Stern zu sinken, 1942 wurde er aller Ämter enthoben). Funk war 1933 Pressechef der Reichsregierung; Presse und Rundfunk fielen in seine Zuständigkeit als Unterstaatssekretär im Reichspropagandaministerium und als Vizepräsident der Reichskulturkammer. 1938 wurde er Reichswirtschaftsminister und füllte danach weitere zentrale Funktionen aus.

Unter dem Eindruck der ersten schnellen Siege machten sich Göring und dann vor allem das Reichswirtschaftsministerium unter Funk an Planungen zur wirtschaftlichen Ordnung der besetzten Gebiete, die unter dem Titel wirtschaftliche „Neuordnung Europas" verkauft wurden. Großes Echo erzielte eine Rede Funks vom 25. Juli 1940, in der er den Weg zu einer europäischen Wirtschaft und Währung skizzierte. „Die Währung ist stets das Sekundäre und Wirtschaftsführung das Primäre. Wenn die Wirtschaft nicht gesund ist, kann es auch keine gesunde Währung geben. Im Rahmen einer gesunden europäischen Wirtschaft und einer vernünftigen wirtschaftlichen Arbeitsteilung zwischen den europäischen Volkswirtschaften wird sich die Währungsfrage von selbst lösen, weil sie dann nur noch ein Problem der richtigen Geldtechnik ist. Es ist selbstverständlich, daß die Reichsmarkwährung dabei eine dominierende Stellung haben wird. [...] Aber eine Währungsunion bedingt allmählich angeglichenen Lebensstandard, und dieser wird auch in Zukunft nicht in allen dem europäischen Clearing angeschlossenen Ländern der gleiche sein können und sein dürfen, weil hierfür die wirtschaftlichen und sozialen Voraussetzungen fehlen und die Ordnung der europäischen Wirtschaft auf dieser Basis jedenfalls auf absehbare Zeit hinaus unsinnig wäre. In Europa soll jedes Land seine eigenen Wirtschaftskräfte entwickeln und entfalten und jedes Land auch mit einem anderen Land Handel treiben können, aber die Grundsätze und Methoden, nach denen sich dieser Handel vollzieht, werden – im Großen gesehen – die gleichen sein müssen" (Text in Lipgens 1985: Microfiche Nr. 6).

Außenministerium, Außenpolitik: Als habe der Wolf den Schafspelz angezogen und zusätzlich Kreide gefressen, hieß es in einer ministeriumsinternen anonymen Notiz für den Reichsaußenminister im September 1939: „Der gegenwärtige Krieg ist auch ein Krieg um die Einheit und Freiheit Europas. Seine Ziele sind: Herstellung eines dauerhaften, gesicherten Friedens für die europäischen Länder. Sicherheit gegen wirtschaftliche Erdrosselung und raumfremde Einmischung Englands und der Vereinigten Staaten. Europa den Europäern. Gemeinsame europäische Lösung des bolschewistischen Problems. [...] Überwindung des europäischen Partikularismus durch friedliche und freie Zusammenarbeit der europäischen Völker. Bekenntnis zu Europa bedeutet nicht Unterwerfung, sondern loyale, gleichberechtigte Zusammenarbeit. Jedes europäische Volk soll nach seiner eigenen Façon am neuen Europa teilnehmen. Die einzige Forderung an europäische Staaten: Loyale Europa bejahende Glieder zu sein" (Text in Lipgens 1985: Microfiche).

Wer solche Sätze, die auch in öffentlichen Reden geäußert wurden, ernst nahm, konnte leicht glauben, daß der Nationalsozialismus an die Europaidee der Zwischenkriegszeit und ihrer wichtigsten Vertreter anknüpfe. Verbal tat er dies, der zitierte und viele andere Texte lassen eine studierte Kenntnis des Paneuropa-Manifests Coudenhove-Kalergis oder auch des Briand-Memorandums erkennen.

Erst nach dem Angriff vom 22. Juni 1941 auf die Sowjetunion entwickelte sich der Kern einer Idee – mehr nicht; von Konzept kann nicht gesprochen werden – um die Idee eines Kreuzzuges gegen den Bolschewismus herum (die Kreuzzugssymbolik wurde in Plakaten verwendet). Hitler begründete in seiner Radioansprache vom 22. Juni 1941 den Angriff mit der Notwendigkeit, Europa vor dem Bolschewismus zu retten. Zwischen Juli und November 1941 zeitigte diese Begründung zustimmende Effekte in verschiedenen europäischen Ländern, der Vatikan eingeschlossen. Dies ist auch im Kontext der Erweiterung der Mitglieder des Antikominternpaktes vom 25. November 1941 zu sehen. Hitler und Ribbentrop hielten entsprechende Reden zur „Vision eines neuen Europas". Zirka 125.000–200.000 Freiwillige aus Norwegen, Spanien, Frankreich und Italien traten der Waffen-SS bei, um gegen die Sowjetunion zu kämpfen. Joachim von Ribbentrop (1893–1946) führte aus: „Heute bekräftigen wir aufs neue unsere Schicksalsverbundenheit, während die siegreichen Heere Deutschlands und seiner Verbündeten bereits tief in das sowjetrussische Gebiet vorgestoßen sind, um jenem furchtbaren System, das seit Jahren sich dazu rüstete, unsere Kultur zu untergraben und zu vernichten, tödliche Schläge zu versetzen. Aber wir stehen nicht mehr allein. An der gewaltigen Front, die vom Eismeer bis zum Schwarzen Meer reicht, kämpfen in treuer Waffenbrüderschaft und zu jedem, auch dem höchsten Opfer bereit, Deutsche und Italiener, Finnen und Rumänen, Ungarn und Slowaken, Legionäre aus Spanien, Freiwillige verschiedener Länder und verschiedener Zunge und geben ein leuchtendes Beispiel der bereits vorhandenen und ständig wachsenden sittlichen Einheit Europas in der neuen Ordnung, die unsere großen Führer angekündigt und für die Zukunft der Kulturvölker vorbereitet haben. Hierin liegt die tiefe Bedeutung des Krieges gegen den Bolschewismus. Er ist das Zeichen der geistigen Erhebung Europas" (Text in Lipgens 1985: Microfiche Nr. 16).

Am 21. März 1943 schlug Ribbentrop die Gründung eines europäischen Staatenbundes vor, der fürderhin Krieg unter den europäischen Völkern verhindern sollte – eine rein propagandistische Maßnahme, in der sich allerdings die sich abzeichnende militärische Niederlage spiegelte und die eventuell als Antwort auf das rumänische und französische Drängen, einen deutschen Europaplan für die Zeit nach dem Krieg vorzulegen, verstanden werden kann. Es war der Versuch, Machtpositionen möglichst noch zu retten (Text in Lipgens 1985: Microfiche Nr. 33). Am 5. April 1943 folgten Vorschläge Ribbentrops für einen Europa-Ausschuß, der Grundlagen für eine „neue europäische Ordnung" erarbeiten sollte. In „Grundgedanken eines Planes für das neue

Europa" (7. Juni 1943) von Hans Frohwein (Gesandter) hieß es weiterhin ziemlich unverhüllt: „Einen wichtigen Teil der Befriedung Europas bildet die Regelung der Judenfrage. Durch eine europäische Konvention werden die nötigen Vorschriften hierüber sowie eine Durchführungsorganisation geschaffen, die wenigstens so lange zu bestehen hat, bis die Frage durch völlige Ausscheidung des jüdischen Elements aus Europa gelöst ist" (Text in Lipgens 1985: Microfiche Nr. 35). Ausgerechnet das SS-Hauptamt, dort die Amtsgruppe D, Planungsstelle „Europa-Charta", entwarf 1944/45 eine Europa-Charta, die u. a. 6 „Grundfreiheiten" und 7 „Grundrechte" formulierte, darunter „Freiheit des Glaubens gegen Gottlosigkeit und politischen Mißbrauch" und „Recht des Menschen auf Eigentum" sowie auf „freie Entfaltung seiner Kräfte und Zugang zu allen Berufen (…)" (Text in Neulen 1987: Dok. Nr. 24).

Kollaboration und Europapropaganda: Die meisten Kollaborateure in Europa täuschten sich in den Absichten Hitlers. Eine Einigung Europas war für sie zumeist ein positives Ziel. Sie unterschieden sich von den Europäisten des Widerstands dadurch, (1) daß sie als Faschisten eine Einigung und Führung Europas durch Hitlerdeutschland befürworteten. Sie gingen (2) von einer hierarchischen Struktur aus, nicht von einer demokratischen. Sie begrüßten (3) die Siege der Wehrmacht in der Überzeugung, daß die Grenzen in Europa nur durch Waffengewalt niedergerungen werden könnten, unabdingbare Voraussetzung für die Schaffung eines großen Wirtschaftsraumes Europa. Darin steckte (4) die Überzeugung, daß dasselbe nicht mit den Mitteln der Politik und des Verhandelns erreicht werden könne. Zum Teil wurzelten die Kollaborateure durchaus in der Paneuropa-Bewegung der Zwischenkriegszeit, im Brüderlichkeitsgedanken, wie er von Baldur von Schirach instrumentalisiert worden war. Die Linien zwischen den Europavorstellungen von Kollaborateuren einerseits und den Widerstandsgruppen andererseits verliefen nicht geradlinig. Es war vor allem der Gedanke des Antibolschewismus, der die Kollaborateure mit den Nationalsozialisten zusammenführte. Ein bestimmter Typus von Europa-Karte aus der nationalsozialistischen Propaganda (Abb. 5.11–12) versinnbildlichte diese scheinbar gemeinsame Vorstellung, aber während es für die Nazis Propaganda war, mit der ausländische Truppen für die SS geworben werden konnten, drückte es für viele Kollaborateure deren wirkliche Überzeugung aus. Hinzukam eine anti-amerikanische Haltung – Europa würde zwischen den „Flügelmächten" Sowjetunion und USA zerrieben und müsse sich dagegen unter deutscher Führung zusammenschließen.

In Frankreich glaubten führende Mitglieder der Regierung unter Marschall Pétain, daß der 1940 geschlossene Waffenstillstand mit Deutschland, der schwer auf ihrem Land lastete, im Rahmen einer „Neuen Ordnung Europas" durch ein entsprechendes Vertragswerk ersetzt werden würde. Sie glaubten daran, Frankreichs selbständige Existenz und das Kolonialreich retten zu können, um beides in eine

„neue europäische Ordnung" einzubringen. Diese Regierungsmitglieder wie zur Kollaboration bereite Schriftsteller bauten auf die Gemeinsamkeiten der europäischen Kultur; sie erkannten viel zu spät, daß diese gemeinsame Kultur den Nationalsozialisten nichts galt, daß sie damit längst gebrochen hatten. Zumindest die Regierung in Vichy hätte es erkennen können: alle diplomatischen Initiativen, die von Vichy aus, z. T. in direktem Gespräch mit Hitler unternommen wurden, um eine Europaplanung in Gang zu setzen, wurden vom deutschen Außenminister Ribbentrop bzw. von Hitler persönlich abgewiesen. In der *Résistance* sah man da klarer. Emil Janvier, der Chefredakteur der Zeitschrift „Résistance", kommentierte am 20. November 1943 die sich angesichts der absehbaren Niederlage verschärfende Europa-Propaganda der Nazis mit den Worten: „Seitdem das Schlachtenschicksal ihm nicht mehr hold ist, hat Herr Hitler eine neue Berufung in sich entdeckt. Er offenbart sich als ‚Europäer'. Als Europäer kommt er ja vielleicht ein bißchen spät, aber es klingt doch so gut. Weit entfernt vom kleinlichen Nationalismus der Vergangenheit, macht unser Führer den Krieg nicht mehr für nichts und wieder nichts. Ganz Europa will er retten, retten vor der jüdisch-pluto-demokratisch-sowjetisch-freimaurerischen Unterdrückung. Rußland? Das ist Asien. England? Das ist das Meer. Schalten wir diese beiden Fremdkörper aus, so könnt ihr bald erleben, wie wir uns in dem regenerierten neuen Europa einträchtig beieinander finden werden. Unbestreitbar ist das Ganze gar nicht schlecht gemacht und vor allem gut inszeniert" (zit. nach Lipgens 1968: 215).

Eine Aufgabe nationaler Identität kam auch für die französischen Kollaborateure nicht in Frage. Und dies entsprach einer Grundposition der meisten Kollaborateure auch in anderen Ländern. Léon Degrelle, der 1930 die Leitung des Rex-Verlages der Katholischen Aktion übernommen hatte und zum Führer der Rexisten-Bewegung in Belgien aufstieg, der später den wallonischen Freiwilligenverband (Infanteriebataillon 373) führte und dessen Inkorporation in die Waffen-SS mit Erfolg betrieb, entwickelte Pläne zu einem Großburgund oder, wahlweise, zu einem Großgermanischen Reich, Frankreich eingeschlossen, in dem Belgien allerdings eine starke autonome Stellung erhalten sollte. Aus seinen zahlreichen Äußerungen sei hier nur eine zitiert, vom 20. Oktober 1940 zur „Rolle Belgiens im Neuen Europa": „Das nationalsozialistische Deutschland trägt nunmehr, ob es das will oder nicht, die Verantwortung für Europa. [...] Das nationalsozialistische Deutschland muß sofort einen umfassenden Plan zur Ordnung Europas vorbereiten. Diese Ordnung ist nur unter der Voraussetzung denkbar, daß sie von der deutschen Armee in ganz Europa gesichert wird. [...] Das nationalsozialistische Deutschland muß gewisse politische Vorsichtsmaßnahmen treffen, wobei jeder Zivilisation ihr eigener Ausdehnungsbereich garantiert und jedem Volk seine spirituelle Persönlichkeit bewahrt werden muß" (Text in Lipgens 1985: Nr. 9; Übersetzung W.S.).

In Rumänien, um ein osteuropäisches Beispiel zu nennen, war am 6. September 1940 Marschall Ion Antonescu (1882–1946) an die Macht gekommen, der im Januar 1941 eine Militärdiktatur errichtete. Außenminister war Mihail Antonescu (1902–1946). Auch der Fall Rumänien bestätigt, was am Beispiel Frankreich und Belgien hinsichtlich der Europakonzepte der Kollaborateure zu ermitteln gewesen war: eine Neuordnung Europas unter deutscher Führung wurde befürwortet, aber keine Aufgabe nationaler Identitäten. Mihail Antonescu erkannte offenbar sehr bald, daß Hitler und Ribbentrop keine ernsthaften Europapläne besaßen. Dennoch versuchte er bis zuletzt, Ribbentrop, so noch am 5. August 1944 im Führerhauptquartier, zu überzeugen, daß das Reich einen Europaplan entwickeln und publik machen müsse. Andererseits hatte er besonders im Jahr 1943 versucht, mit Mussolinis Hilfe das Konzept eines lateinischen Europa diplomatisch in die Wege zu leiten. In der Tat stieß er bei Mussolini auf offene Ohren, da dieser selber an eine europäische Zweiteilung im Sinne eines germanischen und romanischen Europa dachte. Antonescu suchte zudem Kontakte zu den Westalliierten aufzubauen. Weder das eine noch das andere führte zum Ziel (Neulen 1987: Dok. 59).

5.6 Die Visualisierung Europas im Nationalsozialismus

5.8 Europa und der Stier im „Gauhaus" Wien zur Gründungsveranstaltung des Europäischen Jugendverbandes im „Gauhaus" Wien, 16. September 1942.

Die Nationalsozialisten nutzten für ihre Europapropaganda die visuellen Register. Bei öffentlichen Inszenierungen wie beim „Tag der Deutschen Kunst" 1937 in München wurde aus der Europaikonologie geschöpft. Eine goldene Europa auf dem Stier auf hohem Sockel gehörte 1937 zur Straßendekoration. Auf dem erwähnten „Europäischen Jugendkongreß" in Wien im Jahr 1942 wurde im Tagungsgebäude, dem Parlament, das in der nationalsozialistischen Zeit „Gauhaus" hieß, eine Stuckskulptur „Europa auf dem Stier" aufgestellt (Säulenhalle des Lichthofes), im Saal prangte das Europamythosemblem in der Mitte der Wand hinter dem Rednerpult (Abb. 5.7). In den Kriegsjahren wurde eine Vielzahl von Kongressen veranstaltet, die als „europäisch" tituliert wurden wie das „Europäische Studenten- und Front-

5.9 Kundgebung am 18. Januar 1941 in einem Berliner Bildungswerk. Ansprache des Gauleiters Vogt.

kämpfertreffen" in Dresden (20. April 1942). Auf der „Reichsarbeitstagung der Ausländischen Verbindungsmänner der Deutschen Arbeiterfront" in der Neuen Aula der Universität Berlin vom 19. Oktober 1943 prangte in verschiedenen Sprachen ein Spruchband mit dem Slogan „Europa siegt", der offenbar seit einigen Jahren immer wieder benutzt wurde (Abb. 5.9; 5.10).

Am weitesten verbreitet scheinen sehr ähnlich konzipierte Europakarten gewesen zu sein, auf denen Europa gegen den Bolschewismus ausgespielt wurde. Solche Karten fanden sich als Plakate in- und außerhalb Deutschlands,

5.10 Reichsappell der Deutschen Arbeiterfront in Berlin, Ansprache des Leiters der DAF Robert Ley am 3. Mai 1943.

5.11 Plakatwand
„Europa kämpft gegen
den Bolschewismus"
in Wien, ca. 1941
(Fotograf: Rudolf
Spiegel).

5.12 Plakatwand
„Europa kämpft gegen
den Bolschewismus"
in Marburg,
Oktober 1941.

in illustrierten Zeitschriften wie der „Wiener Illustrierten" oder in vielen Variationen in der illustrierten Zeitschrift „Die Wehrmacht" usf. Die Abbildung Nr. 5.11 (Original in Farbe) zeigt eine entsprechende Plakatinstallation in Wien, die von dem Wiener Fotografen Rudolf Spiegel (1896–1982) aufgenommen wurde, und die Abbildung 5.12 nahezu dasselbe Plakat in Marburg, abgedruckt in der „Wiener Illustrierten" vom 22. Oktober 1941. Noch in den allerletzten Kriegstagen wurde in Berlin aus Lautsprechern zur Verteidigung Europas gegen den Bolschewismus aufgerufen. Die unterbewußten Wirkungen dieser Inszenierungen auf das Europabewußtsein im deutschsprachigen Raum, ihre Nachwirkungen nach 1945 sind offenbar noch nicht erforscht.

5.7 Europäismus im Widerstand und bei den Föderalisten bis 1946

Die Widerstandsgruppen in den verschiedensten europäischen Ländern zeichneten sich allesamt durch die Entwicklung z. T. sehr umfassender und detaillierter europapolitischer Vorstellungen aus. Über die Bedingungen von Widerstand in den einzelnen Ländern ließe sich viel sagen, ebenso über dessen Wirkungsmöglichkeiten. In Deutschland gelangten zwischen 1933 und 1939 auch ca. 1 Million Deutsche in die Konzentrationslager, darunter viele Hunderttausend wegen ihrer politischen Überzeugung. Dies charakterisiert die Schwierigkeit, eine breite politische Widerstandsbewegung aufzubauen. Die Widerstandsgruppen, die sich vor allem seit dem Kriegsausbruch bildeten, blieben bewußt sehr klein und achteten darauf, möglichst wenig beschriebenes Papier zu hinterlassen. In Frankreich hingegen schwoll der Widerstand innerhalb von zwei Jahren zu einer Art Massenbewegung an, innerhalb derer die treibenden Widerstandsgruppen Flug- und Zeitschriften z. T. in fünf- oder auch sechsstelliger Auflagenhöhe verbreiteten. Deutsche Widerständler im Exil hatten mit Skepsis und Ablehnung zu kämpfen, die durch bestimmte Verlautbarungen aus dem Widerstand in Deutschland selber mitbedingt waren; usw. Hauptanliegen der nationalen Widerstände waren zweifelsohne auch die nationalen Belange wie die Beseitigung der deutschen Okkupation und die Lösung von nationalen Problemen, die beispielsweise in Frankreich 1940 zur Niederlage beigetragen hatten. Um so bedeutsamer tritt die Tatsache hervor, daß eigentlich überall die Frage der europäischen Einigung als Schlüssel zur mittel- und langfristigen Problemlösung erachtet wurde.

So viel Idealismus und Bereitschaft, nationale politische Besitzstände aufzugeben, war noch nie gewesen. Die Pläne umfaßten letztlich alle Bereiche einer denkbaren politischen, wirtschaftlichen, sozialen, militärischen und kulturellen Integration. Alles, was heute zur Integrationsdebatte gehört, wurde damals bereits angedacht. Zugleich zeichneten sich im italienischen, französischen und deutschen Widerstand Unterschiede in den Grundpositionen der späteren Christdemokraten einerseits sowie der Sozialisten bzw. Sozialdemokraten andererseits ab. Wie schon nach dem Ersten Weltkrieg ging es immer auch um die Frage, wie sich eine wie auch immer geartete europäische Integration zu einer Weltstaatengemeinschaft verhalten solle. Es sei Léon Blum (1872–1950), der Führer der französischen Sozialisten, mit seiner Schrift „Blick auf die Menschheit" zitiert, die die Verschränkung einer Vielzahl von Problematiken sehr gut illustriert. Der Text wurde im Sommer 1941 im Gefängnis verfaßt, ein Jahr später nach draußen geschmuggelt und dann zunächst auf französisch unter dem Titel „A l'échelle humaine" publiziert (auf deutsch Zürich 1945). Im Bereich der nationalen Problematik empfahl Blum die Reorganisation der französischen Demokratie als soziale Demokratie, die nach Schweizer oder amerikanischem Muster dezentralisiert und mit einer starken Exekutive ausgestattet werden sollte. Er

skizzierte den Gedanken an einem internationalen Überstaat, der das deutsche
Problem lösen sollte und über Europa hinausging: „Die internationale Gemeinschaft
muß mit den Organen und der Macht versehen sein, die ihr die Erfüllung ihrer
Funktionen erlauben. Ich verstehe darunter, daß sie klar und einmütig als ein oberster Staat über den nationalen Souveränitäten eingesetzt wird, und daß infolgedessen
die angeschlossenen Nationen von vorneherein und soweit es diese Souveränität verlangt, die Begrenzung oder die Unterordnung ihrer eigenen Souveränität in Kauf
nehmen" (Blum 1947: 113).

Integrationspläne mittlerer Reichweite wurden ebenfalls weiter diskutiert. Die
beispielsweise in Polen entwickelten Pläne knüpften an verschiedene Traditionen
mittelost- und osteuropäischer Föderationspläne, die Westeuropa außen vorgelassen
hatten, an. Der Friedensschluß von Versailles hatte 12 Nationalstaaten begründet,
die an der Doppelaufgabe der nationalen Integration nach innen und der europäischen Integration nach außen scheiterten. Das mag die Intensität föderalistischen
Denkens nur gefördert haben. Während die Exil-Westeuropäer während des Krieges
zu keinen Zusammenschlüssen kamen, wurden von Exil-Osteuropäern die Weichen
für einen Nachkriegsföderalismus gestellt: Polnisch-tschechoslowakische und grie-
chisch-jugoslawische Konföderationsverträge, Central and Eastern European Plan-
ning Board etc. Daß daraus am Ende keine Föderation entstand, lag an der Sowjetunion, ändert aber nichts an der Tatsache dieser Bestrebungen während des Krieges.
Der osteuropäische Widerstand ist hinsichtlich seiner Europavorstellungen sehr
uneinheitlich dokumentiert, am besten ist dies noch für Polen der Fall, wo eine
umfangreiche Untergrundliteratur (Zeitschriften, Traktate) entstand. Französisches
und polnisches Europadenken im Widerstand waren sich relativ nahe (Wyrwa 1987).
Weite Verbreitung fand eine Broschüre unter dem Titel „Programm Volkspolens"
(Program Polski Ludowej) von 1941, in der ein demokratisches Polen, Gewährlei-
stung der Grund- und Menschenrechte und die Einbindung Polens in eine „Föderation Freier Europäischer Völker" proklamiert wurde. Einige Verführungskraft
besaß daneben die Vorstellung einer mitteleuropäischen Konföderation, wie sie u. a.
in der Zeitschrift „Polnische Nachrichten" (Wiadomosci Polskie) vom 15. Juli 1942
dargelegt wurde. Ins Auge gefaßt wurde eine Konföderation zwischen Polen,
Tschechoslowakei, Jugoslawien, Griechenland, Ungarn, Rumänien und Bulgarien
(Lipgens 1968: 325 ff.). Dem lag die Idee eines Gleichgewichts der Kräfte in Europa
zugrunde, eine Idee, die Teile des französischen Widerstands allerdings vehement als
überholt und untauglich zurückwiesen. In einer späteren Nummer vom 9. Juni 1944
wurde in derselben Zeitschrift der Begriff „übernationaler Vereinigter Staaten von
Mitteleuropa" benutzt.

Die internationale Vernetzung der Widerstandsgruppen war äußerst schwierig,
aber sie fand statt. Innerhalb dieses Rahmens gelang es, gegenseitige Vorurteile abzu-

bauen, der Glaube an eine gemeinsame europäische Zukunft war echt. Es hakte jedoch an der Nahtstelle zwischen Widerstand und alliierten Politikern. Das traf nicht nur den deutschen Widerstand, sondern auch den französischen: Lange zogen die Amerikaner die Zusammenarbeit mit General Henri Giraud (1879–1949) in Algerien der eindeutigen Entscheidung für den von England aus operierenden General Charles de Gaulle (1890–1970) vor. Eine Gesamtbetrachtung des Verhältnisses von Widerstand und Regierungen der Alliierten erweist, daß „Europa" zwar in die Kategorie „erkenntnisleitendes Interesse" gehörte, aber noch lange keine politische Handlungsmaxime ausmachte.

Rechnet man die Exilgruppen in Stockholm, London und den USA hinzu, so bietet sich ein sehr breites, kaum noch zu überblickendes Spektrum des Widerstandes dar. Am 13. April 1945 entstand noch vor der Befreiung im KZ Buchenwald ein internationales Manifest, bekannt als „Manifest von Buchenwald", das Sozialisten aus Belgien, Deutschland, Frankreich, Holland, Österreich, Polen und der Tschechoslowakei unterzeichnet hatten. Zu Europa äußerten die Unterzeichner: „Die deutsche Außenpolitik muß im engsten Einvernehmen mit der Union der Sozialistischen Sowjetrepubliken geführt werden. Unser oberstes Ziel ist, in Zusammenarbeit mit allen sozialistisch geführten Staaten zu einer europäischen Staatsgemeinschaft zu kommen, die unserem schwergeprüften Kontinent durch eine europäische Gemeinschaft Ordnung und Wohlstand verbürgt." Zur Orientierung in der hier nicht referierbaren Forschung sei auf die ab 1985 erschienenen vier Bände „Documents on the History of European Integration", zunächst von Lipgens, dann von Loth herausgegeben, verwiesen.

Im März 1943 organisierte Coudenhove-Kalergi den Fünften Paneuropa-Kongreß. In einem Grußwort regte Churchill eine Verbindung zwischen Vereinten Nationen einerseits und der Schaffung dreier Räte im europäischen, asiatischen und amerikanischen Raum als Substruktur andererseits an. Spätestens seit der Alliierten-Konferenz von Teheran Anfang Dezember 1943, auf der Churchills Vorschläge diskutiert wurden, zeichnete es sich aber ab, daß es zu einer Restaurierung des Nationalstaatssystems kommen würde, weil die amerikanische Regierung unter Präsident Roosevelt die auch in Amerika ausgearbeiteten Europapläne ablehnte. Stalin wiederum blockierte alle Föderationsinitiativen im osteuropäischen und Donauraum. Die spätere Teilung in West- und Osteuropa zeichnete sich seit 1943 in den Verhandlungen der Alliierten immer deutlicher ab. Im Frühjahr 1945 setzte die Sowjetunion kommunistische Regierungen in Rumänien, Polen und Bulgarien ein. Das machte alle eventuell noch vorhandenen Hoffnungen auf ein föderiertes Europa vorerst zunichte, konnte aber der Idee und dem Ziel als solchen zunächst nichts anhaben.

Im Gegensatz dazu hielten die Widerstandsbewegungen an weitreichenden Europaplänen fest. Im Frühjahr 1944 fand in Genf in der Wohnung von Visser't Hooft ein Treffen führender Widerstandskämpfer aus neun Ländern statt. Es war

Altiero Spinelli (1907–1990) – einer der führenden Köpfe des italienischen Widerstands – Idee gewesen, daß aus dem europäischen Widerstand auch ein gemeinsames Programm für Europa hervorgehen solle. Beim dritten Treffen am 20. Mai 1944 wurden Grundsätze für eine „föderale Union für die europäischen Völker" verabschiedet, die einzelnen Widerstandsorganisationen zugeleitet wurden. Darin lautete es u. a.: „Die Föderation muß sich auf eine Deklaration der Menschenrechte (…) gründen, die die freie Entwicklung der menschlichen Person und das normale Funktionieren der demokratischen Institutionen gewährleistet. Darüber hinaus muß sie sich auf eine Deklaration der Minderheitenrechte stützen, die eine autonome Existenz dieser Minderheiten insoweit sicherstellt, wie dies mit der Integrität der Nationalstaaten vereinbar ist, auf deren Staatsgebiet sie sich befinden." Im Anschluß daran wurden einige institutionelle Eckpunkte der im großen und ganzen nur vage umschriebenen Föderation formuliert: Die Föderation sollte eine Bundesregierung haben, die den Völkern, nicht den Mitgliedsstaaten, verantwortlich sein sollte. Die Regierung sollte über eine Streitmacht verfügen. Ein Oberster Gerichtshof sollte über die Bundesverfassung wachen (Auszug in Schulze/Paul 1994: 387 f.). In etwa zeitgleich hatte sich auch Charles de Gaulle den Europaplänen aufgeschlossen gezeigt. Ihm lag an einer Einbindung Großbritanniens. Die Invasion der Alliierten unterbrach solche Initiativen, nationale Projekte schienen mehr Erfolgsaussichten zu besitzen. Immerhin kam es am 5. September 1944 zum Benelux-Abkommen: Die drei Staaten vereinbarten eine Zollunion. Daß nicht mehr durchzusetzen war, sieht Wilfried Loth als Folge der englischen und französischen Politik: „Britische Unentschlossenheit und französischer Großmachtanspruch sorgten so dafür, daß die Regelung der Nachkriegsverhältnisse in Europa begann, ohne daß dabei wenigstens vom Westen her integrative Elemente ins Spiel kamen" (Loth 1996: 26).

Diese Feststellung gilt freilich nur für die Regierungen, denn die politischen Parteien, die sich im Zuge der Befreiung Europas wieder formieren konnten oder überhaupt neu entstanden, hielten in ihren Parteiprogrammen am Ziel einer europäischen Föderation fest. Das „Comité Français pour la Fédération Européenne" richtete im März 1945 in Paris eine Konferenz europäischer Föderalisten aus. Während die Großmächte zwischen das Projekt Vereinter Nationen und einer Europaföderation ein Entweder-Oder gesetzt hatten, „formulierte die Konferenz in Paris, die geplante UNO werde den Frieden nicht wahren können, solange die Ursachen der Kriege in Europa nicht beseitigt seien; sie begründete erneut die Notwendigkeit und bundesstaatliche Verfassungsstruktur der europäischen Föderation […] – wobei dieser Text jetzt nicht mehr von unbekannten Résistants, sondern von führenden Abgeordneten der Nationalversammlung, den Direktoren führender Zeitungen und Zeitschriften sowie Abgesandten [z. B. Spinelli aus Italien, John Hynd von der englischen Labour-Party, Willi Eichler vom Exilvorstand der SPD] aus anderen Ländern verabschiedet wurde" (Lipgens 1986: 210). In der Entschließung der Konferenz wurde unmißverständlich zum Ausdruck gebracht: „Ein für allemal ist das Dogma abzuschaffen, daß der Nationalstaat die höchste politische Organisationsform der Menschheit sei. Wenn die europäischen Völker ihre gemeinsame demokratische Zivilisation retten wollen, müssen sie sich in einer Föderation zusammenschließen."

Die Pläne für eine demokratisch gewählte Föderationsregierung gingen über das hinaus, was man heute im allgemeinen bereit ist, sich für das politisch verfaßte Europa vorzustellen: „Die Föderation muß vornehmlich verfügen über: 1. Eine Regierung, die nicht den Regierenden der einzelnen Mitgliedstaaten, sondern den Völkern gegenüber verantwortlich ist, über die sie im Rahmen ihrer Zuständigkeiten unmittelbar Hoheitsgewalt ausübt und von denen sie unmittelbar die Mittel für ihren eigenen Haushalt bezieht; 2. eine Streitmacht, die den Befehlen dieser Bundesregierung untersteht, wobei jede nationale Streitmacht ausgeschlossen ist; 3. einen obersten Gerichtshof, der über alle Fragen der Auslegung der föderalistischen Verfassung entscheidet und gegebenenfalls Streitigkeiten zwischen den Mitgliedstaaten oder zwischen den Staaten und der Föderation beilegt" (Lipgens 1986: 211). Dieser Text lehnte sich z. T. wörtlich an die Erklärung an, die Widerstandskämpfer im Mai 1944 in Genf verfaßt hatten (s.o.). Die führenden Persönlichkeiten aus dem Widerstand äußerten sich im Verlauf des Jahres 1945 beharrlich im Sinne einer politischen europäischen Einigung. Léon Blum sprach von der „famille occidentale" im Sinne einer zu gründenden Institution (August 1945), die aus einer engen Zusammenarbeit zwischen Frankreich und England hervorgehen sollte; er wußte dabei den englischen Außenminister Ernest Bevin (1881–1951) hinter sich, der bereits 1927 als Vorsitzender der britischen Transportarbeiter-Gewerkschaft (Trade Union) für den Vorschlag einer europäischen Zollunion verantwortlich gezeichnet hatte. Bevin unternahm ernsthafte Schritte, um zu einem Pakt mit Frankreich zu kommen, gewissermaßen als Startpaket für eine umfassendere europäische Einigung. Einstweilen standen aber de Gaulles Deutschland-Pläne einem Erfolg im Weg. Der italienische Außenminister Alcide de Gasperi (1881–1954) trat auf der Londoner Außenministerratstagung im September 1945 für ein „föderiertes Europa" ein. Konrad Adenauer (1876–1967) nannte im Oktober 1945 eine „Union der westeuropäischen Staaten" ein „wünschenswertes Endziel". Als die SPD im Mai 1946 ihren Parteitag abhielt, wurden „die Vereinigten Staaten von Europa, eine demokratische und sozialistische Föderation europäischer Staaten" zum Ziel gemacht. Die englische Labour-Party warb für die „Vereinigten Sozialistischen Staaten von Europa". Unter den europäischen Sozialisten war die Idee einer europäischen „Dritten Kraft" zwischen den kapitalistischen USA und der kommunistischen Sowjetunion verbreitet.

Es mangelte nicht an Europa-Vereinen, die außer gutem Willen auch die Qualitäten von Pressure-groups oder Lobbyisten besaßen: Für Italien ist der

„Movimento Federalista Europeo", für die Schweiz die „Europa-Union", für Frankreich das schon genannte „Comité Français pour la Fédération Européenne", für die Niederlande die „Europeesche Actie" und für Großbritannien die „Federal Union" zu benennen. Insgesamt hatten sich jedoch mehrere Dutzend föderalistische Vereinigungen gebildet, aus denen im Lauf des Jahres 1946 zunächst zwei internationale Zusammenschlüsse hervorgingen, die dann aber im Dezember desselben Jahres zur „Union Européenne des Fédéralistes" (UEF) fusionierten. Hendrik Brugmans, ein niederländischer Sozialist, wurde zum ersten Präsidenten gewählt. Die UEF machte sich die Idee der Dritten Kraft auf einem Treffen im April 1947 in Amsterdam zu eigen. Am 4. März des Jahres hatten Frankreich und Großbritannien einen Vertrag geschlossen, der vor allem der Friedenssicherung diente; es schien, als könne ein engeres Zusammengehen von Frankreich und England zum Motor des westlichen Europa werden. Die UEF suchte daneben den Kontakt zu deutschen Europa-Aktivisten, und es gelang, in den Westzonen die „Europa-Union" aufzubauen.

Weitere Impulse erhielten englische und französische Europäisten durch eine noch heute immer wieder zitierte Rede Winston Churchills vom 19. September 1946, gehalten an der Universität Zürich. Churchill, damals in der Opposition, gab im Grunde nur noch einer westeuropäischen Integration eine Chance. Sicher war er nicht der einzige, der dies angesichts einer fortschreitenden Sowjetisierung Osteuropas und Ostdeutschlands erkannte, aber die Vorstellung war nicht sonderlich populär, da sie, in der Öffentlichkeit geäußert, den Eindruck einer Vertiefung der Gräben gegenüber der Sowjetunion hervorrief. Noch schwieriger zu „verdauen" war die von Churchill eingeforderte deutsch-französische Aussöhnung: „Ich spreche jetzt etwas aus, das Sie in Erstaunen setzen wird. Der erste Schritt bei der Neugründung der europäischen Familie muß eine Partnerschaft zwischen Frankreich und Deutschland sein. Nur auf diese Weise kann Frankreich die moralische Führung Europas wieder erlangen." (Schulze/Paul 1994: 399) Obwohl Churchill auch von den „Vereinigten Staaten von Europa" sprach, sollte England nicht direktes Mitglied sein. Zumindest für die Ohren der Öffentlichkeit gab er der Meinung Ausdruck, daß Großbritannien, die USA und die Sowjetunion als Förderer des neuen Europas fungieren sollten.

■ Quellenzitate: *Blum, Léon:* Blick auf die Menschheit [1941], Ausgabe Stuttgart 1947; *Die Heilige Allianz:* in Schulze/Paul 1994, S. 351 f.; *Dietze, Anita/Dietze, Walter (Hg.):* Ewiger Friede? Dokumente einer deutschen Diskussion um 1800, München 1989; *Foerster, Rolf H. (Hg.):* Die Idee Europa 1300–1946. Quellen zur Geschichte der politischen Einigung, München 1963; *Hugo, Victor:* Rede auf dem Pazifistenkongreß 1849, Auszug in Schulze/Paul 1994, S. 356 ff.; *Lipgens, Walter (Hg.):* Europa-Föderationspläne der Widerstandsbewegungen 1940–1945. Dokumentation, München 1968; *Lipgens, Walter (Hg.):* Documents on the History of European Integration. Vol. I: Continental Plans for European Union, 1939–1945, Berlin, New York 1985; *Lipgens, Walter (Hg.):* 45 Jahre Ringen um die Europäische Verfassung. Dokumente 1939– 1984, Bonn 1986; *Masaryk, Tomáš Garrigue:* Das neue Europa. Der slawische Standpunkt [Prag 1920], Berlin 1991; *Neulen, Hans-Werner:* Europa und das Dritte Reich. Einigungsbestrebungen im deutschen Machtbereich 1939–1945, München 1987.

■ Literatur: *Burgdorf, Wolfgang:* „Chimäre Europa". Antieuropäische Diskurse in Deutschland (1648–1999), Bochum 1999; *Chabot, Jean-Luc:* L'idée d'Europe unie de 1919 à 1939, Grenoble (thèse) 1978; *Decker, Bernhard:* „Europa" mit Arierpass, S. 104–120, sowie „Europäischer Jugendkongreß", Wien 1942, S. 132–137, in: Salzmann (Hg.), Mythos Europa, Hamburg 1988; *Dorowin, Hermann:* Retter des Abendlands: Kulturkritik im Vorfeld des europäischen Faschismus, Stuttgart 1991; *Faber, Richard:* Abendland. Ein „politischer Kampfbegriff", Hildesheim 1979; *Fisch, Jörg:* Art. Zivilisation, Kultur, in: O. Brunner/W. Conze/R. Koselleck (Hg.), Geschichtliche Grundbegriffe, Band 7, S. 679–774, Stuttgart 1992; *Foerster, Rolf Hellmut:* Europa. Geschichte einer politischen Idee. Mit einer Bibliographie von 182 Einigungsplänen aus den Jahren 1306 bis 1945, München 1967; *Frommelt, Reinhard:* Paneuropa oder Mitteleuropa? Einigungsbestrebungen im Kalkül deutscher Wirtschaft und Politik, Stuttgart 1977; *Gollwitzer, Heinz:* Europabild und Europagedanke, München 1951; *Heater, Derek:* The Idea of European Unity, Leicester 1992; *Heater, Derek:* National Self-Determination. Woodrow Wilson and his Legacy, New York 1994; *Heppner, Harald/Katsiardi-Hering, Olga (Hg.):* Die Griechen und Europa, Wien 1998; *Hübinger, Paul Egon:* Abendland, Christenheit, Europa. Eine Klärung der Begriffe in geschichtlicher Sicht, in: Ders., Ausgewählte Aufsätze und Vorträge, S. 1–20, Siegburg 1990; *Krüger, Peter:* Wege und Widersprüche der europäischen Integration im 20. Jahrhundert, München 1995; *Krüger, Peter (1995b):* Wirtschaftliche Mitteleuropapläne in Deutschland zwischen den Weltkriegen. Anmerkungen zu ihrer Bewertung, in: Plaschka (1995), S. 283–303; *Lemberg, Hans:* Zur Entstehung des Osteuropabegriffs im 19. Jh. Vom „Norden" zum „Osten" Europas, in: Jahrbücher für Geschichte Osteuropas N.F. 33 (1985), S. 48–91; *Lipgens, Walter:* Europäische Einigungsidee 1923–30 und Briands Europapläne im Urteil der deutschen Akten, in: Historische Zeitschrift 203, 1966, 46–89, 316–363; *Loth, Wilfried:* Der Weg nach Europa. Geschichte der europäischen Integration 1939–1957, Göttingen, 3. Aufl., 1996; *Lützeler, Paul Michael:* Die Schriftsteller und Europa. Von der Romantik bis zur Gegenwart [1992], Baden-Baden, 2. Aufl. 1998; *Matis, Herbert:* Wirtschaftliche Mitteleuropa-Konzeptionen in der Zwischenkriegszeit. Der Plan einer „Donauföderation", in: Plaschka (1995), S. 229–255; *Plaschka, Richard et al. (Hg.):* Mitteleuropa-Konzeptionen in der ersten Hälfte des 20. Jh., Wien 1995; *Saitta, Armando:* L'idée d'Europe, in: M. Beloff/P. Renouvin/F. Schnabel/F. Valsecchi (Hg.), L'Europe du XIXᵉ et du XXᵉ siècle (1815–1870). Problèmes et interprétations historiques, S. 413–464, Mailand 1959; *Schmierer, Joscha:* Mein Name sei Europa. Einigung ohne Mythos und Utopie, Frankfurt 1996; *Schot, Bastian:* Sicherheit oder „peaceful change"? Zur Rezeption des Europaplans von Aristide Briand in Mittel- und Osteuropa, in: Hans Hecker/Silke

Spieler (Hg.), Die historische Einheit Europas. Ideen, Konzepte, Selbstverständnis, S. 63–84, Bonn 1994; *Wierer, Rudolf:* Der Föderalismus im Donauraum, Graz 1960; *Woolf, Stuart J.:* Napoleon's Integration of Europe, London 1991; *Wyrwa, Tadeusz:* L'idée européenne dans la Résistance à travers la presse clandestine en France et en Pologne (1939–1945), Paris 1987.

6. Kapitel

Europa erzählen:
Historiographie – Kulturanthropologie – Rassismus
in der Neuzeit

Entscheidenden Anteil an der diskursiven Konstitution Europas hatte und hat die Geschichtsschreibung – die wissenschaftliche ebenso wie die außerwissenschaftliche. Im 18. Jh. entstanden viele Verknüpfungen zwischen Historiographie und der noch jungen Anthropologie. Der Versuchung, europäische Geschichte als Kulturgeschichte der ‚europäischen Menschheit' zu erzählen, konnten viele Schriftsteller nicht widerstehen. Daraus mußten nicht zwangsläufig rassistische Geschichtsbetrachtungen erwachsen, aber die Entwicklung war ambivalent und ließ diese Möglichkeit zu. Aus den gemeinsamen Wurzeln erklärt sich die zunächst vielleicht befremdlich anmutende Zusammenstellung von Historiographie, Kulturanthropologie und Rassismus in diesem Kapitel.

6.1 Die Geschichte Europas wird entdeckt:
die Antiquare der Renaissance

Die Bereitschaft, Europa über seine Kulturgeschichte oder ganz allgemein über seine – wirklich oder vermeintlich – gemeinsame Geschichte zu definieren, ist heutzutage ungleich größer und wird von ungleich mehr Menschen geteilt als in früheren Jahrhunderten. Die Bereitschaft,

> *Gemeinhin wurden die Unterschiede und die Vielheit geradezu als Grundlage für die Einheit Europas begriffen, seine politische Vielheit vor allem, schließlich aber auch die religiös-kirchliche und die kulturelle.*
>
> Schilling 1999, S. 518

Europa historisch zu definieren, entwickelte sich in der Renaissance, als eine weltliche Geschichtsauffassung in Konkurrenz zur heilsgeschichtlichen trat. Die Epoche der Renaissance bietet allerdings kein eindeutiges Profil: historische Mythen wurden in Konkurrenz zu empirischen Erkenntnissen genauso weiter kolportiert wie sich die wissenschaftliche Empirie einerseits zugunsten eines Verständnisses von europäischer Kultur wie andererseits von nationaler Kultur auswirken konnte. Gegenstand dieses Abschnitts ist nicht die Entwicklung der Geschichtsschreibung insgesamt, auch nicht ihrer Theorie, sondern in erster Linie die Frage, inwieweit „europäische Geschichte" im Gegensatz zur Stadt- und „Nationalgeschichte" ein historiographisches Thema bedeutete. Grundsätzlich in Erinnerung zu rufen ist jedoch die Tatsache, daß die oberitalienischen Städte des 15. Jh.s das Laboratorium für die neue empirisch vorgehende Historiographie darstellten, daß italienische Historiographen in zahlreiche europäische Länder, bis nach Polen und Ungarn, nach Spanien und England, ausströmten, um auf den jeweiligen geographischen Raum bezogene Geschichtswerke zu verfassen. Im Grunde taten diese italienischen Historiographen dasselbe wie ihre landsmännischen Kaufleute: sie verfügten über eine neue Technik, die sie vor Ort in anderen europäischen Ländern modellhaft anwandten. Natürlich stießen sie dort z. T. auf Traditionen nationaler Geschichtsschreibung, die aber oft noch chronistisch und heilsgeschichtlich geprägt waren. Später wurde die erneuerte Nationalgeschichtsschreibung von autochthonen Autoren gepflegt, bis dann vor allem seit dem 18. Jh. im Sinne der Technik des Kulturtransfers beispielsweise englische Geschichte aus französischer oder russischer Sicht nicht so sehr für ein englisches, sondern für das eigene nationale Publikum geschrieben wurde.

Während des gesamten Mittelalters war die Antike vielfältig präsent gewesen oder gar wiederentdeckt worden. Letzteres gilt z. B. für das Römische Recht oder die Schriften des Aristoteles. Beide „Nachlässe" wurden aber nicht als historische Geistesmonumente verstanden, sondern als Ausdruck eines zeitlosen wahren Wissens. Das Römische Recht erschien den mittelalterlichen Zeitgenossen zunächst wie eine vom Himmel geschickte Bibel des Rechts, in Aristoteles drückte sich die politische Vernunft an und für sich aus. Ähnlich war die Haltung gegenüber den unzähligen architektonischen Überresten der Antike, die zum Baustoff-Fundus für die Neubautätigkeit wie Kirchen, Paläste oder Stadtmauern wurden. Im spätmittelalterlichen Italien, wo der „Renaissance" genannte Mentalitätswandel einsetzte, wurden diese geistigen und materiellen Monumente jedoch zunehmend historisiert, d. h., sie wurden als Zeugen einer vergangenen historischen Epoche begriffen, die es nicht nur im Sinne zeitlos gültiger Wahrheiten, sondern auch im Sinne zeitlicher, d. h. historischer Gebundenheit und Abgeschlossenheit zu erkennen galt. Dieser Art des historischen Erkennens diente die Ausformung kritischer Methoden in den Philologien, überhaupt allen – aus heutiger Sicht geisteswissenschaftlichen – Disziplinen, in der Archäologie und auch in der Bibelkunde. Gefunden wurde so eine antike Vor-Geschichte Europas, wie ja überhaupt in der Renaissance die noch heute geläufige Epocheneinteilung in Antike, Mittelalter und Neuzeit vom Prinzip (nur bedingt vom Begriff her) „erfunden" wurde. Die archäologischen Funde wurden in Repertorien aufgenommen, Inschriftenverzeichnisse erstellt, die römischen Päpste versuchten mit Erfolg im 16. Jh. eine gewisse Kontrolle über die Ausgrabungen in der Stadt auszuüben, um der unkontrollierten Verschleuderung der historischen Kulturgüter entgegenzuwirken und um das eigene Säckel zu füllen. Zu den Schlüsselfiguren der

Historisierung der Antike zählten die Antiquare, die sammelten, ausgruben, kritische Klassifizierungsmethoden erlernten, Repertorien anfertigten und mit archäologischen Gütern handelten.

Italien war vorangegangen, andere Länder folgten. In Frankreich wurde Nicolas Fabri de Peiresc (1580–1637) für einige Zeit zur zentralen Figur, bei der die Fäden zusammenliefen. Er schuf vor allem ein wissenschaftliches Informationsnetz über archäologische Funde aller Art, treibende Kraft waren eine grenzenlose Neugier und ein grenzenloses Bedürfnis, Kenntnisse zu erweitern und zu vervollständigen. Überall stoßen wir im 16. Jh. auf solche Menschen, in Britannien etwa auf den Antiquar William Camden (1551–1623), der 1586 eine historisch-geographische Beschreibung Britanniens lieferte. Camden schrieb jeweils die Lokalgeschichte der englischen Städte von der römischen Antike bis ins Mittelalter. Im jenseits des *limes* gelegenen Europa kann die gleiche Entwicklung festgestellt werden, allerdings konzentrierte sich das antiquarische und gelehrte Interesse auf die Überreste keltischer und germanischer oder noch älterer frühgeschichtlicher Kulturen. Die Entdeckung von Urnenfeldern, von Steinwerkzeugen und -waffen, die Rätselhaftigkeit der Megalithen beschäftigte die Gelehrten ungemein.

Ur- und frühgeschichtliche Funde wurden überall gemacht, nicht nur östlich und nördlich des *limes*. Insofern eignete sich auch die Ur- und Frühgeschichte zur Entdeckung einer Geschichte Europas. Es ist aber nicht zu verkennen, daß die zwangsläufige materielle Absenz der Antike jenseits des *limes*, insbesondere in Skandinavien, zur Konturierung einer kulturellen Zweiräumigkeit Europas in ein romanisches und ein germanisches Europa beitrug. In Skandinavien wurden die archäologischen Funde propagandistisch im Rahmen der politischen Konkurrenz zwischen den beiden Doppelmonarchien Dänemark-Norwegen bzw. Schweden-Finnland ausgenutzt. Hier wie dort dienten die archäologischen und historischen Erkenntnisse nicht nur, aber auch dazu, den protonationalen Monarchien und Republiken der Frühen Neuzeit eine eigenständige historische, empirisch eruierte Identität zuzuschreiben. Es blieb dabei aber genug für eine transnationale europäische Kulturgeschichte übrig. Um noch ein Quellenbeispiel zu geben, sei Nathan Chitraeus (1543–1598) genannt, der 1594 eine Sammlung von Inschriften quer durch Europa, von Dänemark bis Italien, von England bis Polen, veröffentlichte. Chitraeus war in der Pfalz geboren, verbrachte aber den größten Teil seines Lebens in Rostock und Bremen. Er wurde 1562 in Tübingen promoviert, 1565 bis 1567 reiste er durch England, Frankreich und Italien. Unter anderem finden sich Inschriften zu Ehren von Persönlichkeiten, die sich um die Abwehr der Türken verdient gemacht hatten. Mehr als anderes brachte die Türkengefahr die Eliten der Zeit dazu, Europa als einheitlichen Körper zu denken. Chitraeus zitiert auch eine Wiener Inschrift, in der Europa – man muß sich Europa dabei als weibliche Allegorie denken – Kaiser Rudolf II.

ergebenst anspricht und alle ihre Hoffnungen auf ihn setzt. Interessant ist an Werken wie diesen, daß mehrere Bedeutungen des Wortes Europa zusammentreffen: Europa als (kultur)geschichtliches Subjekt; Europa als Allegorie und damit als gedachter (weiblicher) Körper; Europa i. S. von Christenheit. Interessant ist außerdem, daß wir solche komplexen Europabegriffe nicht nur bei Gelehrten finden, die sich wie Andrés de Laguna im politischen und kulturellen Schwerpunktbereich des damaligen Europa bewegten, sondern auch bei einem Gelehrten, der in gewissem Sinn am nördlichen Rande Europas lebte. Das Kommunikationsnetzwerk der zumeist auch mobilen Gelehrten erbrachte seine Früchte.

6.2 Europa-Historien: West und Ost; Dekadenz und System

Es scheint es sey die Schickung Gottes, daß die Wissenschaft den Kreis der Erden umbwandern und nunmehr auch zu Scythien kommen solle und daß E.M. [gemeint ist der russische Zar] diesfalls zum Werkzeug versehen, da sie auf der einen Seite aus Europa, auff der anderen aus China das Beste nehmen und was beyde gethan durch gute Anstalt verbessern können. Denn weil in Dero Reich großen Theils noch alles die Studien betreffend neu und gleichsam weiß in papier, so können unzehlich viel Fehler vermieden werden, die in Europa allmählig und unbemerkt eingerissen, und weiß man, daß ein Palast, der ganz von neuem aufgeführet wird besser heraus kommt, als wenn daran viele secula über gebauet, gebessert, auch viel geändert worden.

Gottfried Wilhelm Leibniz (1646–1716),
Konzept eines Briefes an Zar Peter I.
vom 16. Dezember 1712,
Auszug in: Tschizewskij/Groh 1959, S. 15 f.

Für die Zeit nach 1550 lassen sich erste Werke benennen, die laut Buchtitel die europäische Geschichte behandeln. Lodovico Guicciardini (1521 Florenz–1589 Antwerpen) veröffentlichte 1565 „Kommentare über die bedeutendsten Ereignisse in Europa, besonders in den Niederlanden" in der Zeit zwischen 1529 (Friede von Cambrai) und 1560 (Tod des französischen Königs Franz II., Vertrag von Cateau-Cambresis 1559). Nach heutigen Maßstäben handelt es sich um ein zeitgeschichtliches Werk. Guicciardini berichtet über eine Vielzahl von Ereignissen in einem europäischen Raum, der auch den Norden einschließt, während Litauen und das Moskowiterreich übergangen werden. Pier Francesco Giambullari (1495–1555) beschrieb in seiner

„Historia dell'Europa" (1566 gedruckt) das ausgehende 9. und die erste Hälfte des 10. Jh.s im Sinne einer beginnenden europäischen Geschichte, und Alfonso de Ulloa berichtete in „Le historia di Europa" über ausgesuchte militärische und politische Ereignisse (1570). Uns mögen diese Werke heute eher wie Sammelsurien vorkommen, aber das verkennt ihren Sinn und ihre Bedeutung. Nachrichten und Gerüchte über politische und andere als merk-würdig erachtete Ereignisse wurden quer durch Europa kolportiert. Bücher wie die Guicciardinis stellten durchaus eine Systematisierung und Läuterung der Primärinformationen dar, als Buch waren sie beständiger denn Flugblätter oder Gerüchte. Im Kommunikationssystem der Frühen Neuzeit stellten sie Knotenpunkte verdichteter Information dar, der weite Raum Europas schrumpfte in der Lektüre zu einem überschaubaren und erlebbaren Raum zusammen. In gewissem Sinn stellen diese Texte das Pendant zu den Europakarten der Zeit dar.

Im 17. Jh. wuchsen sich ähnlich konzipierte Werke zu wahrhaften Buchungetümen aus. Noch im 16. Jh. verwurzelt war Jacques-Auguste de Thou (1553–1617), dessen „Historia sui temporis" (1604 erstmals publiziert) entgegen dem Titel durchaus ins Spätmittelalter zurückreichte. Auch wenn Frankreich immer gewichtiger in dieser Darstellung wurde, so hatte der Autor doch ganz Europa im Blick. Die Genfer Ausgabe von 1620, nur eine von vielen, bestand aus vier Foliobänden mit mehr als 4.000 Seiten Text. Anzuführen ist das „Theatrum Europaeum" aus dem Verlag des Matthaeus Merian. Zwischen 1635 und 1738 erschienen 21 dickleibige Foliobände, im großen und ganzen eine reich bebilderte Chronik der eigenen Zeit, in den ersten Bänden also des Dreißigjährigen Krieges. Während anfangs quer durch Europa ohne gliedernde Grenzziehungen berichtet wurde, wurde in den späteren Bänden getrennt nach Ländern vorgegangen. Die „Grenzenlosigkeit" der Darstellungen galt für zeitschriftenartige Publikationen wie das „Diarium Europaeum", das erstmals 1659 publiziert wurde, und den „Europäischen neuen deutschen Florus", gleichfalls im Jahr 1659 erstmals erschienen. Die Ländergliederung und damit darstellerische Grenzziehung kennzeichnete hingegen ein Periodikum wie die „Europäische Fama", die seit dem Beginn des 18. Jh.s gedruckt wurde. Auch hier fällt wieder die Parallele zur Kartographie auf: zunächst eine Perspektive auf Europa, die nicht durch Grenzziehungen gegliedert wird, sodann eine Perspektive, die durch Grenzziehungen vielfach unterbrochen wird.

Zur Vertiefung der behandelten Aspekte soll der Blick nach Rußland und die dortige Historiographie gelenkt werden. Nach dem Fall Konstantinopels verbreitete sich in Rußland ein bestimmtes Bewußtsein von der anzutretenden Nachfolge Byzanz'. Es wurde in die Vorstellung von Moskau als Drittem Rom gefaßt, die sich auch in der Historiographie niederzuschlagen begann. Da es um eine nicht zuletzt kirchengeschichtlich zu verstehende Nachfolge ging, die sich gegen die Westkirche richtete, wurde zugleich der mit Jan Hus in Böhmen einsetzenden reformatorischen Bewegung einige Aufmerksamkeit gezollt. In der Folge wurden westeuropäische Streitschriften, freilich unter obrigkeitlicher Kontrolle, ins Russische übersetzt. Protestantische Schriften zur Menschheitsgeschichte genossen dann im 18. Jh. einige Aufmerksamkeit. Das russische Interesse am Westen reichte also weit in die Frühe Neuzeit zurück, wurde aber unter Peter d. Gr. (Zar 1689–1726) auf eine breitere Grundlage gestellt. Einige der Diplomaten Peters wie Fürst Boris Iwanowitsch Kurakin (1676 bis 1727) und Mankiev (gest. 1723) verfaßten historische Schriften, die ein spezifisches Interesse an der englischen Geschichte und Verfassung, gewissermaßen als westeuropäischem Sonderweg, erkennen lassen. In derselben Zeit setzte eine Rezeption deutschsprachiger Historiographie ein, die sich bis zum 19. Jh. verstärkte. G. Buzinskij besorgte eine 1718 in St. Petersburg gedruckte russische Ausgabe von Samuel Pufendorfs diplomatischer Lehrschrift „Einleitung zu der Historie der vornehmsten Reiche und Staaten so itziger Zeit in Europa sich befinden" (Frankfurt 1681). Die Erweiterung des Blicks in der Historiographie hin zur Menschheitsgeschichte, innerhalb derer die meisten Autoren der Geschichte Europas den zentralen Platz zuwiesen, ist auch in Rußland nachweisbar. Wassili Nikitsch Tatischtschew (1686–1750) fügte die russische Geschichte in ein aufklärerisch-rationalistisches Konzept von Menschheitsgeschichte ein. Im Gegenzug machte sich August Ludwig Schlözer (1735–1809), der 1761–1769 in Petersburg lebte, aus der Einbeziehung Rußlands in die europäische Historiographie als Teil Europas eine Lebensaufgabe. Er bemühte sich zudem um die Einführung kritisch-historischer Methoden in die russische Geschichtsschreibung. Schließlich wurde ein knappes Kapitel über die Slawen aus Johann Gottfried Herders (1744–1803) „Ideen zur Philosophie der Geschichte der Menschheit" ausführlich im weiteren osteuropäischen Raum rezipiert. Mit Ivan Petrovič Šul'gin (1795–1869) können dann gewissermaßen die Früchte dieser Kulturkontakte zwischen Rußland und Westeuropa geerntet werden. Er veröffentlichte 1837 in Petersburg eine Universalgeschichte, die auch für den Schulgebrauch zugelassen wurde. Šul'gin weist der europäischen Geschichte seit der Antike die zentrale Rolle in der Weltgeschichte zu. Aus der europäischen Geschichte leitete er die weltgeschichtliche Epoche der sog. „Neuen Geschichte" ab, die von 500 n. Chr. bis um 1800 angesetzt wurde. Diese Epoche unterteilte er in das Mittelalter und in eine um 1500 einsetzende „Neueste Geschichte". In dieser letzten Epoche hätten die europäischen Staaten ihre charakteristischen Ausprägungen erfahren. Mit der Einordnung der europäischen Geschichte in die Universal- bzw. Menschheitsgeschichte und der Ordnung der Universal- bzw. Menschheitsgeschichte nach der europäischen Geschichte wird ein kulturanthropologischer Aspekt berührt, der über die engere Historiographie hinausgeht.

Das 18. Jh. war gerade aufgrund des erhöhten Interesses und verbesserten Informationsaustausches die Zeit, in der zwischen West- und Osteuropa kulturelle Grenzen formuliert wurden, mithin die Begrifflichkeit – West versus Ost – vorbereitet wurde. Die von berühmten und weniger berühmten Reisenden, Geographen und Aufklärern gelieferten Beschreibungen Polens, Rußlands, Ungarns oder auch der Donaufürstentümer vermittelten häufig das Bewußtsein eines kulturellen Gefälles, eines kulturellen Rückstandes im Osten. Die allgemeine Kulturgrenze Europas wurde im Zuge einer nicht ganz neuen Unterscheidung zwischen einem europäischen Moskowiterreich bzw. einer europäischen Türkei einerseits und einem asiatischen Moskowiterreich bzw. einer asiatischen Türkei andererseits gezogen. Dies schloß bereits eine innere Diversifizierung nach kulturellem Fortschritt oder kultureller Rückständigkeit mit ein. Nicht wenige Reisende bezeugten das Gefühl, von Osten, von Polen kommend, erst in Preußen wieder den vertrauten Boden europäischer Kultur betreten zu haben. Es war nicht ungewöhnlich, die Völker im Osten Europas als Barbaren zu bezeichnen oder sie damit zu vergleichen (Wolff 1994). Andererseits ist an berühmte Aufklärer wie Diderot, Rousseau und Voltaire zu erinnern, die teils nach persönlichem Augenschein vor Ort, teils nur gestützt auf literarische Rezeption und ihre Feder über Polen und Rußland schrieben und insbesondere diesen beiden Ländern einen speziellen Ort im Gedächtnis der europäischen Aufklärung sicherten.

Die Frage nach Fortschritt und Untergang in der Menschheitsgeschichte gehörte zu jenen, die seit dem 18. Jh. dringlich gestellt wurden. Im großen und ganzen herrschte Fortschrittsoptimismus, aber als Montesquieu sich anschickte, nicht nur über die Größe Roms, sondern über Roms Größe *und* Untergang (Considérations sur les causes de la grandeur et de la décadence des Romains; 1734) zu schreiben, wurde ein Problem offenbar: Was stand Europa bevor, wenn man es jetzt als so blühend betrachtete, als so überlegen in der Menschheit? In der Regel wurde der Fortschritt des Menschengeschlechts unumkehrbar gedacht, insoweit gab es keinen Oswald Spengler des 18. Jh.s, aber das Problem stand seitdem zumindest unterschwellig im Raum. Das Thema vom Niedergang Roms wurde schon in der Renaissance behandelt, auch spielte das Problem von Niedergang, genannt décadence/Dekadenz im 17. Jh. eine gewisse Rolle, aber gerade im 18. Jh. setzte sich ein Fortschrittsbegriff durch, der in sich die Versicherung trug, daß der Mensch wie ein Schöpfer die Zukunft gestalten könne. Auf diesem Hintergrund spitzte sich die historische Fragestellung nach dem Niedergang einer Kultur wie der der Römer, die nach damaliger Überzeugung jahrhundertelang den Fortgang der Menschheitsgeschichte bestimmt hatte, einzigartig zu.

Es handelte sich um ein fruchtbares Problem, weil darüber in anderer Weise als im genetisch-genealogischen Kontext von Jafetmythos und Ursprachenforschung nachgedacht werden mußte, inwieweit Europa eine Einheit darstelle. William Robertson (1721–1793), Rektor der Universität Edinburgh, verfaßte 1769 eine Geschichte Kaiser Karls V. (Robertson 1769). Unter Bezugnahme auf fundamentale Veränderungen in der Zeit Karls V. stellte Robertson fest: „Wer immer die geschichtliche Entwicklung irgendeines der großen Staaten Europas für den Zeitraum der beiden letzten Jahrhunderte schreiben möchte, sieht sich gezwungen, die Geschichte ganz Europas zu schreiben. Seit jenem Zeitpunkt bildeten die verschiedenen Königreiche nur noch ein einziges und umfassendes Ganzes, so eng verbunden, daß, da jedes von ihnen seinen bestimmten Platz innehatte, die Unternehmungen des einen sich für die anderen so fühlbar auswirkten, daß ihre eigenen Entschlüsse davon beeinflußt wurden und sich ihr Vorgehen danach bestimmte. Vor dem 15. Jh. indessen vermischten sich die Angelegenheiten und Interessen der verschiedenen Völker nur selten, ausgenommen in Situationen, in denen die territoriale Nachbarschaft Gelegenheiten für häufige und unvermeidliche Streitigkeiten gab" (Auszug in Rougemont 1962: 144).

Robertson spricht – nach heutiger Diktion – die kommunikative und strukturelle Vernetzung Europas an, Verdichtungsprozesse und Veränderungen, wie sie in ähnlicher Weise von der jüngeren Geschichtsforschung für die Periodisierung der europäischen Geschichte herangezogen werden. Auch Voltaire (1694–1778) hatte im übrigen schon vor Robertson solche Vernetzungen angedacht. In seinem voluminösen „Essay sur l'histoire générale et sur les mœurs et l'esprit des nations depuis Charlemagne jusqu'à nos jours" (1756) finden sich ab der Behandlung des späteren Mittelalters immer wieder Kapitel über den Zustand Europas (état de l'Europe) zu einer bestimmten Zeit, in denen Voltaire neben Einzelbeschreibungen von Länderzuständen auch auf nach seiner Ansicht allgemeineuropäische Erscheinungen zu sprechen kommt.

Das Thema von Niedergang, von Verlorenem, das vielleicht nicht wiederzubringen ist, wurde nicht nur in bezug auf das antike Römische Reich, sondern auch in bezug auf Asien (Edward Gibbon, 1737–1794: The History of the Decline and the Fall of the Roman Empire, 1776–1788) und in bezug auf Europa abgehandelt. Es handelte sich um einen völlig anderen Ansatz als bei Robertson, der aber dennoch dazu führte, eine geschichtliche Einheit Europas, wenn auch vergangen, zu denken. Besonders ausgeprägt war dies bei Novalis in seiner kleinen, schon erwähnten Schrift „Die Christenheit oder Europa" (1799) der Fall, in der er das Bild eines einheitlichen christlichen mittelalterlichen, aber verlorenen Europas zeichnete. Begriff und Vorstellung einer geschichtlichen, kulturellen und religiösen Einheit Europas klärten sich exakt in dem geschichtlichen Augenblick, in dem es mit diesen Einheiten zunächst einmal im wesentlichen vorbei war, nämlich in der Phase der politischen Neuordnung Europas im Zuge der Napoleonischen Kriege und des Wiener Kongresses. Novalis' Text drückte vor allem eine Sehnsucht nach dieser Einheit aus, damit traf er im Grunde den Nerv der Zeit, selbst wenn seine Interpretation der mittelalterlichen Geschichte den schon damals bekannten Fakten nicht hätte standhalten können. Ohne diese Sehnsucht, die sich 1848/49 zur Vision von den Vereinten Staaten Europas entfaltete, wäre womöglich die Europaidee dem Absolutismus der Wirklichkeit erlegen. So behauptete sie sich.

6.3 Kulturvergleich und Kulturanthropologie: Die Konstruktion des „europäischen Menschen"

Für den Historiker ist die Frage nach der Spezifität Europas im Kontext der Kulturen der Welt wertneutral. Die mehr oder weniger Gelehrten der Frühen Neuzeit, die Europa gleichfalls im Kontext der Kulturen der Welt definierten, fällten hingegen bewußt Werturteile. Zunächst aber versuchten sie, die Vielgestaltigkeit Europas durch die Suche nach einheitlichen Ursprüngen zu überdecken. Erinnern wir uns an den Mythos der Bevölkerung Europas durch die Nachkommen Jafets, ein Mythos, der noch in Lexika und Enzyklopädien des 18. Jh.s aufgenommen wurde. Im *Dictionnaire* von Trévoux etwa wurde Jafets Sohn Gomer als Urvater Galliens ausgewiesen. Neben einem gemeinsamen genetischen Ursprung suchte man nach einer gemeinsamen Ursprache und fand sie im Keltischen, aus dem die lateinisch- romanischen, die germanischen und die slawischen Sprachen hervorgegangen seien. Immerhin wurde zugegeben, daß Griechisch, Albanisch, Ungarisch, Baskisch, Bretonisch und Finnisch nicht auf das Keltische zurückzuführen seien. Um diese unangenehme Wissenslücke zu füllen, wurde gemutmaßt, daß etwa das Bretonische aus dem Hebräischen käme, was wiederum Rückschlüsse auf die Wirksamkeit des Jafet-Mythos zuläßt. Es ist kein Zufall, daß der in Gelehrtenkreisen bekannte Jafetmythos und die Suche nach einer europäischen Ursprache, der sich Jahrhunderte früher

Wenn wir (…) das Gebiet des christlichen Europa überschauen, so finden sich (…) hier gemeinschaftliche Berührungen und Gleichheiten in den öffentlichen Einrichtungen und dem politischen und bürgerlichen Leben seiner Völker, welche wohl als Vorzeichen einer künftigen höheren Einigung und als einleitende Vorbereitungen dazu betrachtet werden können. Fürs erste besteht schon seit langem ein lebhafter Verkehr zwischen den Nationen unseres Weltteils von Lissabon bis Petersburg und von Stockholm bis nach Neapel hinunter. (…) Was dieser Mitteilung und damit den Fortschritten der Einigung und der Annäherung zur Gleichheit des geistigen Kulturstandes von Europa hauptsächlich noch im Wege stand, die letzte Scheidewand, welche die immer näher zueinander hinstrebenden Geister noch gewaltsam trennte, ist durch die Begebenheiten der letzten Tage entweder schon hinweggeräumt oder doch im Einsinken begriffen. (…) Die Hauptzüge der politischen Physiognomien, die Grundlagen der gegenseitigen Beziehungen des Menschen und Bürgers, die allgemeinen Formen der Kultur und Lebensweise sind überall im christlichen Europa dieselben oder befinden sich in eifrigem Hinstreben zu dieser Gleichheit. (…) weil unser Weltteil (…) die Elemente der Vollendung am herrlichsten vereinigt, so können auch seine Bewohner die Bestimmung, das Normalvolk der Erde zu sein, und das Musterbild unserer Gattung immer vollendeter in sich darzustellen, nicht verleugnen. Daß dem Fortschreiten zu dieser Bestimmung (…) Gefahr drohe und die Zivilisation Europas auf dem Spiel stehe, wenn nicht vereinigte Anstrengungen sie aufrechterhalten, haben die Vorgänge der jüngst verflossenen Zeit sattsam bewiesen, und viel Samen des Unheils liegt noch in der Gegenwart verborgen.

Conrad Friedrich von Schmidt-Phiseldek, Der Europäische Bund, 1821, auszugsweise abgedruckt in: Foerster 1963, S. 182–195, hier S. 184

auch Dante zugewandt hatte, wenigstens lose miteinander verbunden waren. Gemeint ist nicht so sehr der biblische Ursprung und damit Zusammenhang beider Problemstellungen, sondern das Konzept, die Zusammengehörigkeit Europas genetisch-genealogisch zu begreifen. Es wird sich zeigen, daß dieses Konzept im 18. Jh. längst nicht mehr das einzig mögliche war.

Ein weiteres Anliegen von Nachschlagewerken war offensichtlich, Europa als den vornehmsten Kontinent unter allen anderen erscheinen zu lassen. Europa galt vielen als der bevölkerungsreichste Kontinent, obwohl dies falsch war. Daneben wurde Europa als Hüterin der wahren Religion dargestellt, die Verdienste um deren Verbreitung in der Welt unterstrichen. Erst die Europäer hätten die Verbindungen zwischen den Erdteilen geschaffen. Europa sei den anderen Kontinenten überlegen in der Wissenschaft, in der Kunst, im Handel, in der Kriegskunst und hinsichtlich der gesellschaftlichen Tugenden. Die europäischen Völker seien wertvoller als die anderen, zugleich weicher, großzügiger und menschlicher. Die großen Städte wie Rom, Paris und London wurden als besonderes Charakteristikum Europas herausgestellt. Rom wurde bei passender Gelegenheit auch als Hauptstadt der Welt bezeichnet.

Auch die Geographen arbeiteten am Bild des in der Welt überlegenen Europa. Atlanten begannen in aller Regel mit Europa-Karten. Das wurde damit begründet, daß Europa das eigene Vaterland sei. Aber es war eben nicht ein Vaterland wie jedes andere, sondern man hielt sein Klima und seine Fruchtbarkeit für außergewöhnlich. Wenn Europa Kolonien unterhielt, so führte dies zu der Feststellung, daß nichteuropäische Staaten hingegen in Europa keine Kolonien unterhielten. Europa habe eine unvergleichliche Zahl großer Männer hervorgebracht, Alexander, Cäsar, Karl d. Großen und, aus zeitgenössischer französischer Sicht, Ludwig XIV.

Zu so vielen vorteilhaften Auszeichnungen gesellte sich die Beurteilung der physischen Erscheinung des Europäers: Die weiße Rasse sei den anderen überlegen, die Europäer seien wohlproportioniert gebaut und hübsch anzusehen. Indianerinnen fühlten sich überaus geschmeichelt, wenn ihnen ein Europäer die Ehre erwiese, sie zu lieben. Um diesen Ansichten Nachdruck zu verleihen, konnte die Etymologie des Wortes Europa folgendermaßen verstanden werden: „Europa" komme aus dem Phönizischen und habe dort „Weißgesicht" bedeutet.

Bei soviel Überlegenheit verstand sich moralische Überlegenheit des Europäers von selbst. Europäer seien geistig veranlagt, geschickt, großzügig, arbeitsam. Sie seien nicht so grobschlächtig, wild und brutal wie die Bewohner anderer Erdteile. Der Abbé Le François behauptete 1770, die Asiaten seien servil, die Herrscher Despoten. Der Geograph Le Coq schrieb, die Afrikaner seien alle Barbaren, grausam und grobschlächtig, die Asiaten seien falsch, stolz, dickköpfig und sinnlich (Durand 1980: 403 ff.).

Die Reiseliteratur versorgte das lesehungrige Publikum mit hinreichend Stoff zum Vergleich. Die Berichte widmeten sich sämtlichen Alltagsverrichtungen, verglichen sie mit den europäischen oder nationalen Sitten. Meistens erschienen die europäischen Praktiken als die überlegeneren, die rationaleren. Gerade im Vergleich mit der chinesischen Kultur, die in der ersten Hälfte des 18. Jh.s noch eine gute Presse hatte, wurde die europäische Logik, derer China leider entbehre, zugunsten Europas hervorgehoben.

Nicht alle fröhnten diesen durchaus bequemen Meinungen. Voltaire, der den Orient, insbesondere China, durch die Brille des aufklärerischen Rationalismus sah, zeigte im „Essai sur les mœurs" die Überlegenheit des Orients auf: „Wollen Sie sich als Philosoph von den Ereignissen auf dieser Weltkugel unterrichten, so wenden Sie sogleich Ihre Blicke auf den Orient, die Wiege aller Künste, die Geberin alles dessen, was der Occident besitzt. [...] Waizen, Reis und die wohlschmekkendsten Fruechte wachsen am Euphrat, in Schina und in Indien. Die fruchtbaren Laender wurden zuerst bevölkert, zuerst policirt. Die ganze Levante von Griechenland an bis zu den aeussersten Grenzen unsrer Halbkugel war lange vorher beruehmt, ehe wir selbst so viele Kenntnisse hatten, um einzusehn, daß wir Barbaren waren" (Auszug in Schulze/Paul 1994: 61).

Bis zu einem gewissen Grad wertneutral verhielt sich die Klimalehre, die bestimmte physische, psychische und soziale Eigenschaften der Menschen aus den Klimazonen, in denen sie lebten, ableiteten. Diese Klimalehre nutzte schon Jean Bodin (1529–1596) im 5. Buch seiner „Sechs Bücher über den Staat" (1576), berühmt gemacht hat sie allerdings Montesquieu im „Esprit des lois" von 1748. Gleichzeitig entwickelte sich die Lehre von den menschlichen Rassen. 1735 veröffentlichte Carl von Linné (1707–78), Professor für Medizin und Naturwissenschaft an der Universität Uppsala, ein Buch unter dem Titel „Systema Naturae", das in Europa Furore machte und zu den Begründungswerken der europäischen Anthropologie zählt. Linnés Prinzip bestand darin, physische und moralische Eigenschaften in ein System zu bringen: „Die Amerikaner haben eine rote Haut, ein galliges oder cholerisches Temperament und eine gerade Statur. Die Haare sind schwarz, gerade und dick. Die Nasenlöcher weit, das Angesicht voller Sommersprossen, ein fast glattes Kinn. Sie sind hartnäckig, fröhlich, lieben die Freiheit; sie gehen meistens nackend, bemalen sich mit roten Strichen und lassen sich durch alte Gewohnheiten beherrschen.

Die Europäer haben eine weiße Haut, ein blutreiches und sanguinisches Temperament und einen fleischigen Körper. Die Haare sind gelblich und mit Locken, die Augen blau, die Gemütsart wankelmütig, vernünftig und zu Erfindungen geschickt. Sie tragen Kleider, welche dicht an den Leib schließen, und lassen sich durch Gesetze regieren.

Die Asier haben eine braune Haut, ein schwarzgalliges oder melancholisches Temperament und eine zähe Struktur. Ihre Haare sind schwarz, die Augen sind grau, die Gemütsart ist streng; sie lieben Pracht, Hoffart und Geld, ihre Kleider hangen weit um den Leib, und sie lassen sich durch Meinungen regieren.

Die Afrikaner endlich haben eine schwarze Haut, dabei aber ein wässeriges oder melancholisches Temperament; die Haare sind wollig, schwarz und kraus. Die Haut ist sanft wie Samt, die Nase platt, die Lippen dick und aufgeworfen. Ihre Weiber haben lange niederhängende Brüste. Die Gemütsart ist boshaft, faul, nachlässig. Sie beschmieren sich mit Fett und werden durch Willkür regiert" (Auszug in Schulze/Paul 1994: 56 f.).

Linnés System zwang die nachfolgenden Anthropologen allerdings nicht in nur eine Denkrichtung. Der Göttinger Anthropologe Johann Friedrich Blumenbach (1752–1840) sah die Europäer nicht als eine Rasse für sich an, sondern ordnete sie der sog. kaukasischen Rasse zu. Diese umfasse die Europäer (ohne Lappen und Finnen), die „westlichen Asiaten diesseits des Ob, des kaspischen Meeres und des Ganges, nebst den Nordafrikanern. Mit einem Wort: ungefähr die Bewohner der den alten Griechen und Römern bekannten Welt. Sie sind von Farbe mehr oder weniger weiß, mit roten Wangen, und nach den europäischen Begriffen von Schönheit an Gesichts- und Schädelform die bestgebildeten Menschen" (Beyträge zur Naturgeschichte, 1806, Auszug in Schulze/Paul 1994: 66). Blumenbach läßt durch seine Formulierung erkennen, daß er den europäischen Schönheitsbegriff nicht absolut setzte.

In der Kulturgeschichtsschreibung der Zeit um 1800 wurde das positive europäische Selbstbild systematisiert. Der oben zitierte Schmidt-Phiseldek (vgl. auch Kap. 5) gibt dafür ein lehrreiches Beispiel ab. Phiseldeks Kulturbegriff liegen folgende Elemente zugrunde:

1. die Gleichheit von Institutionen und Verfassungen in Europa
2. die Gleichheit des bürgerlichen Lebensstils
3. die kommunikative Vernetzung von Lissabon bis St. Petersburg, von Stockholm bis Neapel
4. die Gleichheit des geistigen Kulturstandes, was den gleichen geistigen Entwicklungsstand in menschheitsgeschichtlichem Maßstab meint
5. die Europäer sind der Maßstab der Menschheit
6. das christliche Europa.

Diese sechs Schlüsselelemente des Kulturbegriffs – Zivilisation wird wie Kultur verwendet – verweisen auf komplexe Diskurse mit unterschiedlich rezenter oder weiter zurückreichender Tradition sowie auf bestimmte historische Erfahrungen.

Unter kommunikativer Vernetzung bei Phiseldek sind mehrere Aspekte zu verstehen. z. B. die Verkehrsverbindungen quer durch Europa, die im 18. Jh. und besonders in der Napoleonischen Zeit massiv ausgebaut worden waren. Er meinte aber auch den Buchdruck, vor allem die Verbesserungen der Drucktechniken, d. h.

schnellere Massenproduktion. Er meinte die Rolle von Fremdsprachen: Französisch sei für sehr viel mehr Menschen zur Verkehrssprache und zum Transportmittel von Ideen geworden als seinerzeit das „barbarisierte" Latein, selbst die „nördlichen Völker" würden nun eifrig Fremdsprachen lernen. Die Gleichheit des bürgerlichen Lebensstils bezieht sich auf die seit dem späten 18. Jh. formulierten bürgerlichen Ideale und ihre über Europa verbreitete Praxis besonders seit der Napoleonischen Zeit. Das beschworene christliche Europa hat ebensowenig wie bei Novalis kaum etwas mit der christlichen Republik des Spätmittelalters und des 16. Jh.s zu tun. Hier wurde der Abendlandmythos geboren, der bis in die 50er Jahre des 20. Jh.s wirkte.

Das Beispiel Schmidt-Phiseldek verweist auf die Ausbildung von System- und Strukturvorstellungen in den Humanwissenschaften des 18. Jh.s sowie auf dort konkret bezogene Positionen. Der von ihm verwendete Begriff der Gleichheit steht für das neue systemische und strukturelle Denken. Die Wahrnehmung Europas um 1800 als Kultur, nicht als *Dame Europa*, ist ein Ergebnis der sich ausdifferenzierenden und zugleich wieder vernetzenden Wissenschaften vom Menschen. Im Rahmen dieses Differenzierungs- und Vernetzungsprozesses wird eine neue Sprache der Wahrnehmung entwickelt, die die frühneuzeitliche eines Andrés de Laguna oder eines Sebastian Münster verdrängt. Außerdem wandelt sich mit der Aufklärung die Perspektive von der Feststellung einer Ordnung und eines Seins hin zur Perspektive des Sollens, des zu Tuenden, des zu Schöpfenden. Soziopolitische Gemeinwesen, so wird angenommen, reproduzieren nicht mehr vorgegebene Ordnungen, sondern müssen in ihrer Einrichtung einem Plan, nämlich *der* Verfassung folgen. Dieselbe Haltung wird auf Europa in Gestalt entsprechender Verfassungsentwürfe für einen Europäischen Bund oder seit den Revolutionen von 1848 für Vereinigte Staaten von Europa übertragen.

Der Kulturbegriff der Zeit um 1800 rückt von sinnlicher Wahrnehmung als Grundmuster der Wahrnehmung wie im 16. Jh. ab. Johann Christoph Adelung (1732–1806) definierte Kultur im Gegensatz zu sinnlichen Begriffen, wobei „Begriff" soviel wie ‚Wahrnehmung, Auffassung von etwas' bedeutet. Kultur und vernunftgemäßer Fortschritt sind eins, „so wird gewiß einmal ein Zeitraum kommen, da die vernünftige Erkenntniß des Menschen das völlige Uebergewicht über die sinnliche erhalten wird" (Adelung 1800: Vorrede). Die Grundbedingungen von Wahrnehmung und Erkenntnis verschoben sich in der Aufklärung von der Sinnlichkeit zur Rationalität, vom Körper zur Kultur. Der Körper wurde nicht geleugnet, aber der Aufklärung ging es um die Zivilisierung und kontrollierte Entwicklung der Sinne sowie der Körperfunktionen, es ging ihr um Körperzivilisierung im Dienste der vernunftgemäßen Erkenntnis. Die Konzepte von Schule und Bildung im späten 18. und im Verlauf des 19. Jh.s setzten die aufklärerische Position um und sorgten für eine gewisse Verallgemeinerung.

Die nach Schmidt-Phiseldek benannten Strukturelemente sind aufgrund ihres sehr allgemeinen Charakters geeignet, auch um 1900 noch „europäische Kultur" zu beschreiben. Es gab unzählig viele universaleuropäische Strukturelemente. Über Europa hinausblickend formulierte Ulrich von Wilamowitz-Moellendorf, Professor an der Universität Berlin, im Jahr 1900: „Handels- und Freundschaftsverträge sichern fast überall den friedlichen Verkehr, und den flüchtigen Verbrecher verfolgt die Strafe bis in die fernsten Schlupfwinkel. Für die Post ist die Welt bereits eine Einheit; das internationale Recht bemächtigt sich immer zahlreicherer Materien, und die Staaten binden sich immer häufiger durch allgemeine Verträge zum Schutz der Menschlichkeit ..." (Reden und Vorträge, Berlin 1901: 167; zit. nach Bruch/Graf/Hübinger 1989: 14 f.). Modernisierungsprozesse, darunter die Industrialisierung, erfaßten nach und nach den größten Teil des europäischen Raumes. Sie zeitigten bestimmte Folgen, die sich aufgrund der Universalität der Basisprozesse wie der Industrialisierung überall recht ähnlich sahen. Der Kulturbegriff erstreckte sich auf alle materiellen und geistigen Lebensäußerungen der Menschen als Individuen und als Gesellschaften. Kultur bezeichnete allerdings nicht nur einen Zustand der Vernetzung von Menschen, sondern auch ein Ziel: Der Kulturstand war etwas zu Erreichendes, nichts natürlich Gegebenes. Sogenannte Naturvölker bildeten den Gegensatz zu Kulturvölkern. Insoweit war der Begriff auch an den Fortschrittsgedanken geknüpft. „Kultur" konnte europäisch-universal eingesetzt werden, daneben waren Binnendifferenzierungen gebräuchlich: zwischen der Arbeiter- und Bürgerklasse oder zwischen den Nationen/Völkern. Der Kulturbegriff wurde z. T. „konfessionalisiert", d. h., die christlichen Konfessionen wurden jeweils als Kultur begriffen wie auch das Judentum, um dessen „Kulturbedeutung" für die Nation sich die Diskussion drehte. Um 1900 war eine Begrenzung des Begriffs auf Kunst, Literatur, Theater und Musik nicht unüblich, aber nur ein Gebrauch unter anderen. Leo Frobenius (1873–1938; Der Ursprung der Kultur, 1898) definierte Kulturen als Organismen, die einen dem menschlichen Lebenszyklus vergleichbaren Zyklus von Geburt bis zum Tod durchliefen. Der Tod einer Kultur oder Zivilisation wurde vor allem nach dem Ersten Weltkrieg zum Thema. Der Krieg war vielfach als Bedrohung von Zivilisiertheit empfunden worden; die abendländische Kultur stand nach Meinung vieler auf dem Spiel. Das war aber eindeutig an die Kriegserfahrungen gebunden und noch nicht kennzeichnend für das Verständnis von Kultur oder Zivilisation um 1900. Um 1900 existierte das Bewußtsein eines Epochenwechsels. Der Kulturbegriff spielte dabei eine wesentliche Rolle, Wissenschaft und Kultur wurden oft als Paar gesehen, das Orientierung vermittelte. Unverkennbar ist das Krisenbewußtsein um 1900, in das die breit gefächerte Debatte um den Kulturbegriff, die Kulturwissenschaften, das Verhältnis von Kultur, Natur und Technik einzuordnen ist.

Max Weber entwickelte unter dem Schlagwort des „okzidentalen Rationalismus" eine Theorie der europäischen Kultur. Er definierte Kultur folgendermaßen: *„Kultur* ist ein vom Standpunkt des *Menschen* aus mit Sinn und Bedeutung bedachter Ausschnitt aus der sinnlosen Unendlichkeit des Weltgeschehens." Kulturwissenschaft habe zur Voraussetzung, „daß wir Kulturmenschen sind, begabt mit der Fähigkeit und dem Willen, bewußt zur Welt Stellung zu nehmen und ihr einen Sinn zu verleihen" (Weber 1904/1968: 180). Max Weber warf das Wort vom „modernen okzidentalen Rationalismus" in die Debatte, der die europäische Kultur von anderen Kulturen unterscheidbar mache. Besonderes Augenmerk richtete er darauf, daß es viele äußerliche Ähnlichkeiten zwischen den Kulturen der Welt gegeben habe, diese aber im Westen bei genauerer Betrachtung doch ein anderes Innenleben und eine andere Bedeutung hätten. Seine Ausgangsfrage lautete (1920): „Universalgeschichtliche Probleme wird der Sohn der modernen europäischen Kulturwelt unvermeidlicher- und berechtigterweise unter der Fragestellung behandeln: welche Verkettung von Umständen hat dazu geführt, daß gerade auf dem Boden des Okzidents, und nur hier, Kulturerscheinungen auftraten, welche doch – wie wenigstens wir uns gern vorstellen – in einer Entwicklungsrichtung von universeller Bedeutung und Gültigkeit lagen?

Nur im Okzident gibt es ‚Wissenschaft' in dem Entwicklungsstadium, welches wir heute als ‚gültig' anerkennen." Zwar anerkennt Weber, daß „empirische Kenntnisse, Nachdenken über Welt- und Lebensprobleme, philosophische und auch (…) theologische Lebensweisheit tiefster Art, Wissen und Beobachtung von außerordentlicher Sublimierung" in anderen Kulturen beheimatet seien, aber einmal fehlt, gewissermaßen als Tüpfelchen auf dem „i", der „rationale ‚Beweis'", dann das „rationale Experiment". Eine rationale Chemie gebe es nur im Okzident. „(…) aller asiatischen Staatslehre fehlt eine der aristotelischen gleichartige Systematik und die rationalen Begriffe überhaupt. Für eine rationale Rechtslehre fehlen anderwärts (…) die streng juristischen Schemata und Denkformen des römischen und des daran geschulten okzidentalen Rechts. Ein Gebilde ferner wie das kanonische Recht kennt nur der Okzident." Weber untersucht dann Kunst und Musik, kommt schließlich zum Druckwesen, das ja gerade für die neuzeitliche Geschichte in Europa so entscheidend wurde: „Produkte der Druckerkunst gab es in China. Aber eine gedruckte: eine nur für den Druck berechnete, nur durch ihn lebensmögliche Literatur: ‚Presse' und ‚Zeitschriften' vor allem, sind nur im Okzident entstanden. Hochschulen aller möglichen Art, auch solche, die unsern Universitäten oder doch unsern Akademien äußerlich ähnlich sahen, gab es auch anderwärts (China, Islam). Aber rationalen und systematischen Fachbetrieb der Wissenschaft: das eingeschulte Fachmenschentum, gab es in irgendeinem an seine heutige kulturbeherrschende Bedeutung heranreichenden Sinn nur im Okzident. Vor allem: den Fachbeamten, den Eckpfeiler des modernen Staats und der modernen Wirtschaft des Okzidents. Für ihn finden sich nur Ansätze, die nirgends in irgendeinem Sinn so konstitutiv für die soziale Ordnung wurden wie im Okzident."

Auch der Staat in seiner westlich-europäischen Ausprägung habe kein wirkliches Pendant in anderen Kulturen. Schließlich kommt Max Weber auf den Kapitalismus zu sprechen, „der schicksalvollsten Macht unsres modernen Lebens": „„Erwerbstrieb', ‚Streben nach Gewinn', nach Geldgewinn, nach möglichst hohem Geldgewinn hat an sich mit Kapitalismus gar nichts zu schaffen. Dies Streben fand und findet sich bei Kellnern, Aerzten, Kutschern, Künstlern, Kokotten, bestechlichen Beamten, Soldaten, Räubern, Kreuzfahrern, Spielhöllenbesuchern, Bettlern: – man kann sagen: (…) zu allen Epochen aller Länder der Erde. (…) Kapitalismus (ist) identisch mit dem Streben nach Gewinn, im kontinuierlichen, rationalen, kapitalistischen Betrieb: nach immer erneutem Gewinn: nach ‚Rentabilität'. Denn er muß es sein" (Weber, ges. Aufsätze, Bd. 1, zit. nach Schulze/Paul 1994: 86 ff.). Damit schließt Weber an die zu seiner Zeit geführte Debatte um Kultur und Kapitalismus an. Bis heute spielen die von Weber aufgestellten Kriterien des rationalen Okzidentalismus eine zentrale Rolle beim Vergleich von Kulturen.

6.4 Rassismuskonzepte

Ich habe bereits constatirt, daß von allen Menschengruppen diejenigen, welche zu den Völkern Europas und ihrer Nachkommenschaft gehören, die schönsten sind. Um davon vollkommen überzeugt zu sein, genügt es, die mannigfaltigen über den Erdball verstreuten Typen zu vergleichen; dann sieht man, daß von dem gewissermaßen rudimentären Bau und Gesicht des Australnegers und Pescherähs bis zu dem hohen Wuchs und edlen Ebenmaaß Karls des Großen, bis zu der geistvollen Regelmäßigkeit der Züge Napoleons, bis zu der Ehrfurcht gebietenden Hoheit, die in dem königlichen Antlitze Ludwigs XIV. lebt, eine Stufenreihe vorliegt, nach welcher die Völker, die nicht vom Blute der Weißen sind, sich der Schönheit wohl nähern, sie aber nicht erreichen.

Gobineau, Josef Arthur de: Essai sur l'inégalité des races humaines, 4 Bände, Paris 1853–55

Während Max Weber nach einer wissenschaftlichen und rationalen Erklärung für das „Phänomen" Europa in universalgeschichtlicher Perspektive suchte, leiteten andere europäische Überlegenheit aus der Kategorie der Rasse ab.

In seinem „Versuch über die Ungleichheit der Menschenrassen" (1853 bis 1855) fragte Arthur (Graf) Gobineau (1816–1882) in der Art eines fingierten Kulturvergleichs nach den physischen und psychischen Kräften der Völker der Erde. In einzelnen Punkten sah er auch bei Nichteuropäern eine Eigenschaft besser als bei den Europäern insgesamt ausgebildet, aber er fand immer eine europäische Nation, die dann auch bei dieser Eigenschaft überlegen war. So konnte er kaum umhin, Afrikanern – er sprach von „verthierten Negerhorden" – höhere physische Kraft zuzusprechen, aber fügte relativierend hinzu, daß diese Menschen nur

„den Heldenthaten des englischen Pöbels die Wage" hielten. Ungeachtet aller Unterschiede zwischen den europäischen Nationen meinte Gobineau, daß die „weiße Race ursprünglich das Monopol der Schönheit, der Intelligenz und der Kraft" besessen habe. Die Vermischung mit anderen Rassen im Lauf der Geschichte verstand er als Degenerierung, aber leitete auch hieraus noch ein Argument zugunsten der europäischen Überlegenheit in der Welt ab: „Das eben lehrt uns die Geschichte. Sie zeigt uns, daß jede Civilisation von der weißen Race herstammt, daß keine ohne die Beihilfe dieser Race bestehen kann, und daß jede Gesellschaft nur in dem Verhältnis groß und glänzend ist, als sie die edle Gruppe, der sie ihr Dasein verdankt, sich länger erhält (…)."

Die Rassenvermischung brachte Gobineau schließlich zu einem trüben Ausblick mit Untergangsstimmung: „Die weiße Race, an und für sich betrachtet, ist hinfort vom Angesicht der Erde verschwunden. (…) (Sie) wird jetzt nur noch durch Blendlinge vertreten (…) Die Massen, die in Westeuropa und Nordamerika gegenwärtig die letzte mögliche Form der Cultur verteten, bieten noch recht schöne Anzeichen von Kraft (…). Indessen droht diese verhältnißmäßige Ueberlegenheit beständig zu verschwinden; der bereits so oft getheilte und immer wieder getheilte Bestand an arischem Blute, der in unseren Ländern noch vorhanden ist und allein das Gebäude unserer Gesellschaft noch stützt, steuert mit jedem Tage mehr dem Endziele seiner Aufsaugung zu" (Auszug in Schulze/Paul 1994: 77 ff.).

Gobineau war in manchem noch dem 18. Jh. verpflichtet, d. h., er ordnete alle Europäer derselben Rasse zu und stellte die verschiedenen europäischen Völker prinzipiell auf eine Stufe. Er sah ihre Vorzüge und Fehler, die sich in der Gesamtbilanz gewissermaßen ausglichen. Sein geistiger Nachfolger, Houston Stewart Chamberlain (1855–1927), wahrte diese einheitliche Betrachtung Europas nicht mehr, sondern hierarchisierte auch innerhalb der europäischen Völker bzw. schloß ganze Teile aus seiner Rassenlehre aus. Gegen Ende seines Lebens stand Gobineau mit Richard Wagner in engerem Kontakt, über den auch seine Rassismus-Schrift einer breiten Rezeption teilhaftig wurde. Dem Bayreuther Kreis ist die Übersetzung der Gobineauschen Schriften ins Deutsche zu „verdanken". Der Gobineau-Übersetzer Ludwig Scheemann gründete eine Gobineau-Gesellschaft, die Verbindungen zum rechten politischen Milieu wie dem Alldeutschen Verband aufbaute. Gobineaus Schrift über die Renaissance, die auf seiner Rassentheorie aufbaute, wurde auf diese Weise im Ersten Weltkrieg an deutsche Frontsoldaten verteilt. Gobineau wurde wesentlich stärker im deutschsprachigen Raum rezipiert als in Frankreich selber, dort erst in den 1930er Jahren (Mosse 1993: 80 f.).

Der Engländer Cecil Rhodes (1853–1902) kultivierte im Kontext des Imperialismus ein englisches Rassenbewußtsein und setzte dabei durchaus Maßstäbe. Rhodes hatte sein Vermögen mit Diamanten gemacht, 1890 war er Premierminister der

Kapkolonie geworden. Seine Doktrin lautete: „Unter all den Kräften, die an der Gestaltung der menschlichen Rasse mitwirken, scheint keine so mächtig zu sein, jetzt und noch mehr künftig, als der englischsprechende Mensch. (…) Wir glauben an Gott, an England und die Menschheit. Die englischsprechende Rasse [GB/Empire und USA] ist eines von Gottes erwählten Werkzeugen, die kommenden Verbesserungen im Schicksal der Menschheit auszuführen. Wenn alle diejenigen, die das erkennen, zu einer innigen Verbindung gebracht werden könnten, um mitzuhelfen, diese Rasse zur Erfüllung ihrer von der Vorsehung bestimmten Mission fähiger zu machen und alles zu bekämpfen, was dieses Werk hindert oder schmälert, dann würde eine solche Vereinigung (…) den (…) Kristallisationspunkt bilden für alles, was in der englischen Welt lebenswichtig ist. (…) Unsere oberste Pflicht ist es, durch einen Prozeß natürlicher Auswahl all diejenigen auszulesen, die in ihrem Herzen das heilige Feuer der patriotischen Hingabe an ihr Land hegen und sie für den aufrichtigen Dienst am Gemeinwohl zu werben" (1891; Auszug in Schulze/Paul 1994: 1066 f.).

Solche oder ähnliche Formulierungen prägten die Epoche des Imperialismus insgesamt, waren also letztlich keine englische Besonderheit. Insoweit waren sie europäisch, betonten aber nationales imperiales Sendungsbewußtsein und arbeiteten somit gegen Europa als Einheit.

Nun zu Chamberlain und seiner Schrift „Grundlagen des 19. Jahrhunderts". Wanda Kampmann schreibt in ihrem Buch „Deutsche und Juden" über Chamberlain: „Die 1899 erschienenen ‚Grundlagen des 19. Jahrhunderts' sind bei ihrem beispiellosen Erfolg ein wichtiges Kapitel der deutschen Bildungsgeschichte, sie haben eine Art Fortsetzung in Alfred Rosenbergs ‚Mythos des 20. Jahrhunderts' gefunden. Der Engländer Chamberlain, der nach einem Wanderleben auf dem Kontinent Deutschland zu seiner Wahlheimat machte und später im Bannkreis Richard Wagners in Bayreuth lebte, hatte mit seiner schriftstellerischen Tätigkeit kein geringeres Ziel als die sittliche Erneuerung Europas; seine Lehre bereitete aber der geistigen Verwüstung und der Barbarei den Weg. Gobineaus aristokratischer Pessimismus ließ eine unmittelbare politische Anwendung seiner Rassenlehre nicht zu, Chamberlain dagegen glaubte, daß der germanischen Rasse die Zukunft gehöre, wenn man sie von den ‚antigermanischen' Elementen befreie" (Kampmann 1963/1989: 308 f.).

Anders als Gobineau schloß Chamberlain das romanische Europa aus seiner Vorstellung von Europa und dem europäischen Menschen, den er in Anlehnung an Carl von Linné, aber im Grunde irreführend „homo europaeus" nannte, aus. Schon in der Einleitung heißt es, unter seltsamer Verkehrung der geschichtlichen Abläufe: „Dass die nördlichen Europäer die Träger der Weltgeschichte geworden sind, wird wohl kaum jemand zu leugnen sich vermessen. Zwar standen sie zu keiner Zeit allein, weder früher noch heute; im Gegenteil, von Anfang an entwickelte sich ihre Eigenart im Kampfe gegen fremde Art, zunächst gegen das Völkerchaos des verfallenen römischen Imperiums, nach und nach gegen alle Rassen der Welt; es haben also auch Andere Einfluss – sogar grossen Einfluss – gewonnen, doch dann immer nur als Widersacher der Männer aus dem Norden" (Chamberlain 1899/1907: 7).

Da Chamberlain nicht die Überlegenheit der Europäer, sondern der germanischen Rasse beweisen wollte, benötigte er eine umfassende Geschichtstheorie, die die Reduktion des *homo europaeus* auf den Germanen zuließ: „Der grösste aller Irrtümer ist aber die Annahme, dass unsere Civilisation und Kultur der Ausdruck eines allgemeinen *Fortschrittes der Menschheit sei*; es zeugt keine einzige Thatsache der Geschichte für diese so beliebte Deutung (…) inzwischen schlägt uns diese hohle Phrase mit Blindheit und wir sehen nicht ein (…), dass unsere Civilisation und Kultur, wie jede frühere und jede andere zeitgenössische, das Werk einer bestimmten, individuellen Menschenart ist, einer Menschenart, die hohe Gaben, doch auch enge, unübersteigbare Schranken, wie alles Individuelle, besitzt" (S. 9). Eine Definition von Germane blieb Chamberlain nicht schuldig: „Ich verstehe in diesem Buche unter dem Wort ‚Germanen' die verschiedenen nordeuropäischen Völkerschaften, die als Kelten, Germanen und Slaven in der Geschichte auftreten und aus denen – meist in unentwirrbarer Vermengung – die Völker des modernen Europa entstanden sind. Dass sie ursprünglich einer einzigen Familie entstammten, ist sicher, (…) doch hat sich der Germane im engeren, taciteischen Sinne des Wortes so sehr als geistig, sittlich und physisch unter seinen Verwandten hervorragend bewährt, dass wir berechtigt sind, seinen Namen als Inbegriff der ganzen Familie hinzustellen. Der Germane ist die Seele unserer Kultur. Das heutige Europa, weithin über den Erdball verzweigt, stellt das bunte Ergebnis einer unendlich mannigfaltigen Vermischung dar: was uns alle aneinander bindet und zu einer organischen Einheit verknüpft, das ist germanisches Blut. (…) wahre Geschichte (…) beginnt in dem Augenblick, wo der Germane das Erbe des Alterums mit kraftstrotzender Hand ergreift" (S. 304 f.).

Der nächste, von Chamberlain noch zurückgewiesene Schritt, von germanisch zu germanisch = deutsch = arisch, wurde erst von den Nationalsozialisten vollzogen, die daraus das ideologische Konzept eines deutschen Europas (vgl. Kap. 5) ebenso ableiteten wie den Rassenantisemitismus und die Vernichtung der Juden in Europa.

■ QUELLENZITATE: *Adelung, Johann Christoph:* Versuch einer Geschichte der Kultur des menschlichen Geschlechts (1782), Leipzig, 2. Aufl., 1800; Reprint Königstein 1979; *Chamberlain, Houston Stewart:* Die Grundlagen des 19. Jh., 2 Teilbände, München, 8. Aufl. (Volksausgabe), 1907; *Gobineau, Josef Arthur de*: Essai sur l'inégalité des races humaines, 4 Bände, Paris 1853–55; *Robertson, William*: History of the Reign of the Emperor Charles V., London 1769; *Tschizewskij, Dmitrij/Groh, Dieter (Hg.):* Europa und Russland. Texte zum Problem des westeuropäischen und russischen Selbstverständnisses, Darmstadt 1959; *Weber, Max:* Die „Objektivität" sozialwissenschaftlicher und soziopolitischer Erkenntnis (1904), in: Ders., Aufsätze zur Wissenschaftslehre, S. 146 bis 214, Tübingen, 3. Aufl., 1968.

■ LITERATUR: *Bieder, Theobald:* Geschichte der Germanenforschung. Erster Teil 1500–1806, Leipzig-Berlin 1921; *Bruch, Rüdiger v./Graf, Friedrich W./Hübinger, Gangolf (Hg.):* Kultur und Kulturwissenschaften um 1900. Krise der Moderne und Glaube an die Wissenschaft, Stuttgart 1989; *Durand, Yves*: L'Europe de 1661 à 1789 = Livre IV, in: Histoire générale de l'Europe, Band 2: L'Europe du début du XIVe à la fin du XVIIIe siècle, hg. von Jean Bérenger/Philippe Contamine/Yves Durand/ Francis Rapp, Paris 1980; *Fueter, Eduard:* Geschichte der neueren Historiographie, München 1911; *Gross, Mirjana*: Von der Antike bis zur Postmoderne. Die zeitgenössische Geschichtsschreibung und ihre Wurzeln, Wien 1998; *Hay, Denys*: Annalists and Historians. Western Historiography From The Eigth to The Eighteenth Centuries, London 1977; *Hecker, Hans:* Russische Universalgeschichtsschreibung. Von den „Vierziger Jahren" des 19. Jh. bis zur sowjetischen „Weltgeschichte" (1955–1965), München 1983; *Kampmann, Wanda:* Deutsche und Juden. Die Geschichte der Juden in Deutschland vom Mittelalter bis zum Beginn des Ersten Weltkrieges, 1. Aufl. Heidelberg 1963, Frankfurt, 20.–21. Tsd. 1989; *Mosse, George L.:* Die Geschichte des Rassismus in Europa, Frankfurt am Main 1993; *Rehm, Walter:* Der Untergang Roms im abendländischen Denken. Ein Beitrag zur Geschichtsschreibung und zum Dekadenzproblem, Leipzig 1930; *Schilling, Heinz:* Siedler Geschichte Europas. Die neue Zeit. Vom Christenheitseuropa zum Europa der Staaten. 1250 bis 1750, Berlin 1999; *Schnapp, Alain:* Le passé. Conscience européenne du patrimoine de l'Antiquité à la Renaissance, in: A. Compagnon/ J. Seebacher (Hg.), L'esprit de l'Europe, Bd. 2, S. 142 bis 160, Paris 1993; *Schulze, Winfried:* Europa in der Frühen Neuzeit – Begriffsgeschichtliche Befunde, in: H. Duchhardt/A. Kunz (Hg.), „Europäische Geschichte" als historiographisches Problem, S. 35–65, Mainz 1997; *Weber, Wolfgang:* Zur Bedeutung des Antiquarianismus für die Entwicklung der modernen Geschichtswissenschaft, in: W. Küttler/ J. Rüsen/E. Schulin (Hg.), Geschichtsdiskurs. Bd. 2: Anfänge modernen historischen Denkens, S. 120–135, Frankfurt 1994; *Wolff, Larry:* Inventing Eastern Europe. The Map of Civilization on the Mind of the Enlightenment, Stanford 1994.

Europa wissenschaftlich konstituieren: Theoretische Ansätze zur kulturellen Integration Europas in der Neuzeit

7.1 Zwei Reisen: Montaigne 1580/81 – Germaine de Staël 1803/4

Michel de Montaigne (1533–1592) und Germaine de Staël (1766–1817) gehören innerhalb der „Spezies" der frühneuzeitlichen Reisenden sicher zu den profiliertesten Persönlichkeiten; beide sind außerdem als die vielleicht prominentesten französischen Deutschlandreisenden in die Geschichte eingegangen. 1580 begab sich Michel de Montaigne, der vor allem aufgrund seiner Essays weltberühmt wurde, auf eine längere Reise, die ihn zuerst zu seinem König führte, die er dann aber über die Schweiz, Oberdeutschland und Tirol bis nach Rom fortsetzte. Neben der Neugierde auf Neues und Unbekanntes waren es einige Kurorte, die er aus gesundheitlichen Gründen aufsuchte; in Italien hatte er außerdem ein Gelübde zu erfüllen. Über die Reise informiert ein Reisetagebuch, das Montaigne z. T. seinem Sekretär diktierte, z. T. selber schrieb, in Französisch und streckenweise in Italienisch. Das Tagebuch wurde zu Lebzeiten nicht veröffentlicht, sondern erst 1770 im Familienarchiv wiederentdeckt und 1774 erstmals zum Druck gebracht. Montaigne beschrieb die einzelnen Stationen, Städte, Landschaften, Menschen, Bräuche, theologische Diskussionen, Synagogenbesuche usw. Zum Reiseweg von Schaffhausen nach Konstanz weist das Tagebuch folgenden Eintrag auf: „Wir merkten, daß wir das Schweizerland hinter uns hatten, daran, daß wir eine Strecke Wegs vor der Stadt mehrere Burgen sahen; solche sieht man in der Schweiz nicht" (Montaigne 1932: 51). Wochen später führte der Weg weiter von Sterzing nach Bozen. Der Tagebucheintrag zu Bozen lautet: „Bozen. Eine Stadt, die im Vergleich mit den anderen deutschen Städten nicht gut bestehen kann, so daß Herr von Montaigne sofort sagte, er merke wohl, daß es nun aus Deutschland hinausgehe: engere Straßen, kein schöner Marktplatz; immerhin gab es hier noch Brunnen, Bäche, bemalte Häuser und Glasfenster" (S. 64).

Knapp 240 Jahre nach Montaigne beschrieb Germaine de Staël ihren Reiseweg nach Deutschland: „Die ersten Eindrücke, die man in Norddeutschland erhält, sind, vorzüglich im Winter, ungemein traurig (…) Die Rheingrenze ist feierlich; indem man sie überschreitet, fürchtet man das schreckliche Wort zu hören: *jetzt bist du außerhalb Frankreichs.* Vergeblich bemüht sich der Geist, mit Unparteilichkeit von dem Geburtslande zu urteilen, unsere Gefühle trennen sich nie davon; und ist man genötigt, es zu verlassen, so hat die Existenz ihre Wurzeln verloren, so fühlt man, daß man sich selbst fremd geworden ist (…) Man begegnet keinem, der uns von der Vergangenheit etwas sagen könnte, keinem, der imstande wäre, die Identität verlebter Tage mit den gegenwärtigen zu bezeugen (…) Vor sechs Jahren befand ich mich auf dem linken Rheinufer, die Barke erwartend, die mich zum rechten hinüberführen sollte; es war kalt, dunkel (…) Meine französischen Bedienten wurden ungeduldig über die deutsche Langsamkeit, und wunderten sich darüber, daß man nicht die einzige Sprache verstand, die sie für die Sprache aller zivilisierten Länder hielten. (…) Nach meiner Ankunft auf dem jenseitigen Ufer hörte ich das Posthorn, dessen schrille und falsche Töne eine traurige Reise nach einem traurigen Aufenthalte anzukündigen schienen. (…) eine Art Zugwerk, welche den Balken bewegt, womit man die Barriere schließt, überhebt den Einnehmer der Landstraße der Mühe, aus seinem Haus zu treten, um das Chaussee-Geld zu erhalten. Alles ist aufs Unbewegliche berechnet, und der Denker wie derjenige, dessen Existenz ganz materiell ist, verabscheuen gleich sehr die Zerstreuung der Außenwelt. Die öden Fluren, die von Rauch geschwärzten Häuser, die gotischen Kirchen scheinen für Hexen- und Gespenstergeschichten gemacht zu sein. (…)" (Staël 1992: 89 ff.).

Während Montaigne nicht eigentlich Grenzübertritte beschreibt, sondern gleitende kulturelle Übergänge, übertrat Frau von Staël in der Tat eine Grenze, nicht nur eine geographische, physische, den Rhein, sondern eine mentale. In die heutige Wissenschaftssprache übersetzt, stellt sie dem französischen nationalen historischen und kulturellen Gedächtnis ein deutsches nationales historisches und kulturelles Gedächtnis gegenüber. Nichts davon bei Montaigne, auch nicht in seinen Beschreibungen, die das Reisetagebuch bietet. Montaigne scheint in dem Raum, durch den er reist, keine linearen mentalen Grenzen zu kennen, während Frau von Staël eine lineare mentale Grenze, die nicht zufällig mit einer physischen Grenze identisch ist, zu überwinden hat. Bei Montaigne erscheint der Teil Europas, durch den er reist, durchaus wie ein großer Kulturraum, bei Frau von Staël zeichnet sich das Bild eines Europas der nationalen Kulturen ab. War Montaignes Europa *noch* ein kulturell integriertes? War Germaine de Staëls Europa *nicht mehr* ein kulturell integriertes? Diese beiden Fragen sind nur zu beantworten, wenn geklärt wird, wie sich Kulturen bilden und verändern. Dazu sind einige theoretische und methodische Aussagen erforderlich.

7.2 Diffusion als Grundlage kultureller Integration

Diffusion und Transfer sind gewissermaßen die Hauptagenda der Kulturbildung und -veränderung. Das sind zwei sehr allgemeine Begriffe, die sich in beliebig vielen Konstellationen als nützlich erweisen. Kulturgeschichtlich gesehen ist jeder Mensch potentieller Verbreiter und Überträger ideeller und/oder materieller Kulturgüter. Aus dieser zunächst sehr einfachen Anschauung entstehen durchaus komplexe Verhältnisse, da das Leben der Individuen nicht autonom existierenden Inseln gleicht, sondern in ein Netz von zwischenmenschlichen Bezügen eingewoben ist. Die Maschen eines Netzes können sehr weit, sie können aber auch sehr eng geknüpft sein. Mitte des 15. Jh.s war dieses Netz im europäischen Raum bereits sehr eng geknüpft.

Der Begriff der Diffusion führt in die Ur- und Frühgeschichte Europas. Was sich dabei herausstellt, sind die Überlappungen und sehr unterschiedliche Verbreitungsgebiete unterschiedlicher Kulturen. Es gibt keinen präzisen Punkt, von dem aus sich historisch eine einzige Kultur namens europäischer Kultur entwickelt hätte. Es waren in den Frühzeiten immer mehrere Kulturen gewesen, die sich unabhängig voneinander oder in nur sehr lockerer Verbindung miteinander im geographischen Raum Europa etabliert haben. Die geographische Gestalt Eurasiens mag sich dazu angeboten haben. Die Geographie Europas stellt für Vorgänge kultureller Diffusion keine unüberwindlichen Hindernisse bereit, fördert sie vielfach, bietet aber durchaus auch Hemmnisse, die ein Nebeneinander z. B. von keltischer und griechischer bzw. römischer Kultur für viele Jahrhunderte beförderte, bevor es zu tiefgreifenden Kulturtransfers kam.

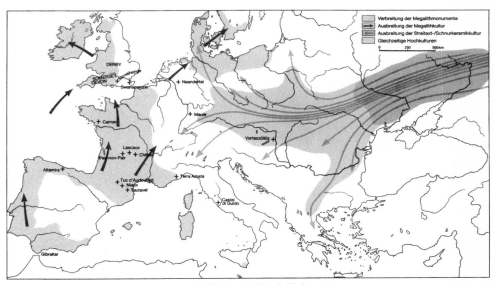

7.1 *Diffusion der Megalithkultur.*

In der Anthropologie meint der Begriff der Diffusion zunächst etwas, was auf einen gemeinsamen kulturellen Ursprung oder kulturelle Zusammenhänge in quellenarmer Zeit hinweist. Megalithkultur und Hallstattzeit wären solche Begriffe, die auf den methodischen Ansatz „Diffusion" zurückgehen. Für die Zeit, die uns interessiert, kommt es nicht mehr auf die Diffusion einzelner Merkmale an, die Belege dazu wären Legion, obwohl es sicher nützlich sein mag, sich vorzustellen, man trüge die geographische Diffusion solcher Merkmale auf Europakarten ein. Zum Teil ist diese kartographische Darstellungsweise praktiziert worden; es gibt Karten zum romanischen und gotischen Europa des Mittelalters, Karten zur Implantation der Universitäten oder von Jesuitenkollegien im 16. und 17. Jh., die auf das europäische Bildungswesen prägend gewirkt haben, usf.

Diffusion findet in Europa seit dem Ende des Mittelalters in einem kulturell verdichteten Raum statt und gerät u. U. in Konflikt mit „Evolution". Evolution findet gewissermaßen vor Ort statt, in kleinsten Räumen bis hin zu Großräumen. In der angloamerikanischen Anthropologie wird hierfür auch der Begriff der Kontagion (contagion)/„Ansteckung" verwendet. Kultureller Wandel, kulturelles Fortschreiten entsteht durch solche Formen des Kulturkontaktes.

Für die Erforschung der Frühgeschichte der Menschheit dienen die Konzepte der Diffusion und Evolution der Klärung der Frage, ob die Menschheit in einem Zentrum entstanden ist, von wo aus sie sich ausgebreitet hat, oder ob sie an mehreren Stellen gleichzeitig Gestalt annahm. Da wir in einer Zeit der hohen Verdichtung ansetzen (15./16. Jh.), einer im menschheitsgeschichtlichen Vergleich so hohen Verdichtung, daß vielleicht nur der heute übliche technische Komfort uns davon trennt, verengt sich die Frage der Diffusion und der Evolution auf das Verhältnis von Teilkulturen zueinander.

Was diese Teilkulturen zur europäischen Kultur zusammenführt, ist eine beträchtliche Menge identischer Merkmale, vermischt mit nicht-identischen Merkmalen, die die Teilkulturen als Teilkulturen erkennbar machen. Diese sind konturiert, aber nicht sehr deutlich voneinander abgegrenzt. Was wie eine deutliche Grenze erscheint, nämlich die Nationen, ist historisch gesehen Ergebnis einer Fiktion, die nichtsdestoweniger geschichtsmächtig ist. Lange Zeit stellten die durch Grenzsteine und Grenzstationen markierten Grenzen nur die Grenzen der Rechtsherrschaft der jeweiligen Obrigkeit dar, aber keine kulturellen Grenzen, keine abrupten Sprachübergänge, keine radikal sich voneinander unterscheidenden Identifikationsmuster der Bevölkerung diesseits und jenseits der Grenzmarkierung. Erst die erfolgreiche Schaffung nationaler Identifikationsmuster machte die Grenzen auch zu kulturellen Trennlinien.

7.3 Kulturregionen

Mitte des 15. Jh.s ist Europa zwar nicht zur Ruhe gekommen, aber viele historische Prozesse sind insoweit abgeschlossen, als sie zur historischen Sedimentbildung beigetragen haben und sich das Europa der Nationen abzuzeichnen beginnt. Dieses Stadium bildet den Hintergrund der Reise Montaignes 1580/81. Es wäre aber falsch, ein mittelalterliches Europa als kontinentalen integrierten Kulturraum einem neuzeitlichen Europa vieler nationaler Kulturen gegenüberzustellen. Die historische Alternative zum Europa der Nationalkulturen lautete nicht einfach kontinentaler Kulturraum Europa, sondern bestand seit der römischen Expansion – in etwa seit dem 1. Jh. v. Chr. – in einer großflächigen Regionalisierung. Die eine Region machte das von der griechisch-römischen Kultur erfaßte Gebiet aus, die andere das nördlich der kulturellen Durchdringungsgrenze gelegene Gebiet. Für die weitere Geschichte sprach der ungarische Historiker Jenő Szűcs (Szűcs 1990) von den „drei historischen Regionen Europas", nämlich Westeuropa, Ostmitteleuropa und Osteuropa, räumte aber zugleich ein, daß Skandinavien einerseits und der Mittelmeerraum andererseits weitere Regionen ausbildeten. Um 1500, nach dem Untergang Byzanz', sieht Szűcs Gestalt annehmen, was er die drei Regionen nennt: Der Westen wird durch die Expansion nach Amerika kulturell enger zusammengeschlossen; er „absorbiert", wie er schreibt, auch Skandinavien und das mittelmeerische Europa; der Osten Europas wird von Rußland, das nach Sibirien expandiert, kulturell aufgesogen, zwischen beiden entsteht, was Szűcs Ostmitteleuropa nennt, von Polen bis nach Ungarn, während, geographisch gesehen, Südosteuropa ganz unter den osmanischen Einfluß gerät. Die Unterscheidungen sind nicht absolut gemeint, aber die Untersuchung einer Vielzahl kultureller Merkmale vom Lehnswesen über die Stadtkultur bis zur politischen Verfassung gibt Szűcs die Gelegenheit, gewissermaßen drei regionale Ausprägungen Europas festzustellen. Gelegentlich werden die derzeitigen Vorbereitungen zur sogenannten Osterweiterung der EU als ein Vorgang verstanden, in dessen Verlauf jene vor ca. 500 Jahren schon sichtbar sedimentierten kulturellen Regionen zu einer einzigen Kulturregion verschmelzen.

Unterscheidungen, wie sie Szűcs trifft, lassen sich empirisch untermauern, aber sie sind nicht strikt. Sie decken sich nicht ganz mit der Geschichte geographisch-kultureller Namen. Der Name Okzident/Abendland/Westen taucht vor dem Jahr 1000 auf und reflektiert die Teilung des ehemaligen Römischen Reiches. Er dient der Abgrenzung gegenüber Byzanz. Der Begriff „Westen" wurde im späten 19. Jh. gewissermaßen noch einmal erfunden – vor der Kulisse des Imperialismus und einer tieferen Auseinandersetzung mit den orientalischen Kulturen. Osteuropa war damit nicht mehr automatisch gemeint, während der mittelalterliche Name „Europa occidentalis" den östlichen Raum vom Baltikum bis zur Adria selbstverständlich miteinschloß;

7.2 Beispiel für die Aufteilung Europas in drei historische Regionen unter Zugrundelegung struktureller Merkmale (hier: politisch-ökonomische Strukturmerkmale um 1500).

„Europa septentrionalis", also Skandinavien, gehörte ebenfalls dazu. „Ostmitteleuropa", das eine der drei Regionen bezeichnen soll, folgt nach Szűcs einer sehr rezenten Übereinkunft. „Ostmitteleuropa" verweist auf die konstruierende Geschichtswissenschaft, die durch den Vergleich kultureller Merkmale Europa in Regionen aufteilt, die nicht zwangsläufig Staats- oder nationalen Grenzen folgen. Ähnlich verhält es sich mit dem heute gebräuchlichen Begriff „Südosteuropa". Nach Karl Kaser sind damit Slowakei, Ungarn, Rumänien, die Gebiete des ehemaligen Jugoslawien (heute: Kroatien, Slowenien, Bosnien-Herzegowina, Serbien, Montenegro, Kosovo, Mazedonien), Albanien, Bulgarien, Griechenland und die europäische Türkei gemeint (Kaser 1990). Der Name „Europa" selbst bezog sich ja in der griechischen Antike auf einen Teilbereich dieses Südosteuropa, auf Mittel-, Nordgriechenland, Thrakien, Makedonien. Dies behielt auch dann noch die Bezeichnung „Europa", als der geographische Begriff schon längst den Kontinent meinte. Thrakien selber war ein schillernder Name; bei einigen antiken Autoren wurde Thrakien als vierter Kontinent angesehen; es konnte als sehr groß gelten. Die Römer behielten Europa als Namen einer Provinz in der Diözese Thrakien bei, byzantinische Schreiber bezogen „Europa" noch im 10. Jh. in etwa auf diese geographischen Breitengrade. Weiters nach Kaser meinte ein gewisser Michael Kritobulos von Imbros (um 1400 bis um 1470) mit „Europa" den europäischen Teil des früher byzantinischen, dann osmanischen Reiches. Aus dem 15. Jh. wären weitere solche Belege aus dem byzantinischen bzw. osmanischen Europa anzuführen. In der spätmittelalterlichen Kartographie und jener des 16. Jh.s wird der südosteuropäische Raum als Einheit aufgefaßt, aber mit dem Vordringen der Osmanen wird die Kommunikationskette unterbrochen. Zwar fungiert der Raum bis ca. 1700 unter dem Namen „Europäische Türkei", aber die diesbezüglichen Kenntnisse sind so gering, daß zu Beginn des 19. Jh. auf antike Schriftsteller zurückgegriffen wird, um über diesen Teil Europas etwas zu erfahren! Das 19. Jh. tat sich mit einer adäquaten Bezeichnung schwer, im 20. Jh. wurden und werden „Donauraum", „Balkan" (Todorova 1999) und anderes diskutiert. Der Mitteleuropabegriff war vor allem ein politischer Begriff und verweist auf die Mitteleuropakonzepte der ersten Hälfte des 20. Jh. (vgl. Kap. 5)

7.4 Die italienische Kultur in Europa: Modellbildungen

Szűcs' Erkenntnismethode bestand darin, die Grenzen der Diffusion kultureller Merkmale zu erkunden. Er ging dabei von West nach Ost vor, und in der Tat verliefen Diffusionsprozesse in der Regel in dieser Richtung. Aber auch innerhalb des Westens spielte sich für 150 oder 200 Jahre eine bestimmte Diffusionsrichtung ein, die der italienischen Renaissance von Italien nach Norden, Nordwesten und Osten, letzteres mit einer geringen Durchdringungstiefe.

Europa war zu dieser Zeit vergleichsweise dicht besiedelt, Staaten und Herrschaften hatten sich gefestigt, so gefestigt, daß um Vor-Herrschaft gekämpft wurde. So einfach ließen sich materielle oder ideelle Kulturgüter nicht von einem Zentrum aus verbreiten, wie es in der christlichen Antike mit römischen Kulturgütern oder der christlichen Religion der Fall gewesen war. Überall stießen sie auf Vorhandenes, Amalgame früherer Diffusionsprozesse. Dennoch sind bis heute im Bereich der Kultur im engeren Wortsinn, der Architektur, der Kunst, der Ideen usf. Diffusionsprozesse festzustellen, deren Merkmale anschließend in einem weiten Raum anzutreffen sind. Das Modell für einen solchen Diffusionsprozeß bildete das Italien der Renaissance, des Humanismus und des Barock. In den siebziger Jahren schrieb Fernand Braudel ein Buch mit dem Titel „Modell Italien 1450–1650". Er schrieb die „Geschichte Italiens außerhalb Italiens" (Braudel 1991). Die Diffusion italienischer Kulturgüter reichte von der Architektur, der Musik und den Bildenden Künsten über die politische Philosophie, die Historiographie, die Philologie zur Technik des Handels und des Zahlungsverkehrs, um nur einige Bereiche aufzuzählen. Es war die Diversifikation der in den europäischen Raum exportierten Kulturgüter, die Italien eine besondere Stellung einräumte. Zur gleichen Zeit nahm auch von den Niederlanden ein Diffusionsprozeß seinen Ausgang, der dem italienischen auf Dauer sogar heftige Konkurrenz machte. Unter den bildenden Künsten ist auf die niederländische Malerei zu verweisen, wo ungefähr zeitgleich mit Italien die Technik der linearen Perspektive entwickelt wurde. Die größte Konkurrenz entstand im Bereich des Handels und im Schiffbau; aber auch auf dem Feld der politischen Philosophie gelang Hugo Grotius (1583–1645) mit seinen Schriften über die Freiheit der Meere und das Völkerrecht ein philosophischer Coup, der nicht weniger nachhaltig auf Europa einwirkte wie seinerzeit Niccolò Machiavellis (1469–1527) politisch-historiographische Schriften, die den sprichwörtlichen Machiavellismus und zugleich dessen Gegner, den Anti-Machiavellismus, provozierten. In beiden Fällen gründete die Fähigkeit zur überdurchschnittlichen Kulturdiffusion auf dem Handelswesen und auf Reichtum. Sowohl Venedig als größte italienische Handelsmacht wie die Niederlande, zuerst Antwerpen, dann die freien Nördlichen Niederlande mit dem Welthafen Amsterdam, vermittelten die europäische und die außereuropäische Wirtschaft miteinander, außerdem beherrschten sie die zentralen Handelsströme innerhalb Europas. Venedig war mit den oberdeutschen Kaufleuten korreliert, dabei der stärkere und gewinnträchtigere Partner, die Niederländer allerdings trockneten diese Verbindungen, teils von politischen Krisen, teils von der Distribution neuer Produkte profitierend, allmählich aus und übernahmen zudem noch ein gut Teil des Hansehandels. Sowohl in Italien wie in den Niederlanden entstanden im Grunde frühe Konsumgesellschaften, wo Kulturgüter aller Art, nicht nur materielle, sondern auch geistige, abgesetzt werden konnten. Die nächste Konsumgesellschaft entstand in England, zu einem Zeitpunkt, wo die dortigen Interessen eindeutig durch die überseeischen Kolonien gelenkt wurden. Die englische Kultur wurde seit dem späteren 17. Jh. zwar in weiten Teilen Europas rezipiert, aber im Vergleich zum italienischen Beispiel kann kaum von einem von England ausgehenden Diffusionsprozeß auf den europäischen Kontinent gesprochen werden. Die Diffusion englischer Kulturgüter richtete sich auf die Kolonien.

Neben Italien und den Niederlanden hatten auch andere in Europa interessante Kulturgüter anzubieten, die Abnehmer fanden. Aber diese Diffusion erreichte nie die Quantität noch die Qualität der italienischen, gefolgt von der niederländischen. In Portugal wurde im 15. Jh. ein neuer Schiffstyp konstruiert, die Karavelle, mit der die Seefahrten nach Afrika begannen. Mit dieser technischen Erfindung begann die neuzeitliche Expansion Europas. Deutschland steuerte im 15. Jh. das Schießpulver bei, außerdem die Hochofentechnik und die Technik des Buchdrucks. Die Schweizer Eidgenossen revolutionierten, ebenfalls im 15. Jh., die Infanterie und machten Schweizer Landsknechte zum militärischen Exportgut. Spanien war im 16. Jh. Trendsetter der höfischen Mode und des Hofzeremoniells sowie der Rechtsphilosophie, Frankreich legte im selben Jahrhundert die Fundamente für die Nachfolge des italienischen Modells im 17. Jh. Überall waren innovative Kräfte am Werk, entstanden Abnehmermärkte, von denen zunächst Italien und die Niederlande profitierten.

Warum haben die Portugiesen die Karavelle erfunden: weil sie Portugiesen waren? Hat Gutenberg den Buchdruck erfunden, weil er Deutscher war? Die Fragen sind rhetorisch, also mit Nein zu beantworten, führen aber auf den Umstand, daß das frühneuzeitliche Europa von vielen örtlichen spezifischen Konstellationen in einer Weise, wie das heute längst nicht mehr der Fall ist, geprägt wurde. Diese spezifischen Konstellationen sind der Grund dafür, daß örtlich Modelle entstanden, die sich anschließend im europäischen Raum verbreiteten und ihn mit bestimmten Merkmalen anreicherten. Italiens spezifische Konstellation entstand *(evoluierte)* aus einer Vielzahl sich kumulierender Faktoren: Zustrom Gelehrter aus Byzanz nach Italien nach dem Fall Konstantinopels 1453; Export der dabei wieder ans Tageslicht kommenden griechischen Antike; Entwicklung einer neuen Geschichtsschreibung (vgl. Kap. 6). Sonst sind Italiener in Europa zumeist Kaufmannsleute (in dieser Zeit). Bedeutsam die wirtschaftliche Grundlage durch den Außenhandel, der große Reichtum und sein Überschuß. Die Verlagerung der Handelsschwerpunkte nach Norden (Niederlande), die Stärkung des atlantischen Raums entziehen diesem Italien einen Teil seiner Grundlage, so daß das Modell im Lauf des 17. Jh.s aufhört, Modell zu sein.

Es trifft allerdings auch noch etwas anderes zu, was Braudel hinsichtlich Italien feststellte: „Verdrießlich (…) ist nur, daß bis jetzt noch nicht einmal versucht worden ist, eine vollständige Geschichte der Verbreitung italienischer Kulturgüter zu schreiben, eine Geschichte, aus der Gaben und Übermittlungen einerseits, Annahme, Eingliederung, Anpassung und Ablehnung andererseits klar hervorgingen" (Braudel 1991: 76).

Italienische Kulturgüter wurden entweder direkt durch Italiener in Europa verteilt oder über kulturelle Vermittler bzw. Vermittlungsinstanzen. Der Weg italienischer Kulturgüter nach Schweden beispielsweise führte zu einem gut Teil über Deutschland als Vermittlungsinstanz. Diese Vermittlungen funktionierten noch im 18. Jh., denn Italien verblieb mindestens in den Bereichen von Kunst und Musik und wegen der römischen Altertümer ein integrierendes Moment europäischer Kultur.

Nach Italien kam Frankreich im 17. Jh.; auch hier entwickelte sich eine Art französisches Kulturmodell, das exportiert wurde, in geringfügigen Mengen auch nach Osteuropa. Das französische Modell beruhte z. T. auf dem politischen Willen Ludwigs XIV., der technische, militärtechnische und politische Höchstleistungen verlangte, förderte, erhielt und den europäischen Fürsten und Mächten als Modell vor Augen hielt. In Versailles fanden die neuesten Techniken Verwendung und wurden mit künstlerischen Höchstleistungen verbunden. Das machte Versailles so einzigartig und nachahmenswert. Der Festungsbau eines Sébastien le Piestre de Vauban (1633–1707) harmonierte mit den militärischen Erfolgen; zugleich wurde intensiv an einem literaturtheoretischen wie kunsttheoretischen Regelwerk gearbeitet, das dem französischen 17. Jh. die Bezeichnung eines klassischen Zeitalters einbrachte. Schon im 16. Jh. hatte sich der französische Hof allmählich zum Modell entwickelt, der Hof Ludwigs XIV. und seine kulturelle Ausstrahlung auf Europa profitierten davon. Die französische Sprache avancierte im Rahmen der literaten Bevölkerungsschichten zur neuen europäischen lingua franca. Die Diffusion französischer Kulturgüter über Europa stützte sich anders als im Fall Italiens im 15./16. und frühen 17. Jh. nicht auf eine Handelsmacht, sondern auf die Kombination aus politischer Vormacht, technischer, geistiger und künstlerischer Neuerung, die in Frankreich selber genutzt wurde, um eine französische nationale Identität zu definieren, die weit über das hinausging, was die Geschichtsschreibung seit dem Mittelalter an Identifikationsangeboten hervorgebracht hatte. Dies bedeutete eine unvergleichliche Herausforderung in einem Europa, in dem sich die Monarchien und Republiken kulturell nationalisierten. Paris entwickelte sich außerdem im 18. Jh. zur europäischen Kulturhauptstadt. 1938 veröffentlichte der französische Gelehrte Louis Réau ein Buch unter dem Titel „L'Europe française au siècle des Lumières", in dem er akribisch der Verbreitung der französischen Sprache und Literatur sowie der französischen Kunst, Mode u. a. nachging. Er listete die französischen Künstler außerhalb Frankreichs auf und trug die Schlösser, die tatsächlich oder vorgeblich nach dem Beispiel Versailles gebaut wurden, auf einer Karte ein (Abb. 7.3).

Die Zeit dieser Modelle ging mit dem 18. Jh. zu Ende. In der Französischen Revolution verknüpften sich zwei Tendenzen: bewußt Modell sein zu wollen und – freiwillig – als Modell erkannt zu werden. Napoleon dann veranstaltete den Versuch

7.3 Schloßbauten in Europa, für die Versailles als Modell diente (nach Louis Réau).

eines zwangsweise realisierten Modells und scheiterte. Die Französische Revolution hat die nationale Bewußtwerdung allenthalben in Europa gefördert – nicht den Nationalismus, sondern ein nationales Bewußtwerden in einem ganz bestimmten Sinn: Nation war, vor allem auch im französischen Sprachgebrauch, das Volk als Teilhaber bzw. alleiniger Inhaber der politischen Souveränität. So wie jahrhunderte-lang für die Monarchen als Inhaber der souveränen Gewalt Identitäten konstruiert wurden, wurden auch für das Volk/die Völker in derselben Funktion Identitäten kon-struiert. Im 19. Jh. verdichtete sich dieser Prozeß in einem Ausmaß, wie es die Frühe Neuzeit nicht gekannt hatte. In dieser Situation konnten sich unerzwungene Modelle wie seinerzeit Italien oder Frankreich nicht mehr durchsetzen. Damit erhebt sich die Frage, ob mit dem Zeitalter der Französischen Revolution, mit der Sattelzeit, auch das Zeitalter der Diffusionen im kulturgeschichtlichen Sinn zu Ende ging.

7.5 Kulturtransfer

Für Italien und Frankreich gilt, und deshalb ist überhaupt die Rede vom „Modell" berechtigt, daß sie in vielen Bereichen auf einmal, in Kunst, Architektur, Musik, Literatur, Philosophie, Wissenschaft, Politik und Wirtschaft kulturelle Referenzen im europäischen Raum aufbauen konnten. Wesentlich begrenztere kulturelle Re-ferenzen wurden allenthalben aufgebaut – Braudel hatte dies mit Hinweis auf alle möglichen Erfindungen angedeutet. Es ging dabei nicht nur um „Erfindungen", osondern durchaus um komplexere Phänomene, die in Einzelbereichen einen Modellcharakter annahmen. So wurde das englische Parlament in weiten Teilen Europas als Modell empfunden, nicht aber England als solches. Friedrich II. von Preußen stieg dank der überaus positiven Bewertung durch Voltaire und viele andere französische Aufklärer, selbst ja Repräsentanten eines Modells, zum Modell des auf-geklärten Herrschers auf, usf. Diese Form von partieller Modellbildung besteht bis heute fort: Schweden galt lange als Modell des Sozialstaats, Frankreich als Modell des Savoir vivre und des Nonkonformismus etc. Überall steckt natürlich einiges an Legenden- und Mythenbildung.

Eine andere Form kultureller Verflechtung in Europa stellt der Kulturtransfer dar. Als Definition läßt sich mit Helga Mitterbauer folgendes festhalten: „Der Begriff ‚Kulturtransfer' umfaßt sowohl inter- als auch intrakulturelle Wechselbeziehungen, er schließt Reziprozität ein und lenkt den Blick auf die Prozessualität des Phänomens. Kulturtransfer ist als dynamischer Prozeß zu betrachten, der drei Komponenten mit-einander verbindet, und zwar 1. die Ausgangskultur, 2. die Vermittlungsinstanz und 3. die Zielkultur. Zu hinterfragen sind die Objekte, Praktiken, Texte und Diskurse, die aus der jeweiligen Ausgangskultur übernommen werden. Den zweiten Bereich bildet die Untersuchung der Rolle und Funktion von Vermittlerfiguren und Vermittlungsinstanzen (Übersetzer, Verleger, Wissenschaftler, Universitäten, Medien, Verlage etc.), wobei eine Theorie interkultureller Vermittlungsinstanzen noch aussteht. Im Zusammenhang mit der Zielkultur stehen die Selektionsmodi ebenso wie die Formen der Aneignung und der produktiven Rezeption (Übersetzung, kulturelle Adaptionsformen, Formen der kreativen Rezeption, Nachahmung) im Mittelpunkt des Interesses" (Mitterbauer 1999).

Der Begriff Kulturtransfer stammt aus der Kolonialgeschichte und meint das Aufeinandertreffen von europäischer Kultur bzw. nationaler europäischer Kultur und autochthoner Kultur in den Kolonisationsgebieten seit dem 15./16. Jh. Ganz so scharf ist die Zweiseitigkeit innerhalb Europas nicht zu fassen, aber der genannte Ursprung des Begriffs mag hilfreich sein, um eine typologische Variante im Prozeß der Ausbildung der europäischen Kultur zu beschreiben.

Das Konzept Kulturtransfer wurde Anfang der 1980er vorwiegend von Michel Espagne und Michael Werner am Centre National de la Recherche Scientifique (Paris) entwickelt (Espagne/Werner 1985). Grundsätzlich ging es darum, die methodisch engeren Grenzen der traditionellen Beziehungsforschung und der vergleichenden Imagologie zu überwinden, neue Themenfelder zu erschließen, die Geschichtswissenschaft stärker an diesen Forschungsbereichen zu beteiligen und nicht zuletzt die Grundlagen nationalgeschichtlicher Vergleiche zu überdenken und zu erweitern. Schwerpunkt der bisherigen Arbeiten ist der Kulturtransfer zwischen Deutschland und Frankreich bzw. Frankreich und Deutschland, prinzipiell also ein Projekt, das bis zu einem gewissen Grad von „nationalen Kulturen" ausgeht.

Das *Konzept* beruht auf Interdisziplinarität, der *methodische* Ansatz ist interdisziplinär. Prinzipiell sind alle Humanwissenschaften beteiligt, insbesondere jedoch die Sprach- und Literaturwissenschaften, die Kunstgeschichte sowie viele Teildisziplinen der Geschichtswissenschaft (Wissenschaftsgeschichte, Sozial- und Mentalitätsgeschichte, Institutionengeschichte, Minderheiten- und Migrationsforschung etc., um nur einige Beispiele zu geben). Espagne/Werner lehnen sich bei der Charakterisierung des verwendeten Kulturbegriffs an Edgar Morin an: „Danach ist die Kultur ein veränderliches Kommunikationssystem, das etwa den individuellen Erlebnisraum in Verbindung zu dem institutionalisierten Wissen setzt, daher einen dauernden Stoffwechsel zwischen allen Individuen einer gegebenen Gesellschaft vollzieht und sich überhaupt mit dem sozialen Gefüge als ganzem artikuliert. Die Kultur greift also auf das Gebiet der Praxis über. Daneben wären die spezifischen Unterschiede von National-, Lokal- und Alltagskultur in ihrer wechselseitigen Überschneidung und Differenzierung zu erfassen" (Espagne/Werner 1985: 504). Die bisherigen Arbeiten berücksichtigen vorzugsweise die Medien und die Infrastruktur sozialer und interindividueller Kommunikation, also Buch- und Buchvertriebsmarkt, Pressemedien und Rezipienten, die Rezeption von „Ideen" und deren Akzeptanz, die Kommunikationsnetze von Migranten/Fremden und Emigranten, etc. „Die soziale Kommunikation erfordert aber auch die Anpassung des Kulturgedächtnisses an neue Konstellationen" (S. 504). Dies betrifft uns selber als diejenigen, die Schlußfolgerungen aus der Transferforschung zu ziehen haben, führt aber auch eine dynamische Komponente in die Forschungsgegenstände ein; wir haben es nicht mit statischen Verhältnissen zu tun, sondern solchen, die nicht zuletzt auf Grund von Transfers modifiziert werden. Espagne und Werner greifen desgleichen auf Problemstellungen der Kolonialgeschichte zurück, auf die Probleme von Kulturkontakten zwischen europäischen und nicht-europäischen Völkern sowie deren Folgen, die zum *clash* und/oder zu Akkulturationsprozessen führen können. In der rechtssoziologischen und rechtsethnologischen Forschung spielt das Konzept der Akkulturation eine bedeutsame Rolle, auch für die Analyse von Vorgängen innerhalb europäischer Gesellschaften. Akkulturation bedeutet nicht zwangsläufig, daß es sich um einen einseitigen Prozeß von „oben nach unten" handelt, wie im Kontext der Kolonialgeschichte oder der „Erfindung des neuzeitlichen Menschen" im frühneuzeitlichen Obrigkeitsstaat gemutmaßt werden könnte; Akkulturationen können durchaus reziprok verlaufen.

Das Konzept des Kulturtransfers besitzt mithin universale Anwendungsmöglichkeiten – innerhalb kleiner Räume hinsichtlich der Kommunikation zwischen verschiedenen Sozialgruppen; in bezug auf Vergleiche zwischen mutmaßlichen Kulturräumen (Regionen, Staaten, „Kulturen") oder losgelöst von geographischen Zusammenhängen in bezug auf individuelle oder soziale Kommunikationsnetzwerke. Kulturtransfer kann zwischen Kaufleuten, Künstlern, Handwerkern, Gelehrten usw. ungeachtet irgendwelcher politischer Grenzen beobachtet werden.

Die Tatsache, daß das Konzept Kulturtransfer auf den unterschiedlichsten Ebenen eingesetzt werden kann und nicht auf die Gegenüberstellung nationaler – vermeintlich nationaler – Kulturen verwiesen ist, charakterisiert in besonderer Weise seine Eignung für eine analytische Europahistoriographie. Was sich dabei u. a. zeigt, ist der Anteil des Nichtnationalen am Nationalen, zugleich die Anverwandlung, also Veränderung durch Rezeption, des Fremden an das Eigene. Gerade an diesem Punkt geht das Konzept Kulturtransfer über die Beziehungsforschung und auch die Imagologie hinaus, weil sie den möglichen Veränderungen rezipierter materieller und ideeller Kulturgüter Rechnung trägt. Der Aufbau kultureller Referenzen beschränkt sich nicht auf ein einziges bilaterales Verhältnis. In Frankreich wirkten eine deutsche, sicherlich aber auch eine englische und amerikanische, eine spanische, eine russische und andere Referenzen. Dasselbe gilt für jedes andere „nationale Kultursystem" in Europa; sinngemäß ließe sich diese Beobachtung auch auf den Aufbau kultureller Referenzen zwischen den Sozialgruppen einer bestimmten lokalen, regionalen, nationalen und schließlich transnationalen Gesellschaft übertragen. Zumeist lassen sich mehrere dieser kulturellen Referenzen gleichzeitig feststellen, aber ihre Gewichte unterscheiden sich. Die englische Referenz war in Frankreich im 18. Jh. vermutlich bedeutsamer als die deutsche, die amerikanische im ausgehenden 18. und in der ersten Hälfte des 19. Jh.s zentraler als die englische, aber weniger zentral als die deutsche, usf.

Die unterschiedlichen Gewichtungen der verschiedenen kulturellen Referenzen in der Zeit lassen sich mit dem von Espagne/Werner benutzten Begriff der Konjunktur korrelieren. Konjunkturen sind zeitgebunden. Und dies führt auf einen anderen Gesichtspunkt, der wichtig erscheint. Grundsätzlich läßt sich das Konzept Kulturtransfer problemlos auch auf die Frühe Neuzeit anwenden, und sicherlich würde es schwerfallen, Argumente für einen Ausschluß des Mittelalters zu finden angesichts der Erträge der *nationes*-Forschung, die den Aufbau nationaler Kulturen schon im Mittelalter rekonstruiert. Dennoch kann nicht übersehen werden, daß die Umweltbedingungen von Kulturtransfer im 15. Jh. signifikant anders waren als im 19. Jh. Das Konzept Kulturtransfer ist deshalb gegenüber dem kulturanthropologischen Konzept der Diffusion und dem Modellbegriff Braudels abzugrenzen.

Für die letzten fünfzig Jahre wird vor allem mit Integrationstheorien gearbeitet, die in Kapitel 9 am chronologisch passenden Platz kurz behandelt werden. Das folgende Kapitel 8 vertieft die oben angesprochenen Aspekte am Beispiel von fünf ausgewählten Bereichen. Es ist zu betonen, daß es sich um eine Auswahl handelt, wenn auch nicht um eine beliebige.

■ QUELLENZITATE: *Montaigne, Michel de*: Die Essais und das Reisetagebuch. In den Hauptteilen hg. und verdeutscht von Paul Sakmann [1932], Stuttgart 1948; *Réau, Louis*: L'Europe française au siècle des Lumières [1938], Paris ND 1971; *Staël-Holstein, Anne Louise Germaine de/Bosse, Monika (Hg.)*: Über Deutschland: mit einem Register, Anmerkungen und einer Bilddokumentation, Frankfurt am Main 1992.

■ LITERATUR: *Braudel, Fernand*: Modell Italien 1450–1650, Stuttgart 1991; *Espagne, Michel/Werner, Michael*: Deutsch-Französischer Kulturtransfer im 18. und 19. Jh. Zu einem neuen interdisziplinären Forschungsprogramm des C.N.R.S., in: Francia 13 (1985), S. 502–510; *Febvre, Lucien*: L'Europe. Genèse d'une civilisation (1944–45), Paris 1999; *Hugill, Peter J./Dickson, Bruce D. (Hg.)*: The Transfer and Transformation of Ideas and Material Culture, College Station, Texas UP 1988; *Kaser, Karl*: Südosteuropäische Geschichte und Geschichtswissenschaft: eine Einführung, Wien 1990; *Le Rider, Jacques:* Mitteleuropa. Auf den Spuren eines Begriffs, Wien 1994; *Mitterbauer, Helga:* Kulturtransfer – ein vielschichtiges Beziehungsgeflecht, in: Newsletter Moderne. Zeitschrift des Spezialforschungsbereichs „Moderne – Wien und Zentraleuropa um 1900", Graz, Jg. 2 (1999), Heft 1, S. 23–25; *Schmale, Wolfgang:* Europäische Geschichte als historische Disziplin. Überlegungen zu einer Europäistik, in: Zeitschrift für Geschichtswissenschaft 46 (1998), S. 389–405; *Schmale, Wolfgang (1998b):* Historische Komparatistik und Kulturtransfer. Europageschichtliche Perspektiven für die Landesgeschichte. Eine Einführung unter besonderer Berücksichtigung der Sächsischen Landesgeschichte, Bochum 1998; *Schultz, Helga:* Handwerker, Kaufleute, Bankiers. Wirtschaftsgeschichte Europas 1500–1800, Frankfurt 1997; *Szűcs, Jenő:* Die drei historischen Regionen Europas. Aus dem Ungarischen von Béla Rásky, Frankfurt 1990; *Todorova, Maria:* Die Erfindung des Balkans. Europas bequemes Vorurteil, Darmstadt 1999; *West, Shearer (Hg.):* Italian Culture in Northern Europe in the 18th Century, Cambridge 1998.

Geschichten zu Geschichte: Beispiele des kulturellen Systems in der Neuzeit – Nation, Politisches System, Recht, Wissen, Wirtschaft

8.1 Nation und Europa

Germaine de Staël beschreibt im Grunde die Grenze zwischen zwei nationalen historisch-kulturellen Gedächtnissen, die zugleich mit einem bestimmten geographischen Raum identifiziert werden können. Frau von Staël schrieb diesen Text um 1810 und dokumentiert damit einen bestimmten Entwicklungsstand der Nationswerdung. Die lineare Schärfe der Grenze im Raum und die lineare Abgrenzung je des französischen und des deutschen Gedächtnisses voneinander weisen auf einen Vorgang hin, der sich zunächst wie eine kulturelle Desintegration Europas ausnimmt. Vor allem im

Die ersten Eindrücke, die man in Norddeutschland erhält, sind, vorzüglich im Winter, ungemein traurig... Die Rheingrenze ist feierlich; indem man sie überschreitet, fürchtet man das schreckliche Wort zu hören: jetzt bist du außerhalb Frankreichs. *Vergeblich bemüht sich der Geist, mit Unparteilichkeit von dem Geburtslande zu urteilen, unsere Gefühle trennen sich nie davon; und ist man genötigt, es zu verlassen, so hat die Existenz ihre Wurzeln verloren, so fühlt man, daß man sich selbst fremd geworden ist ... Man begegnet keinem, der uns von der Vergangenheit etwas sagen könnte, keinem, der imstande wäre, die Identität verlebter Tage mit den gegenwärtigen zu bezeugen ...*

Germaine de Staël (1810; 1992), S. 89

19. und 20. Jh. litt Europa als Raum einer gemeinsamen Kultur unter den Nationalstaaten, die sich politisch und kulturell immer mehr gegeneinander abschotteten, sich als autonome Einrichtungen, nicht als Glied eines europäischen Körpers verstanden. Die Geschichte der Nationswerdung reicht jedoch sehr viel weiter zurück. Im Grunde gehört sie zu den wesentlichen Aspekten der europäischen Geschichte und kennzeichnet das kulturelle System Europas.

Von einem recht frühen Zeitpunkt an differenzierten sich die späteren Nationalkulturen aus. Sie evoluierten gleichzeitig mit der Diffusion kultureller Merkmale in einem größeren europäischen Raum, gleichzeitig mit der Regionalisierung Europas. Der Evolutionsprozeß zieht sich durch die gesamte europäische Geschichte spätestens seit dem 9. Jh., ohne überall gleich zu verlaufen. Grundsätzlich wird die Geschichte von Nation und Nationalismus durch die Französische Revolution und das Napoleonische Zeitalter zweigeteilt. Darüber hinaus erhielt der

Prozeß der Nationsbildung einmal durch die Kreuzzüge, sodann durch die europäische Expansion und schließlich durch den Imperialismus beschleunigende Anstöße.

Die Forschung zur Nationswerdung ist unterschiedlich dicht. Die Schwerpunkte liegen bei der *nationes*-Forschung im Mittelalter auf der einen und der Nationalismusforschung seit ca. 1780 bis heute auf der anderen Seite. Dazu kommen universalgeschichtliche Perspektiven – notwendigerweise, da der Nationalstaat zur universalen politischen Organisationsform aufgestiegen ist. Außerdem bedarf das Thema der Zukunft des Nationalstaats der Aufmerksamkeit, besonders in Europa, wo die Nationalstaaten zwar weiterhin bestehen, aber zunehmend Kompetenzen und Anteile nationaler Souveränität auf supranationale Institutionen verlagern.

Bei der Geschichte der Nationsentwicklung gehen wir im Grunde vom im 19. Jh. erreichten Stand des Nationalstaats aus und schauen zurück in die Geschichte, wie dieser Staatstyp geworden ist. Der Nationalstaat definiert sich durch die Identität von Raum, souveränem Staat mit festen Grenzen, Kultur, durch eine gemeinsame Staatssprache. Die Volkszugehörigkeit – im Gegensatz zur Staatsbürgerschaft – hat für den Nationalstaat an sich keine rassistische, nicht einmal automatisch eine vorrangige Bedeutung. Sie spielt bei der Definition von Kulturnationen im Gegensatz zu Staatsnationen eher eine Rolle, ist aber auch in diesem Fall von einem rassistischen Nationalismus zu unterscheiden.

Nation: Das Wort selber gehört seit der Antike zum politischen Wortgebrauch, gewisse Bedeutungselemente haben sich bis heute gehalten. Im Lateinischen der Antike bezeichnete die *natio* die Geburt, Herkunft oder Abstammung einer Person. Natio konnte Gruppen wie den Adel oder eine Philosophenschule als etwas Zusammengehöriges ausweisen. Natio konnte zur Unterscheidung von *civitas* dienen. Letztere wird durch gemeinsame Institutionen ausgezeichnet, erstere entbehrt dieser, ist politisch unzivilisiert oder barbarisch. In Spätantike und frühem Mittelalter wurden Heiden, Barbaren, Mohammedaner als *nationes* bezeichnet, „und auch die germanischen Großstämme des frühen Mittelalters, die Franken, Langobarden oder Burgunden wurden als *nationes* beschrieben, weil sie zwar jeweils einer Herkunft waren, scheinbar jedoch ohne jenes innere politische und gesellschaftliche Gefüge, das ein zivilisiertes Volk ausmacht. Neben ähnlichen Bezeichnungen wie *gens* oder *populus* führte dieser Wortgebrauch zu der spätmittelalterlichen Bedeutung von *nationes*, die europäische Großvölker meinte, welche ihrerseits aber mehrere *gentes* oder *nationes* umfassen konnten. Die Grenzen einer *natio* waren und blieben noch lange undeutlich; doch festigte sich der Gebrauch des Wortes, durchaus im ursprünglichen lateinischen Sinn, als jene Rechtsgemeinschaft, zu der jemand kraft seiner Geburt gehörte" (Schulze 1994: 112 f.). Ähnlich bezeichneten die *nationes* an den mittelalterlichen Universitäten und auf den Konzilien zusammengefaßte Gruppen, aber keine Nationalitäten im modernen Sinn. Grundsätzlich war aber mit *Nation* oder

Natio ein Wort gegeben, mit dem bestimmte kulturelle Verdichtungsprozesse auf den Begriff gebracht werden konnten. In der Aufklärungszeit wurde Nation/*nation* (französ.) zunehmend als Synonym von Volk eingesetzt und meinte das politisch souveräne Volk. Diese politische Nation, die sich entweder selbst regiert (Demokratie) oder im Rahmen einer konstitutionellen Monarchie einen Teil ihrer Souveränität an den Monarchen delegiert, hat wenig mit Nationalismus zu tun. Sie versteht sich als Gegensatz zu Absolutismus und Despotismus, sie ist Ausdruck von Freiheit und Rechtsstaatlichkeit. Die europäischen Revolutionen im Jahr 1848 zeichneten sich durch den Ruf nach der Verbrüderung der Nationen aus, und noch Masaryk verstand das Prinzip der Nation im europäischen Kontext als Säule von Demokratie und Brüderlichkeit.

Die meisten der Prozesse, die zur Ausbildung nationaler Identitäten beitrugen, setzten im Mittelalter vor oder spätestens um 1000 an. Nicht nur die späteren *Nationsnamen* tauchten dort schon auf und wurden mit bestimmten positiven Eigenschaften der Menschen und oft mythisch überhöhten historischen oder einfach legendenhaften Ereignissen verbunden, sondern auch bestimmte *Stereotype*, die dazu dienten, die jeweils anderen negativ oder positiv zu kennzeichnen. Die späteren *Nationalsprachen* weisen eine nicht weniger weit zurückreichende Geschichte auf. Bedeutsam ist nicht die Tatsache ihrer Entwicklung als solcher, sondern ihr Verhältnis zur europäischen universalen Schriftsprache, dem Latein. Über Jahrhunderte hinweg war nur Latein als Schriftsprache eine vollkommen ausgebildete Sprache, sie war die Sprache der Kirche, des Rechts und der rechtsverbindlichen Akte, der Gesetzgebung, der Gelehrten. Sie war eine europäische Sprache. Allmählich drangen die gesprochenen Sprachen in die Domänen des Lateins ein. Es waren ja nicht irgendwelche Domänen, sondern das, was für die mittelalterliche christlich-europäische Menschheit wichtig war, wurde in Latein geschrieben und zu einem gut Teil auch gesprochen. Das Eindringen der gesprochenen Muttersprachen in diese Domänen ist das Entscheidende; begleitet war dies von der Entwicklung der gesprochenen Muttersprachen zu Schriftsprachen. Sie wurden zur Sprache des Rechts, in der Frühen Neuzeit zur Sprache der Gelehrten neben Latein, sie drangen mit der Lutherischen Reformation in die Theologie und Glaubensvermittlung ein, während die katholische Kirche am Lateinischen festhielt.

Die *nationale Geschichtsschreibung* gehört zu den ältesten formenden Kräften der Nationswerdung. Sie erreicht schon im Mittelalter erhebliche Ausmaße, bleibt freilich auf die literaten Bevölkerungsteile begrenzt. Die Abgrenzungen waren oft unscharf, vor allem wenn an die Abstammungsmythen gedacht wird. Viele leiteten ihr Volk von den Nachkommen des Aeneas von Troja ab, der biblische Jafet hatte je nach Version so viel Söhne, daß es für eine ganze Reihe von Nationen ausreichte. Fast überall gab es die Tendenz zum Mythos von den auserwählten Völkern. In der Re-

8.1 „Völkertafel", Ölgemälde, anonym, Steiermark, zirka 1720/1730.

naissance wurden die Abstammungsmythen um die Geschichte des Widerstandes von Galliern oder Germanen gegen die Römer angereichert – neben seriöser historischer Forschung. Auch hier waren die Abgrenzungen, beispielsweise hie Germanen, da Gallier alles andere als scharf.

Konstrukteure wie Nutznießer der Nationen waren die Literaten, die Fürsten, der Adel. Vor dem 17./18. Jh. kann kaum mit der allgemeinen Bevölkerung als Adressat und Träger des Nationsgedankens gerechnet werden. Vom 17. Jh. an schärften sich aber die kulturellen Grenzen, die Grenzen zwischen den vielen Herrschaftsgebieten, wurden zunehmend politisch und kulturell gewertet. ‚Anthropologisch' wurden die nationalen Eigenschaften bis zu einem gewissen Grad kanonisiert, wie es die sog. „Völkertafel" aus dem frühen 18. Jh. illustriert (Stanzel 1998). Die Epoche der Französischen Revolution und der Napoleonischen Kriege bezog die allgemeine Bevölkerung in den Nationsbegriff mit ein, jedenfalls die männliche Bevölkerung. Die Nation des 19. und frühen 20. Jh.s war eine männliche Nation. Soldat sein und Patriot sein wurden miteinander verschmolzen und zu einem entscheidenden Bestandteil der

Identität von Männern erhoben. Der deutsche „Turnvater Jahn" bezeichnet im Grunde ein allgemeines europäisches Phänomen der Definition von Nation über den trainierten bzw. gestählten männlichen Körper. Hierzu gesellte sich im Lauf des 19. Jh.s fast überall der Versuch, Nationen als ethnisch reine „Volkskörper" zu definieren. Die Nationsmythen wurden neu gefaßt. Jene des 19. Jh.s haben nur mehr wenig mit denen der Renaissance zu tun. Neben den eingeborenen Helden der Antike, die mannhaft gegen die Römer kämpften, wurden bevorzugt Gestalten des Mittelalters eingesetzt, wobei das Mittelalter selbst „nationalisiert" wurde. Die Nationalgeschichte mit ihren vermeintlich klaren kulturellen und ethnischen Abgrenzungen gegenüber den anderen Nationalgeschichten wurde mit ihren Wurzeln ins Mittelalter oder die römische Antike zurückverpflanzt. Um der reinen Einheit willen setzte sich in Frankreich im 19. Jh. die Auffassung durch, daß die Franzosen Nachkommen der Gallier seien, die der frühen Neuzeit vertraute Differenzierung zwischen dem Adel als Nachkommen der siegreichen Franken und den Bauern/dem Dritten Stand als Nachkommen der unterlegenen Gallier wurde aufgegeben. Trotzdem, d. h. trotz aller künstlichen Konstruktion, aller Erfindung, verblieb dem Nationsgedanken die Idee demokratischer Selbstbestimmung. Das Recht der Italiener wie der Deutschen auf einen Nationalstaat stellte im 19. Jh. keine der Mächte ernsthaft in Frage, soweit es sich um das Prinzip der Nation drehte. Das Problem, daß Nationen ethnisch nicht „rein" sein konnten und es nicht waren, war bekannt, aber nicht lösbar. In der österreichischungarischen Doppelmonarchie wurde der Weg einer Ethnisierung der Verwaltung beschritten (Stourzh 1999). Auf der anderen Seite wurde die Idee der Vereinigten Staaten von Europa in der Zeit geboren und an die Öffentlichkeit getragen, in der der Nationalismus ansetzte. Aber es waren nicht dieselben Personen, die für die Idee der Vereinigten Staaten von Europa im Sinne der verbrüderten Nationen, wie es Victor Hugo (s. Kap. 5) immer wieder beschworen hatte, warben und zugleich die Nationen in den Nationalismus hetzten. Mit Nationalismus ist nicht nur die immer aggressivere Abgrenzung gegeneinander im Zeitalter des Imperialismus gemeint, sondern auch das Junktim zwischen Imperialismus und Nationalismus. Zumindest die imperialistischen Mächte glaubten sich in der Lage, den autarken Staat, der die anderen nicht braucht, verwirklichen zu können. Insoweit ist es wohl auch nicht sinnvoll, den Begriff des Nationalismus in die Frühe Neuzeit vorzuverlegen, wie es Greenfeld (1994) und andere in jüngerer Zeit ins Spiel gebracht haben.

Die Formulierung von Nationen in der Renaissance war zweifellos auch die Folge der Strukturierung des immens angewachsenen empirischen Wissens über Europa. Das antike Wissen wurde durch empirische Forschung erweitert. Je mehr man erfuhr, umso mehr mußten die Städte, Regionen, Provinzen, Repuliken und Monarchien als kulturelle Einheiten erscheinen, die das angehäufte Wissen strukturierbar machten. Die frühneuzeitliche Erfindung der Nation besaß ganz sicher politische Implikationen, aber sie diente auch dazu, die europäische Welt zu ordnen, in ein rationales System zu bringen. Die Nationsvorstellung des späteren 19. und des 20. Jh.s hatte damit nicht mehr viel gemein. Von da an war sie nicht mehr Ausdruck eines kulturellen Systems, sondern Ausdruck der Desintegration des Systems. Um es noch deutlicher zuzuspitzen: Bis zur Politisierung der Nationsidee durch den Begriff der Volkssouveränität und der Brüderlichkeit, also bis ins frühe 19. Jh., kann „Nation" als Konstrukt als Beitrag zur Ausbildung eines europäischen kulturellen Systems interpretiert werden; seit dem Umschwung in der zweiten Hälfte des 19. Jh.s als Beitrag zur Desintegration dieses Systems.

Die Nationsbildung bis zum 19. Jh. kann nicht von der Staatsausbildung getrennt werden (Ertman 1997; Reinhard 1999; Mączak/Weber 1999). Die Ausbildung des neuzeitlichen Staats begann mit der Institutionalisierung von Herrschaft und Verwaltung, der Verschriftlichung herrscherlichen Handelns und der Anlage von dauerhaften Staatsarchiven, mit der Professionalisierung bestimmter Berufsgruppen wie der Juristen, die am Staatswerdungsprozeß entscheidenden Anteil nahmen, der systematischen Anhäufung von Informationen, die zur Grundlage von Herrschaftswissen wurden, der Verstetigung und Linearisierung politischer Grenzen, der Schaffung eines Untertanenvolks. Nicht überall führte das sofort zur Ausbildung national geprägter Staaten wie im Fall Frankreichs und Spaniens, aber auch im Heiligen Römischen Reich verlief der Staatsbildungsprozeß in den einzelnen Territorien ähnlich. Bei all diesen Prozessen einschließlich jener der Nationsbildung wurden in den verschiedenen Teilen Europas prinzipiell ähnliche Phasen durchlaufen, aber nicht überall gleichzeitig. Es machte deshalb einen gewaltigen Unterschied aus, ob sich der Nationsstaat wie in Frankreich und England über Jahrhunderte entwickelte oder wie in Südosteuropa innerhalb von 150 Jahren zwischen Aufklärungs- und Revolutionsepoche und Erstem Weltkrieg von ‚Eliten' durchgesetzt wurde. Im Falle Frankreichs und Englands fiel das Element der Auflehnung gegen Fremdherrschaft bei der Nationsbildung in Mittelalter und Neuzeit im wesentlichen weg, diese Auflehnung konnte als Gründungsmythos in die Antike zurückverlegt werden, während in Südosteuropa die Auflehnung gegen die osmanische bzw. habsburgische Herrschaft mit der Phase der Demokratisierung des Nationsbegriffs im Sinne der Volkssouveränität und der Notwendigkeit, ein eigenes Staatswesen neu aufzubauen, zusammenfiel – ganz zu schweigen von der generellen Unterschiedlichkeit der geschichtlichen Umwelten. Während in Spätmittelalter und Früher Neuzeit die werdenden Nationalstaaten das politische System Europas mitbegründeten, mit seiner Struktur verwachsen waren, kann dies von den jungen Nationen nicht behauptet werden. Die nach 1918 gebildeten Nationalstaaten wurden mehr in eine alte Struktur, die immer noch vom Gegensatz Frankreich–Deutschland und auch England–Kontinent geprägt war, hineingeworfen denn wirklich eingefügt. Der im 5. Kapitel zitierte deutsche

Außenminister Stresemann hatte dies in seiner Stellungnahme zu Briands Europaplan am Beispiel der Nichtintegration dieser Staaten in das europäische Wirtschaftssystem deutlich gemacht.

Im Blick von außen auf Europa erscheint die Ausbildung der Nationalstaaten und die Entstehung eines auf dem Nationalstaatsprinzip beruhenden europäisch-internationalen Systems als charakteristisches kulturelles Merkmal Europas, das es für die Zeiten vor der Implementierung des Nationalstaatsprinzips überall in der Welt von anderen Kulturen klar unterscheidbar machte.

8.2 Europa als politisches System

Europäische Geschichte als politische Geschichte zu schreiben gehört zu den traditionellen und in den letzten Jahren wieder sehr gepflegten Herangehensweisen. Der Ansatz rechtfertigt sich im Blick auf die Entstehung eines politischen Systems der europäischen Staaten und Mächte. „Europa" kann gewissermaßen mit „politischem System" gleichgesetzt werden. Die dafür verwendeten Bilder und Begriffe unterstreichen die Bedeutung diskursiver Konstitutionen des Systems. Nicht nur die realen Machtverhältnisse, sondern auch die bildliche und begriffliche Präsenz (s. u.) des Systems machten in der Neuzeit aus dem politischen Europa mehr als die Addition von Nationalstaaten, ohne die Ebene eines politisch integrierten Europas zu erreichen.

Kein Krieg ist legitim, wenn ersichtlich ist, daß er mehr zum Schaden als zum Nutzen und Vorteil der Republik geführt wird (…). Und da ein Staat nur ein Teil des Weltganzen und (…) eine christliche Provinz nur ein Teil der ganzen Republik ist, erachte ich einen Krieg auch dann für ungerecht, wenn er einer Provinz oder einem Staate nützlich sein mag, auf der anderen Seite sich aber für die Welt oder Christenheit nachteilig auswirkte.

Francisco de Vitoria (1480–1546)

Seit dem ausgehenden Mittelalter bildete sich in Europa eine Art Beziehungssystem zwischen den werdenden Nationalstaaten sowie jenen politischen Gemeinwesen, die wie beispielsweise Venedig anfangs eine große politische Macht darstellten, dann aber nach und nach, spätestens seit den Umwälzungen der Napoleonischen Epoche, als eigenständige Gebilde verschwanden. Umgekehrt entstanden auch neue Staatsgebilde wie Piemont-Sardinien, das im 19. Jh. zum entscheidenden Faktor in der italienischen Einigung wurde und für einige Jahrzehnte eine europäische Rolle spielte. Der Begriff „System" rechtfertigt sich durch den wissenschaftlichen Blick von außen und aus dem Nachhinein, aber auch aus der jeweils zeitgenössischen Begrifflichkeit: *Christliche Republik*, *Gleichgewicht* und andere Begriffe transportieren zeitgenössische Blicke auf die europäische Staatenwelt. Bis in die zweite Hälfte des 19. Jh.s kann von System gesprochen werden, das sich im Lauf der Jahrhunderte änderte. Im späten 19. Jh. in der Epoche des Nationalismus und Imperialismus scheint der Begriff „System" nicht mehr angebracht. Es gab kein europäisches System mehr, sondern nur noch eine Vielzahl von Systemen, die die größeren Nationalstaaten durch bi- oder ggf. auch multilaterale Verträge aufzurichten versuchten.

Dieses Teilkapitel zeichnet nicht die „internationalen" Beziehungen im Sinne einer allgemeinen politischen Geschichte nach, sondern stellt im Kern die Frage, inwieweit es ein System gab und was als Idee das System trug. Es geht also auch nicht um die im 5. Kapitel dargestellten Europapläne. Anders, als es zumeist in der älteren Forschung vertreten wurde, wird hier der Auffassung gefolgt, daß es seit dem späten 19. Jh. kein europäisches Staatensystem mehr gab, vielmehr und seit Jahrhunderten erstmals, eine systemlose Zeit einsetzte.

Zu Beginn des 16. Jh.s wird man bezüglich Europa nur schwer von einem europäisch-internationalen politischen System, ja, vielleicht nicht einmal von einer ausgesprochenen politischen Ordnung reden können. Mit Ausnahme Italiens zeichnete sich eine Konsolidierung der mittelalterlichen Staatsgebilde ab, deren nationalkultureller Charakter im Lauf des 16. Jh.s immer deutlicher zutage trat. Dennoch existierte in der politischen Vorstellungswelt vorerst nicht die Vorstellung eines Europas der Nationalstaaten, sondern die der christlichen Republik, der die metaphorische Darstellung Europas als Frauenkörper entsprach. Auch die Vorstellung von Haus und Familie galt für Europa. Die gewordenen Staaten beanspruchten für sich Souveränität, eine Unterordnung unter Papst oder Kaiser als universale Mächte lehnten sie ab. Juristisch gesehen handelte es sich um eine werdende europäische Welt gleichberechtigter, aber nicht gleicher Staaten. Wie sehr die faktische Ungleichheit die theoretische Annahme der Gleichberechtigung in Frage stellte, zeigte sich an der schon dargestellten Idee Sullys in den 1630er Jahren in seinem Großen Plan, die Größe der Staaten neu zu bestimmen, eine Ordnung von Staaten mit annähernd ähnlicher Machtbasis zu schaffen. Kennzeichnend für das 16. Jh. war sicher das Aufschwung nehmende ständige Gesandtschaftswesen (in Abgrenzung zu den fallbezogenen Sondergesandtschaften), das als Kommunikationsinstrument den sich sedimentierenden Staaten und politischen Kulturen Rechnung trug. Entwickelt hatten es die Venezianer im Austausch mit dem Osmanischen Reich. Man könnte das Gesandtschaftswesen, die sich entwickelnde Diplomatie, als eine Art Textur verstehen, in der die sich auseinanderentwickelnden politischen Kulturen in Europa in eine allen verständliche Sprache rückkodiert wurden. Zum Wörterbuch dieser Sprache entwickelte sich das Jus Publicum Europaeum, das im 18. Jh. durch zahlreiche Kompendien geradezu kodifiziert wurde.

Trotz allem setzte sich in der ersten Hälfte des 16. Jh.s zunächst ein Bipolarismus durch, der Gegensatz zwischen den Dynastien der Habsburger und Valois bzw. Bourbonen (seit Heinrich IV.). Die politische Situation Europas war durch diesen

Bipolarismus gekennzeichnet, der aber vielleicht mehr in der Imagination existierte als real war. Sicher vereinigte Karl V. eine bisher unbekannte Machtfülle auf sich; er war römischer Kaiser, Herrscher Spaniens und überseeischer Gebiete. Der französische König Franz I. und sein Königreich konnten sich zunächst zu Recht als eingekreist ansehen. Fast sämtliche Binnengrenzen waren Grenzen zu oder mit dem habsburgischen Herrscher, den Atlantik beanspruchten zudem Spanien und Portugal gewissermaßen für sich. In der politischen Praxis nahm sich diese theoretische Umklammerung jedoch weniger gravierend aus. Zum permanenten Konflikt kam es vorwiegend in Italien, wo Franz I. 1525 sogar in die Hände Karls V. fiel. Die unmittelbaren Ziele Karls in Frankreich, z. B. ein willfähriges provenzalisches Königreich zu errichten, um eine Verbindung zwischen Spanien und Italien zu schaffen, waren eine Utopie, erwachsen aus der Idee der Universalmonarchie, die Karls Großkanzler Mercurino Gattinara mit Nachdruck verfolgte. Der vermeintliche Universalmonarch war letztlich zu sehr durch die Türkengefahr, die Reformation und zahlreiche Widerstände im Reich gebunden, überhaupt fehlten die infrastrukturellen und kommunikationstechnischen Voraussetzungen für die praktische Umsetzung einer Universalmonarchie.

Es entsprach allerdings dem verankerten Bild vom Körper der christlichen Republik, wenn anfangs die Idee der Universalmonarchie in Europa einen gewissen Anklang fand. Ihres christlichen Hintergrunds entkleidet, entpuppte sie sich jedoch bald als nackte Machtpolitik. Im 17. Jh. wurde Ludwig XIV. vorgeworfen, nach der Universalmonarchie zu streben und sich am Prinzip einer Machtbalance in Europa zu versündigen. Napoleon I. war im Grunde der einzige Herrscher, der in der Tat für kurze Zeit eine Art europäische Universalmonarchie praktizieren konnte, die aber an England und den 1812/13 auf dem Kontinent schnell wachsenden Widerständen scheiterte.

Die Expansion einer Reihe europäischer Staaten in den überseeischen Raum trug entscheidend dazu bei, in Europa ein System der Mächte entstehen zu lassen, demgegenüber sich bipolare Konstellationen nur kurze Zeit behaupten konnten. Portugal, Spanien, Frankreich, die nördlichen Niederlande und England, also die Länder, die rund gesprochen zwischen 1500 und 1600 zu den Hauptakteuren der Expansion wurden, wurden in Übersee nicht plötzlich „europäisch", sondern blieben ihren spezifischen kulturellen Traditionen treu. Sie exportierten ihre spezifische politische Kultur in die überseeischen Besitzungen und stärkten sich damit wiederum selber in Europa. Die atlantischen Staaten nutzten die neue ökonomische Basis zur Konsolidierung der heimischen Machtbasis. Mit Machtbasis sind die ökonomischen, demographischen, militärischen und propagandistischen Ressourcen gemeint. Auf längere Sicht setzten sich in Europa fünf Mächte durch, die ein seit dem 19. Jh. „Pentarchie" genanntes politisches System begründeten, das sich aber spätestens seit der zweiten Hälfte des 18. Jh.s etabliert hatte. Zur Pentarchie rechnen Großbritannien, Österreich, Frankreich, Rußland und Preußen, im Prinzip also nur zwei aus der Gruppe der nach Übersee expandierenden Staaten. Rußland hingegen expandierte im 16. Jh. auf dem Kontinent vorwiegend nach Osten, nach Sibirien, dann weiter nach Südosten und unternahm zusätzliche Anstrengungen, sich zu europäisieren. Vor allem seit Peter d. Gr. sorgte die russische Politik für einen nicht mehr unterbrochenen Prozeß kulturellen Transfers von West nach Ost, nach Rußland. In Brandenburg-Preußen waren im 17. Jh., z. T. von der europäischen Öffentlichkeit unbemerkt, die Grundlagen für die territoriale und machtpolitische Expansion im 18. Jh. gelegt worden, aus der sich der Dualismus zwischen Preußen und Österreich entwickelte. Das Heilige Römische Reich war ohnehin aufgrund seiner Konstruktion in der Neuzeit nie das gewesen, was man eine Großmacht nennen würde.

Wie immer allerdings im einzelnen die Mächtekonstellation aussah, im allgemeinen wurde versucht, diese mit Hilfe der Vorstellung vom Gleichgewicht zu beschreiben (Strohmeyer 1994). Bekannt ist, daß das Bild der Waage, der Bilancia, von italienischen Autoren auf Bemühungen der italienischen Fürsten bezogen wurde, die Kriege untereinander zu beenden. Aber auch in Frankreich, das im 15. Jh. Gefahr lief, in italienische Verhältnisse zu geraten, verwies Philippe de Commynes (1447 bis 1511) auf die Notwendigkeit von ausbalancierenden Gegenkräften, um die machthungrigen Barone des Königreichs in ihre Grenzen zu verweisen. Mitte des 16. Jh.s finden sich in venezianischen Gesandtenberichten, aber auch in anderen Korrespondenzen mit Gesandten Gleichgewichtsvorstellungen, nunmehr auf den europäischen Raum bezogen. Nach dem Scheitern Karls V. bildeten Frankreich und Spanien bzw. das Haus Österreich die beiden Machtpole in Europa, von denen keiner dem anderen überlegen werden sollte. Öfters wird gegen Ende des 16. Jh.s in der politischen Literatur von der Waage als Metapher für politisches Gleichgewicht Gebrauch gemacht. Aus englischen Federn stammt, ebenfalls schon Ende des 16. Jh.s, das Bild vom Zünglein an der Waage, wobei mit Zünglein England und mit den beiden Waagschalen Frankreich und Spanien gemeint sind. Francis Bacon (1561–1626) rückübertrug die Idee von drei Mächten auf die erste Hälfte des 16. Jh.s und das politische Verhältnis zwischen Karl V., Franz I. und Heinrich VIII. von England. Die neue Bewertung Englands hing u. a. mit dem Sieg über die spanische Armada 1588 zusammen, ein Ereignis mit überwiegend bildhaftem Wert: Es zeigte die Relationen zwischen einer zunehmend minderbedeutenden spanischen Macht und einem immer bedeutenderen England als Seemacht.

Die Vorstellung Gleichgewicht blieb flexibel. Statt eines bipolaren Systems wie in der ersten Hälfte des 16. Jh.s war auch denkbar, daß sich eine Macht in der einen Waagschale und mehrere weitere in der anderen als Gegengewicht fanden, was im Grunde in der Propaganda gegen Ludwig XIV. Verwendung fand. Im 19. Jh. wurden angesichts der Pentarchie kompliziertere Gleichgewichtsmodelle angedacht, die mehrpolig strukturiert waren und in denen sich die großen Mächte gegenseitig in Schach hielten.

Die Vorstellung vom Gleichgewicht und das Bild der Waage bedeuteten zunächst den Versuch, Zustände zu beschreiben. Eine andere Frage ist, ob „Gleichgewicht" auch eine politische Handlungsmaxime beschreibt. Wurde Politik, Außenpolitik auf die Verwirklichung eines Mächtegleichgewichts hin ausgerichtet? Zunächst kann bezüglich der Außenpolitik Venedigs im 16. Jh. festgehalten werden, daß die Republik sowohl mit dem Haus Habsburg wie mit dem französischen König Bündnisse einging und damit gewissermaßen die Waage steuerte. Nicht zufällig spielt die Gleichgewichtsidee im venezianischen Gesandtendiskurs ihre Rolle. Auch die Politik Heinrichs VIII. läßt sich ggf. in Anlehnung schon an Bacons Interpretation als Gleichgewichtspolitik interpretieren, die das Gewicht von Frankreich und habsburgischem Herrschaftsbereich auszutarieren versuchte. Weite Teile des 16. und 17. Jh.s sind durch die französischen Anstrengungen gekennzeichnet, sich aus der vermeintlichen habsburgischen Umklammerung zu befreien. Ludwig XIV. betrieb im wesentlichen eine Arrondierungspolitik, zu Lasten Spaniens, der südlichen zu Spanien gehörenden Niederlande und des Reichs. Er provozierte die Bildung gegnerischer militärischer und propagandistischer Koalitionen. Die Gleichgewichtsidee schlug sich schließlich in den Friedensschlüssen der Zeit wie etwa dem Frieden von Utrecht 1713 nieder.

Betrachtet man die politischen Verhältnisse des 16. Jh.s und vergleicht sie mit dem 19. Jh., so hatten sich diese unzweifelhaft grundlegend geändert, und dennoch schien die Gleichgewichtsidee im gesamten Zeitraum geeignet, die tatsächlichen Verhältnisse bzw. politischen Ziele zu beschreiben. Zwar gab es auch Kritik an der Gleichgewichtsidee, aber deren Einfluß blieb bescheiden. Die Hartnäckigkeit der Gleichgewichtsvorstellung dürfte sich daraus erklären, daß sie nicht nur in der Politik, sondern in allen möglichen, auch z. B. wissenschaftlichen Bezügen, beliebt war. Sie gehört zu einem Grundbestand allgemein verbreiteter Vorstellungen und Bilder, mit denen in der Frühen Neuzeit versucht wurde, die Welt darzustellen und zu verstehen. Auftauchen und Modifizierungen der Gleichgewichtsvorstellung in der Politik hängen offenbar mit der Modifizierung der politischen Körpermetapher zusammen. Die Idee der Universalmonarchie, wie sie noch einmal unter Karl V. auflebte, entsprach der vom mystischen Körper abgeleiteten politischen Körpermetapher (Vgl. Kapitel 4).

Auf Dauer vertrug sich diese metaphorische Darstellung nicht mit der staatlichen Pluralität Europas. Schon im 16. Jh. setzte eine Vermehrung der politischen Allegorien ein. Eine Allegorie auf das Haus Österreich (sog. Habsburger Zyklus, um 1593/94) zeigt die allegorische Figur der „Austria", die auf einem Felsen thront; zu ihren Füßen befindet sich die „Europa", die der „Austria" die Krone reicht. Die „Europa" als Allegorie behielt ihre Funktion in den Erdteildarstellungen, wo sie die Überlegenheit Europas über die anderen Erdteile ausdrückte. Immer mehr Staaten und Republiken, ja einzelne Städte legten sich eine allegorische Figur zu, in der sich ihre politische Identität ausdrückte. Auch das Bildmaterial, mit dem das europäisch-politische Geschehen kommentiert wurde, griff auf Allegorien, Bestiarien oder andere Gestaltungsmöglichkeiten zurück, die die staatliche Pluralität wiedergaben.

Aus der politischen Ikonographie verschwand das Motiv der Universalherrschaft dennoch nicht, es scheint aber, soweit es sich um die positive Affirmation des Prinzips und nicht seine Kritik handelte, von Europa auf die Welt verlagert worden zu sein. Die Habsburger- und die Bourbonendynastie lieferten sich im 17./18. Jh. eine Propagandaschlacht um die Darstellung der Universalherrschaft. Insbesondere Ludwig XIV. ließ das Motiv für sich vereinnahmen. Anfangs fand das Motiv Aufnahme in die Ikonographien der Herrscherhäuser, die im 16. bzw. 17. Jh. mit den Habsburgern durch Heirat verbunden wurden. Das war so bei den Medici (Francesco de'Medici hatte Johanna, die Schwester Kaiser Maximilians II., geheiratet), und dies war so bei den Bourbonen: Ludwig XIII. heiratete die Infantin Anna. Allerdings beanspruchten die Bourbonen sehr schnell die Weltherrschaftssymbolik, um ihre Überlegenheit über die spanischen Habsburger, die Überlegenheit Frankreichs über Spanien zu illustrieren. Umgekehrt wurde Ludwigs XIV. europäische Außenpolitik kritisch als Streben nach der Universalherrschaft in Europa gebrandmarkt. Auch hierzu existierte eine Bildpropaganda.

All dies bedeutete noch nicht, daß die Vorstellung von einer europäischen Republik verlorenging. Der Begriff begegnete nämlich weiterhin im 18. Jh. Nur galt für diese Republik nicht mehr die Metaphorik wie noch bei Putsch oder Sebastian Münster, die sich an die kirchliche wie politische Metapher des Mittelalters vom mystischen Körper angelehnt hatte, sondern eine neue, die sich an das Bild vom Uhrwerk, also an mechanische Körper anlehnte. Tatsächlich wurde ja auch der menschliche Körper im 17. Jh. neu in Anlehnung an die von mechanischen Körpern ausgehende Faszination interpretiert. Machtpolitisch gesehen wurde versucht, Europa im Gleichgewicht zu halten, d. h. die Mechanik des Räderwerks sollte nicht grundlegend verändert werden. Dazu kam die gängige Vorstellung, daß Güter nicht absolut vermehrt werden konnten, sondern daß jeweils nur der relative Anteil zu steigern war. Diese Annahme lag noch der merkantilistischen Wirtschaftspolitik zugrunde: Das Eindringen in fremde Märkte wurde gefördert, um relative Anteile zu gewinnen, der eigene Markt wurde durch protektionistische Maßnahmen nach Möglichkeit abgeschottet, um keine Anteile zu verlieren. In einer solchen Vorstellungswelt gab es gewissermaßen politisch nur die Alternative zwischen dem Denkmodell Universalmonarchie oder Gleichgewicht. Im Gleichgewichtsmodell wurde dafür gesorgt, daß kein Staat seinen relativen Anteil an der in Europa verfügbaren Machtbasis zu sehr steigerte; Modifizierungen, Korrekturen und begrenzte Macht- und Territorialsteigerungen waren dabei nicht ausgeschlossen. Dieses Denkmodell funktionierte durchaus in der Praxis, was eine genaue Beschäftigung mit den Kriegen des 17. und 18. Jh.s zeigt. Mit der Einrichtung von Garantiemächten, Frankreich und Schweden, im Zuge des Westfälischen Friedens sowie mit dem Friedensschluß selbst wurden völkerrechtliche Instrumente geschaffen, die der Aufrechterhaltung der mit dem Frieden gefundenen Machtverteilung dienen sollten. Die weiteren nicht wenigen Kriege bewegten sich im großen und ganzen im gesteckten Rahmen und respektierten bestimmte Regeln. Als Friedrich II. 1740/41 im Handstreich Schlesien eroberte, verstieß er gegen sämtliche etablierte Regeln; er wiederholte dies 1756 mit dem Präventivkrieg gegen Sachsen, was den Siebenjährigen Krieg auslöste. Preußen, und nur Preußen, gelangte in den Kreis der Pentarchie durch systematische Regelverletzungen. Sie brachten das System aber nicht zu Fall, weil Schlesien an der Peripherie des Systems lag und weil der Einfall in Sachsen nicht zur Einverleibung Sachsens in das Königreich Preußen führte. Österreich erweiterte seine Machtbasis im 18. Jh. und wurde zu einer der fünf Großmächte, indem von der Pragmatischen Sanktion über die Reformen Maria Theresias und Josephs II. sowohl politisch-europäisch wie administrativ-ökonomisch die Grundlagen für eine optimierte Nutzung der eigenen Ressourcen gelegt wurden. Die territoriale Erweiterung war überwiegend nach Osten gerichtet, spielte sich also vorerst an der Peripherie des Systems ab. Zu Rußland war schon oben das Notwendige berichtet worden. Was Italien und Polen angeht, so handelte es sich um zwei Räume, die für die Stabilität des Systems überlebenswichtig waren. Der ständige Kampf zwischen Habsburgern und Frankreich um die Erweiterung der jeweiligen Machtbasis in Italien diente zugleich dem Zweck, hier keine eigene, geschlossene italienische Macht aufkommen zu lassen. Nach demselben Prinzip wurde mit Polen im späten 18. Jh. (Teilungen) verfahren. Solange also ein gewisses Maß an Regeln respektiert wurde, solange die Hauptregel, nur ein begrenztes Maß an Regelverstößen zuzulassen, mehr aber zu ahnden, eingehalten wurde, funktionierte das Gleichgewichtssystem. Daß es funktionierte, lag nicht zuletzt an einer Art Gleichgewicht des Schreckens, da die großen Mächte über vergleichbare Truppenstärken verfügten und zumeist neben Trümpfen auch Nieten in den Händen hielten. England z. B. war die stärkste Seemacht, verfügte aber über kein Frankreich oder den anderen Großen vergleichbares Territorialheer, so daß Interventionen großen Stils auf dem Kontinent nicht in Frage kamen, andererseits die Seemacht geeignet war, Druck und Kontrolle in Europa auszuüben. Frankreich besaß eines der größten Territorialheere, betrieb aber im Gegensatz zu England keine entschiedene Kolonialpolitik. Preußen verfügte über eine recht schmale demographische und ökonomische Machtbasis, was vor allem Friedrich II. durch politisch-militärische Strategien ausglich.

Daß das Gleichgewichtssystem funktionierte, hing aber auch mit der Verankerung der Idee, Europa sei trotz allen staatlichen Pluralismus eine Republik, zusammen, und die Langlebigkeit dieser Idee war der Langlebigkeit und Wandlungsfähigkeit der politischen Körpermetaphern zu danken. Kein anderer als Kant brachte dies auf den Punkt: „Alle Kriege sind demnach so viel Versuche (zwar nicht in der Absicht der Menschen, aber doch in der Absicht der Natur), neue Verhältnisse der Staaten zustande zu bringen und durch Zerstörung, wenigstens Zerstükkelung aller neue Körper zu bilden, die sich aber wieder entweder in sich selbst oder nebeneinander nicht erhalten können und daher neue, ähnliche Revolutionen erleiden müssen; bis endlich einmal teils durch die bestmögliche Anordnung der bürgerlichen Verfassung innerlich, teils durch eine gemeinschaftliche Verabredung und Gesetzgebung äußerlich ein Zustand errichtet wird, der, einem bürgerlichen gemeinen Wesen ähnlich, so wie ein *Automat* sich selbst erhalten kann." (Kant, Idee zu einer allgemeinen Geschichte in weltbürgerlicher Absicht, 1784, Siebenter Satz).

Zwischen den politisch-mystischen Körper der *Europa* in den erwähnten Bilddarstellungen des 16. Jh.s und dem Automaten Kants, dessen adäquate emblematische Darstellung vielleicht erst heute in den Zwölf Sternen auf blauem Grund zu sehen ist, ist die im Umfeld des Westfälischen Friedens gewachsene Ikonographie gelagert. Entscheidend ist, daß gerade die im Reich entstandenen Darstellungen die hierarchische Präsentation des Kaisers zugunsten des Gleichordnungsprinzips zurücknahmen. Gleichgeordnet wurden in der Regel Kaiser, französischer König und schwedische Königin, gelegentlich wurde auch Spanien aufgenommen, obwohl Spanien 1648 keine friedenschließende Macht war, vielmehr beendigte erst der Pyrenäenfrieden von 1659 den französisch-spanischen Krieg. Soweit also auch Spanien gezeigt wurde, muß davon ausgegangen werden, daß die damaligen vier Großmächte repräsentiert werden sollten.

Wie auch immer die beiden Friedensschlüsse von Münster und Osnabrück 1648 juristisch zu beurteilen sind, wahrgenommen wurde der später so genannte „Westfälische Friede" als Gleichordnung mehrerer Mächte, als Ende universalherrschaftlicher Ansprüche in Europa selbst. Universalherrschaftliche Ansprüche wurden positiv, wie oben angemerkt, auf die überseeische Welt übertragen, eine Paradigmenverschiebung, deren vollständige Wirkung erst im Imperialismus sichtbar wurde. Vor allem im 18. Jh. setzte sich das Prinzip durch, in zwei- oder mehrseitigen Verträgen, die einen Krieg beendeten, auf die beiden Friedensverträge von 1648 oder pauschal auf den Westfälischen Frieden Bezug zu nehmen und den neuen Vertrag in die völkerrechtliche Kontinuität mit dem älteren Friedenswerk, dessen fortdauernde Geltung bekräftigt wurde, zu stellen. Auf diese Weise erhielt das Vertragswerk die Bedeutung eines *lieu de mémoire* für die europäisch-internationalen Beziehungen. Gleichzeitig wurde regelmäßig auf Europa als die „Christliche Republik" verwiesen; die eingesetzten Begriffe lauteten „res publica

Christiana", „res Christiana", „Christianitas" und zunehmend einfach „Europa", was auf die schleichende Säkularisierung des Europaverständnisses verweist. „1648" blieb bis in den Zweiten Weltkrieg hinein ein – allerdings inzwischen negativ besetzter – *lieu de mémoire*. Die Nazis sahen darin den Anfang vom Ende der unterstellten geschichtlichen Großmacht „Deutschland", aber auch in französischen Widerstandskreisen wurde der Westfälische Friede als europäisches Grundübel interpretiert, insoweit er die Idee der Balance of Power in die außenpolitischen Beziehungen eingeführt habe. Die Idee vom Gleichgewicht der Macht lief den Vorstellungen von europäischer Integration bei vielen Widerstandsgruppen diametral entgegen.

Es stellt sich die Frage, ob das ‚System' von 1648 nicht gründlich durch die Französische Revolution verändert wurde. In den 1950er/60er Jahren wurde diesseits und jenseits des Atlantik eine anregende Debatte über die in diesem Zusammenhang dann so benannte „Atlantische Revolution" geführt. Neben Robert Palmer befaßte sich vor allem der französische Historiker Jacques Godechot sehr intensiv mit den inneren Zusammenhängen der Amerikanischen und der Französischen Revolution. Es ging bei dieser Debatte um weit mehr als die möglichen Einflüsse amerikanischer Rechteerklärungen auf die französische Erklärung der Menschen- und Bürgerrechte. Die Debatte ist nicht wirklich zu Ende geführt worden, im Bicentenaire (1989) spielte sie keine nennenswerte Rolle mehr.

Frankreich hatte den Siebenjährigen Krieg 1763 in den nordamerikanischen Kolonien gegenüber England verloren. Als sich die Kolonisten gegen die Muttermacht zu erheben begannen, witterte die französische Außenpolitik eine Chance zur Revanche. Ab 1775 unterstützte Frankreich die Aufständischen, ab 1778 waren mehrere Tausend französische Soldaten im Einsatz. Die Loslösung der nordamerikanischen Kolonien vom Mutterland mündete 1781 in die Gründung eines Staatenbundes, der 1787/1789 in einer Art Verfassungsrevolution in einen Bundesstaat umgewandelt wurde. Die Bezeichnung der Vorgänge als amerikanische Revolution sollte nicht den Blick darauf verstellen, daß die Ausbildung eines nordamerikanischen Nationalstaats schon vorher weit vorangeschritten war und daß er mit der Revolution zunächst einmal gesichert sowie verfassungsmäßig institutionalisiert wurde. Die mittlerweile in Frankreich ausgebrochene Revolution sowie die europäischen Revolutionskriege verhalfen dem neuen Staat zu einem gewinnträchtigen Überseehandel. Mit dem Kapitalzuwachs wurde die Einführung neuer Arbeitstechniken wie der Mechanisierung in den Manufakturen gefördert. Dieses wachsende wirtschaftliche Potential ist in Europa sehr aufmerksam registriert worden, schon zu Beginn des 19. Jh.s wurde prophezeit, daß die USA zur bedeutendsten Wirtschafts- und übrigens auch Militärmacht der angebrochenen Neuen Zeit aufsteigen würden. Die Monroe-Doktrin von 1823 bewirkte politisch eine Entflechtung Europas und Amerikas, die der Etablierung eines europäischen Konzerts der Mächte zugute kam.

Als Alexis de Tocqueville 1835 mit der Veröffentlichung seines umfänglichen Werks über die Demokratie in Amerika begann, faßte er in einer seiner zentralen Thesen das zusammen, was sich seit den 1770er Jahren in Frankreich und anderswo als Grundüberzeugung den Weg gebahnt hatte: Tocqueville interpretierte die Menschheitsgeschichte – und dies ist sein origineller Gedanke – als Prozeß der Demokratisierung und Egalisierung; ihm waren die Vereinigten Staaten von Amerika der historische Katalysator dieser Entwicklung. Seit den 1770er Jahren wurden die Vorgänge in Nordamerika so interpretiert, daß dort der Beweis geführt würde, eine demokratische Staatsform sei auch für sehr große Staaten möglich und durchführbar. Insbesondere konnte man am amerikanischen Beispiel beobachten, daß eine Befreiung von einer monarchischen Gewalt möglich, daß Volkssouveränität durchsetzbar war.

Es gab genügend kulturelle Mittler – Lafayette und Brissot de Warville bzw. Jefferson, Franklin und Adams sind die berühmtesten –, die durch ihre Präsenz in Amerika bzw. Frankreich (und anderen Ländern) eine intensive Auseinandersetzung über die nordamerikanische bzw. europäische politische Kultur in Gang brachten und die aus französischer und, allgemeiner, europäischer Sicht zu einem ausgesprochenen Kulturtransfer führten. Die zunächst in Frankreich sehr intensiv geführte Debatte um den Charakter der amerikanischen Revolution als politisches Modell ist in ihrem Einfluß auf die Entstehung der Revolutionsbereitschaft nicht zu unterschätzen. Reisen und Reiseliteratur, Übersetzungen der Amerikanischen Rechteerklärungen und Verfassungen, ausführliche mündlich und schriftlich geführte Diskussionen über Nordamerika, persönliche Netzwerke usw. waren die üblichen und verfügbaren Vermittlungskanäle.

Im Zuge der revolutionären Ereignisse in Frankreich seit Mai 1789 trat die Auseinandersetzung mit Amerika hinter die Beschäftigung mit Frankreich zurück. Fest steht, daß die Klänge der Revolution bis in die hintersten Winkel Europas drangen. Die südosteuropäischen Unabhängigkeitsbewegungen des frühen 19. Jh.s beispielsweise hängen ideologisch mit der Französischen Revolution zusammen, selbst wenn ihre Ursachen und Anfänge tiefer und weiter zurückreichen. So wie die Amerikanische Revolution für Europa in gewisser Weise das an die Glut gehaltene Streichholz darstellte, übernahm die Französische Revolution diese Funktion nach 1789 bzw. unter Napoleon für das südöstliche Europa.

Obwohl niemand an der zentralen Bedeutung der Revolution für Europa zweifelt, sind die Auswirkungen der Revolution auf Europa nicht gut erforscht. Das ältere mehrbändige Werk von Sorel über „Europa und die Französische Revolution" zeichnet die politische und Kriegsgeschichte nach. Was aber in den Köpfen der Menschen, der Masse der Bevölkerung oder auch spezifischen sozialen Gruppen, ankam und vor sich ging, ist nicht gut erforscht. Ein vor kurzem erschienenes zweibändiges Werk über französisch-deutschen Kulturtransfer im Revolutionszeitalter (Reichardt/ Lüsebrink) zeigt, daß der Großteil der Forschung im Grunde erst noch zu leisten ist.

An vier Beispielen soll das Thema „Europa und die Französische Revolution" skizziert werden.

Reich/Deutschland: Friedrich Christian Boie schrieb 1789 im „Neuen Deutschen Museum" über die Amerikanische und Französische Revolution: „Die Revoluzion in Amerika, an der unser Vaterland so vielen Antheil hatte, erweckte eine gewisse Teilnahme, die aber nicht über das Wünschen ging." Anschließend heißt es zur Französischen Revolution: „Wie ein elektrischer Schlag, der von Paris ausging, wirkte sie auf die Nazionen (…). Auf kein Land wirkte sie aber stärker, als auf unser Deutschland" (zit. nach Reichardt 1998: 266). Diese Einschätzung traf sicher umfassend zu: Die Zahl der Persönlichkeiten, die auf die öffentliche Meinung Einfluß nehmen konnten und die sich positiv oder negativ mit der Revolution auseinandersetzten, war Legion; viele versuchten sich in Paris selbst ein Bild zu verschaffen, alle beteiligten sich an den publizistischen Debatten. Die Mainzer Jakobiner und die im Oktober 1792 gegründete Mainzer Republik stehen für den weitgehendsten, aber gescheiterten Versuch, die Revolution kulturell von Frankreich auf Deutschland zu übertragen. In vielen Unruhen, die landauf, landab die Obrigkeit in Atem hielten, wurde auf das Vorbild der Revolution verwiesen; die einen fühlten sich von dieser ermutigt, die anderen warnten vor den Gefahren der Revolutionsrezeption. Die Tiefe der Rezeption läßt sich anhand der „Revolutionsbibliothek" ermessen, ein Begriff, unter dem über 17.000 aus dem Französischen übersetzte Monographien und Artikel zusammengefaßt werden, die zwischen 1770 und 1815 in Deutschland publiziert wurden. Hinter dieser Zahl steht eine umfassende Aufarbeitung der Verbreitungs- und Rezeptionsgeschichte dieser Produktion. Die Übersetzungen wurden für einen offensichtlich vorhandenen Markt produziert, es genügt, auf die Pressegeschichts- und Leser- bzw. Rezeptionsforschung sowie auf die Forschung zu Literaten und Übersetzern als kulturellen Mittlern zu verweisen, um anzudeuten, daß wir es im deutschsprachigen Raum mit mehr als einer nur oberflächlichen Rezeption der Revolution zu tun haben. Wie nirgendwo sonst polarisierte die Erinnerung an das Revolutionszeitalter die Meinungen in Deutschland bis in die Zeit des Zweiten Weltkriegs hinein. Dies liegt z. T. daran, daß die Besetzung eines Teils ehemaliger Reichsgebiete oder auch deren Inkorporation in das französische Staatsgebiet sowie die Kriege der Napoleonischen Zeit besonders das Territorium des ehemaligen Heiligen Römischen Reichs deutscher Nation betrafen. Im deutschsprachigen, genauer noch: im deutschen Raum kumulierten sich die Revolutionseinflüsse und spürbaren Folgen wie sonst nirgendwo in Europa. Von all dem ist eine Menge geblieben: die Auflösung des Reichs, die politische Neuordnung, die Stabilisierung des monarchischen Herrschaftsprinzips, das mangels Gegengewichten, wie sie im Reich existiert hatten, neoabsolutistische Züge trug, aus dem Code Napoléon verbliebene

Rechtsnormen, veränderte politische Mentalitäten, politische Traumata, ein histori-sches Gedächtnis, das ebenso für revolutionäre wie reaktionäre Zwecke mobilisiert werden konnte. Die Entwicklung des deutschen Nationsbegriffs verdankt dem fran-zösischen Nationsbegriff recht viel.

In *England* als zweitem westeuropäischen Beispiel gab es keineswegs nur die gegen-revolutionären Gedankenführungen des Edmund Burke, sondern durchaus radikale Folgen: „Die Französische Revolution (entfachte) in England eine publizistische Verfassungs- und Grundrechtsdebatte, welche die zuvor vom Unabhängigkeitskrieg der nordamerikanischen Kolonien ausgelöste Diskussion an Breite, Grundsätzlichkeit und Heftigkeit weit übertraf. Dabei ging es nicht eigentlich um die Revolution in Frankreich, sondern um die von ihr aktualisierte Streitfrage einer Parlamentsreform in England, einer Demokratisierung sowohl des elitären Wahlrechts wie der von der Wählerbeeinflussung und Patronage geprägten Wahlpraxis" (Reichardt 1998: 304). Zu den bestehenden Reformgesellschaften traten unzählige hinzu, die zwischen 1792 und 1794 hinsichtlich ihrer Dichte und Vernetzung den französischen Jakobinerklubs verglichen werden können. Die „London Corresponding Society", die 1794 um die 3.000 Mitglieder zählte, zeichnete sich durch eine „plebejische Sozialstruktur" aus. Im Gegenzug wurden bis zu 1.000 konservative „Gegenklubs" gegründet, die der Regierung Spielraum für repressive Maßnahmen gegen die englischen Republikaner verschafften. Nach 1798 konnten diese nur noch im Untergrund agieren, aber die Demokratisierung Englands im 19. Jh. ab der Parlamentsreform von 1832 verdankt dem plebejisch-demokratischen Vorstoß der englischen Jakobiner eine Menge.

Nächst Deutschland zeigte wohl *Italien* die größten Veränderungen infolge der Französischen Revolution. Die italienischen Patrioten und Revolutionäre erhofften sich vom Export der Französischen Revolution nach Italien die Vereinigung Italiens, aber Frankreich betrieb eine Italienpolitik, die den Prinzipien des Ancien Régime verhaftet blieb. Z. B. stand im Mai 1796 Mailand auf der französischen Speisekarte, weil mit diesem Pfund in der Tasche mit Österreich, das schließlich eine Großmacht war, anders verhandelt werden konnte als ohne. Der Feldherr des Italienfeldzuges, Napoleon, unterstützte die in Mailand von italienischen Patrioten gegründete „Cisalpinische Republik" nur verbal, viel wichtiger war ihm, Steuern eintreiben zu können. Die weiteren Republikgründungen verliefen nach einem ähnlichen Muster: Italienische Patrioten riefen in Genua, Rom und Neapel nacheinander Republiken aus – es folgten die französischen Truppen; großen revolutionären Reden folgten die Taten einer Besatzungsmacht. Dennoch bildete die zweite Hälfte der 1790er Jahre, vor allem das sog. *Triennio* 1796–99 in Italien die große Zeit politischer Klubs und einer sich explosionsartig vermehrenden politischen Presse. In der „Cisalpinischen

Republik" gelangen sogar die Grundzüge eines gesellschaftlichen Umbaus: eine Reihe von Feudalrechten wurden ebenso abgeschafft wie das Erstgeburtsrecht. Männer und Frauen wurden erbrechtlich gleichgestellt, die Zivilehe eingeführt. In der staatlichen Praxis kam Italien dem Ziel eines Nationalstaats kaum näher, aber die Idee von nationaler Einheit einerseits und internationaler Brüderlichkeit andererseits, was die Verbrüderung der Nationen in Europa meint, wurde in dieser Zeit in Italien geboren und entwickelte sich zum Charakteristikum italienischer Europa-vorstellungen im 19. Jh.

Durchaus ähnlich wie Italien bildete *Rumänien*, um nun in den Süden Osteuropas weiterzuwandern, keinen Einheitsstaat. Die Donaufürstentümer Moldau und Walachei standen unter ottomanischer Herrschaft, genossen aber eine ernstzunehmende innere Autonomie. Bessarabien war hingegen an Rußland gefallen, andere Provinzen wie Siebenbürgen standen unter österreichischer Herrschaft. So verwundert es nicht, daß französische Ideen über österreichische und ungarische Zeitungen nach Rumänien gelangten. Darüber hinaus wurden weitere westeuropäische Zeitungen, revolutionäre französische Druckschriften und Propagandawerke rezipiert. Französische Diplomaten und Händler taten das Ihrige zur Verbreitung französisch-revolutionärer Prinzipien. Während die beiden Fürstentümer die Schwerpunktregion solcher Vermittler und Medien bildeten, übernahmen im Banat und Siebenbürgen gefangene französische Soldaten ähnliche Funktionen (1792–1815), in die Fürstentümer gelangten des weiteren griechische und polnische Revolutionäre, die dorthin emigriert waren. Sonstige Reisende, rumänische Studenten an westlichen Universitäten, private Korrespondenzen sind ebenfalls als Teil der Vermittlungsinfrastruktur nachgewiesen. Zu Hilfe kam, daß die französische Aufklärung nachhaltig rezipiert worden war. Rezipienten und potentielle Multiplikatoren revolutionärer politischer Ideen waren überwiegend unter den sozialen Führungsschichten zu suchen. Schlüsselworte der französischen politischen Sprache wie Bürger, Bürgerrechte, Menschenrechte, Gleichheit, Verfassung, Tyrannei usw. fanden auch in den rumänischen Provinzen regen Gebrauch. Der sog. „Supplex Libellus Valachorum", der 1791 aus Siebenbürgen an den Wiener Hof gerichtet wurde, bezog sich auf die Menschen- und Bürgerrechte (in lateinischer Sprache). In der Napoleonischen Zeit wurde eine Vielzahl von Verfassungsentwürfen produziert, die die Übernahme des Fundamentalprinzips, eine Gesellschaft könne nicht ohne geschriebene Verfassung existieren, dokumentiert. Die beiden Fürstentümer Moldau und Walachei stellten den Kern einer nationalrumänischen Einheitsbewegung, die ihr politisches Vokabular und ihre Zielvorstellungen in der Auseinandersetzung mit Frankreich schärfte. Ähnlich wie in Italien bedurfte es mehrerer Jahrzehnte, bis ein rumänischer Nationalstaat Wirklichkeit geworden war (1878). Weder kann aber der italienische, noch der rumäni-

sche, noch der serbische, noch der griechische Nationalstaat des späten 19. Jh.s aus-
schließlich als Spätfolge des Revolutionstransfers angesehen werden. Der prägende
Einfluß jedoch, ggf. zusammen mit der Amerikanischen Revolution auf das politische
Gedächtnis in weiten Teilen Europas, machte die Französische Revolution auch zu
einer europäischen. Hier entstand eine von Paris bis nach Moskau geteilte
Geschichte.

Ein von Antoine Compagnon und Jacques Seebacher herausgegebenes dreibän-
diges Werk unter dem Titel „L'Esprit de l'Europe" behandelt im ersten Band Daten
und Orte, die das Bewußtsein Europas von sich selbst geprägt haben. Heutzutage sind
solche Daten und Orte vom Sieg der Griechen über die Perser 480 v. Chr. bis zur
Revolution von 1989 gängige Fixpunkte, um Geschichten in Europa zur europäischen Geschichte zu erklären. Die Bezeichnung dieser Geschichten als europäische
Geschichte rechtfertigt sich, weil sie im Lauf der Jahrhunderte, vor allem seit der
Renaissance, zu einem transnationalen historischen Gedächtnis kumuliert wurden
und werden. Großereignisse wie die Französische Revolution sind jedoch nicht erst
über die spätere Auffüllung des historischen Gedächtnisses „europäisch" geworden,
sondern sie besaßen eine unmittelbare und annähernd gleichzeitige, wenn auch nicht
gleichstarke, Durchschlagskraft im gesamten europäischen Raum – und zwar in weit
höherem Maß, als dies der Fall war mit dem Großereignis des Dreißigjährigen oder
des Siebenjährigen Krieges. Reale gemeinsame europäische Geschichte, die von Paris
bis Moskau, vom Kaiser bis zum Bauernsohn reichte und als solche auch wahrgenommen wurde, als Erfahrung verfügbar war – von Paris bis Moskau, vom Kaiser bis
zum Bauernsohn – setzte mit der Französischen Revolution ein. Interessanterweise
werden genau in diesem Augenblick die zuvor verfügbaren Metaphern und
Allegorien, mit denen Europa repräsentiert wurde, unbedeutend.

Nach einem weit verbreiteten Verständnis wurde auf dem Wiener Kongreß
1814/15 eine stabile politische Ordnung Europas ausgehandelt, die dem Kontinent
eine längere Friedensperiode bescherte. Grundsätzlich ist das richtig, wenn damit die
Abwesenheit umfassender Kriege wie im 18. Jh. gemeint ist. Die Institutionalisierung
der Pentarchie und zusätzlich der Heiligen Allianz verhinderte zwar für eine gewisse
Zeit schwerwiegende Konfrontationen zwischen den Mächten, begründete aber
einen neuartigen Interventionismus der Mächte in den mittleren und kleineren
Staaten. Die Vorbilder hatten die französischen Revolutionäre und Napoleon geliefert, aber die Kongreßmächte gingen einen Schritt weiter, indem sie durch begrenzte
militärische Interventionen in andere Staaten dort die Politik in die Richtung lenkten, die sie sich wünschten, ohne diese Länder dauerhaft zu besetzen. Im Jahr 1820
kam es zu revolutionären Gärungen in Spanien, in Neapel und in Portugal. Vor allem
der russische Zar Alexander bestand auf einer Intervention der Quadrupelallianz –
Allianz der vier Großmächte gegen Frankreich, für den Fall, daß von dort aus wieder

der europäische Frieden bedroht würde. England sprach sich sehr deutlich gegen Einmischungen in die inneren Angelegenheiten anderer Staaten aus und charakterisierte damit zugleich das internationale politische Ziel, das sich herausschälte: Einmischung in die Innenpolitik anderer Staaten zum Zweck der Revolutionsverhinderung oder -unterdrückung. Tatsächlich intervenierte Österreich nach einem Übereinkommen mit Rußland und Preußen (Konferenz von Troppau im Oktober 1820) in Neapel sowie 1821 in Piemont. Diese drei Mächte ermächtigten dann Frankreich auf der Konferenz von Verona im Oktober 1822, in Spanien zu intervenieren, um den gestürzten Ferdinand III. wiedereinzusetzen. Frankreich tat, was ihm erlaubt worden war, und restaurierte die Monarchie in Spanien im Verlauf des Jahres 1823. Nicht zufällig waren es genau diese Interventionen, die die Liberalen in Frankreich und Deutschland zur „Erfindung" des politischen Schlagwortes „Absolutismus" brachten. Absolutismus stand im liberalen politischen Sprachgebrauch für Antikonstitutionalismus und Antiliberalismus. Aus diesem Schlagwort der Liberalen entstand im übrigen die uns allen geläufige Epochenbezeichnung „Absolutismus". Der historische Epochenbegriff wurde dann allerdings mehr auf die Frühe Neuzeit, insbesondere das 17. Jh. bezogen.

Nach dem ersten Ansatz zu einer demokratischen politischen Kultur in Europa, ausgelöst durch Nordamerika und Frankreich, traf sich die europäische Bevölkerung in der Gleichheit der Unfreiheit wieder. Die Verfassung Frankreichs unter der restaurierten Bourbonenmonarchie unterschied sich nicht allzu gravierend von den südwestdeutschen konstitutionellen Staaten, und England war kein Demokratiemodell.

Die Situation nach dem Wiener Kongreß war ambivalent, d. h. nicht alternativelos. Das Bewußtsein, daß es sich bei Europa um ein kulturelles System handle, war möglicherweise größer denn je.

Das politische System, das zwischen 1815 und 1870 herrschte, verdankte viel dem österreichischen Staatskanzler Klemens Fürst von Metternich (1773–1859). Es beruhte auf einer Mischung aus Europäismus und nationalstaatlicher Ordnung. „[Metternichs] praktisches Konzept für Europa lief auf einen Kontinent aus unabhängigen Staaten hinaus, einander gleich an Recht, Status und Sicherheit, wenn auch ungleich an Macht, Verantwortung und Einfluß, geschützt durch ein Gleichgewicht zwischen Macht auf der einen Seite und Recht, Moral und Konsens auf der anderen. Sache Österreichs und Preußens sollte es sein, gemeinsam die Geschicke Deutschlands zu lenken und dem Druck der europäischen Flügelmächte auf Mitteleuropa zu widerstehen, wie es Sache der fünf Großmächte (…) war, Europa als Ganzes nach innen wie nach außen zu vertreten und die Interessen der europäischen Staatenfamilie wahrzunehmen. Die Weltmächte schließlich, England und Rußland, sollten ihre Konflikte nach Indien oder Persien tragen und dort ausfechten, möglichst weit von Europa entfernt" (H. Schulze 1998: 187).

Ein stabiles System blieb letztlich eine Illusion. Im Osten und Südosten Europas entstanden, wie berichtet, neue Nationalstaaten, vorwiegend auf Kosten des Osmanischen Reichs; das Umschlagen von den brüderlichen Nationen zu den eher feindlichen des Nationalismus und des Ethnizismus höhlte das System von innen aus. Die Revolution von 1848, die sich schnell von Frankreich quer durch Europa verbreitete, war in gewisser Hinsicht die europäischste aller Revolutionen, aber neben dem Ruf nach den Vereinigten Staaten von Europa führte sie, wie die erste französische Revolution, schließlich zu einer Festigung nationaler politischer Systeme. Letztlich konnte der zweifellos wachsende Internationalismus, der im fünften Kapitel beschrieben wurde, kein wirksames Gegengewicht aufbauen. Im Nationalismus und Imperialismus gingen die Traditionen eines europäischen politischen Systems zugrunde. Kennzeichnend ist die Politik bi- oder trilateraler Bündnisse, auf die sich keineswegs nur Bismarck verstand, ein Phänomen, das sowohl die nationalen Außen- wie Wirtschaftspolitiken charakterisierte. Lassen wir die sich häufenden Kriege in der zweiten Hälfte des 19. Jh.s, den Deutsch-Französischen Krieg 1870/71 und schließlich den Ersten Weltkrieg, der auch ein Ende der Monroe-Doktrin bedeutete, in ihren Einzelheiten beiseite. Sie zerstörten das politische System Europa, ohne ein neues an seine Stelle zu setzen. Weder der Völkerbund noch der Versailler Vertrag etablierten tatsächlich, obwohl man es sich davon erhoffte, ein neues politisches System. Anders als in der Frühen Neuzeit und 1815 gelang es nicht mehr, den durchaus vorhandenen ideellen Europäismus als eine politisch gestaltende Kraft einzubinden. Das geschieht erst seit 1989/1990 wieder.

8.3 Recht und Europa

Zwar ist itzt schon die Anzahl der Systeme und Compendien und Streitschriften über das Recht der Natur fast unbestimmlich. Ich weiß aber doch gewiß, daß gegenwärtiges Buch über die RECHTE DER MENSCHHEIT *weder überflüßig ist, noch zur unrechten Zeit erscheint. (…) Einer der Haupt-Endzwecke und Wünsche meiner ganzen Seele geht, ich will nicht sagen, auf die gänzliche Ausrottung, aber doch auf die Verminderung der Ursachen von den unseeligen Trennungen der Menschen. Eine der fürnehmsten dieser Ursachen besteht in der Ungewißheit der Rechte, und in den Anmaaßungen der Willkühr über die wahre Gerechtigkeit. Wie kann aber wohl dieses an den*

Die Frage, was Recht sei, wurde und wird immer wieder gestellt. Die Definitionsversuche sind fast genauso zahlreich wie die Rechtsnormen selber. Gefragt wurde und wird, ob „Recht" eine spezifisch europäische Erscheinung war, die sich dann im Zuge der europäischen Expansion in die Welt verbreitete, oder eine in allen Kulturen schon immer anzutreffende Erscheinung. Diese kulturvergleichende Frage (Coing 1984) braucht uns hier nicht zu beschäftigen, weil es nicht um das spezifisch Europäische, sondern um das Europäische in Europa gehen soll. Es geht um die Dauerhaftigkeit, um die Persistenz eines Denksystems von der europäischen Antike bis heute. Der Begriff „Denksystem" verweist auf Michel Foucault (Foucault 1997), der von 1971 bis 1984 (Todesjahr) am Collège de France den Lehrstuhl für „Geschichte der Denksysteme" (Histoires des systèmes de pensée) innehatte. Die Betitelung war von Foucault selbst vorgeschlagen worden. Foucaults Œuvre ist das einer

greulichsten Folgen so fruchtbare [sic!] *Uebel anders entfernet werden, als durch Ausbreitung eines hellen Lichts über die Rechte der Menschheit? Und wie besser und sicherer, als wenn die jungen Seelen, die einst als Organe der Gesetzgeber das Volk leiten, und auf den RichterStühlen ihren Brüdern das Recht sprechen sollen, über die Rechte der Menschheit aufgeklärt, und zu den gerechtesten und unversöhnlichsten Feinden der Herrschsucht des Gutdünkens, und der Willkühr gebildet werden. Geschrieben zu Giessen den 28ten Sept. 1783.*

Johann August Schlettwein (1731–1802), Die Rechte der Menschheit, 1784, Vorrede

„Archäologie des Wissens", freilich eines nicht-statischen, d. h. sich ständig verändernden Wissens, das politisch-soziale Praktiken bestimmt.

Foucault konzentrierte sich sehr stark auf diejenigen Mitglieder der Gesellschaft, die politische und definitorische Macht, folglich diskursive Macht besaßen. Das waren Könige und Fürsten mit ihren Verwaltungen und ergebenen Publizisten oder allgemeiner politische Machthaber, das waren aber auch Philosophen, Wissenschaftler und andere soziale Gruppen. In der Geschichtswissenschaft stellen wir uns intensiv die Frage nach der tatsächlichen sozialen Basis solcher Diskurse und stoßen dabei immer wieder auf schwer zu überwindende Hindernisse. Es sind uns in der Geschichte nicht alle Menschen in der gleichen Weise zugänglich.

Doch zunächst muß eine Definition von „Recht" gegeben werden. Bewährt (Schmale 1997) hat sich die Definition des Rechtshistorikers Hermann Kantorowicz (Kantorowicz 1963). Er definierte: „Das Recht ist eine Gesamtheit von Regeln, welche die Vermeidung oder die ordnungsgemäße Beilegung von Streitigkeiten bezwecken." Statt „Streitigkeiten" würde man heute eher von Konflikten reden; und in der Tat steckt hinter der Definition ein konflikt- und verhaltenssoziologischer Ansatz. Unter „Recht" darf man sich nicht nur in Gesetzesform gegossene Regeln oder Normen, d. h. positiviertes Recht vorstellen, sondern auch gewohnheitsmäßig praktiziertes, faktisch geltendes Recht sowie postuliertes Recht. Letzteres ist u. a. wichtig für die historische Untersuchung der Veränderung von Recht.

Wie sieht es mit der Dauerhaftigkeit aus? Einige äußere Faktoren sprechen dafür: die Präsenz des Begriffs „Recht" in den prägenden antiken Sprachen Griechisch und Latein sowie später in den romanischen, indoeuropäischen und anderen Sprachen in Europa; die Präsenz von im weitesten Wortsinn „Institutionen" zur ordnungsgemäßen Beilegung bzw. Vermeidung von Konflikten, also insbesondere von Gerichten und gerichtsähnlichen Einrichtungen sowie weiteren regulierten oder ritualisierten

Entscheidungsmechanismen (Galtung 1972); schließlich die Dauerhaftigkeit von In-
halten. Eine Vielzahl positivrechtlicher, naturrechtlicher sowie grund- und men-
schenrechtlicher Normen läßt sich bis in die Antike zurückverfolgen. Geändert hat
sich ihr Geltungsbereich mit der Aufhebung der Unterscheidung von Freien/Un-
freien bzw. Sklaven, mit der Einführung des Gleichheitsgrundsatzes bei Aufgabe des
ständischen Prinzips usf. Es gab bedeutsame Begriffsverlagerungen wie die vom antiken Völkergemeinrecht zum neuzeitlichen Völkerrecht.

Damit ist noch nicht festgestellt, daß es sich beim Recht um ein europäisches
Denksystem handelt. Das wird erst im Zuge der empirischen historischen Forschung
klar. Ein Denksystem tendiert dazu, alle Bereiche des menschlichen Lebens zu erfassen. Das heißt im Fall des Rechts, daß alle Lebensbereiche unter dem Aspekt des
Rechts gedacht werden, wenn auch nicht nur unter diesem Aspekt. Um festzustellen,
ob dies in einer Gesellschaft so ist, muß man nur die Frage stellen, ob es rechtsfreie
Räume gibt. Dabei ist es wichtig, an die gegebene Definition zu denken, die mehr als
nur das gesetzte Recht umfaßt. Im Sinne nur des gesetzten Rechts gab und gibt es bis
heute rechtsfreie Räume. Im Sinne der Definition von Recht, die faktisch praktiziertes und auch postuliertes Recht einschließt, gab und gibt es wenige rechtsfreie
Räume, wenn überhaupt. Wo es kein gesetztes staatliches Recht gab, entwickelte sich
Gewohnheitsrecht, selten willkürlich, sondern nach bestimmten Grundprinzipien.

Zu den Generaltendenzen der Rechtsentwicklung zählt die der Rechtsvereinheitlichung. Es läßt sich eine Linie von der Ausweitung des römischen Bürgerrechts
in der Antike bis zur gegenwärtigen Rechtsvereinheitlichung im Rahmen der EU
und der EU-Erweiterung feststellen. Rechtsvereinheitlichung zählt zu den wesentlichen Elementen des mittelalterlichen und neuzeitlichen Staatsbildungsprozesses.
Die katholische Kirche hat über das kanonische Recht im Mittelalter geradezu das
Muster für Rechtsvereinheitlichung geliefert, zumal es ja über den kirchlichen
Bereich hinaus weit in die weltlichen politischen Gemeinwesen hinein seine
Auswirkungen hatte. Das zweite Muster, diesmal für den weltlichen und politischen
Bereich besonders bedeutsam, stellte das rezipierte römische Recht dar. Kanonisches
und rezipiertes römisches Recht waren zudem miteinander verflochten. Die
Geschichte der Wiederentdeckung des römischen Rechts ist in ihren großen Zügen
gut bekannt. Sie begann in Italien im 11./12. Jh., das römische Recht eroberte sich
von Anfang an seinen Platz an den damals gegründeten Universitäten, wurde aber
gleichberechtigt mit den Universitäten an speziellen Rechtsschulen gelehrt. Die
Vorstellung, daß das antike römische Recht zwischendurch völlig verlorengegangen
sei, ist falsch. Vieles hatte sich in der Rechtspraxis erhalten, z. B. im Bereich des
Vertragswesens. Im Mittelmeerraum bildete es das Rückgrat der Rechtspraxis. Die
Bedürfnisse des Handels und seine Ausweitung im italienischen Mittelalter erhöhten
den Bedarf an rechtspraktischen Regelungen, der mit Hilfe römischen Rechts gestillt

wurde. Ähnlich erging es der Politik; das römische Recht war eine Fundgrube brauchbarer Normen.

Die rechtsvereinheitlichende Wirkung des römischen Rechts bestand in seiner *ratio*. Anhand des römischen Rechts lernten die künftigen Juristen juristisch zu denken und zu argumentieren. Bei dem, was römisches Recht genannt wird, handelt es sich zwar nicht um ein einheitliches Rechtssystem, aber doch um ein riesiges Kompendium von Rechtsnormen, das Normen von der Frühzeit Roms bis zum christlich-römischen Reich Kaiser Justinians umfaßt. Historisch gesehen spiegelt sich darin die Entwicklung Roms zum Imperium Romanum wider, d. h. von einem kleinen politischen Gemeinwesen, das man vielleicht noch mit einer Polis vergleichen könnte, hin zum komplexen, technisch und wirtschaftlich avancierten Großreich. Die Verdichtung des politischen, sozialen und wirtschaftlichen Raums im Mittelalter erforderte ständig und in wachsendem Maß normative Regelungen. Das römische Recht stellte vieles bereit, weil es sich um einen Regelungsbedarf drehte, der dem seinerzeitigen im hochentwickelten Römischen Reich nicht unähnlich war. Dennoch wurde römisches Recht nicht eins zu eins auf die mittelalterlichen Gemeinwesen übertragen, nirgendwo wurden das Corpus Iuris Civilis oder der Codex Justinianus schlicht zum Gesetzbuch erhoben. Meistens wurde vorhandenes Gewohnheitsrecht mit römisch-rechtlichen Normen ergänzt, das Gewohnheitsrecht wurde mittels römisch-rechtlicher *ratio* neu gesehen, im Zuge der seit dem 12./13. Jh. beginnenden Aufzeichnungen durch den Filter des römischen Rechts gepreßt. Die Berufsjuristen, die die Könige berieten – in Frankreich z. B. die sog. Legisten – legten ihren Herren die Formeln auf den Tisch, die deren Anspruch auf das Gewaltmonopol legitimierten. Die berühmteste Formel wurde *princeps legibus solutus est*. Der hier beschriebene Prozeß reichte von Italien bis nach Skandinavien, nach England, ins Heilige Römische Reich und bis nach Osteuropa (Polen, Ungarn). Zusammen mit dem kanonischen Recht wurden die Grundlagen für eine einheitliche Rechtskultur gelegt.

Die Rezeption des römischen Rechts reichte aber nicht überall gleich tief, die Behauptung der aufkommenden nationalen Rechtskulturen beschädigte diese europäische Grundlage mehr oder minder stark. Die eigentlichen Schwerpunkte des Rezeptionsprozesses lagen in Italien und Frankreich, zunächst in Südfrankreich, dann mit der Gründung der Rechtsschulen von Orléans und Bourges auch in den Kernlanden der französischen Monarchie. Die für die Neuzeit zunächst maßgeblichen Rechtstheorien wurden in Italien und nachfolgend in Frankreich entwickelt. Die wichtigste Leistung war die Interpretation des römischen Rechts als *ius commune*. Pionier dieser Anschauung war Bartolus von Sassoferrato (1313 oder 1314–1357), der als vierzehnjähriger in Perugia das Rechtsstudium aufnahm und mit 20 in Bologna promoviert wurde. In Perugia, wo er nach richterlicher Tätigkeit in der Stadt Todi dann bis zu seinem Tod lehrte, entwickelte er die Grundlagen für die Lehre vom *ius commune*. Bartolus stellte eine erhebliche Diskrepanz zwischen der Partikularisierung des Rechts in der Praxis und universalen Rechtsansprüchen wie denen des Kaisers oder zwischen partikularem Recht und römischen Recht fest. Er versuchte im partikularen Recht beispielsweise der italienischen Städte den Ausdruck allgemeiner Rechtsprinzipien zu erkennen; ebenso filterte er aus dem römischen Recht, das zu großen Teilen ein Fallrecht war, allgemeine Rechtsprinzipien, d. h. die *ratio legis*, heraus. Bartolus und die Rechtsschule, die sich danach auf ihn berief, werden als Kommentatoren bezeichnet im Unterschied zu den Vorgängern, den Glossatoren.

Mit dem Humanismus wurde eine neue Etappe in der Auseinandersetzung mit dem römischen Recht begonnen. Vor allem französische Humanisten untersuchten das überlieferte Recht historisch-kritisch. Sie arbeiteten die verschiedenen historischen Lagen des römischen Rechts heraus: die Kernbestände des 6. Jh.s (Justinianisches Recht), des 2. und 3. Jh.s, sowie die älteren Bestände, aus denen z. B. die Zwölftafelgesetze der frühen römischen Republik rekonstruiert wurden. Das römische Recht wurde zunehmend mit der römischen Geschichte selbst verglichen, die Unvereinbarkeit mit dem Recht der eigenen Zeit immer wieder herausgestrichen. „Die Betonung lag jetzt nicht mehr auf der Aufgabe, eine brauchbare Norm für ein aktuelles Problem zu finden, sondern auf der Erforschung der ursprünglichen Bedeutung der Texte" (Stein 1996: 126). Diese kritische Ausrichtung einer humanistischen Wissenschaft vom Recht läßt sich besonders auf den Italiener Andrea Alciato (Alciatus) zurückführen, der 1518–22 in Avignon und seit 1529 an der Rechtsschule von Bourges lehrte. Alciato und seine Sinnesgenossen warfen den Glossatoren und Kommentatoren Blindheit vor, konnten aber nicht verhindern, daß in der Rechtspraxis der Anwälte und Gerichte eher zu den mit rechtspraktischen Problemstellungen eng verwobenen Werken der Kommentatoren als zu denen der Humanisten gegriffen wurde. Es etablierte sich die Unterscheidung zwischen einem *mos italicus* (Stil der Kommentatoren) und *mos gallicus* (kritisch-historischer Stil der Humanisten).

Die Anerkennung des römischen Rechts als *ius commune* und als *ratio scripta* des Rechts war jedoch so weit fortgeschritten, daß die im 15. und 16. Jh. vorangetriebene Aufzeichnung der Gewohnheitsrechte in Frankreich unverändert mit Hilfe römisch-rechtlichen Know-hows betrieben wurde. Während die Durchdringungstiefe in Frankreich sehr hoch war, reichte sie in anderen Ländern nicht allzuweit. So in Spanien: In Kastilien und León hatten im Kontext der Reconquista Mitte des 13. Jh.s die Könige Ferdinand III. und Alfons X. die Vereinheitlichung des Rechts vorangetrieben. Im Ergebnis entstanden die Siete Partidas, die den Versuch darstellten, kastilisches Gewohnheitsrecht, römisches und kanonisches Recht sowie Normen des AT und NT und der Kirchenväter zu kodifizieren. 1567 wurden sie durch Hinzufügung neuen Rechts in Gestalt einer Sammlung namens Nueva Recopilación aktualisiert. In Portugal galt römisch-kanonisches Recht seit dem 13. Jh. als subsidiäres Recht.

In Spanien war folglich in einer sehr frühen und politisch bedeutsamen Phase römisches Recht gewissermaßen staatstragend rezipiert worden, so daß für eine zweite große Rezeptionswelle bezüglich des innerspanischen Rechts kein direkter Anlaß bestand. Die spanische Expansion löste allerdings eine zweite Rezeptionswelle aus, die in die Begründung des modernen Völkerrechts mündete. Der Dominikaner Franciscus de Vitoria lehrte in Salamanca Theologie, beschäftigte sich in diesem Rahmen 1532 in Vorlesungen mit Fragen der Rechtsstellung der Indianer und der überseeischen Erdteile: „Vitoria erklärte, der Begriff *ius gentium* (Recht der Völker), der in den römischen Rechtstexten für die allen Völkern gemeinsamen Rechtsregeln verwendet werde, müsse auch als *ius inter gentes*, d.h. als System von Rechtsnormen, die die Beziehungen zwischen den einzelnen Völkern regeln, verstanden werden. Dieses Recht hatte keine gemeinsamen religiösen Überzeugungen zur Grundlage, sondern beruhte auf der Natur des Menschen" (Stein 1996: 156). Vitorias Ansichten waren nicht unumstritten, wurden aber maßgeblich in Europa rezipiert. Der nächste entscheidende Schritt wurde in England getan, wo wieder ein italienischer Rechtsgelehrter mit Namen Alberico Gentili Gelegenheit fand, ein Grundlagenwerk zu verfassen. Die Gelegenheit war ein praktischer Fall von Spionage am englischen Hof. Der spanische Botschafter Don Bernardino de Mendoza sollte 1584 ein Komplott zur Befreiung und Rückführung Maria Stuarts auf den Thron betrieben haben. Gentili wurde die Frage vorgelegt, wie Mendoza zu bestrafen sei. Gentili formulierte das Prinzip der Immunität, das Botschaftern zukomme, dem im übrigen die englische Königin Elisabeth folgte. Mendoza wurde abgeschoben, aber nicht strafrechtlich belangt. Seine Auffassungen legte Gentili im Detail unter dem Titel „De legationibus libri III" vor. Er zog eine klare Trennlinie zwischen dem römischen *ius civile* und dem *ius naturae et gentium*. Gesandte seien nach dem Natur- und Völkerrecht zu behandeln. Gentilis Schrift gehört zu den frühesten rechtstheoretischen Abhandlungen des internationalen Rechts. Da wir uns gerade in England befinden, sei auf die Frage der dortigen Rezeption des römischen Rechts eingegangen. Im allgemeinen wird die Auffassung vertreten, daß England wegen des gut ausgebildeten *common law* abseits der Rezeption gestanden habe. Tatsache ist, daß seit Heinrich VIII. Lehrstühle für römisches Recht in Oxford und Cambridge existierten – der erwähnte Gentili war 1587 auf den Oxforder Lehrstuhl berufen worden. Römisches Recht nahm in England Einfluß auf die Rechtsprechung des Court of Chancery (Gerichtshof des Kanzlers) sowie weiterer Rechtsprechungsinstitutionen wie etwa des Gerichtshofs der Admiralität. Selbst die anglikanische Kirche löste sich nicht völlig vom kanonischen Recht, das ja seinerseits vom römischen Recht beeinflußt worden war. In Schottland bekannte man sich offener zur Nützlichkeit des römischen Rechts, es konnte seit dem 15. Jh. zusammen mit dem kanonischen Recht an den Universitäten St. Andrews, Glasgow und Aberdeen studiert werden.

Noch anders stellte sich die Lage in den nördlichen Niederlanden dar, als sich die sieben nördlichen Provinzen 1579 als Union von Utrecht von der spanischen Herrschaft zu lösen begannen und sich 1581 lossagten. Die Organisation des neuen politischen Gemeinwesens erforderte eine umfassende neue Gesetzgebung. In der 1631 gedruckten Darstellung des nordniederländischen Rechts von Hugo Grotius (1583–1645; Inleidinge tot de Hollandsche Rechts-Geleerdheid) erscheint dieses als Mischung aus Gewohnheitsrecht, römischem Recht und aktuellem Gesetzesrecht.

Die vorgestellten Länder stehen für den Raum, in dem das römische Recht nicht nur oberflächlich, sondern substantiell rezipiert wurde. In Skandinavien setzte die Rezeption im Grunde erst im 17. Jh. ein, während im Osten Polen und Ungarn die Rezeption im 16. Jh. einleiteten. In Polen standen vor dem römisch-kanonischen Recht jedoch das 1520 kodifizierte einheimische Recht mit dem subsidiären sächsischen Recht, während die Ansätze in Ungarn nach dem Vordringen der Türken nach der Schlacht von Mohácz 1526 noch im Keim zum Erliegen gebracht wurden.

Die Rezeption des römischen Rechts in den deutschsprachigen Gebieten des Heiligen Römischen Reichs verlief nach einem anderen Muster. Während das kanonische Recht an den seit dem 14. Jh. gegründeten Universitäten gelehrt wurde, gehörte das römische Recht nur an der 1388 gegründeten Universität Köln zum Lehrkanon. In Wien wurde dieses Recht erst ab 1494 durch den Venezianer Hieronymus Balbus gelehrt. Die später gegründeten Universitäten Basel (1460) und Tübingen (1477) hingegen waren „moderner" und ließen römisches Recht dozieren.

Abgesehen von der Befolgung des römisch-kanonischen Prozeßrechtes spielten im deutschsprachigen Raum juristische Laien, die Schöffen, eine entscheidende Rolle bei der Rechtsfindung. Sie bildeten ein lebendes Rechtsgedächtnis – im Unterschied zum positivierten Recht –, sie tradierten das Gewohnheitsrecht mündlich. Dies funktionierte so lange, bis sie in Rechtsstreitigkeiten mit Anwälten konfrontiert wurden, die römisch-rechtliche Argumente zu verwenden begannen. Daraus entwickelte sich das System, bei den juristischen Fakultäten vor der Fällung eines Urteils Rechtskonsilien einzuholen, die ihrerseits nunmehr den Geist des römischen Rechts atmeten. Im Reich, soweit es deutschsprachig war, nahm die Rezeption des römischen Rechts in der ersten Hälfte des 16. Jh.s einen ebenso dynamischen wie schnellen Verlauf. Karl V. sah den Wert des römisch-rechtlichen *ius commune* für die Rechtsvereinheitlichung in einem so heterogenen Verband, wie es das Reich darstellte, und förderte dessen Rezeption. Nicht nur im Heiligen Römischen Reich, sondern überall stieß die mit der Rezeption verbundene Interpretation einheimischen Gewohnheitsrechts mit Hilfe des römischen Rechts auch auf massiven Widerstand, weil sich die Rezeption gerade in den Bereichen des Vertrags- und Eigentumsrechts wie des Prozeßrechts nachhaltig bemerkbar machte. Die aus dem römischen Recht abgeleiteten Anforderungen an die Beweisführung im Falle von Besitz- und Eigentumsfragen erwiesen sich gerade für die ländliche Bevölkerung oft als eine rechtliche Schlechterstellung, doch darf nicht übersehen werden, daß auch den Grundherren die Beweisführung nach denselben Kriterien erschwert wurde. Die überall in Europa nachzuweisenden Untertanenprozesse stellen ein beredtes Zeugnisse für das Konfliktpotential dar, das römisches Recht als gelehrtes Recht, das in das Gewohnheitsrecht eindrang, bedeutete.

Das römische Recht hatte seine Attraktivität daraus bezogen, daß es als Ausdruck *der* rechtlichen Vernunft interpretiert worden war und daß es als beinahe unerschöpfliches Kompendium rechtlicher Normen den Normierungsbedürfnissen, die aus der dynamischen Entwicklung von Staat und Gesellschaft seit dem 11./12. Jh. entsprangen, außerordentlich entgegenkam. Seine Rezeption formte das Rechtsdenken an sich, materiell besaß es als *ius commune* den Status eines subsidiären Rechts, aber es ersetzte nicht unmittelbar bestehendes Gewohnheits- und Gesetzesrecht, selbst wenn es zu deren Transformation beitrug. In der Neuzeit entwickelte sich das herrscherliche Gesetzesrecht zu einer eigenständigen Rechtsquelle, die im Verbund mit den Gewohnheitsrechten zur Vorstellung eines nationalen, nicht-römischen Rechts führte. Die Quellen des nationalen Rechts, des sog. *ius patrium*, waren selbstverständlich durch den Filter des römischen Rechts gelaufen, weshalb die Gegenüberstellung von römischem und nationalem Recht etwas künstlich anmutet, aber dies entspricht nur dem Bewußtsein, das sich seit dem 17. Jh. in zunehmendem Maß in den europäischen Ländern ausbreitete. Im sich verdeutschenden Reich ging die Tendenz dahin, das römische Recht als fremdes Recht zu interpretieren, aber auch in Frankreich wurde offiziell festgestellt, daß das römische Recht keine Geltung habe. Gemeint war, daß es keine Gesetzeskraft habe, denn die Transformation der französischen Gewohnheitsrechte mit Hilfe des römischen Rechts seit dem 13. Jh. war schlicht und einfach nicht mehr rückgängig zu machen. Eine neue Möglichkeit der Synthese zeichnete sich über den Naturrechtsbegriff ab. Sowohl das römische wie das kanonische Recht kannten den Begriff des Naturrechts und operierten damit. Naturrechtliches Denken gehört zu den wesentlichen Pfeilern des Denksystems Recht, selbst wenn inhaltlich darunter keine Konstante zu sehen ist. Der wissenschaftliche Rationalismus des 17. Jh.s bereitete den Boden für eine Neuordnung des Rechts. Leibniz ordnete das Corpus Iuris mit Hilfe der deduktiven Methode neu, d. h., er ging von allgemein formulierten Rechtsregeln aus und ordnete diesen die einzelnen Entscheidungen des römischen Fallrechts unter. Jean Domat betonte dann 1694 schon im Titel seines epochemachenden Werks, woraus er die Grundordnung ableitete: aus dem Naturrecht. Er unterwarf das römische Recht einer naturrechtlichen Ordnung (Les lois civiles dans leur ordre naturel). Es ist zu betonen, daß die deduktive Methode eine universal angewendete Methode darstellte und die Grundlage für das abgab, was man systemisches Denken nennen kann: alles Einzelne wird unter allgemeine Prinzipien subsumiert. Damit werden das Wissen über Mensch und Welt sowie die Wege zur Erkenntnis neu geordnet.

Bis in den Beginn der Französischen Revolution hinein rückte „die Natur" in die Funktion des Ursprungs aller Ordnung. Zunehmend wurde die Rechtslehre dabei auf eine Art rechtsanthropologische Grundlage gestellt. Nicht nur Thomas Hobbes, auch Samuel Pufendorf und die anderen maßgeblichen Naturrechtslehrer fragten zuerst nach der Natur des Menschen und dann nach den sich daraus ergebenden Konsequenzen für die Rechtsordnung. John Locke formulierte eine im Grunde für diese Rechtslehre repräsentative Antwort, nämlich daß die Schaffung von Staaten, mit der naturgesellschaftliche Zustände beendet wurden, der Garantie von Leben, Freiheit und Eigentum gedient habe (Two Treatises of Government, 1692). Dies beförderte die katalogartige Formulierung von Menschenrechten, es sei aber nachdrücklich darauf hingewiesen, daß der materielle Gehalt der Grund- und Menschenrechte in der Rechtspraxis seit dem späteren Mittelalter entwickelt wurde.

Während das naturrechtliche Denken eine gemeineuropäische Erscheinung war, zeitigte es durchaus spezifische Ausprägungen. In Frankreich wurde die naturrechtliche Argumentation zur revolutionären Matrix: die Rechtswirklichkeit sollte mit den Maximen des Naturrechts in Übereinstimmung gebracht werden. Der Höhepunkt dieses französischen Wegs ist in der Verabschiedung der Erklärung der Grund- und Menschenrechte zu sehen, die naturrechtlich begründet wurden. Danach trat sehr rapide an die Stelle der naturrechtlichen Argumentation die positivrechtliche, die sich in der Anfangsphase der Revolution deutlich gezeigt, aber nicht hatte durchsetzen können. In Deutschland hingegen wurde dem Naturrecht die revolutionäre Spitze nicht aufgesetzt. Es diente zum Teil als subsidiäres Recht, mit dem Lücken im Normensystem, beispielsweise im Kontext von Untertanenprozessen, gefüllt wurden (durchaus zum Vorteil von Untertanen), es diente aber bei den preußischen Naturrechtslehrern zugleich der Begründung der absoluten Monarchie.

Naturrechtsdenken und Entwicklung des Rechtspositivismus hingen eng zusammen. In Frankreich war aus dem naturrechtlichen Ansatz die Forderung nach einer Neugestaltung von Staat und Gesellschaft abgeleitet worden, die in einer naturrechtlich basierten Verfassung verewigt werden sollte. Schon 1789 war die geschriebene Verfassung als Staatsgrundgesetz in den Vordergrund der Diskussion gerückt, die im Laufe des August 1789 redigierte und seit dem 26. August vollständig beschlossene „Erklärung der Menschen- und Bürgerrechte" wurde als Bestandteil der Verfassung angesehen. Der Bezug auf eine gewohnheitsrechtliche, ungeschriebene Verfassung, ggf. auf einige schriftlich fixierte Fundamentalgesetze, reichte nicht mehr aus. Überall in Europa wurden Verfassungen entworfen und sukzessive in die Tat umgesetzt. Polen, um nur ein osteuropäisches neben Frankreich als westeuropäischem Beispiel zu nennen, verabschiedete am 3. Mai 1791 eine Verfassung, die, ähnlich Frankreich, dem Grundsatz, daß jedes Volk frei und unabhängig sei, huldigte. Im Konstitutionalismus drückte sich die Emanzipationsbewegung der Untertanen aus, die im Sinne des politischen Volks als souveränes Volk angesehen wurden.

Obwohl auch dies eine universaleuropäische Bewegung mit gegenseitiger Rezeption bedeutete, driftete im Anschluß an die Französische Revolution unter dem Eindruck der Sedimentierung nationaler Staaten die Rechtsentwicklung allmählich auseinander. Die Kodifizierung und Positivierung von Recht schloß schrittweise anationales Recht wie das römische und das Naturrecht als Referenz aus.

Durch den Konstitutionalismus in der ersten Hälfte des 19. Jh.s und beispielsweise durch die grundrechtlichen Positionen des Liberalismus wurde das europäische Denksystem des Rechts zunächst als europäisches Denksystem fortgeführt. Sowohl die amerikanischen Rechteerklärungen des späten 18. Jh.s wie die französische Menschen- und Bürgerrechtserklärung hatten gewissermaßen an Stelle der ehemaligen Rolle des römischen Rechts die Funktion eines Filters übernommen. Die meisten Staaten des 19. Jh.s war weit davon entfernt, Grund-, Bürger- und Menschenrechte allgemein zu garantieren und zu respektieren; aber auch wenn sie diese Rechte immer wieder beschnitten, so maß sich ihre Handlungsweise eben doch an diesem neuen Denkfilter. Sie setzten sich ins Unrecht. Dessenungeachtet schritt im Rechtsalltag die Nationalisierung des positiven Rechts fort. Zwar lassen sich in diesen Feldern ebenfalls allgemeineuropäische Tendenzen bemerken wie im Bereich der Arbeits- und Sozialgesetzgebung, aber die materiellen Bestimmungen der Rechtsnormen drifteten erheblich auseinander. Die Nationalstaaten entwickelten durchaus eigene Rechtskulturen, die bis zum Ersten Weltkrieg sicherlich noch unter dem Begriff eines europäischen Rechtskreises zusammengefaßt werden könnten. Danach entwickelte sich aber in Rußland nach der Oktoberrevolution 1917 ein eigenes und erstmals ein sozialistisches Rechtssystem, das nach 1945 auf die den nachmaligen Ostblock bildenden Staaten übertragen wurde, während sich im Westen und Mittleren Osten in der Zwischenkriegszeit drei Rechtssysteme ausbildeten: ein demokratisches, ein faschistisches und ein nationalsozialistisches, in dem der Rechtsbegriff selbst pervertiert und aus der Tradition des europäischen rechtlichen Denksystems gelöst wurde. Das Ende des Zweiten Weltkriegs ermöglichte es, das faschistische und das nationalsozialistische Rechtssystem zu überwinden, so daß sich nur mehr das westlich-demokratische und das sozialistische gegenüberstanden. Dabei ist nicht zu vergessen, daß sich das sozialistische Rechtssystem *ursprünglich* aus derselben Wurzel wie das westlich-demokratische, nämlich der Aufklärung, ableitete. Unter *strukturellen* Gesichtspunkten ist Europa *nach* den Umwälzungen von 1989 erst wieder da angelangt, wo es strukturell 1789 gestanden hatte: ein europäisches rechtliches Denksystem mit deutlichen nationalen Einfärbungen und Ausprägungen, nichtsdestoweniger ein *europäisches System.*

8.4 Wissen und Europa

Der Forschungsgeist ward bereits in dem vorigen Zeitraume [gemeint ist die Zeit bis um 1500], besonders gegen das Ende desselben geschäftig, da so viele neue Erscheinungen ihn zur Thätigkeit aufmunterten. Allein, die Philosophie würde immer in den Schulen seyn verschlossen geblieben, und würde ihr wohlthätiges Licht nicht leicht über alle Classen der Nation haben verbreiten können, wenn nicht die zugleich erfundene Buchdruckerkunst diese Verbreitung befördert, ja fast allein bewirket hätte. Die bey nahe unglaubliche Ausbreitung dieser Kunst in so wenig Jahren durch das ganze Europa, beweiset die allgemeine Thätigkeit und Wißbegierde des Geistes, selbst unter den niedern Classen des Volkes. Diese Kunst verbreitete alle Arten von Kenntnissen auf die geschwindeste und sowohl der Faßlichkeit als dem Vermögensstande eines jeden angemessene Art, zumahl da man nunmehr zugleich anfing, die bereits nothdürftig ausgebildeten Landessprachen zum Gewande höherer Kenntnisse zu gebrauchen. Dadurch ward die Aufklärung in kurzer Zeit sehr schnell und allgemein verbreitet (…)

Adelung 1800, S. 447

Dieser dritte als Beispiel ausgewählte Bereich zur Erläuterung des kulturellen Systems wurde und wird in diesem Buch permanent angesprochen. Wissen ist ein weitausgreifender Begriff. Nationale Mythen zählen ebenso zum Bereich des Wissens wie die Wissenschaften. Vielleicht ist es dieser Bereich, in dem sich Europa am frühesten als Europa etablierte. Ein undurchdringliches Dickicht der Rezeption von Wissensbeständen zieht sich von der griechischen Antike bis heute durch die Jahrtausende, dem Phasen ausgedünnter oder unterbrochener Überlieferung offensichtlich wenig anhaben konnten. Von der griechischen Antike an existierten soziale Gruppen, die über jedwede Art von Grenze hinweg Wissen vernetzten und tradierten und dabei zugleich immer modifizierten. Ohne Zweifel bedeutete die Epoche des Humanismus und der Renaissance einen quantitativen und qualitativen Sprung in dieser langen Geschichte (Abb. 8.2). Die Zahl der Gelehrten, der Literaten, der Gebildeten, der um des Wissens willen Reisenden, der (im positiven Sinn) Dilettanten vermehrte sich geradezu dramatisch, die Zirkulation des Wissens im europäischen Raum beschleunigte sich, weil das personelle Netz größer und dichter wurde und weil natürlich die Drucktechnik ein übriges zur relativ schnellen Verbreitung von Wissensbeständen oder schlicht „Informationen" beitrug. Dazuzurechnen ist die allmähliche Ablösung von geistlichen und weltlichen Autoritäten. So sehr die Vernetzung wuchs, so sehr die Möglichkeiten der Wissensinnovationen wuchsen, so sehr steigerte sich auch der Individualisierungsgrad des Wissens. Die Aufklärung, die par excellence als europäisches Phänomen gilt, setzte diesen Weg mit noch mehr Vehemenz fort. Viele der Grundprinzipien waren europaweit verbreitet, aber es macht keine große Mühe, eine französische Aufklärung von der englischen oder deutschen zu unterscheiden. Die Aufklärung trug zur Sedimentierung des Prinzips nationaler Kulturen bei, was vielleicht ihre Rezeption in Südosteuropa erleichtert und ihre Wirkkraft verstärkt hat.

8.2 Infrastrukturen der Wissensverbreitung in der Renaissance (Druckereien, Universitäten, Zentren der Gelehrsamkeit).

Es ist müßig, darüber zu streiten, ab wann im modernen Wortsinn von „Wissenschaften" gesprochen werden kann. Empirische Beobachtungen als Grundlage der Konstitution methodisch kontrolliert gewonnenen Wissens kann man in Antike und Mittelalter ebenso feststellen wie in der Neuzeit. Als generelles Prinzip, als Standard, gestützt durch eine zumeist universitäre Institutionalisierung und gestützt auf ein professionelles, entsprechend in den Institutionen selbst regelmäßig ausgebildetes Personal, existiert Wissenschaft erst seit dem 18./19. Jh. Obwohl Wissenschaft ihren europäischen bzw. internationalen Charakter beibehielt, hatte ihre jeweilige Institutionalisierung nationale Tendenz und begünstigte die Ausbildung nationaler selbstreferentieller Wissenschaftssysteme, zumal ein immer größerer Anteil von politischen, wirtschaftlichen und gesellschaftlichen Funktionsträgern eine wissenschaftliche Ausbildung absolvierte und absolvieren mußte. Dies führte zu einer Ausrichtung der jeweiligen Wissenschaftssysteme – Institution und Lehre/Forschung – auf nationale Berufsmärkte.

Wissen als Teil des europäischen kulturellen Systems wurde einer weiteren Entwicklung unterworfen. Wenn seit der zweiten Hälfte des 15. Jh.s die Wissensbestände tiefgreifend modifiziert wurden, so geschah dies zunächst nur in einem Teil der Gesellschaft. Die Kommunikation des transformierten Wissens vollzog sich im Kreis der literaten Bevölkerung, im Kreis einer Minderheit, zu der allerdings nicht nur

Gelehrte im engeren Wortsinn zählten, sondern auch viele Künstler und Handwerker, die im gewissen Sinn zu kulturellen Mittlern beispielsweise in eine breitere
städtische Öffentlichkeit hinein wurden. Galileo Galilei (1564–1642) war zugleich
Gelehrter und Handwerker und Künstler, er wirkte in alle drei Gruppen hinein, holte
sich aus allen drei Gruppen Anregungen, hielt persönlichen Kontakt.

Dennoch lassen sich Unterschiede zwischen einem eher gelehrten und einem eher
popularen Wissen nicht leugnen. In der Epoche der Aufklärung wurde das populare,
oft nur vermeintlich populare Wisssen, bewußt angegriffen und auf die Anklagebank
gesetzt, weil es von Aberglauben, Antiempirismus und schlicht Unwissenheit durchsetzt sei. Das aufklärerische Wissen, soweit man es für das Volk geeignet hielt, sollte
durch die unterschiedlichen Schulformen institutionalisiert werden. So sinnlos, wie
viele Aufklärer glaubten, war das populare Wissen jedoch nicht, es war mit den historischen sozialen, ökonomischen und politisch-rechtlichen Strukturen eng verwachsen und ermöglichte das Überleben in diesen Strukturen, die die Aufklärer allerdings
zum Teil ablehnten. Das populare Wissen war auf drei Ebenen gelagert: der situati-
ven, der kontextuellen und der diskursiven. Situatives Wissen bezieht sich auf die
Kumulation von Alltagserfahrung zu einem Wissen über die unmittelbare eigene und
lokale Umgebung, kontextuelles Wissen bezieht sich auf das erweiterte, auch über
Generationen hinweg überlieferte lokale Wissen über das Dorf und die Grund-
herrschaft, über das Stadtviertel oder die Stadt usw.; das diskursive Wissen ist jener
Bereich, in dem sich populares und gelehrtes Wissen treffen (Schmale 1997, Kap. 6).
In der Aufklärungsepoche wurde ein bis heute nicht abgeschlossener Prozeß der
Homogenisierung des Wissens in den einzelnen Gesellschaften, zumeist also natio-
nalen Gesellschaften, in Gang gesetzt. Der Höhepunkt der Nationalisierung von
Wissen scheint in der ersten Hälfte des 20. Jh.s erreicht worden zu sein.

Neben dem Prozeß der Nationalisierung von Wissen, der freilich und auf Dauer
der Internationalisierung von Wissenschaft und Wissen weit über Europa hinaus
nicht standhalten konnte, wurde das Wissen geschlechterspezifisch geteilt. Das
Wissen der Wissenschaft war im Grunde männlich, die Grammatik des Wissens war
eine männliche. Es wurden also nicht nur Frauen aus der Wissenschaft und ihren
Institutionen herausgehalten bzw. hinausgedrängt, sondern das Wissen selbst wurde
in geschlechtsspezifische Diskurse gepreßt (Bußmann/Hof 1995).

8.5 Europa als kulturell-ökonomisches System

Ziel dieses Teilkapitels ist nicht eine Wirtschaftsgeschichte Europas auf wenigen Seiten. Es geht um die Frage, inwieweit Europa – und: welches Europa? – ein kulturell-ökonomisches System darstellte. Einige grundlegende Aspekte wurden schon im 7. Kapitel (Modelle) und in Abschnitt 8.2 angeführt. Doch die Frühe Neuzeit war sehr stark von feudalen Produktionsverhältnissen bestimmt. Das gilt im großen und ganzen für den gesamten geographischen Raum, trotz zahlreicher Varianten und einem gewissen West-Ostgefälle von freiheitlicheren zu leibeigenen Verhältnissen, die Szűcs seiner Theorie der drei europäischen Regionen zusammen mit anderen Faktoren zugrunde gelegt hatte. Dieser Sachverhalt – ein kulturell-ökonomisches System, das wie mit „Feudalismus" oder „Industrialisierung" in einem Schlüsselwort kondensiert werden kann, einerseits sowie groß- und kleinräumige Varianten und Abstufungen ohne Zahl andererseits – kennzeichnet die Problemstellung „Europa als kulturell-ökonomisches System". Unumstrittene Erklärungen und Darstellungen hierzu gibt es nicht. Durch die sog. europäische Expansion wurden die Karten neu gemischt: „Die Entstehung einer europäischen Weltwirtschaft, die auf die Ressourcen der anderen Zivilisationen und Kontinente ausgriff, war zweifellos das welthistorisch bedeutsamste Ereignis der Frühen Neuzeit" (Schultz 1997: 193). Mit der sog. europäischen Expansion seit der zweiten Hälfte

Adam Smith zur Frage, welche Vorteile Europa aus der Entdeckung und Kolonisation Amerikas gezogen habe: *Man könnte sie folgendermaßen einteilen: Einmal in allgemeine Vorteile, die Europa, als eine Einheit betrachtet, aus diesen bedeutsamen Unternehmen zugute kamen, zum anderen in besondere, die jedes einzelne Kolonialland aufgrund seiner Macht oder Herrschaft aus seinen Kolonien gezogen hat. (…) Als allgemeine Vorteile, die ganz Europa aus der Entdeckung und Kolonisation Amerikas zog, sind der steigende Wohlstand und das Wachstum seiner Wirtschaft zu nennen. Amerika versorgt aus seinen nach Europa exportierten Überschüssen die Einwohner des ganzen Kontinents mit vielerlei Gütern, manche für den täglichen Bedarf, andere für die Annehmlichkeiten und Vergnügungen des Lebens, selbst für den Luxus, wobei alle dazu beitragen, den Wohlstand zu heben. (…) Wie man ohne weiteres zugeben wird, haben Entdeckung und Kolonisierung Amerikas einmal mitgeholfen, die Wirtschaft der direkten Handelspartner, wie die Spaniens, Portugals, Frankreichs und Englands, kräftig auszuweiten. Zum andern nahm auch der Handel jener Länder zu, die zwar nicht unmittelbar Geschäfte mit den Kolonien betrieben, aber auf dem Umweg über andere Länder ihre Erzeugnisse dorthin ausführen konnten. So exportieren das österreichische Flandern und einige deutsche Provinzen mit Hilfe dieser Mutterländer in beträchtlichem Umfang Leinen und andere Waren nach Amerika. Sie alle gewinnen offensichtlich neue Käufer für ihre überschüssigen Produkte, was dazu führt, daß sie noch mehr Waren herstellen. Weniger einleuchten mag es vielleicht, daß die Entdeckung Amerikas auch Handel und Gewerbe in Ländern wie Ungarn und Polen angeregt haben soll, die möglicherweise nicht eine einzige Ware nach dort ausgeführt haben. Aber ohne Zweifel sind auch hier Waren aus der Neuen Welt begehrt, wie etwa Zucker, Schokolade und Tabak, die man natürlich mit eigenen oder mit bereits gegen heimische Waren eingetauschten bezahlen muß.*

Adam Smith (1776), S. 496 f.

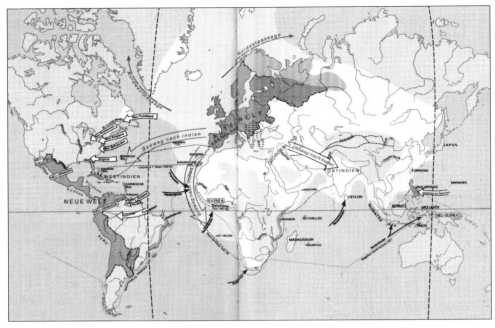

8.3 Die europäische Expansion im 16. Jh. im Überblick.

des 15. Jh.s wurde Europa kulturell und als Wirtschaftsraum verändert; am Ende dieser Phase um 1800 stand die erwähnte europäische Weltwirtschaft. An diesem Prozeß hatte wiederum ganz Europa ,irgendwie' teil, und sei es durch die Transformation der Märkte, Handelsströme usw., durch die Verschiebung von Zentren und Peripherien. Allerdings hatte sich parallel zu diesem Prozeß in Europa seit dem späten 17. Jh. die Idee des Merkantilismus breitgemacht, der am Anfang der nationalen bzw. nationalistischen Konzeptionen von Wirtschaft stand. Auch der Physiokratismus des späteren 18. Jh.s war wie der Merkantilismus kulturell gesehen eine europäische Erscheinung mit Vertretern in Frankreich wie in Rußland, trug aber zur Konzeptualisierung nationaler Wirtschaftsräume bei. Trotz europäischer Weltwirtschaft wandelte sich das europäische ökonomische System zu einem System nationaler Ökonomien, das erst mit Beginn des europäischen Integrationsprozesses wieder zu einem europäischen System umgebaut wurde. Die Industrialisierung läßt sich gleichfalls als gemeineuropäischer Prozeß beschreiben, und doch förderte sie die Ausdifferenzierung regionaler oder nationaler Wirtschaftsräume. Ihr entscheidendes gemeineuropäisches Element bestand in der „Institutionalisierung von Wirtschaftswachstum" (Pierenkemper 1996). Die Spannung zwischen „europäisch" und „national" begleitet alle kulturell-ökonomischen Entwicklungen der Neuzeit.

Als Kolumbus am 12. Oktober 1492 eine der später so genannten Bahamas-Inseln betrat, pflanzte er das Banner der katholischen Könige in die Erde und erklärte feierlich vor Zeugen die Herrschaft Spaniens über die Neue Welt. Im Jahr 1500 erreichte eine portugiesische Flotte die Küste des später so genannten Brasiliens. Nach der Landung begannen die Portugiesen sofort mit den dort lebenden Tupi-Indianern Handel zu betreiben. Einige Tage später nach weiteren Küstenfahrten und weiterem Handeltreiben ging der Astronom und Hauptlotse der Expedition gegen Mittag an Land, berechnete den Stand der Mittagssonne und die Position der Sterne. Damit war das Land in Besitz genommen. 1583 überbrachte Sir Humphrey Gilbert seiner Königin, Elisabeth I., ein Stück Erde und einen Stecken. Beides war zum Zeichen der Inbesitznahme in St. John's Harbor in Neufundland ausgegraben worden. 1612 führten die Franzosen auf der Insel Maragnan, in der Amazonas-Mündung gelegen, eine Prozession durch, in deren Anschluß die Indianer selbst die Fahne Frankreichs einpflanzten und somit ihr Land zum Besitz des französischen Königs erklärten. Am 16. August 1616 schließlich berichtete Cornelius Henricxson vor den niederländischen Generalstaaten, daß er zwischen dem 38. und 40. Breitengrad neues Land entdeckt habe. Er legte dazu eine erste beschreibende geographische Karte vor.

Alle fünf Szenen haben dieselbe Bedeutung: Inbesitznahme von Land in der außereuropäischen Welt und Begründung von Herrschaftsansprüchen. Die Tatsache, daß zwischen Kolumbus und Henricxson rund 125 Jahre verstrichen sind, könnte zu der Vermutung Anlaß geben, daß sich die Symbolik der Inbesitznahme und Herrschaftsbegründung in einer bestimmten Weise fortentwickelt habe. Dies ist aber nicht der Hintergrund der fünf verschiedenen Szenen, vielmehr geht es darum, daß sich je das spanische, portugiesische, englische, französische und niederländische Ritual von einander unterschieden. Die rituelle Szene der Inbesitznahme und Herrschaftsbegründung bildete nur den Anfang, auch in der tatsächlichen Herrschafts- und wirtschaftlichen Ausbeutungspraxis setzten sich die Unterschiede fort. Alle fünf Länder pflegten in dieser ersten Phase der sog. europäischen Expansion distinkte Kolonialpraktiken. Die Ritualszenen wie die weiteren Kolonialpraktiken gehen auf jeweils weiter zurückreichende spezifische kulturelle Entwicklungen in den fünf Ländern zurück. Es hieße, dem Bewußtsein der Zeit vorzugreifen, wollte man dies als nationale, im Unterschied zu „europäischen" Praktiken bezeichnen. Begreift man „nationale Kultur" jedoch einfach als wissenschaftliche Kategorisierung, mit der die eindeutigen kulturellen Unterschiede klassifiziert werden, so trifft es zu, daß sich hier nationale Unterschiede in der Kolonisierung der außereuropäischen Welt zeigen. Das Bewußtsein der Kolonisatoren und Eroberer war oberflächlich durch Bezüge auf die Christianisierung der Erde und durch die Vorstellung gekennzeichnet, es würde ein neues Imperium Romanum errichtet. Schaut man genau hin, so wie die Autorin Patricia Seed (1995), die die eingangs erwähnten fünf Ritualszenen an den Beginn ihres Buches „Ceremonies of Possession in Europe's Conquest of the New World 1492–1640" setzt, dann zeigt sich auch in dieser Beziehung, daß weder der christliche noch der römische Bezug in den fünf Kulturen identisch sind.

Das Beispiel der fünf verschiedenen Ritualszenen soll auf zweierlei aufmerksam machen: Erstens muß die Frage gestellt werden, ob richtig von der „europäischen Expansion" gesprochen wird, zweitens muß untersucht werden, welche Zusammenhänge zwischen Expansion und Ausdifferenzierung der nationalen Kulturen in Europa bestanden, drittens erhebt sich die Frage, ob die Expansion auch Elemente der europäischen Integration zeitigte.

Seit der vorchristlichen Antike gab es Kulturkontakte mit den nicht-europäischen Kulturen, die mal intensiver, mal weniger intensiv ausfielen. Getragen wurden diese Kontakte überwiegend durch Handelsbeziehungen, die jedoch, gemessen an den Folgen der frühneuzeitlichen europäischen Expansion, nur selten zum Aufbau einer dauerhaften europäischen kulturellen Referenz in nicht-europäischen Kontinenten bzw. einer nicht-europäischen kulturellen Referenz in Europa führten.

Im Hoch- und Spätmittelalter setzte allerdings eine Art Erster Europäischer Expansion ein, getragen von zwei Bewegungen: der Kreuzzugsbewegung, die im weiteren Wortsinn die Mittelmeerwelt, also die unmittelbaren Nachbarregionen Europas, im Visier hatte, und der Kolonisationsbewegung im Inneren Europas, nach Norden und Osten, aber auch im Westen. Bis zur demographischen Katastrophe der Großen Pest (Abb. 8.4) entstanden viele neue Siedlungen, deren Gesamtzahl nach dieser Katastrophe, gefolgt von unzähligen Wüstungen, für Jahrhunderte nicht mehr erreicht werden sollte. Französische Historiker haben für diesen Vorgang das Wort vom „inneren Amerika" geprägt, um auf die Vergleichbarkeit mit der späteren Expansion nach Übersee aufmerksam zu machen.

Diese beiden mittelalterlichen Expansionsbewegungen wurzelten im gesamten europäischen Raum, sie konstituieren somit europäische Geschichte im engeren Wortsinn. Besondere Beachtung wurde diesen Phänomenen auch deshalb zuteil, weil sich die Frage nach dem Warum? der europäischen Expansion nach Übersee seit dem 15. Jh. stellt.

Der als „Europäische Expansion" bezeichnete historische Vorgang setzte in der ersten Hälfte des 15. Jh.s ein und konfrontiert uns sogleich mit einem Paradoxon: Die Expansion bedeutet das Ausgreifen in die Welt, die Bildung von Imperien, zahllose Grenzüberwindungen, den Anfang der sog. „europäischen Weltökonomie" (Wallerstein 1986) und zugleich die Festigung des Nationalgedankens. Die Bezeichnung rechtfertigt sich rein geographisch: von europäischem Boden ging eine Expansions- und Eroberungsbewegung in andere Erdteile aus. In diesem banalen Sinn war die europäische Expansion „europäisch". War sie es aber auch von ihrem Wesen her, d. h. war sie etwas an und für sich Europäisches? Der zitierte Wallerstein gibt darauf eine ganz

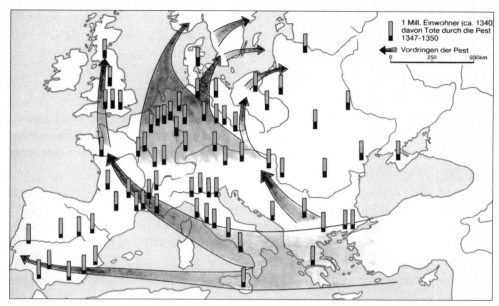

1 Mill. Einwohner (ca. 1340)
davon Tote durch die Pest
1347-1350

Vordringen der Pest
0   250   500km

8.4 Die Große Pest (1347–1350).

platte, aber zutreffende Antwort: „Die Antwort ist, daß Europa gar nichts derartiges tat, sondern Portugal, oder zumindest, daß Portugal die Führung übernahm" (S. 47).

Wallerstein diagnostiziert für das Spätmittelalter eine umfassende Krise des Feudalsystems, die er in ihren sozialen und ökonomischen Aspekten untersucht. Die Expansionsbewegungen schon des Mittelalters und der Zeit um 1500 erklären sich seiner Ansicht nach als Lösungsversuche der Krise. Es gab einen dynamischen Prozeß wirtschaftlichen, sozialen und politischen Charakters, der die mittelalterlichen und frühneuzeitlichen Expansionsbewegungen miteinander verband. Diese generelle Erklärung ist insoweit zu differenzieren, als die jüngere Expansionsbewegung als lokales, d.h. portugiesisches Instrument der Krisenbewältigung ansetzte, dann aber aufgrund der tatsächlichen europaweit festzumachenden Krise auch eine europäische Dynamik in Gang setzte.

Über die Motive der Expansion läßt sich natürlich trefflich streiten. Manche machen Überbevölkerung dafür verantwortlich, andere einen christlichen Missionierungsdrang, wieder andere einen Entdeckungs- und Forschungsdrang im Zuge der Erneuerung der Naturwissenschaften in der Renaissance, während Wallerstein eine Zusammenschau der komplexen sozialen, wirtschaftlichen und politischen Verhältnisse und Verhaltensweisen versucht. Ohnehin sind Motive, soweit sie überhaupt überzeugend rekonstruiert werden können, nur das eine; das andere sind die tatsächlichen Möglichkeiten, Motive zur Tat werden zu lassen. Es ist wie mit der Frage, warum die Portugiesen die Karavelle erfanden, ein Deutscher den Buchdruck, usw. Gewiß nicht, weil die einen Portugiesen und der andere Deutscher waren, sondern weil sie von der spezifischen Kumulation bestimmter Möglichkeiten und Fähigkeiten profitierten. So auch im Fall Portugals als Ausgang der frühneuzeitlichen Expansion. Die Möglichkeiten und Fähigkeiten lassen sich stichwortartig zusammenfassen:

- Lage am Atlantik, nahe Afrika und den atlantischen Inseln, die ja auch zuerst kolonisiert wurden. „Ferner verlaufen die Meeresströmungen so, daß es, zumal bei der Technologie jener Zeit, am einfachsten war, von portugiesischen Häfen (wie auch von solchen Südwestspaniens) aus aufzubrechen" (Wallerstein 1986: 56).
- Umfassende portugiesische Erfahrung mit dem Fernhandel auf See;
- Vorreiterrolle Portugals in der Navigationstechnik;
- Verfügbarkeit von Kapital (genuesisches);
- geldwirtschaftliche Organisation der portugiesischen Wirtschaft aufgrund der engen Handelsbeziehungen zur islamischen Welt;
- starker Staat schon im 15. Jh., Friede im Innern des Landes, Staat als Unternehmer;
- Transfer arabischer und jüdischer wissenschaftlicher Kenntnisse und Nutzbarmachung für die Schiffahrt.

In Portugal hätte, so Wallerstein, zunächst eine bestimmte Sozialgruppe mit prekärer sozioökonomischer Stellung, die Gruppe der jüngeren Söhne des Adels, diese Konstellation für sich genutzt. Die Expansion lag zugleich im Interesse des Handelsbürgertums, das nachfolgte, und schließlich erschloß die Expansion den städtischen Unterschichten neue Arbeitsmärkte. Die Interessenkonvergenz dreier bedeutender sozialer Gruppen untereinander sowie mit dem Staat, gekoppelt mit einer günstigen geographischen Lage charakterisieren die Möglichkeiten und Fähigkeiten, die Portugal zur Vorreiterin der europäischen Expansion machten.

Konkurrenz, ja Wettlauf, ließen nicht lange auf sich warten: Spanien, England, die Niederlande und Frankreich, kurz: vor allem das atlantische Europa expandierte nach Übersee. Der größere Teil der übrigen europäischen Länder partizipierte nur am Rande an der eigentlichen Expansion; es waren einzelne Kaufleute, Söldner, Gelehrte und Forscher, die mit in die Schiffe stiegen und ihren Fuß auf amerikanischen oder asiatischen Boden setzten. Im 15. und 16. Jh. war die Auseinandersetzung mit den Türken für das Heilige Römische Reich im Grunde viel wichtiger und vorrangiger als die überseeische Expansion, obwohl über die Herrscherdynastie der Habsburger ein personelles Bindeglied zu beiden historischen Abläufen bestand, das visuell-publizistisch genutzt wurde.

Die atlantische Expansion führte zu strukturellen Veränderungen in Europa. Je nachdem, wie man Europa betrachtet, bietet es sich immer als Ansammlung von

Teilräumen oder Großregionen dar, die durch die Ansammlung bestimmter Merkmale ein eigenes Gepräge erhalten, das sie von den anderen Teilräumen unterscheidet. So bildete wirtschaftshistorisch der Nord- und Ostseeraum mit der Organisation der Hanse und den Verbindungen in die Niederlande einen eigenen Raum ebenso

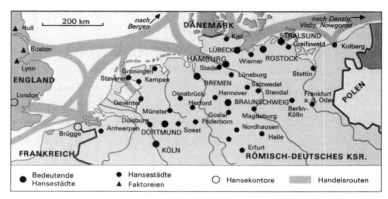

8.5 Die Hanse im 14./15. Jahrhundert.

wie das Mittelmeer. Durch die atlantische Expansion entstand ein dritter Seehandelsraum, nämlich der europäisch-atlantische Wirtschaftsraum, mit unmittelbarem geographischem Anschluß an Westeuropa. Zum Teil wird der oberdeutsche Handelsraum mit Handelsstädten wie Nürnberg und Ausgburg, die über weltweite Handelsverbindungen verfügten, als weiterer europäisch-kontinentaler Wirtschaftsraum aufgeführt. Im Lauf der Frühen Neuzeit veränderte sich diese Konstellation; Amsterdam entwickelte sich – nachdem Antwerpen vorangegangen war – zu dem neuen Handelszentrum Europas, während Venedig sichtlich an Bedeutung verlor. Die Handelsströme wurden umgelenkt (Abb. 8.6).

Auf der östlichen Seite, zeitgleich mit der atlantischen Expansion, expandierte Rußland nach Sibirien (vgl. Abb. 3.2), ein Prozeß, der vom Westen nur marginal wahrgenommen wurde, weil er zu keiner kulturellen Transformation innerhalb Europas führte. Dies wiederum tat aber die atlantische Expansion. Über ihre wirtschaftlichen und politischen Implikationen hinaus in den Trägerländern der Expansion ergaben sich Veränderungen in der europäischen Vorstellungswelt. Um bei dem schon mehrfach bemühten Bild von der Verdichtung zu bleiben: In den atlantischen Staaten kumulierten sich die Folgen der aktiven Beteiligung an der Expansion sowie die indirekten Folgen für die Lebensweise und die Vorstellungswelt, in den an der Expansion selbst nur marginal beteiligten Ländern entfalteten nur bestimmte Faktoren ihre Wirkung. Die soziale, politische, wirtschaftliche und kulturelle Tiefenwirkung war in Frankreich, England und den Niederlanden besonders weitreichend, wesentlich weniger weitreichend in Portugal und Spanien, von wo aus der Prozeß seinen Lauf genommen hatte, und noch geringer im Innern Europas, das ‚deutsche' Reich eingeschlossen.

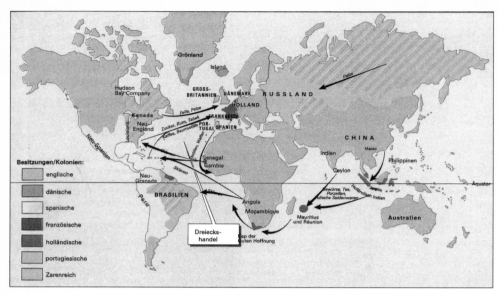

8.6 Das europäische Weltwirtschaftssystem und die Handelsströme um 1750.

Die unterschiedliche kulturelle Tiefenwirkung soll nur an einem Beispiel, der Präsenz von Nichteuropäern in den einzelnen Gesellschaften, verdeutlicht werden. Als Staat war das Heilige Römische Reich im Grunde nicht an der Expansion beteiligt. Karl V. handelte als Auftraggeber der Eroberungszüge nach Amerika nicht als Kaiser, sondern als spanischer König, ggf. als Habsburger. Spanien war kein Teil des Reiches. Trotzdem reagierten die Intellektuellenmilieus des Reiches sehr rasch auf die Entdeckungen. Zeitgleich mit den spanischen und italienischen Humanisten eigneten sie sich dieses Thema an, veröffentlichten die ersten Reisebriefe, etwa die des Amerigo Vespucci. Insbesondere auch die Kartographen nahmen sich des Themas an, was wegen der Notabilität und des hohen Standes der Kartographie im Reich nicht zu überraschen braucht. 1501/2 nahm der Florentinische Kosmograph und Astronom Amerigo Vespucci (1451–1512) an einer portugiesischen Expedition nach Brasilien teil, über die er in einem Brief ausführlich berichtete. 1503 erschien die erste gedruckte lateinische Ausgabe in Paris, er fand schnell Verbreitung über ganz Europa in lateinischen und nationalsprachlichen Versionen. Von den bis Mitte des 16. Jh.s zu zählenden ca. 50 Ausgaben wurde knapp die Hälfte in Deutschland hergestellt, 10 lateinische und 13 volkssprachliche Ausgaben. Dieser Brief des Vespucci wurde als Bericht über die Neue Welt wesentlich bekannter als die Berichte des Kolumbus. In den lateinischen Ausgaben hieß es im Titel *Mundus Novus*, im Deutschen „Von der neuw gefunden Region die wol ain welt genet mag werden", womit klargestellt wurde, daß es sich eben nicht um Indien, sprich einen Teil des altbekannten Asiens

handelte. Die zwei Geographen Martin Waldseemüller und Matthias Ringmann veröffentlichten daraufhin 1507 ihre *Cosmographiae Introductio*, in der sie vorschlugen,
diesen vierten Kontinent nach Vespuccis Vornamen Amerigo leicht abgewandelt
Amerika zu nennen – ein Vorschlag, der bekanntermaßen Fortune gemacht hat. Auf
Latein hieß Amerigo Vespucci übrigens Americus Vesputius, so daß der Schritt zu
„America" nur ein kleiner war. In Anlehnung an die weiblichen Bezeichnungen der
übrigen Kontinente wurde dann aus Americus America.

Während mit der Vergabe eines neuen Namens den mehr oder weniger wissenschaftlichen Erkenntnissen über das auch weiterhin noch geraume Zeit so genannte
Westindien Rechnung getragen wurde, konzentrierten sich viele Publikationen aus
den deutschen Druckorten sehr schnell auf die fabelhaft ausgeschmückten Berichte
über Menschenfresserei, über das Anthropophagentum. Vespucci hatte dazu den
Grundstein gelegt, offensichtlich verkaufte sich das Thema zumindest im deutschsprachigen Bereich noch besser als die gleichfalls von Vespucci stammenden Berichte
über die sexuelle Freizügigkeit der Indianer. Die beiden deutschen Reiseberichte des
Handwerkers Hans Staden (1557) und des Patriziersohnes Ulrich Schmidl (1567),
die beide als Söldner nach Brasilien gelangten, konzentrierten sich ganz auf den
Menschenfressertopos und verkauften sich hervorragend. Daß die Feder wohl nicht
ganz von ihnen selbst geführt worden war, ändert daran nichts.

Ansonsten wurde die Neue Welt dem Publikum visuell durch Darstellungen
indianischen Federschmucks und, modern ausgedrückt, indianischer Körperkonzepte
nähergebracht. Abgesehen davon, daß die ethnologischen Beobachtungen des 16. Jh.s
selbstredend eine europäisierende Betrachtung der Neuen Welt verraten, mangelte
es im Reich grundsätzlich nicht an sprachlicher und visueller Imagination Amerikas.
Was aber bis zum breiten Publikum durchdrang, waren in erster Linie die Darstellungen von Schlachtbank- und Freßszenen menschenfressender Indianer. Woran
es eher mangelte, im Vergleich zu den atlantischen Nachbarn, war „lebendiges
Anschauungsmaterial". So muß man es wohl ausdrücken, wenn man sich vergegen-
wärtigt, wie bis um 1800 Nichteuropäer in Einzelexemplaren oder kleinen Gruppen
an Fürstenhöfen und in großen Städten ausgestellt, zur Schau vors staunende
Publikum gestellt wurden. Im Reich geschah dies vergleichsweise selten, noch 1790
reiste der Göttinger Anthropologe Johann Friedrich Blumenbach außerhalb des
Landes, ins schweizerische Yverdon, um sich einen schwarzen Nichteuropäer genau
anzusehen und zu vermessen. Der wirklich gewichtige Unterschied zu Spanien,
Portugal, Frankreich, den Niederlanden und England lag allerdings in der weitgehenden Abwesenheit von Nichteuropäern in der Alltagswelt. Zum Vergleich: in
Portugal waren im 16. Jh. Schwarzafrikaner eine alltägliche Erscheinung, die einem
Assimilationsprozeß ausgesetzt waren. Zum Teil ließen sie sich taufen oder wurden
getauft, was ihnen eine gewisse rechtliche Sicherheit bescherte, sie vermischten sich

mit der einheimischen Bevölkerung. Im Reich waren Schwarzafrikaner höchstens auf Gemälden, in Büchern und allegorischen Darstellungen der Kontinente der Erde eine ‚alltägliche' Erscheinung, aber keine bzw. nur selten körperlich erfahrbaren Wesen, an die sich die weiße Gesellschaft nach und nach gewöhnt hätte. Die wenigen „Mohren" an einigen Höfen ändern daran nicht allzuviel. In England und Frankreich lebten Mitte des 18. Jh.s jeweils mindestens 10.000 Schwarze, wenn auch konzentriert in den Hafenstädten. England ‚importierte' – das meint die zeitgenössische Perspektive – schon um 1500 die ersten Indianer, die Schwarzen im Frankreich des 18. Jh.s waren juristisch sogar freie Menschen, ein Umstand, der nur unter Schwierigkeiten im Alltagsleben durchzusetzen war, der aber die Debatte um die Menschenrechte schon vor der Revolution intensiv nährte, weil gelegentlich Schwarze versuchten, ihr papierenes Recht per Gericht durchzusetzen. In England wurden 1772 alle Afrikaner auf englischem Boden zu juristisch freien Menschen erklärt, eine Maßnahme sicher im Geist der Aufklärung, die aber ohne die notwendige sozioökonomische Flankierung zur Proletarisierung der Schwarzen führte.

Um die Dinge überspitzt auf den Punkt zu bringen: Im Reich erfolgte die Auseinandersetzung mit der nichteuropäischen Welt entweder wissenschaftlich, d. h. im gelehrten Milieu, oder nach Art der Sensationspresse. In den atlantischen Ländern hingegen wurden zwangsläufig Erfahrungen im Zusammenleben mit Nichteuropäern gesammelt, nicht nur in den Kolonien, sondern auch in den Mutterländern. Man muß sich vergegenwärtigen, daß unvergleichlich viel mehr Portugiesen, Spanier, Franzosen, Engländer und Niederländer in Übersee für eine gewisse Zeit gelebt hatten oder familiäre Verbindungen dorthin besaßen als die Bewohner des deutschen Reiches (vor dem 19. Jh.), so daß das Nichteuropäische sehr viel mehr in die durchschnittliche Vorstellungswelt der Menschen eindrang als dort, wo solche verdichteten Beziehungen nicht bestanden.

Von daher wäre zu fragen, in welchem Maß die sog. europäische Expansion in Europa selbst desintegrierend gewirkt hat. Nicht so sehr auf der Kommunikationsebene der Wissenschaft und der Gelehrten sowie der Kunst und Literatur, der Musik und des Theaters oder der Fürstenhöfe, sondern auf der Ebene der breiten Bevölkerung und ihrer Alltagswelt.

Die Tatsache, daß im amerikanischen Unabhängigkeitskrieg französische Soldaten an der Seite der Amerikaner gegen die Engländer kämpften, schärfte das Bewußtsein für die Transformation der Verhältnisse im alten Europa durch ein Rückschwappen von Einflüssen aus Amerika nach Europa. Der Abbé Raynal (1713–1796) bemerkte dies Anfang der 1770er Jahre in seiner siebenbändigen Geschichte der europäischen Expansion in Amerika und Asien, der schottische Nationalökonom Adam Smith tat dasselbe in seinem Buch über den Wohlstand der Nationen (1776) – zwei berühmte Stimmen, die ein Heer anderer Publizisten anführten, die ähnliche Gedanken äußerten.

Smith entwickelte in diesem Zusammenhang auch eine erste Theorie der Arbeitsteiligkeit, in deren System Länder, die wie Polen oder Ungarn an der Peripherie des europäischen Wirtschaftsraumes lagen, einbezogen wurden: „Einfuhrwaren aus Amerika bedeuten mithin nichts anderes als Tauschmöglichkeiten und Gegenwerte für die überschüssigen Erzeugnisse dieser Länder, die zugleich einen neuen und größeren Markt für diese Überschußproduktion bilden. Die Folge davon ist, daß sie deren Wert erhöhen, was wiederum die heimische Produktion anregt. Selbst wenn diese Waren nie nach Amerika gelangen sollten, kann man sie in Länder ausführen, welche sie nunmehr gegen Importe aus Amerika tauschen. In einem solchen Drei-Länder-Tausch können die Überschüsse Ungarns und Polens und die Amerikas, die den Anstoß gaben, einen neuen Markt finden" (Smith 1776).

Zu den charakteristischen Merkmalen einer jeden Kultur gehören die Ernährungsgewohnheiten. Zur selben Zeit, als der Amerikanische Unabhängigkeitskrieg Anlaß gab, über die innereuropäische Bedeutung der Expansion der letzten 300 Jahre nachzudenken, lag den Zeitgenossen die Veränderung der Ernährungsgewohnheiten ebenfalls offen vor Augen, und damit auch die Veränderung bestimmter Lebensweisen.

Die meisten der im Zuge der Expansion nach Europa eingeführten neuen Lebensmittelprodukte wurden zunächst wie Medikamente behandelt. Die Geschichte der Kartoffel mag dies illustrieren. Wann genau z. B. die Kartoffel zum ersten Mal aus Südamerika nach Europa kam, ist nicht mehr exakt festzustellen, aber noch 1576 wurde in einem Krankenhaus in Sevilla die Kartoffel als Heilnahrung den Patienten gereicht. Zuerst als Medikament, dann als Luxusnahrung am Königshof: Der englische Königshof kaufte 1619 die Kostbarkeit zu sehr hohen Preisen für die Königstafel, allmählich fand sie Eingang in den Speisezettel der reichen Oberschichten. Von dort wurde sie an die unteren Stände als wertvolle Nahrung weiterempfohlen. Norbert Elias hat solche Vorgänge in seinem Buch über den „Prozeß der Zivilisation" ausführlich untersucht. Allerdings galt das längst nicht für alle Produkte, in manchen Fällen verlief der Diffusionsprozeß auch ‚von unten nach oben' (Pieper 1998). Tatsächlich wurde die Kartoffel z. B. in Irland im 18. Jh. zum wichtigsten Grund- und Hauptnahrungsmittel, und zeitgenössische Beobachter führten das gesunde, kräftige Aussehen der Iren auf den Genuß der Kartoffel zurück. Das irische Bevölkerungswachstum hing mit dem Kartoffelanbau zusammen, bis die Kartoffelkrankheit von 1845/46 zu einem verheerenden Einbruch von 30% (Auswanderung und Tod) führte.

Anderswo setzte sich die Kartoffel nicht so ausschließlich durch, zumal richtiger Anbau, richtiger Erntezeitpunkt etc. noch im 18. Jh. Schwierigkeiten bereiten konnten – trotz der eifrigen Bemühungen der Aufklärer, schriftliche Anleitungen zum richtigen Kartoffelanbau auf dem Land zu verbreiten. Die Forschung ist sich mittlerweile durchaus einig, daß die als neuerungsfeindlich geltenden Bauern des 18. Jh.s keineswegs neuerungsfeindlich waren, sondern daß vielmehr die Aufklärer viele praktische Schwierigkeiten nicht sahen oder unterschätzten. Bei den landwirtschaftlichen Neuerungen ging es ganz allgemein um die Umstellung von einer landwirtschaftlichen Subsistenzwirtschaft auf eine landwirtschaftliche Marktwirtschaft, deren Funktionieren den Umbau das Sozial- und Wirtschaftssystems auf dem Land erforderte.

Zu unterscheiden ist grundsätzlich danach, ob von Übersee gekommene Produkte in Europa selber in großen Mengen angebaut werden sollten oder ob sie wie der Kaffee, der Kakao und größtenteils auch der Tabak (trotz einiger europäischer Anbaugebiete) Importprodukte blieben. Im ersteren Fall stellte sich das Problem der sozioökonomischen Transformation ganz offensichtlich, im zweiten Fall trat diese schrittweise, schleichend ein.

Das wirtschaftliche Europa der Frühen Neuzeit war vor allem ein großer Markt: für Künstler, Wissenschaftler, Musiker und Schauspieler sowie für eine Vielzahl von Produkten des alltäglichen Lebens oder von Luxusprodukten. Letztlich handelte es sich um ein System vieler regionaler und überregionaler Märkte, das nach unten durch die lokalen und nach oben durch den europäischen Markt ergänzt wurde. Das Beispiel des europäischen Marktes läßt sich am besten mit Hilfe der Ausbreitung der italienischen Renaissance beschreiben (vgl. Kapitel 7.4). Dieser Markt für den Vertrieb wissenschaftlicher Methoden, politischer Philosophie, architektonischer Stile, von Bankiers und Künstlern usw. usw. erstreckte sich schon früh nach Böhmen, Ungarn und Polen, nach Mittel- und Westeuropa, sowie nach und nach bis nach Skandinavien. Ebenso existierte ein Markt für spanische Mode, niederländische Malerei und anderes, für französische Tänze usf. Der Transfer materieller Güter und von Ideen läßt es zu, schon vor dem Zeitalter der Massenproduktionen von einer europäischen Konsumgesellschaft zu sprechen. Bezieht man Lebensmittel wie Getreide und Fleisch, aber auch Tuche mit ein, so erstreckte sich diese Konsumgesellschaft auf viele soziale Schichten, nicht nur die Oberschichten, auch wenn nicht alle alles und alle das gleiche konsumierten. Bankiers, Kaufleute, Handwerker und Gelehrte bildeten Netzwerke aus, die sich über weite Entfernungen zwischen bestimmten Schwerpunktstädten und einigen europäischen Zentren wie Venedig und Amsterdam, zwischen kleineren Höfen und den großen Residenzen spannten. In dieses Netzwerk waren auch die Peripherien wie Polen, das Getreide lieferte, einbezogen.

Dieses Netzwerk existierte neben äußerst kleinräumigen Zollgebieten innerhalb der europäischen Staaten. Eine geradlinige Entwicklung zum Nebeneinander nationaler Wirtschaftsräume hat es nicht gegeben, obwohl im 18. und 19. Jh. die Wirtschaftsräume parallel zu den übrigen Prozessen der Nationalisierung von Kultur, Politik, Recht, Wissen usf. fortschreitend mit den politischen Nationalstaaten zur

Deckung gebracht wurden. Die von Napoleon I. verhängte Kontinentalsperre gegen England hat den Ablösungsprozeß Englands vom Kontinent leicht verstärkt, andererseits aber keine integrierte kontinentaleuropäische Wirtschaft geschaffen. Das integrierende Element ist vielmehr in der Industrialisierung zu sehen.

8.7 Vergleich der Industrialisierung in Europa nach Stichjahren (1800, 1860, 1913, 1980).

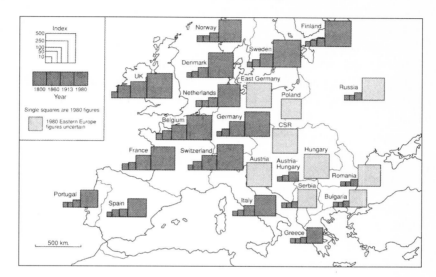

Ähnlich wie Portugal aufgrund der Akkumulation bestimmter Faktoren zum Vorreiter der überseeischen Expansion wurde, lieferte England das „Modell" der Industrialisierung. „Modell" heißt nicht, daß hier etwas entstand, was anderswo dann einfach kopiert wurde, vielmehr können jene Strukturelemente, die zusammengenommen als Industrialisierung bezeichnet werden, modellhaft an England bzw. bestimmten Regionen wie Lancashire oder Yorkshire zuerst nachgewiesen werden. Im Kulturvergleich schält sich die Industrialisierung des späten 18. und des 19. Jh.s als spezifisch europäisch heraus. Daß sich der Prozeß zuerst in England beobachten läßt, hängt mit einer Vielzahl im späten 18. Jh. akkumulierter Faktoren zusammen, deren Bedeutung im einzelnen sehr umstritten ist und deren Akkumulation auch dem Zufall zu verdanken war:

- eine Phase guter klimatischer Bedingungen, die zu mehreren guten Ernten nacheinander führte; Bodenschätze wie Kohle; gute Verkehrsinfrastruktur;
- Konsumgesellschaft; Ausdehnung des bürgerlichen Lebensmodells auf den Adel; Lohnarbeiterschaft auch auf dem Land; Bevölkerungswachstum; technische Erfindungen; Kapitalismus; Subventionen durch den Staat;
- Institutionalisierung von Wirtschaftswachstum (= Aushebelung der „malthusianischen Armutsfalle").

Solche Faktoren setzten eine Wachstumsdynamik in Gang, die sich vor allem, aber nicht nur, im industriellen Sektor bemerkbar machte. Ein umfassender sozioökonomischer Wandel war die Folge. Die Europäisierung der Industrialisierung erfolgte über Transfer- und Diffusionsprozesse: „Als Medien des Transfers konnten dabei prinzipiell Waren oder Produktionsfaktoren dienen (…). Englische Waren zeigten den kontinentaleuropäischen Volkswirtschaften neue Märkte und Absatzchancen. Englische Arbeiter, Unternehmer, Technologien und englisches Kapital wurden importiert und wiesen dem Kontinent neue Wege der Produktion" (Pierenkemper 1996: 165).

Gegen Mitte und zunehmend in der zweiten Hälfte des 19. Jh.s wurde die aus der Frühen Neuzeit stammende Kolonialpolitik zum Imperialismus transformiert. Zum ersten Mal trat ein Land wie Deutschland (in Gestalt des am 18. Januar 1871 neu geschaffenen Deutschen Reichs) in den Kreis der imperialistischen Kolonialmächte. Die strukturellen Differenzen eines französischen, britischen, deutschen oder italienischen, niederländischen, belgischen, portugiesischen und russischen Imperialismus sollen hier nicht diskutiert werden. Eine allgemeine Folge war aber sicher, daß die Vorstellung, ein Nationalstaat mit Kolonialreich könne wirtschaftlich autark sein oder werden, dadurch Nahrung erhielt. Trotzdem fand im Europa vor dem Ersten Weltkrieg ein beachtlicher Kapitaltransfer zwischen den Nationalstaaten statt; ausländische Investitionen waren etwas völlig Normales; es gab durchaus einen europäischen Wirtschaftsraum, der durch eine Vielzahl von Handels- und Freihandelsverträgen strukturiert wurde. Sicher, es handelte sich nicht um den Wirtschaftsraum der späteren EU, aber immerhin um einen Wirtschaftsraum, der den Namen „europäisch" verdiente. Der Erste Weltkrieg zerstörte diesen Wirtschaftsraum. Die Umstellung der Wirtschaft auf Kriegswirtschaft in den europäischen Ländern führte zum Primat der nationalen Wirtschaftsräume. Die Nationalsozialisten formten im Zweiten Weltkrieg den von Deutschland besetzten Teil Europas zu einem deutscheuropäischen Wirtschaftsraum, der aber nichts anderes als Ausbeutung und wirtschaftliche Unterdrückung bedeutete. Insoweit ist hier keinerlei Vergleichbarkeit mit dem Begriff des „europäischen Wirtschaftsraumes" vor dem Ersten Weltkrieg und nach Gründung der EWG gegeben. Zu diesem Begriff gehört ökonomische Freiheit, die in jeweils unterschiedlicher Weise in der Frühen Neuzeit, im 19. Jh., in der EWG bzw. EFTA und schließlich der EU einschließlich der assoziierten mittelosteuropäischen Ländern verwirklicht war bzw. ist.

■ QUELLENZITATE: *Adelung, Johann Christoph:* Versuch einer Geschichte der Kultur des menschlichen Geschlechts (1782), Leipzig, 2. Aufl., 1800; Reprint Königstein 1979; *Brissot de Warville, Jacques-Pierre:* Nouveau voyage dans les États-Unis de l'Amérique septentrionale, fait en 1788, 3 Bände, Paris 1791 (avril); *Burke, Edmund:* Reflections on the Revolution in France (1790), Oxford 1979; *Corpus Iuris Civilis.* Text und Übersetzung. 1. Institutionen. Gemeinschaftlich übersetzt v. Okko Behrends, Rolf Knüttel, Berthold Kupisch, Hans Hermann Seiler, Heidelberg 1990; *Kant, Immanuel:* Idee zu einer allgemeinen Geschichte in weltbürgerlicher Absicht (1784), in: ders., Werke, Band IV, Schriften 1783–88, hg. von Artur Buchenau u. Ernst Cassirer, Berlin 1922, S. 149–166; *Schlettwein, Johann August:* Die Rechte der Menschheit oder der einzige wahre Grund aller Gesetze, Ordnungen und Verfassungen, Gießen 1784; Reprint 1980; *Smith, Adam:* Der Wohlstand der Nationen. Eine Untersuchung seiner Natur und seiner Ursachen (1776), München, nach der 5. engl. Ausgabe letzter Hand 1789 übers., 2. Aufl. 1982; *Staël-Holstein, Anne Louise Germaine de – Bosse, Monika (Hg.):* Über Deutschland: mit einem Register, Anmerkungen und einer Bilddokumentation, Frankfurt 1992; *Tocqueville, Alexis de:* De la démocratie en Amérique (1835–1840), in: Œuvres, tome 1 (1,1–1,2), hg. von J.-P. Mayer, Paris, 8. Aufl., 1951; *Vitoria, Francisco de:* Relectiones theologicae tredecim, auszugsweise in: Rougemont 1962, S. 71.

■ LITERATUR:

Nation
Anderson, Benedict: Die Erfindung der Nation. Zur Karriere eines erfolgreichen Konzepts, Frankfurt 1988; *Balibar, Etienne/Wallerstein, Immanuel:* Rasse – Klasse – Nation. Ambivalente Identitäten, Hamburg, Berlin 1990; *Berding, Helmut (Hg.):* Nationales Bewußtsein und kollektive Identität. Studien zur Entwicklung des kollektiven Bewußtseins in der Neuzeit 2, Frankfurt, 2. Aufl. 1996; *Dann, Otto (Hg.):* Nationalismus in vorindustrieller Zeit, München 1986; *Ertman, Thomas:* Birth of the Leviathan. Building States and Regimes in Medieval and Early Modern Europe, Cambridge 1997; *Flacke, Monika (Hg.):* Mythen der Nationen. Ein europäisches Panorama. Eine Ausstellung des Deutschen Historischen Museums unter der Schirmherrschaft von Bundeskanzler Dr. Helmut Kohl. Begleitband zur Ausstellung, Berlin 1998; *Garber, Klaus (Hg.):* Nation und Literatur im Europa der Frühen Neuzeit, Tübingen 1989; *Gellner, Ernest:* Nationalismus und Moderne, Berlin 1991; *Giesen, Bernhard (Hg.):* Nationale und kulturelle Identität. Studien zur Entwicklung des kollektiven Bewußtseins in der Neuzeit, Frankfurt 1991; *Greenfeld, Liah:* Nationalism: five roads to modernity, 2. Aufl., Cambridge, Mass. 1994; *Hobsbawm, Eric J.:* Nationen und Nationalismus: Mythos und Realität seit 1780, München [1. dt. Aufl. Frankfurt 1991] 1996; *Mączak, Antoni/Weber, Wolfgang E.J. (Hg.):* Der frühmoderne Staat in Ostzentraleuropa I, Augsburg 1999; *Reinhard, Wolfgang:* Geschichte der Staatsgewalt. Eine vergleichende Verfassungsgeschichte Europas von den Anfängen bis zur Gegenwart, München 1999; *Salewski, Michael (Hg.):* Nationale Identität und europäische Einigung, Göttingen, Zürich 1991; *Schulze, Hagen:* Staat und Nation in der europäischen Geschichte, München 1994; *Schulze, Winfried:* Die Entstehung des nationalen Vorurteils. Zur Kultur der Wahrnehmung fremder Nationen in der europäischen Frühen Neuzeit, in: W. Schmale/R. Stauber (Hg.), Menschen und Grenzen in der Frühen Neuzeit, S. 23–49, Berlin 1998; *Stauber, Reinhard:* Nationalismus vor dem Nationalismus? Eine Bestandsaufnahme der Forschung zu „Nation" und „Nationalismus" in der Frühen Neuzeit, in: Geschichte in Wissenschaft und Unterricht 47 (1996), S. 139–165; *Timmermann, Heiner (Hg.):* Die Entstehung der Nationalbewegung in Europa 1750–1849, Berlin 1993; *Voigt, Rüdiger (Hg.):* Der neue Nationalstaat, Baden-Baden 1998.

Politisches System

Bosbach, Franz: Monarchia Universalis. Ein politischer Leitbegriff der Frühen Neuzeit, Göttingen 1988; *Burkhardt, Johannes:* Auf dem Weg zu einer Bildkultur des Staatensystems. Der Westfälische Frieden und die Druckmedien, in: H. Duchhardt (Hg.), Der Westfälische Friede. Diplomatie, politische Zäsur, kulturelles Umfeld, Rezeptionsgeschichte, S. 81–114, München 1998; *Compagnon, Antoine/Seebacher, Jacques (Hg.):* L'Esprit de l'Europe, 3 Bände, Paris 1993; *Duchhardt, Heinz:* Balance of Power und Pentarchie. Internationale Beziehungen 1700–1785, Paderborn 1997; *Fröhlich, Helgard/Grandner, Margarete/Weinzierl, Michael (Hg.):* 1848 im europäischen Kontext, Wien 1999; *Godechot, Jacques:* Les révolutions 1770–1789, Paris 1963; *Kohler, Alfred:* Karl V. 1500–1558. Eine Biographie, München 1999; *Langewiesche, Dieter (Hg.):* Die Revolutionen von 1848 in der europäischen Geschichte. Ergebnisse und Nachwirkungen, München 2000; *Lüsebrink, Hans-Jürgen/Reichardt, Rolf (Hg.):* Kulturtransfer im Epochenumbruch Frankreich-Deutschland 1770 bis 1815, 2 Bände, Leipzig 1997; *Lutter, Christina:* Politische Kommunikation an der Wende vom Mittelalter zur Neuzeit: die diplomatischen Beziehungen zwischen der Republik Venedig und Maximilian I. (1495–1508), Wien 1998; *Palmer, Robert R.:* Das Zeitalter der demokratischen Revolution. Eine vergleichende Geschichte Europas und Amerikas von 1760 bis zur Französischen Revolution [1959], Frankfurt am Main 1970; *Polleroß, Friedrich:* „Sol Austriacus" und „Roi soleil". Amerika in den Auseinandersetzungen der europäischen Mächte, in: ders./et al., Federschmuck und Kaiserkrone. Das barocke Amerikabild in den habsburgischen Ländern, S. 54–84, Wien 1992; *Reichardt, Rolf:* Das Blut der Freiheit. Französische Revolution und demokratische Kultur, Frankfurt 1998; *Schroeder, Paul W.:* The Transformation of European Politics 1763–1848, Oxford 1994; *Schulin, Ernst:* Kaiser Karl V. Geschichte eines übergroßen Wirkungsbereiches, Stuttgart 1999; *Schulze, Hagen:* Phoenix Europa, Berlin 1998; *Sorel, Albert:* L'Europe et la Révolution française, Paris, 8 Bände, 1885–1904; *Steiger, Heinhard:* Der Westfälische Frieden – Grundgesetz für Europa?, in: H. Duchhardt (Hg.), Der Westfälische Friede. Diplomatie, politische Zäsur, kulturelles Umfeld, Rezeptionsgeschichte, S. 33–80, München 1998; *Strohmeyer, Arno:* Theorie der Interaktion. Das europäische Gleichgewicht der Kräfte in der frühen Neuzeit, Wien 1994.

Recht

Cavanna, Adriano: Storia del diritto moderno in Europa. Le fonti e il pensiero giuridico, Bd. 1, Mailand 1979; *Coing, Helmut:* Das Recht als Element der europäischen Kultur, in: Historische Zeitschrift 238 (1984), S. 1–15; *Coing, Helmut:* Europäisches Privatrecht. Band 1: Älteres Gemeines Recht (1500 bis 1800), München 1985, S. 8–82; *Dann, Otto/Klippel, Diethelm (Hg.):* Naturrecht – Spätaufklärung – Revolution, Hamburg 1995; *Foucault, Michel:* „Il faut défendre la société". Cours au Collège de France. 1976, Paris 1997; *Galtung, Johan:* Institutionalisierte Konfliktlösung. Ein theoretisches Paradigma, in: W. L. Bühl (Hg.), Konflikt und Konfliktstrategie (...), S. 113–177, München 1972; *Kantorowicz, Hermann:* Der Begriff des Rechts. Aus dem Nachlaß hg. v. Archibald Hunter Campbell, mit einer Einl. v. A. L. Goodhart, Göttingen 1963; *Koschaker, Paul:* Europa und das römische Recht, München, 3. Aufl., 1958; *Mohnhaupt, Heinz/Grimm, Dieter:* Verfassung. Zur Geschichte des Begriffs von der Antike bis zur Gegenwart. Zwei Studien, Berlin 1995; *Raphael, Lutz:* Recht und Ordnung. Herrschaft durch Verwaltung im 19. Jahrhundert, Frankfurt 2000; *Schmale, Wolfgang:* Archäologie der Grund- und Menschenrechte in der Frühen Neuzeit. Ein deutsch-französisches Paradigma, München 1997; *Stein, Peter G.:* Römisches Recht und Europa. Die Geschichte einer Rechtskultur, Frankfurt 1996.

Wissen

Bußmann, Hadumod/Hof, Renate (Hg.): Genus. Zur Geschlechterdifferenz in den Kulturwissenschaften, Stuttgart 1995; *Foucault, Michel:* L'archéologie du savoir, Paris 1969; *Goodman, David/Russell, Colin:* The Rise of Scientific Europe 1500–1800, Sevenoaks 1991; *Kreibich, Rolf:* Die Wissensgesellschaft. Von Galileo zur High-Tech-Revolution, Frankfurt, 2. Aufl., 1986; *Mittelstraß, Jürgen (Hg.):* Enzyklopädie Philosophie und Wissenschaftstheorie in 4 Bänden, Stuttgart 1980, 1984, 1995, 1996; *Plaschka, Richard Georg/Mack, Karlheinz (Hg.):* Wegenetz europäischen Geistes II. Universitäten und Studenten. Die Bedeutung studentischer Migrationen in Mittel- und Südosteuropa vom 18. bis zum 20. Jh., Wien 1987; *Plé, Bernhard:* Die „Welt" aus den Wissenschaften. Der Positivismus in Frankreich, England und Italien von 1848 bis ins zweite Jahrzehnt des 20. Jh. Eine wissenssoziologische Studie, Stuttgart 1996; *Popkin, R./Kelley, D. (Hg.):* The Shapes of Knowledge from the Renaissance to the Enlightenment. Dordrecht, London 1991; *Porter, Roy (Hg.):* The Scientific Revolution in National Context, Cambridge 1992; *Rossi, Paolo:* Die Geburt der modernen Wissenschaft in Europa, München 1997; *Schiebinger, Londa:* Am Busen der Natur. Erkenntnis und Geschlecht in den Anfängen der Wissenschaft, Stuttgart 1995; *Schindling, Anton:* Bildung und Wissenschaft in der Frühen Neuzeit 1650–1800, München 1994; *Schmale, Wolfgang:* Allgemeine Einleitung: Revolution des Wissens? Versuch eines Problemaufrisses über Europa und seine Schulen im Zeitalter der Aufklärung, in: W. Schmale/N. Dodde (Hg.), Revolution des Wissens? Europa und seine Schulen im Zeitalter der Aufklärung. Ein Handbuch zur europäischen Schulgeschichte, Bochum 1991, S. 1–46.

Kulturell-ökonomisches System

Bauer, Leonhard/Matis, Herbert: Geburt der Neuzeit. Vom Feudalsystem zur Marktgesellschaft, München, 2. Aufl., 1989; *Braudel, Fernand:* Sozialgeschichte des 15.–18. Jh. Bd. 3: Aufbruch zur Weltwirtschaft, München 1986; Neudruck München 1991; *Brewer, John/Porter, Roy (Hg.):* Consumption and the World of Goods, London 1992; *Cipolla, Carl M.:* Before the Industrial Revolution. European Society and Economy, 1000–1700, 3. Aufl. London 1993; *Hamilton, Earl J.:* What the New World Gave the Economy of the Old, in: Fredi Chiappelli (Hg.), First Images of America, Band 2, Berkeley u.a. 1976, S. 853–884; *Kiesewetter, Hubert:* Das einzigartige Europa. Zufällige und notwendige Faktoren der Industrialisierung, Göttingen 1996; *Menninger, Annerose:* Die Macht der Augenzeugen. Neue Welt und Kannibalen-Mythos, 1492–1600, Stuttgart 1995; *Mommsen, Wolfgang J.:* Imperialismustheorien. Ein Überblick über die neueren Imperialismusinterpretationen, Göttingen, 3. Aufl. 1987; *North, Michael/Ormrod, David (Hg.):* Art markets in Europe, 1400–1800, Aldershot 1998; *Pardo, José Casas (Hg.):* Economic Effects of the European Expansion 1492–1824, Stuttgart 1992; *Pieper, Renate:* Der Einfluß lateinamerikanischer Erzeugnisse auf strukturelle Veränderungen in Europa, in: Jahrbuch für Geschichte Lateinamerikas 35, 1998, S. 319–340; *Pieper, Renate:* Die Vermittlung einer neuen Welt. Amerika im Nachrichtennetz des Habsburgischen Imperiums 1493–1598, Mainz 2000; *Pierenkemper, Toni:* Umstrittene Revolutionen. Die Industrialisierung im 19. Jh., Frankfurt 1996; *Pohl, Hans (Hg.):* The European Discovery of the World and its Economic Effects on Pre-Industrial Society 1500–1800. Papers of the 10th International Economic History Congress, Stuttgart 1990; *Pollard, Sidney:* Peaceful Conquest. The Industrialization of Europe 1760–1970, Oxford 1981; *Reinhard, Wolfgang:* Geschichte der europäischen Expansion, Band 1: Die Alte Welt bis 1818, Stuttgart 1983; *Reinhard, Wolfgang:* Kleine Geschichte des Kolonialismus, Stuttgart 1996; *Seed, Patricia:* Ceremonies of Possession in Europe's Conquest of the New World, 1492–1640, Cambridge 1995; *Sylla,*

Richard/Toniolo, Gianni (Hg.): Patterns of European Industrialization. The Nineteenth Century, London 1993; *Wallerstein, Immanuel:* Das moderne Weltsystem – Die Anfänge kapitalistischer Landwirtschaft und die europäische Weltökonomie im 16. Jh., Frankfurt 1986.

Kapitel 9

Europa politisch integrieren: Geschichte der europäischen Integration seit dem Zweiten Weltkrieg

9.1 Integrationstheorien

Das fünfte Kapitel behandelte die Geschichte der Europapläne und endete mit einem Abschnitt zum Europäismus der Jahre 1944 bis 1946. Die Frage, warum es – endlich – nach dem Zweiten Weltkrieg zu erfolgreichen Integrationsschritten kam, ist in der Integrationsforschung umstritten. Es wurden vor allem im Bereich der Politikwissenschaft verschiedene Theorien entwickelt. Drei Varianten sollen kurz vorgestellt werden (Welz/Engel 1993; Dedman 1996).

1. Die Integration nach 1945 kann auf den Einfluß der europäischen Föderalisten und ihrer Europaideale zurückgeführt werden. Diese ruhten auf einem soliden ideengeschichtlichen Fundament, nicht zuletzt auf dem oben beschriebenen Europäismus der Zwischenkriegszeit und jenem vieler Widerstandsgruppen

Der handelnde Politiker steht der politischen Theorie in aller Regel skeptisch gegenüber. So warnte Walter Hallstein Anfang der sechziger Jahre einmal davor, den europäischen Einigungsprozeß mit theoretischen Zielvorgaben zu belasten. Die Europäische Gemeinschaft sei eine Erscheinung „sui generis, a new kind of political animal". Für die politische Praxis besitze das Denken in Analogien und Modellen nur geringen Wert: „Just as language precedes grammar, so politics precedes political theory." Gewiß wollte Hallstein mit diesem Diktum die alte Wahrheit nicht umstürzen, daß die Welt des Geistes und der Politik einander wechselseitig bedingen. Er verwahrte sich vielmehr gegen den Anspruch der Theorie, Prognosen und Handlungsanweisungen bereitzustellen. Zudem bot die politische Theorie, die sich dem Schlagwort „Integration" zuordnete, damals schon ein sehr unübersichtliches Bild. Und es war verdächtig, daß sie ihren Boom erst erlebte, als die wichtigsten politischen Entscheidungen im Integrationsprozeß bereits gefallen waren.

Ludolf Herbst (1986)

und Persönlichkeiten im Zweiten Weltkrieg. Der ideelle, der moralische, der Werte-Kern der Integration kam von dort. Zu ergänzen wäre dieser Ansatz durch die Untersuchung der Wirkungen, die von den vielen Visualisierungen Europas ausgingen. Steuerten diese vielleicht viel wirksamer als die teilweise komplexen Europaideen die Handlungsweise der Akteure?

2. Die Integration kann mit Hilfe eines funktionalistischen Theorieansatzes erklärt werden. In Unterscheidung zur schon in der Zeit des Zweiten Weltkriegs existierenden Funktionalismustheorie spricht man heute von Neo-Funktionalismus. Im Neo-Funktionalismus werden die Kooperation von Staaten in technischen Teilbereichen, politische Integration und beider Folgen, nämlich ein „politisches System mit auto-

nomer institutioneller Struktur" ohne Abschaffung nationaler Souveränitäten theoretisch miteinander vermittelt. Ein Kernstück der funktionalistischen Theorie ist der „functional spill-over". Dieser „beschreibt die fortschreitende Integration von einem Sektor auf den anderen aufgrund der sachlogischen Verknüpfung einzelner Aufgabenbereiche". Parallel dazu wird versucht, politische Spill-over-Phänomene festzumachen, vor allem an den politischen und wirtschaftlichen Eliten, „weil sie sich von einer fortschreitenden Integration Wohlfahrtsgewinne erhoffen" (Welz/Engel 1993).

3. Die Integration kann schließlich durch Interdependenztheorien im Kontext internationaler Beziehungen und Organisationen sowie intergouvernementaler Institutionen erklärt werden. Hinzu kommt, daß einmal geschaffene internationale Organisationen eine Eigendynamik entwickeln, die Integrationsprozesse ‚automatisch' vorantreibt.

In der Geschichtswissenschaft wird ein gewisser Augenmerk auf die Begriffsgeschichte von „Integration" gelegt. Als vierte ‚Theorie' könnte insoweit die historische Semantik angeführt werden. Untersucht wird dabei, wie der Begriff „Integration" in die politische Sprache gelangt ist, wer ihn wie verwendet, welchen Sozialbezug er hat, wie Bedeutung des Begriffs und seine Funktion im kommunikativen Austausch zusammenhängen usw. (Herbst 1986). Schlüsselwörter wie „Integration" können selber zu wirkmächtigen historischen Kräften werden.

Keine der drei bzw. vier Theorien allein kann die Integration nach 1945 erklären. Zusammen können sie mindestens Licht ins Dunkel bringen.

9.2 Der Marshallplan als Chance des Europäismus

The European Recovery Program is now approaching the halfway mark. The time has come to consider carefully what more must be done to hold the ground already gained and to assure the further progress that is vitally needed. We must now devote our fullest energies to this major task. These tasks are: (…) The second – and to say this is why I'm here – is to move ahead on a far-reaching program to build in Western Europe a more dynamic, expanding economy which will promise steady improvement in the conditions of life for all its people. This, I believe, means nothing less than an integration of the Western European economy.

Paul Hoffman, Rede vor der OEEC in Paris
am 31. Oktober 1949

Der vom amerikanischen Außenminister George C. Marshall (1880–1959) entwickelte Plan (European Recovery Program/ERP; zumeist als „Marshallplan" bezeichnet) zum Wiederaufbau der europäischen Wirtschaft kann als Initialzündung der kommenden europäischen Einigung betrachtet werden; er folgte mehreren Motiven. Zum einen hatten die USA in den beiden ersten Nachkriegsjahren bereits gut 11 Mrd. Dollar in Europa investiert, ohne daß sich die Situation ganz entscheidend gebessert hatte. Hier mußte eine Art Zielpunkt gesetzt werden, um die Dauer der amerikanischen Unterstützung überschaubar zu machen. Zum anderen wurde es immer dringlicher, der drohenden sowjetischen Expansion entgegenzuwirken. Für beides war es notwendig, Deutschland für den europäischen Wiederaufbau nutzbar zu machen, seine Integration war aus wirtschaftlichen und politischen Gründen unumgänglich.

Dies konnte am besten mit Rücksicht auf die berechtigten Ängste insbesondere Frankreichs durch supranationale Strukturen geschehen. Einer Beteiligung der osteuropäischen Staaten und der Sowjetunion stand aus amerikanischer Sicht nichts entgegen, auch wenn man sie nicht für wahrscheinlich hielt und sie nicht speziell förderte. Unter dem Druck Stalins – Molotow hatte den Plänen Marshalls offensichtlich positiv gegenübergestanden – lehnten die Sowjetunion und die osteuropäischen Staaten, die gerne an einer Konferenz über den Marshallplan teilgenommen hätten, eine Kooperation ab, statt dessen wurde die Kominform (Kommunistisches Informationsbüro, 1947–1956, gedacht als Nachfolgerin der Komintern) gegründet.

Die Initiative Marshalls, die auch durch ähnliche Überlegungen auf seiten John Foster Dulles', außenpolitischer Sprecher der Republikaner im Washingtoner Kongreß gestützt wurde, gab den Europäisten in Westeuropa einen deutlichen Motivationsschub.

Sozialisten, Christdemokraten und Liberale beteiligten sich an der Neugründung europäistischer Bewegungen; die europäische Idee – und nun muß man präziser von der westeuropäischen Idee sprechen – war nicht mehr überwiegend außerhalb der Regierungen und Parlamente verankert, sondern wurde von den Parteien, vielen Parlamentariern und Regierungspolitikern mit getragen. Auch Coudenhove-Kalergi wurde wieder in Europa aktiv und gründete im September 1947 die „Europäische Parlamentarier-Union".

Ab dem 12. Juli 1947 wurde in Paris eine Konferenz über den Marshallplan abgehalten. Es nahmen daran teil: Belgien, Dänemark, Frankreich, Griechenland, Großbritannien, Irland, Island, Italien, Luxemburg, Niederlande, Norwegen, Österreich, Portugal, Schweden, Schweiz, Türkei. Die Verhandlungen waren äußerst schwierig und wären ohne die Aussicht auf ein mögliches Scheitern des Marshallplanes im amerikanischen Kongreß vielleicht nicht weiter zielführend gewesen. So wurden aber immerhin gemeinsame Entwicklungsziele für die Wirtschaft formuliert, der Abbau von Inflation und Handelshemmnissen wurde diskutiert. Diese Konferenz bedeutete eine Nagelprobe: Im Widerstand war die gemeinsame europäische Sicht von Problemen immer wieder durchgespielt worden, hier mußten sich erstmals die Vertreter von 16 Ländern in der Gewißheit, etwas in praktische Politik umsetzen zu müssen, mit diesen Problemen beschäftigen. Eine Nagelprobe war es noch mehr deshalb, weil die Amerikaner eine supranationale Behörde zur Umsetzung der Planmittel eingefordert hatten. „Die Europäer mußten wohl der Schaffung einer permanenten

Organisation zustimmen; diese sollte jedoch vorwiegend beratende Funktionen haben und Beschlüsse zur Koordination nur einstimmig fassen können" (Loth 1996: 63). Der schließlich vereinbarte Bericht wurde als Bericht des „Committee of European Economic Cooperation" (CEEC) am 22. September 1947 vorgelegt.

In Paris war die Schaffung einer Zollunion in eher vagen Formulierungen in Aussicht genommen worden. Ab Mitte November tagte dann tatsächlich eine Zollunions-Studiengruppe in Brüssel. Nur Norwegen, Schweden und die Schweiz nahmen daran nicht teil. Gleichzeitig wurden bilaterale Zollunionsmodelle wie zwischen Frankreich und Italien oder Griechenland und der Türkei diskutiert. Die Benelux-Zollunion trat im übrigen am 1. Januar 1948 in kraft. Neben diesen wirtschaftlichen Fragen wurde auch an einem westeuropäischen Bündnis gearbeitet. Hier übernahm der britische Außenminister Bevin die Initiative zu einer westeuropäischen Föderation unter britischer Führung und mit amerikanischem Beistand. Den Kern sollten England, Frankreich und die Benelux-Staaten bilden. Die Benelux-Staaten forcierten außerdem den Gedanken einer Integration Westdeutschlands. Am 17. März 1948 unterzeichneten die fünf Länder (also ohne Deutschland) den sogenannten Brüsseler Pakt. Es handelte sich in erster Linie um einen Sicherheits- und Beistandspakt gegen Angriffe Dritter; mit Dritter war nicht ausschließlich Deutschland gemeint, aber die Angst vor einem Wiedererstarken des Landes und eines militärischen Aggressionspotentials war eine der Patinnen des Paktes. Wirtschaftliche, politische und kulturelle Kooperation wurden in die Zielsetzungen aufgenommen.

Knapp einen Monat später, am 16. April 1948, wurde die Übereinkunft über die „Organization of European Economic Cooperation" unterschrieben. Die OEEC erhielt einen Generalsekretär und einen Exekutivausschuß. Entscheidendes Organ wurde jedoch die Vollversammlung der Regierungsvertreter. Von der Organisation ausgeschlossen blieben die westdeutschen Besatzungszonen. Diese waren aber in die Marshall-Hilfen einbezogen, die von den Besatzungsbehörden zu verwalten waren. Eine weitere Entscheidung, die im Lauf des Jahres 1948 fiel, war, daß sich die USA auf ein dauerhaftes militärisches Engagement in Westeuropa einließen. Davon hing das Fortkommen weiterer Einigungsbemühungen ab.

Inzwischen hatte Churchills Schwiegersohn Duncan Sandys in England ein „United Europe Movement" gegründet, mit dessen Hilfe ein großer europäischer Kongreß für das Jahr 1948 in Den Haag vorbereitet wurde. Trotz gewisser Unstimmigkeiten zwischen den verschiedenen politischen Richtungen und Bewegungen in Europa fand der Kongreß vom 7.–10. Mai 1948 statt, aus dem die sog. „Europäische Bewegung" als Dach der vielen einzelnen Bewegungen hervorging. Der Kongreß leitete den 16 Ländern, die am Marshallplan teilnehmen sollten, eine Denkschrift über eine künftige Europäische Versammlung zu. Zugleich dokumentierte er das große Interesse an einer weitergehenden europäischen Einigung. In diesem Kontext gelangte auch der

Begriff der Integration in den Prozeß der europäischen Einigung. Dies war nicht zuletzt dem Amerikaner Paul Hoffman, Administrator der amerikanischen Marshallplan-Verwaltung, und seiner oben zitierten Rede vom 31. Oktober 1949 vor der OEEC zu verdanken (Herbst 1986).

9.3 Die Gründung des Europarats

Churchill hatte 1946 in der im 5. Kapitel zitierten Züricher Rede zur Gründung eines Europarates (ER) aufgerufen. Hierzu kam es dann am 5. Mai 1949 in London. Das Statut dieser in der Tat ersten europäischen Institution verabschiedeten die Vertreter aus zehn Ländern: Belgien, Dänemark, Frankreich, Großbritannien, Irland, Luxemburg, die Niederlande, Norwegen, Italien, Schweden. Kapitel 1, Art. 1 des ER legte fest: „Der Europarat hat zur Aufgabe, eine engere Verbindung zwischen seinen Mitgliedern zum Schutze und zur Förderung der Ideale und Grundsätze, die ihr gemeinsames Erbe bilden, herzustellen und ihren wirtschaftlichen und sozialen Fortschritt zu fördern." Kapitel 2 fügte dem hinzu: „Jedes Mitglied des Europarats erkennt den Grundsatz der Vorherrschaft des Rechts und den Grundsatz an, daß jeder, der seiner Hoheitsgewalt unterliegt, der Menschenrechte und Grundfreiheiten teilhaftig werden soll." Der ER tagte von Beginn an in Straßburg, seine Organe waren die

KURZE CHRONOLOGIE BIS ZUR GRÜNDUNG DES EUROPARATS	
1945: 19. 3.	*Benelux-Staaten und Frankreich: Conseil de Coopération économique mutuelle*
1946: 19. 9.	*Churchill, Züricher Rede*
1947: 4. 3.	*Beistandspakt von Dünkirchen zwischen Frankreich und Großbritannien*
5. 6.	*Rede Marshalls; ERP/Marshallplan*
8. 9.	*Kongreß der Europäischen Parlamentarier-Union durch Coudenhove-Kalergi*
29.10.	*Zollunion Benelux vereinbart*
1948: 1. 1.	*Inkrafttreten der Benelux-Zollunion*
23. 2. bis 2. 6.	*Londoner Sechsmächte-Konferenz (USA, GB, F, Benelux): wirtschaftliche und politische Eingliederung Westdeutschlands wird vereinbart*
17. 3.	*Benelux tritt frz.-brit. Beistandspakt bei; Erweiterung zu Westunion (Brüsseler Fünfmächtepakt): wirtschaftliche, soziale, kulturelle Zusammenarbeit*
16. 4.	*Gründung der OEEC durch 16 westeuro-päische Staaten; westdeutsche Besatzungszonen durch Besatzungsmächte vertreten und einbezogen*
8. bis 10. 5.	*Kongreß der Föderalisten in Den Haag*
1949: 25. 1.	*RGW zwischen UdSSR, Polen, ČSSR, Ungarn, Bulgarien, Rumänien (gegenseitige technische Hilfe, Warenaustausch, Koordinierung der Wirtschaftspläne)*
4. 4.	*Nato-Vertrag durch B, GB, CAN, DK, F, Island, I, LUX, NL, NOR, P, USA (1952 plus Griechenland und Türkei; 1955 plus BRD; etc.)*
5. 5.	*Gründung des Europarats*

Beratende Versammlung, die 1974 in Parlamentarische Versammlung umbenannt wurde, sowie das Ministerkomitee. Beiden wurde zur Unterstützung ein Sekretariat eingerichtet. Dies bedeutete eine rudimentäre europäische Organisation, in der aber leicht wiederzuerkennen ist, was in bescheidenem Realismus in den 30 Jahren zuvor angedacht worden war. Von einer Aufgabe nationaler Souveränitäten war keinerlei Rede. Sehr schnell formierten sich gewisse Fronten, die bis heute in allen europäischen Institutionen aufzuspüren sind: der Gegensatz zwischen Kontinent und Britannien, Gegensatz zwischen Mitgliedern der Parlamentarischen Versammlung einerseits und den Ministern als Regierungsvertretern andererseits bzw. auf der EU-Ebene Europaparlament versus Kommission und Ministerrat. Die Versammlung des ER wählte am 11. August 1949 den Belgier Paul-Henri Spaak (1899–1972), Sozialist, zum Präsidenten, ein überzeugter Europäer, der Ende der 30er Jahre belgischer Außenminister gewesen war und der belgischen Exilregierung in London angehört hatte. Dort verfolgte er ab 1941 mit der luxemburgischen und niederländischen Exilregierung das Projekt einer Zoll- und Währungsunion zwischen den drei Ländern, Ursprung der Benelux-Union. Spaak hatte desweiteren im Krieg enge Kontakte zu General Sikorski (1881–1943), Chef der polnischen Exilregierung in London, der das Bündnis mit der Tschechoslowakei betrieb, gehalten. Spaak trat im Dezember 1951 zurück, weil er einsehen mußte, daß der ER nicht der Keim zu einem europäischen Bundesstaat war, obwohl es für dieses Projekt vielerseits Unterstützung gab. So sprach sich beispielsweise der Deutsche Bundestag für einen solchen Bundesstaat aus: „In der Überzeugung, daß die gegenwärtige Zersplitterung Europas in souveräne Einzelstaaten die europäischen Völker von Tag zu Tag mehr in Elend und Unfreiheit führen muß, tritt der in freien Wahlen berufene Bundestag der Bundesrepublik Deutschland für einen europäischen Bundespakt ein, wie ihn die Präambel und der Artikel 24 des GG (…) vorsehen."

Spaak hielt eine etwas bittere Rücktrittsrede, während Adenauer die Kritik an den begrenzten Wirkungsmöglichkeiten weitsichtiger zu fassen suchte (Antrittsrede als Mitglied des Ministerkomitees im Dezember 1951; die BRD wurde im Sommer 1950 assoziiert, trat dann am 2. Mai 1951 als Vollmitglied ein): „Soviel auch an der gegenwärtigen Verfassung des Europarats Kritik geübt wird und soviel im einzelnen an dieser Kritik auch berechtigt sein mag; wir wollen doch nicht vergessen, daß das Vorhandensein dieser europäischen Organisation, auch so wie sie ist, einen außerordentlichen politischen Wert hat (…) Es bedeutet viel für die politische Entwicklung Europas, daß wir hier in den Organen des Europarats eine Plattform haben, auf der sich die Repräsentanten Europas regelmäßig begegnen, ihre Sorgen und Nöte, ihre Wünsche und Hoffnungen austauschen, gemeinsame Kriterien für die Bewertung ihrer Bedürfnisse zu entwickeln versuchen und überhaupt im Geiste der Fairneß und der guten Nachbarschaft zusammenarbeiten." Bis heute ist der Europarat ein wichtiges Kommunikationsforum, mit dessen Hilfe z. B. die Annäherung der Türkei an Europa und umgekehrt gefördert wird. Die Rolle als Kommunikationsforum ist um so höher einzuschätzen, als – das hat die erste Hälfte des 20. Jh.s gezeigt – die Europaidee zu ihrer Verwirklichung eine Massenbasis braucht, die ihr erst einmal verschafft werden mußte. Heute bestehen zahllose Kommunikationsforen, die durch die Berichterstattung der Medien gewissermaßen potenziert werden. Um 1950 war dies alles so noch nicht gegeben. Außerdem verwirklichte der ER als erstes Ergebnis seiner Arbeit etwas, was in nuce in den verschiedenen Europaplänen seit Pierre Dubois 1306 zumeist als Forderung enthalten war: ein gemeinsames europäisches Recht im Dienst des Friedens. Die dem 20. Jh. angemessene Formel, nach der dieses jahrhundertealte Ziel verwirklicht wurde, lautete: „Konvention über den Schutz der Menschenrechte und Grundfreiheiten", unterzeichnet am 4. November 1950; in Kraft getreten am 3. September 1953. Um die Konvention praktisch wirksam werden zu lassen, wurde die „Europäische Kommission für Menschenrechte" geschaffen. Sie nimmt, was besonders wichtig ist, Individualbeschwerden an. Definiert wurden natürlich auch die klassischen Freiheitsrechte. Diese Bestimmungen wurden von der EG bzw. EU übernommen. 1959 begann im Rahmen dieser Konvention der Europäische Gerichtshof für Menschenrechte seine Arbeit. In den ersten 30 Jahren ihres Bestehens, bis 1989, registrierte die Kommission knapp 16.000 Beschwerden, überwiegend Individualbeschwerden aus ganz Europa. Seit der jüngsten Reform sind Klagebegehren direkt an den Gerichtshof zu richten. Die gewollt rudimentäre Institutionalisierung des ER ist dann schnell als Chance begriffen worden, als sich mit Gründung der EWG ein zweites kleines, institutionell stärker verdichtetes Europa zu bilden begann. Es bedurfte und bedarf bis heute einer Klammer, die über die EWG, dann EG und nun EU hinausgeht, solange letztere nur ein Teileuropa repräsentiert. Die Hauptleistung des ER besteht sicherlich in der Verabschiedung von inzwischen über 100 Konventionen, die eine schrittweise Vereinheitlichung des Rechts und der Rechtsauffassung in Europa über den engeren Rahmen der EU hinaus bewirken. Solche Konventionen stellen immer einen Kompromiß dar, aber ihr Vorteil ist ihre Verbindlichkeit. Die Unterzeichner der Europäischen Sozialcharta von 1961/65 z. B. sind an dieses Europäische Recht gebunden, d. h. es wird zugleich nationales Recht und gilt. Während EWG, EG und EU die Wirtschaft in den Vordergrund stellten, übernahm der ER von Anfang an die Aufgabe der kulturellen Integration. Grundlage war die Europäische Kulturkonvention vom 5. Mai 1955. Wenn heute z. B. in sehr vielen europäischen Ländern der Denkmalschutz gefördert wird, ist dies ein Ergebnis jener Konvention und ihrer Umsetzung in den Köpfen der Menschen.

Die selbst gestellten kulturellen Aufgaben werden vom Rat für Kulturelle Zusammenarbeit koordiniert. Sein vorrangiges Interesse gilt folgenden Aufgaben: Erfahrung der kulturellen Vielfalt, Stärkung der europäischen Identität, Öffnung für Probleme der Gesellschaft, Anpassung der Bildungspolitik an die Bedürfnisse der modernen Entwicklung, Erhöhung von Qualität und Effizienz der Bildung, Förderung des interkulturellen Lernens. „Die Intensivierung der Sprachforschung, die Organisation von Ausstellungen, die Förderung von europäischen Filmproduktionen, die Wiederentdeckung alter Wegverbindungen wie zum Beispiel der Barock- oder Seidenstraße, Lehrerseminare, Schüler- und Lehreraustausch, Wettbewerbe und Modelle in der Medienerziehung und der Menschenrechtserziehung sollen helfen, die kulturelle Kooperation in Europa zu fördern. Breiten Raum nehmen auch die Förderung von Langzeitarbeitslosen, die Erwachsenenbildung, Programme für Rentner und die Bekämpfung des Analphabetismus ein" (Brückner u. a. 1993: 39).

Organisatorischer Rückhalt der Jugendarbeit sind das Europäische Jugendzentrum, das Europäische Jugendwerk sowie der Lenkungsausschuß für Zwischenstaatliche Zusammenarbeit im Jugendbereich. Der Lenkungsausschuß entwickelt die Perspektiven für die Jugendarbeit, das Jugendzentrum organisiert u. a. Sprachkurse, pädagogische Seminare, die Ausbildung von Jugendleitern. Das Jugendwerk (1973 gegründet) fördert Projekte in den Mitgliedsstaaten. Der ER unterstützt im Sinne der Menschenrechtskonvention Demokratisierungsprozesse. Für den mittelfristigen Arbeitsplan des ER 1987 bis 1991 lautete die vom Ministerkomitee festgelegte Leitlinie: „Das Europa der Demokratien: Humanismus, Diversität, Universalität".

Die Parlamentarische Versammlung (PV) ist kein Parlament, allerdings werden seit 1951 die Mitglieder von den nationalen Parlamenten und nicht mehr von den Regierungen der Mitgliedsstaaten ernannt. Die Zahl der Delegierten pro Land richtet sich nach der Bevölkerungszahl. Die Versammlung tagt derzeit dreimal pro Jahr für eine Woche im Straßburger Europa-Palais, und zwar öffentlich. Die Kontinuität wird in der Zeit zwischen diesen Sitzungsperioden durch einen Ständigen Ausschuß gewährleistet, die Debatten werden in Fachausschüssen vorbereitet. Das Generalsekretariat als dritte Säule des ER neben Ministerkomitee (MK) und PV beschäftigt heute rund 1.000 MitarbeiterInnen, denen sozusagen europäische Identität per Treueeid abverlangt wird. Im Statut des ER, Kapitel VI, Artikel 36 heißt es: „Jeder Angehörige des Personals des Sekretariats hat in einer feierlichen Erklärung seine Treuepflicht gegenüber dem Europarat zu bekräftigen und zu geloben, daß er die Pflichten seiner Stellung gewissenhaft erfüllen wird, ohne sich dabei durch Erwägungen nationaler Art beeinflussen zu lassen, und daß er Weisungen im Zusammenhang mit der Erfüllung seiner Aufgaben von keiner Regierung und keiner anderen Behörde als dem Rat anfordern oder entgegennehmen und sich jeder Handlung enthalten wird, die mit seiner Stellung als eines internationalen ausschließlich dem Rat verantwortlichen Beamten unvereinbar ist" (zit. nach Brückner u. a. 1993: 44). Der Generalsekretär oder -sekretärin (GS) wird von der PV auf Empfehlung des MK ernannt. Zweimal schon haben Franzosen dieses Amt ausgefüllt, als erster GS des ER Jacques-Camille Paris und in jüngerer Zeit Catherine Lalumière.

Erstmals nach dem Zweiten Weltkrieg wurden tatsächlich Institutionen unterschiedlicher Natur geschaffen, die europäische Aufgabenstellungen erhielten. Zum Teil sind diese Institutionen wie der ER auch Ergebnis des Drängens europäistischer Bewegungen gewesen, selbst wenn ihre praktische Durchführung wie im Fall des Europarats bei diesen zu Ernüchterung und Enttäuschung geführt hatte. In diesen Institutionen verbinden sich folglich anfangs europäistische Bewegungen, Parlamentarismus und politische Institutionalität, Nation und europäische Supranation. Mehr und mehr verlagert sich der öffentlichkeitswirksame Europadiskurs in diese Institutionen und bringt die nationalen Politiken in einen europäistischen Begründungszusammenhang. Keineswegs handelt es sich bei jenen Institutionen immer um unerschütterliche Vorreiter beispielsweise „Vereinigter Staaten von Europa", vielmehr zeugt der Diskurs von erheblichen konjunkturellen Schwankungen.

9.4 Brüsseler Pakt und WEU

Der englische Außenminister Bevin setzte sich Ende 1947 für eine westeuropäische Föderation auf der Grundlage einer amerikanischen Beistandsgarantie ein. Am 22. Januar 1948 sagte er vor dem Unterhaus in London, daß Großbritannien dabei die Führung übernehmen müsse. Von dieser englischen Führung ist im Lauf der folgenden Jahre wenig übriggeblieben, aber Bevin wirkte entscheidend an der Entstehung des Brüsseler Paktes von 1948 mit. Er war sich mit dem französischen Außenminister einig, daß die bilateralen Sicherheitsabkommen zwischen England und Frankreich auf weitere Länder ausgeweitet werden müßten. Unstrittige Kandidaten waren die Benelux-Länder, aber Bevin und Spaak (für die belgische Seite) rechneten von Anfang an

His Royal Highness the Prince Regent of Belgium, the President of the French Republic, President of the French Union, Her Royal Highness the Grand Duchess of Luxembourg, Her Majesty the Queen of the Netherlands and His Majesty The King of Great Britain, Ireland and the British Dominions beyond the Seas, Resolved:

- *To reaffirm their faith in fundamental human rights, in the dignity and worth of the human person and in the other ideals proclaimed in the Charter of the United Nations;*
- *To fortify and preserve the principles of democracy, personal freedom and political liberty, the constitutional traditions and the rule of law, which are their common heritage;*
- *To strengthen, with these aims in view, the economic, social and cultural ties by which they are already united;*
- *To co-operate loyally and to co-ordinate their efforts to create in Western Europe a firm basis for European economic recovery;*
- *To afford assistance to each other, in accordance with the Charter of the United Nations, in maintaining international peace and security and in resisting any policy of aggression;*
- *To take such steps as may be held to be necessary in the event of a renewal by Germany of a policy of aggression;*
- *To associate progressively in the pursuance of these aims other States inspired by the same ideals and animated by the like determination;*
- *Desiring for these purposes to conclude a treaty for collaboration in economic, social and cultural matters and for collective self-defence; (...)*

Präambel des Brüsseler Pakts

mit der Einbeziehung Westdeutschlands. Ein Sicherheitspakt allein schien ihnen zuwenig. So wurden in das Vertragsdokument weitergehende Ziele aufgenommen, im Kern blieb es jedoch vorerst bei einem erweiterten Sicherheitspakt. Die oben zitierte Präambel setzt einen Rahmen, der dem Ziel einer weitgehenden europäischen Integration entspricht. Die Grundsätze entsprechen im Grunde denen des etwas späteren Europarates.

Zwischen dem Brüsseler Pakt von 1948 und der Erweiterung um die BRD und Italien 1954 lagen intensive Bemühungen um eine europäische Verteidigungsgemeinschaft (EVG). Obwohl diese besonders auch von Frankreich aus getragen worden waren, scheiterten sie letztlich am französischen Parlament. Kernproblem war die Frage der Wiederbewaffnung Deutschlands sowie selbständiger oder nichtselbständiger militärischer Führungsstrukturen. Die Westeuropäische Union (WEU) kann als bedingter Ersatz für die gescheiterte EVG angesehen werden. Gescheitert ist allerdings nur die Schaffung einer bestimmten Institution. Die Diskussionen und Auseinandersetzungen, die ausgetragen wurden, waren nicht vergebens gewesen, da die ganze weltpolitische Bedeutung einer weitergehenden europäischen Integration dabei offen zutage gefördert worden war. Man kann es wohl der Intensität der Debatten zuschreiben, daß der vergleichsweise gewaltige Schritt zu den Römischen Verträgen 1957 dann recht schnell vollzogen wurde.

In der Präambel des modifizierten Brüsseler Pakts wurde der 1948 noch gegen eine potentielle deutsche Aggression gerichtete Absatz entfernt und durch ein Bekenntnis zur Integration ersetzt (Brüsseler Pakt vom 23. 10. 1954).

9.5 EGKS und EWG; EFTA

Die europäische Integration verdankt sehr viel der nie nachlassenden Energie einiger Persönlichkeiten. Besonders zu nennen sind hier der Franzose Jean Monnet (1888 bis 1979) und der Belgier Paul-Henri Spaak. Beide hatten sich 1941 in Washington kennengelernt, Monnet hatte bei einem Mittagessen Spaak seine Europa-Visionen mitgeteilt. Vieles davon fand sich später als Grundlage des sogenannten Schuman-Plans wieder. Monnet wurde 1888 in Cognac geboren, seine Familie besaß ein Cognac-Unternehmen mit internationalen Handelsbeziehungen, so daß er in einem kosmopolitischen Umfeld groß wurde. Nach dem Ersten Weltkrieg

(Ich möchte) vor Ihnen öffentlich das feierliche Versprechen abgeben, dass ich meine ganze Energie und meine ganze Willenskraft für das Wirken einsetzen werde, das die Völker und die Regierungen unser Länder von dieser Hohen Behörde erwarten. Ist sie doch, zeitlich gesehen, die erste europäische Exekutive und trotz aller Polemiken und widerstrebenden Tendenzen ihrem Wesen nach noch immer das einzige Beispiel einer Institution mit Befugnissen, durch deren Ausübung die grossartige Idee, Europa in einer Synthese unserer einzelnen Heimatländer zu unserem gemeinsamen Vaterland zu erheben, zur konkreten Wirklichkeit werden kann.

Piero Malvestiti, Erklärung anläßlich seiner Einsetzung als Präsident der Hohen Behörde, Luxemburg, 16. September 1959

arbeitete er an herausgehobener Stelle beim Völkerbund, 1939 trat er an die Spitze des französisch-englischen Komitees für wirtschaftliche Koordination. Die Idee einer französisch-britischen Staatsbürgerschaft stammte von ihm. Nach dem Krieg wurde Monnet an die Spitze des französischen Planungskommissariats für die Modernisierung des Landes gerufen. Monnet hatte außerdem in der Zwischenkriegszeit für Rumänien gearbeitet, im Krieg für die englische Regierung. Er kannte sich mit Währungssystemen, Industrie und Handel aus, er kannte die Warenströme, er kannte die zentrale Stellung der amerikanischen Wirtschaft innerhalb der Weltwirtschaft. Diese profunde Kenntnis des Terrains verband er mit dem Ideal einer europäischen Integration. Das heißt, er wußte eher kleine praktische Schritte in Vorschlag zu bringen – in der Gewißheit, daß weitere folgen würden. Der Schuman-Plan, der schließlich zur Europäischen Gemeinschaft für Kohle und Stahl (EGKS) führte, war überwiegend sein Werk.

Frankreich hatte in den ersten Nachkriegsjahren sehr stark auf England gesetzt und sich der – in England viel eher verbreiteten – Einsicht, daß Westdeutschland in Westeuropa integriert werden müsse, verschlossen. Die internationale politische und wirtschaftliche Lage 1949/50 ließ Frankreich aber keine Wahl mehr, wollte man nicht einer Wiedergewinnung der Souveränität für Deutschland tatenlos zusehen müssen.

„In dieser Situation präsentierte Monnet Schuman mit sicherem Gespür für den richtigen Zeitpunkt das Projekt einer europäischen Hohen Behörde für Kohle und Stahl; und dieser entschloß sich (…), damit den Durchbruch zur Supranationalität ohne Großbritannien zu wagen." Am Vorabend der Außenministerkonferenz der drei

Westalliierten holte er sich Rückendeckung im französischen Kabinett und bei Adenauer, um dann am 9. Mai 1950 vor der Presse zu verkünden, daß „die Gesamtheit der französisch-deutschen Kohlen- und Stahlproduktion unter eine gemeinsame Oberste Aufsichtsbehörde (...), die den anderen europäischen Ländern zum Beitritt offensteht und deren Entscheidungen bindend sein werden", gestellt werden solle (Loth 1996: 82).

Die Kernelemente des Schuman-Plans vom 9. Mai 1950 waren folglich:

- deutsche und französische Kohle- und Stahlerzeugung sollten der Kontrolle einer Hohen Behörde unterstellt werden (Schlüsselindustrien für Rüstung);
- Ziel: Krieg zwischen Deutschland und Frankreich ausschließen;
- erster Schritt zu einer europäischen Wirtschaftsgemeinschaft und ferner einer europäischen Föderation;
- Schumans Prinzip: Europa wird durch „Solidarität der Tat" entstehen, also kleine konkrete Schritte, einer nach dem anderen;
- weitere Schlüsselelemente des Plans: supranationale Behörde; Gleichberechtigung der Partner; Weg zur deutsch-französischen Aussöhnung.

Ab Juni 1950 wurden Verhandlungen zwischen Frankreich, Deutschland, Italien und den Benelux-Staaten auf der Grundlage des Schumanplanes geführt. Die Länder einigten sich auf die Errichtung einer Hohen Behörde (ab 1. 7. 1967 = Kommission der EG), eines Beratenden Ausschusses (ab 1. 1. 1958 = Parlamentarische Versammlung) zur Kontrolle, eines Gerichtshofs (ab 1. 1. 1958 = Gerichtshof der europäischen Gemeinschaften), eines Besonderen Ministerrats (ab 1. 7. 1967 = Ministerrat der EG). Die Vertragsunterzeichnung erfolgte am 18. April 1951, der Vertrag trat am 23. Juli 1952 in Kraft. Damit war die EGKS Wirklichkeit geworden. Die wichtigsten Ziele führt der Vertrag wie folgt auf:

Titel I, Art. 1: „Die Europäische Gemeinschaft für Kohle und Stahl ist dazu berufen, im Einklang mit der Gesamtwirtschaft der Mitgliedstaaten und auf der Grundlage eines gemeinsamen Marktes, wie er in Artikel 4 näher bestimmt ist, zur Ausweitung der Wirtschaft, zur Steigerung der Beschäftigung und zur Hebung der Lebenshaltung in den Mitgliedstaaten beizutragen."

Art. 2: „Die Gemeinschaft hat in fortschreitender Entwicklung die Voraussetzungen zu schaffen, die von sich aus die rationellste Verteilung der Erzeugung auf dem höchsten Leistungsstand sichern; sie hat hierbei dafür zu sorgen, daß keine Unterbrechung in der Beschäftigung eintritt, und zu vermeiden, daß im Wirtschaftsleben der Mitgliedstaaten tiefgreifende und anhaltende Störungen hervorgerufen werden."

Art. 3: „Die Organe der Gemeinschaft haben im Rahmen der jedem von ihnen zugewiesenen Befugnisse und im gemeinsamen Interesse auf eine geordnete Versorgung des gemeinsamen Marktes unter Berücksichtigung des Bedarfs dritter Länder zu achten; allen in vergleichbarer Lage befindlichen Verbrauchern des gemeinsamen Marktes gleichen Zugang zu der Produktion zu sichern; auf die Bildung niedrigster Preise dergestalt zu achten, daß diese Preise nicht eine Erhöhung der von denselben Unternehmen bei anderen Geschäften angewandten Preise oder der Gesamtheit der Preise während eines anderen Zeitabschnittes zur Folge haben; hierbei sind die erforderlichen Abschreibungen zu ermöglichen und den hereingenommenen Kapitalien normale Verzinsungsmöglichkeiten zu bieten; darauf zu achten, daß Voraussetzungen erhalten bleiben, die einen Anreiz für die Unternehmen bieten, ihr Produktionspotential auszubauen und zu verbessern und eine Politik rationeller Ausnutzung der natürlichen Hilfsquellen unter Vermeidung von Raubbau zu verfolgen; auf eine Verbesserung der Lebens- und Arbeitsbedingungen der Arbeiter hinzuwirken, die es erlaubt, diese Bedingungen im Rahmen der Fortschritte in jeder der zu ihrem Aufgabenkreis gehörenden Industrien einander anzugleichen; die Entwicklung des zwischenstaatlichen Austausches zu fördern und dafür zu sorgen, daß bei den Preisen auf den auswärtigen Märkten angemessene Grenzen eingehalten werden; die geordnete Ausweitung und Modernisierung der Erzeugung sowie die Verbesserung der Qualität in einer Weise zu fördern, die jede Schutzmaßnahme gegen Konkurrenzindustrien ausschließt, es sei denn, daß sie durch eine von diesen Unternehmen oder zu ihren Gunsten vorgenommene unzulässige Handlung gerechtfertigt ist."

Art. 4: „Als unvereinbar mit dem gemeinsamen Markt für Kohle und Stahl werden innerhalb der Gemeinschaft gemäß den Bestimmungen dieses Vertrags aufgehoben und untersagt:

Ein- und Ausfuhrzölle oder Abgaben gleicher Wirkung sowie mengenmäßige Beschränkungen des Warenverkehrs;

Maßnahmen oder Praktiken, die eine Diskriminierung zwischen Erzeugern oder Käufern oder Verbrauchern herbeiführen, insbesondere hinsichtlich der Preis- und Lieferbedingungen und der Beförderungstarife, sowie Maßnahmen oder Praktiken, die den Käufer an der freien Wahl seines Lieferanten hindern;

von den Staaten bewilligte Subventionen oder Beihilfen oder von ihnen auferlegte Sonderlasten, in welcher Form dies auch immer geschieht;

einschränkende Praktiken, die auf eine Aufteilung oder Ausbeutung der Märkte abzielen."

Art. 5: „Die Gemeinschaft erfüllt ihre Aufgabe unter den in diesem Vertrag vorgesehenen Bedingungen durch begrenzte Eingriffe. Zu diesem Zweck erhellt und erleichtert sie das Handeln der Beteiligten dadurch, daß sie Auskünfte einholt, für Beratungen sorgt und allgemeine Ziele bestimmt; stellt sie den Unternehmen Finanzierungsmittel für ihre Investitionen zur Verfügung und beteiligt sich an den Lasten der Anpassung; sorgt sie für Schaffung, Aufrechterhaltung und Beachtung normaler Wettbewerbsbedingungen und greift in die Erzeugung und den Markt nur dann direkt ein, wenn es die Umstände erfordern; gibt sie die Gründe für ihr Handeln bekannt und ergreift die Maßnahmen, die erforderlich sind, um die Beachtung der Bestimmungen dieses Vertrags zu gewährleisten. Die Organe der Gemeinschaft erledigen diese Aufgaben mit einem möglichst kleinen Verwaltungsapparat in enger Zusammenarbeit mit den Beteiligten."

Art. 6: „Die Gemeinschaft hat Rechtspersönlichkeit. Im zwischenstaatlichen Verkehr hat die Gemeinschaft die für die Durchführung ihrer Aufgaben und Erreichung ihrer Ziele erforderliche Rechts- und Geschäftsfähigkeit. Die Gemeinschaft hat in jedem Mitgliedstaat die weitestgehende Rechts- und Geschäftsfähigkeit, die juristischen Personen dieses Staates zuerkannt ist; sie kann insbesondere bewegliches und unbewegliches Vermögen erwerben und veräußern sowie klagen und verklagt werden. Die Gemeinschaft wird durch ihre Organe im Rahmen ihrer Befugnisse vertreten."

Monnet wurde zum ersten Chef der EGKS berufen. Von dort aus lancierte er die nächste Idee, die einer europäischen Atomgemeinschaft und eines gemeinsamen Marktes. Die Vorschläge fanden Eingang in die Messina-Erklärung der sechs Außenminister der späteren EWG-Gründungsmitglieder vom Juni 1955.

In dieser Erklärung hieß es, daß die weitere europäische Einigung durch den Ausbau weiterer gemeinsamer Institutionen, die fortschreitende Verschmelzung der Volkswirtschaften, die Schaffung eines gemeinsamen Marktes und die allmähliche Harmonisierung der Sozialpolitik erreicht werden solle. Als Begründung, warum dies unentbehrlich sei, wurde genannt: Der Stand Europas in der Welt könne nur so gehalten werden, Einfluß und Prestige müßten wiederhergestellt werden, der Lebensstandard der Menschen müsse verbessert werden. Als praktische Maßnahmen wurden eine Vernetzung und gegenseitige Anbindung der Verkehrswege aller Art, Verbesserung und Verbilligung der Energie sowie die friedliche Nutzung der Atomenergie als Voraussetzung einer neuen industriellen Revolution angesprochen. Anschließend wurde das Ziel eines gemeinsamen europäischen Marktes ohne Zölle und Beschränkungen des Warenverkehrs formuliert. Die Außenminister erklärten sich für die Einsetzung eines Expertenkomitees, das bis zum 1. Oktober 1955 Genaueres zur

Umsetzung der Ziele ausarbeiten sollte. Großbritannien sollte zur Beteiligung eingeladen werden, die Außenminister formulierten in sehr allgemeiner Weise, daß im gegenseitigen Einvernehmen auch andere (nicht benannte Staaten) zur Beteiligung eingeladen werden könnten. Die Leitung der Expertengruppe wurde dem belgischen Außenminister Paul-Henri Spaak übertragen.

Spaak war Jahrgang 1899. Er war noch keine 40, als er das erste Mal belgischer Ministerpräsident wurde. Nach dem Zweiten Weltkrieg bekleidete er mehrfach das Amt des Premier- und Außenministers. Er war maßgeblich am Zustandekommen des Brüsseler Pakts von 1948 beteiligt. Der gemeinsame Markt als Zielformulierung in der Erklärung von Messina ist auf Spaak und seine Konzertierung vor allem mit dem niederländischen Außenminister Beyen, aber auch mit Luxemburg zurückzuführen. Aus den vielen Äußerungen von Politikern und Fachleuten, die Spaak kannten und mit ihm zusammenarbeiteten, geht hervor, daß er Enthusiasmus mit profunder Sachkenntnis und rhetorischen Fähigkeiten verband, daß er in der Lage war, ein Vorhaben straff zum Ziel zu führen. In der Tat, sonst wäre es kaum 1957 zu den Römischen Verträgen gekommen.

Die Verhandlungen, an deren Ende EWG und EAG (Europäische Atomgemeinschaft) standen, begannen am 26. Juni 1956 in Brüssel. Grundlage war der Spaak-Bericht. Die Interessen der Verhandlungspartner waren sehr unterschiedlich, aber es waren Interessen, die mit EWG und EAG besser als ohne umzusetzen waren. Frankreich hatte ein besonderes Interesse an der EAG (England nahm nicht teil), Deutschland und die Benelux-Länder am gemeinsamen Markt, Italien konnte darauf hoffen, seine Arbeitslosigkeit durch den Export von Arbeitern zu verringern, Frankreich sah Vorteile im Agrarmarkt. Am 25. März 1957 war es soweit: auf dem Capitol in Rom wurden die Verträge unterzeichnet. Als Motive wurden formuliert (abgedruckt in: Brückner u. a. 1993: 366 ff.):

- ein immer engerer Zusammenschluß der europäischen Völker
- durch gemeinsames Handeln den wirtschaftlichen und sozialen Fortschritt sichern
- die Europa trennenden Schranken beseitigen
- stetige Verbesserung der Lebens- und Beschäftigungsbedingungen der Völker
- die Volkswirtschaften einigen, den Abstand zwischen den einzelnen Gebieten und den Rückstand weniger begünstigter Gebiete verringern
- Beseitigung der Beschränkungen im zwischenstaatlichen Wirtschaftsverkehr
- Verbundenheit Europas mit den überseeischen Ländern; entsprechend den Grundsätzen der Satzung der Vereinten Nationen den Wohlstand der überseeischen Länder fördern
- durch den Zusammenschluß der Wirtschaftskräfte Frieden und Freiheit wahren
- Appell an die anderen Völker Europas, sich anzuschließen.

Es fällt auf, daß hier, im Gegensatz zum Brüsseler Pakt von 1948/1954, keine Berufung auf Menschenrechte, Würde der Person, Demokratie usf. stattfindet, auch daß keine „europäische Kultur" beschworen wird. Zum damaligen Zeitpunkt waren die geplante EWG und EAG zunächst nur zwei weitere Vorhaben neben dem Europarat, der WEU, der OEEC, der Nato und natürlich der EGKS, die alle schon bestanden. Ziel war die Verwirklichung eines europäischen Binnenmarktes bis zum 31. Dezember 1992 – kein kleines Ziel. Die Philosophie des EWG-Vertrages lehnte sich deutlich an amerikanische Prinzipien an. Sie lautete: Frieden und Freiheit durch Wohlstand für alle durch alle. Es fällt, gerade auch im Verhältnis zu den Hoffnungen auf eine zweite industrielle Revolution durch die Atomenergienutzung, der ungebrochene Fortschrittsglaube auf. Diese Philosophie wurde ab den 1970er Jahren zunehmend erschüttert. Es ist kaum ein Zufall, daß von da an vermehrt über kulturelle Zielsetzungen der EWG/EU diskutiert wurde.

Mit der EWG wurde auch die EAG oder EURATOM zur friedlichen Nutzung der Kernenergie begründet. Der Vertrag bezeichnete die „Kernernergie (als) eine unentbehrliche Hilfsquelle für die Entwicklung und Belebung der Wirtschaft und für den friedlichen Fortschritt". Mit dem Vertrag sollten die „Voraussetzungen für die Entwicklung einer mächtigen Kernindustrie (ge)schaffen (werden), welche die Energieerzeugung erweitert, die Technik modernisiert und auf zahlreichen anderen Gebieten zum Wohlstand (der) Völker beiträgt". Der Vertrag diente einerseits der Förderung dieser damals als zukunftweisend erachteten Technologie, die für einige Zeit geradezu zur Ikone der europäischen technologischen Modernisierung wurde, andererseits auch der Kontrolle der Atomtechnologie insbesondere in der BRD. EWG und EAG erhielten mit der „Gemeinsamen Versammlung", die sich anläßlich ihrer Konstituierung in „Europäisches Parlament" umbenannte, und dem Gerichtshof zwei gemeinsame Organe, die sich zugleich auf die dritte im Bunde, die EGKS bezogen. Ab 1. Juli 1967 wurden die jeweiligen Organe Ministerrat und Kommission zu einem einzigen Rat und einer einzigen Kommission verschmolzen.

Bis zum 1. Januar 1970 waren innerhalb der EWG die Binnenzölle abgeschafft und einheitliche Außenzölle erreicht worden. Die nachhaltige Förderung wirtschaftlichen Wachstums durch diese Maßnahmen kann als erwiesen gelten.

Im Unterschied zur EWG, die nicht zuletzt wegen ihrer Agrarmarktpolitik schnell ins Bewußtsein der Menschen drang, führte die EFTA als europäische Bewußtseinsgröße eher ein Schattendasein. Sie wurde 1959/1960 als Freihandelszone zwischen Österreich, Dänemark, Norwegen, Portugal, Schweden, Schweiz und Großbritannien eingerichtet. Während die EGKS- bzw. EWG-Mitgliedsländer auch geographisch aneinander grenzten, war dies in der EFTA nur teilweise der Fall. Das besonders von England favorisierte Prinzip der Freihandelszone, das als Alternative zu anderen sehr viel weitergehenden Integrationsprogrammen, wie sie letztlich der

EGKS und der EWG zugrunde lagen, verbot eine allzu dichte politische oder gar ideologische Aufladung der EFTA. Sehr schnell bemerkten aber die Mitglieder, daß sie entsprechende Anstrengungen unternehmen mußten, wenn sie nicht beispielsweise in den USA völlig übersehen werden wollten. Neben dem Freihandelsprinzip, das wegen seiner geringen „Belastung" mit weitergehenden Integrationsvorhaben den Vorteil in Aussicht stellte, zügig auf andere Länder ausdehnbar zu sein, wurde auch ansatzweise das Image eines sozialdemokratischen Europas als Grundlage der EFTA gepflegt. In Washington wurde Lobbyismus zugunsten der EFTA betrieben, aber es blieb ausnehmend schwierig, der EFTA neben der EWG dort einen Platz im politischen Bewußtsein zu verschaffen. Intern wurde das Ziel einer EFTA-Identität verfolgt; Zielgruppen waren bestimmte kleinere Sozialgruppen (Politiker, Diplomaten, Industrielle, Gewerkschafter), nicht jedoch die breite Bevölkerung, also ganz im Gegensatz zur EWG. Die EFTA wurde nicht zum Europa der Sieben (im Vergleich zur EWG die sog. „outer Seven") (Kaiser 1998). Zum Jahreswechsel 1972/73 traten Großbritannien und Dänemark der EWG/EG bei, und nach der samtenen Revolution von 1989 wurden die Karten der europäischen Integration ohnehin neu gemischt.

9.6 Die Institutionen der EG/EU

Die zentralen Institutionen der EG/EU werden durch den Europäischen Rat, den Ministerrat, die Kommission, das Parlament und den Gerichtshof gebildet.

Titel I, Art. 2 der Einheitlichen Europäischen Akte vom 28. Februar 1986 definiert den Europäischen Rat: „Im Europäischen Rat kommen die Staats- und Regierungschefs der Mitgliedstaaten sowie der Präsident der Kommission der Europäischen Gemeinschaft zusammen. Sie werden von den Ministern für auswärtige Angelegenheiten und einem Mitglied der Kommission unterstützt. Der Europäische Rat tritt mindestens zweimal jährlich zusammen." Gemeint sind damit die

Entschlossen, gemeinsam für die Demokratie einzutreten (…). In der Überzeugung, daß der Europagedanke, die Ergebnisse in den Bereichen der wirtschaftlichen Integration und der politischen Zusammenarbeit wie auch die Notwendigkeit neuer Entwicklungen dem Wunsch der demokratischen Völker Europas entsprechen (…). In dem Bewußtsein der Verantwortung Europas, sich darum zu bemühen, immer mehr mit einer Stimme zu sprechen und geschlossen und solidarisch zu handeln, um seine gemeinsamen Interessen und seine Unabhängigkeit wirkungsvoller zu verteidigen, ganz besonders für die Grundsätze der Demokratie und die Wahrung des Rechts und der Menschenrechte (…) einzutreten (…)

Aus der Präambel der Einheitlichen Europäischen Akte (EEA), 28. Februar 1986

halbjährlichen EU-Gipfel, die jeweils von dem Land, das die halbjährlich wechselnde Präsidentschaft innehat, ausgerichtet werden. Durch Sondergipfel kommt es oft zu einem dritten Jahrestreffen. Der Europäische Rat geht auf eine Vereinbarung der Staats- und Regierungschefs im Dezember 1974 zurück, wurde also informell gegründet. 1986 wurde er in der Einheitlichen Europäischen Akte rechtlich verankert.

In den Ministerrat entsenden die Mitgliedsländer je eine Vertreterin oder einen Vertreter. Je nach Themenstellung handelt es sich um die zuständigen Ressortminister/innen. Dem Rat steht ein Generalsekretariat zur Verfügung, er trifft sich rund 80 mal pro Jahr. Zur Beschleunigung der Entscheidungsfindung im Vorfeld des Ministerrats existieren inzwischen der Sonderausschuß Landwirtschaft und der Ausschuß der Ständigen Vertreter. Ministerrat und Europäische Kommission hängen eng zusammen: Die Kommission leitet dem Rat Vorschläge, d. i. Gesetzesvorschläge zu, auf Grund derer der Rat Gesetze verabschiedet. Der Rat kann die Kommission zu Vorschlägen veranlassen. Gesetze im Sinne der EU sind Verordnungen, die supranational gelten und dem nationalen Recht vorgehen; Richtlinien, die die Mitglieder in nationales Recht umsetzen; Entscheidungen, die sich auf Einzelfälle und nur auf diese beziehen. Darüber hinaus kann der Rat Empfehlungen und Stellungnahmen abgeben, die keine rechtliche Verbindlichkeit besitzen. Der Rat beschließt entweder mit Mehrheit, mit qualifizierter Mehrheit oder einstimmig. Das Mehrheitsprinzip gilt nach langwierigen kontroversen Diskussionen heute für die meisten Entscheidungen, in der Praxis wird aber nach Möglichkeit immer ein Konsens gesucht, der Einstimmigkeit ermöglicht.

Während der Ministerrat in gewissem Sinn das Europa der Nationen verkörpert, stellt die EU-Kommission die eigentliche supranationale europäische Institution dar (http://europa.eu.int/comm/index_de.htm). Wie die Beschäftigten des Europarats ist sie auf die Belange Europas, nicht die einzelner Nationalstaaten verpflichtet. An der Spitze der Kommission mit Sitz in Brüssel steht ein Präsident/eine Präsidentin, die derzeit 20 Kommissionsmitglieder betreuen bestimmte Fachressorts. Sie verfügen über ein Kabinett; die Kommission insgesamt stützt sich auf rund zwei Dutzend Generaldirektionen, die die Entscheidungen der Kommission vorbereiten. Bei der EU-Kommission in Brüssel arbeiten über 15.000 Menschen; der Übersetzungsdienst beschäftigt über 1.500 Menschen. Hier entsteht eine europäische Sozialgruppe. Rechte und Pflichten der Kommission sind im wesentlichen:

- Das Initiativrecht: sie bringt Gesetzesentwürfe im Ministerrat ein. Damit wird der Kommission die Rolle der entscheidenden Gestaltungskraft für den Prozeß der Integration zugewiesen. Natürlich ist die Kommission intellektuell nicht autark: Integrationsfördernde Initiativen gehen sowohl vom Europäischen Rat wie dem Ministerrat und dem EP aus; es handelt sich um ein gegenseitiges Geben und Nehmen.
- Die Kommission exekutiert die Gesetze des Ministerrats und erläßt dazu

Durchführungsbestimmungen. Er hat das Recht, Bußgelder zu verhängen (s. Wettbewerbskommissar).

- Die Kommission verwaltet die EU-Finanzmittel, zu denen beispielsweise verschiedene Förderungsfonds gehören (Ausrichtungs- und Garantiefonds für die Landwirtschaft; Sozialfonds; Fonds für regionale Entwicklung; Entwicklungsfonds). Bei Verstößen von Mitgliedsstaaten gegen EU-Recht muß die Kommission Gegenmaßnahmen treffen und ggf. den Europäischen Gerichtshof anrufen.

Das Europäische Parlament wird seit 1979 direkt gewählt. Sein Generalsekretariat befindet sich in Luxemburg, die Plenartagungen finden in Straßburg statt. Das EP verfügt über Kontrollrechte gegenüber der Kommission und dem Ministerrat. Mit Zweidrittelmehrheit kann die Kommission zum Rücktritt gezwungen werden, umgekehrt bedarf sie der Zustimmung des EP, ohne die sie ihr Amt nicht antreten kann. Das EP berät über den Haushalt der EU. Bei nicht verpflichtenden Budgetposten gibt das EP den Ausschlag, bei verpflichtenden Ausgaben kann das EP nur in Gestalt einer Ablehnung des Gesamthaushaltes Macht ausüben. Ohne das EP können keine neuen Mitglieder aufgenommen und keine Assoziierungsabkommen getroffen werden. Das EP ist an der Gesetzgebungskompetenz des Ministerrats beteiligt (http://www.europarl.eu.int/presentation/de/powers.htm#legis).

9.7 Ist die EU ein Staat?

Für die Geschichte der europäischen Integration ist nicht das Scheitern oder Zurückbleiben hinter Idealpositionen ausschlaggebend, sondern die Tatsache, daß die europäische Einigung als diskursiver Prozeß seit 55 Jahren nicht mehr unterbrochen wurde. Die Europäische Integration wurde zu einem festen Bestandteil des politischen Diskurses. In den von Anfang an häufig sehr zähen Verhandlungen wurden nationale und supranationale Interessen geklärt, ausgehandelt, z. T. verändert. Europa als kulturelle Referenz wurde Schritt für Schritt in die nationalen kulturellen Referenzen

(Die Legitimität der künftigen Europäischen Union) beruht auf den gleichgerichteten Interessen ihrer Mitgliedsländer, nicht aber im selbstbestimmten Willen eines europäischen Staatsvolks. Ein europäisches Volk ist politisch nicht existent, und wenn es auch keine Gründe gibt zu sagen, daß eine volksanaloge kollektive Zusammengehörigkeitserfahrung der Europäer undenkbar wäre, so sind derzeit doch keinerlei Umstände erkennbar, unter denen ein legitimitätstiftender europäischer Volkswille sich bilden könnte. Die europäische Einigung vollzieht sich in der Konsequenz übereinstimmender Interessen Selbständiger – nicht kraft eines verselbständigten Interesses eines neuen, bereits selbstbestimmungsfähig gewordenen europäischen Kollektiv-Subjekts.

Hermann Lübbe 1994, S. 100

eingebaut. Nicht zu übersehen ist der langsame Prozeß transnationaler Partei-strukturen. Zwischen den sozialdemokratischen und sozialistischen Parteien hatte sich schon in der Zwischenkriegszeit eine Diskussion über die Möglichkeiten einer politischen Einigung Europas entsponnen. Die z. T. erst im Untergrund im oder offi-ziell unmittelbar nach dem Krieg entstandenen christdemokratischen Parteien (z. T. unter dem Namen von „Volkspartei" u. ä.) gehörten zu den treibenden Kräften der europäischen Integration. Während es sich anfangs um ideelle Gemeinsamkeiten handelte, die über persönliche Kontakte in die Politik transportiert wurden, begün-stigte die Einführung der Europawahlen zum Europäischen Parlament die Aus-bildung transnationaler Fraktionen auf der Grundlage der politischen Affinitäten der nationalen Parteien. A-nationale, also tatsächlich europäische Parteien, bestehen vor-wiegend als „Hoffnung". (Tsatsos/Deinzer 1998)

Institutionell wurde die europäische Integration von Beginn an mehrgleisig auf den Weg gebracht. Nicht systematisch, durch einen zentralen Willen angetrieben, sondern zumeist als Ergebnis von äußeren Zwängen einerseits und einem auf eine pragmatische Dimension reduzierten europäischen Idealismus andererseits. Für ersteres kann man die OEEC als Beispiel nehmen, für letzteres die EGKS. Von Beginn an existierten Institutionen mit einer größeren bzw. mit einer kleineren Zahl beteiligter Staaten. OEEC und Europarat vereinigten eine größere Zahl, der Brüsseler Pakt, die EGKS und die EWG bzw. EFTA eine kleinere Zahl. Die west-europäischen und die osteuropäischen Institutionen, vornehmlich der RGW, lassen sich nicht wirklich vergleichen, so daß sich das folgende auf die westeuropäische Integration bezieht. Mit dem KSZE-Prozeß wurde zweifellos eine Brücke gebaut – nicht so sehr zu osteuropäischen Institutionen, sondern vielmehr zu den Menschen. Die danach gebildeten Helsinki-Gruppen stellten ganz sicher so etwas wie eine ost-europäische Europabewegung dar. Wenn heute der Beitritt einer ganzen Reihe ost-europäischer Staaten zur EU absehbar ist, dann läßt sich das nicht nur auf das Jahrzehnt seit 1989 zurückführen, sondern u. a. auf den KSZE-Prozeß.

Sowohl EWG wie EFTA, auf längere Sicht aber vorwiegend die EWG, haben einen weiteren recht dynamischen Prozeß in Gang gesetzt, den Abschluß einer Vielzahl von Assoziierungsabkommen, die sich zunächst auf die nicht zum RGW gehörigen europäischen Länder bezogen. Es folgten die Mittelmeeranrainerstaaten von Zypern über die Türkei bis zu den Maghreb-Staaten. Allmählich entstand ein geradezu welt-umspannendes Netz von Assoziierungsabkommen (Jaunde/Lomé-Abkommen usw.). Die Technik der Assoziierung wurde sehr schnell auf die osteuropäischen Staaten 1989 ff. übertragen. Während aber in den ersten Nachkriegsjahren praktisch jede Einzelregel, die dann Bestandteil des normativen Gerüsts der Integration wurde, aus-gehandelt wurde, geht es heute bei den Beitrittsländern um die Übernahme eines kom-plexen Regelwerks, was länderspezifische Übergangsregelungen u. ä. nicht ausschließt.

1945 war „Europa" vor allem eine kulturelle Referenz, heute ist es ein komplexes Regelwerk von nachhaltiger praktischer Relevanz. Nicht mehr nur der Esprit ist fast überall der gleiche, vielmehr sind dessen normative Ausflüsse heute in den Mitgliedsstaaten der EU dieselben, und diese müssen von den Beitrittsländern im wesentlichen übernommen werden.

Die EU stellt in vieler Hinsicht eine Besonderheit dar. Die klassischen Kategorien wie Konföderation oder Bundesstaat passen nicht. Die EU ist kein Staat, kein Superstaat, sondern ein Gebilde sui generis, das völkerrechtlich den Namen „Union" trägt. Zum Teil wird es als „Staatenverbund" bezeichnet, früher wurde es auch funktionaler Zweckverband genannt. Im „Vertrag über die Europäische Union", dem sog. Vertrag von Maastricht (7. Februar 1992), lautet es in Titel I, Artikel A: „Durch diesen Vertrag gründen die Hohen Vertragsparteien untereinander eine Europäische Union, im folgenden als ‚Union' bezeichnet." Gebildet wird die Union aus den Europäischen Gemeinschaften, also den nach und nach geschaffenen Institutionen, sowie den mit dem Vertrag neu eingeführten „Politiken und Formen der Zusammenarbeit". Aufgabe der Union sei es, „die Beziehungen zwischen den Mitgliedstaaten sowie zwischen ihren Völkern kohärent und solidarisch zu gestalten". Die Union bedeutet praktisch eine spezifische Form institutionalisierter Kommunikation zwischen, wie es heißt, Völkern, also in Wirklichkeit Nationalstaaten, die sich auf supranationale Institutionen und gemeinsam formulierte Ziele stützt. Die völkerrechtlichen Verträge wie seinerzeit der EWG-Vertrag oder jetzt der Vertrag von Amsterdam bilden faktisch die Verfassung der EU. Da sie weder den bekannten nationalstaatlichen Verfassungen noch den bekannten bundesstaatlichen genau entspricht, bildet sie einen eigenständigen Verfassungstyp. „Typ" ist vielleicht übertrieben, weil es sich derzeit eher um ein verfassungsgeschichtliches Unikat handelt, andererseits ist nicht auszuschließen, daß die EU als Modell z. B. für Zusammenschlüsse im asiatischen Raum dienen wird (Laumulin 1999).

Es läßt sich in der Terminologie eine gewisse Entwicklung feststellen. Die Tatsache, daß die Union verfassungsgeschichtlich nicht eindeutig einer Kategorie zuzuordnen ist, sollte niemanden beunruhigen, und zwar aus zwei Hauptgründen:

1. Die Kombination aus supranationalen Institutionen und institutionalisierter Kommunikation mit gemeinsam formulierten Zielen hat strukturell gesehen Vorbilder. Die historischen Staatsgebilde in Europa, die Monarchien, Reiche und Republiken, sind zwar als Vorgänger der späteren Nationalstaaten anzusehen, aber bis aus diesen politischen Gebilden ausgesprochene Staatskörper wurden, mußten einige Entwicklungsetappen zurückgelegt werden. Geschichte wiederholt sich nicht, sie kann aber lehrreich sein.

2. Weiterführender ist es aber, sich darüber klar zu werden, daß bestimmte mit der Kategorie Staatsverfassung verbundene Vorstellungen heute nicht mehr adäquat

sind, weil sich grundlegende Denkmuster verändern. Probleme der Art, wie die künftige EU aussehen soll, werden gelöst, indem entweder bewährten Denkmustern gefolgt und versucht wird, die Verfassung des künftigen Europa damit zu gestalten, oder indem man sich auf neue Denkmuster einläßt, bewußt oder unbewußt. Denkmuster können sehr spezifisch ausgerichtet sein, sie können aber auch so allgemein ausgebildet sein, daß sie für die unterschiedlichsten Problemlösungen geeignet erscheinen. Das folgende bezieht sich auf solche universal eingesetzte Denkmuster. Der entscheidende Punkt bei diesen Denkmustern ist immer die Frage der intellektuellen Bewältigung der Zukunft, und darum geht es bei der Europa-Frage.

In Europa sind in diesem Zusammenhang seit der Christianisierung sukzessive drei generell anzuwendende Denkmuster entwickelt worden:

1. Das heilsgeschichtliche: Im heilsgeschichtlichen Denkmuster führte alle vor dem Menschen liegende Geschichte zur Auferstehung der Toten, dem jüngsten Gericht, dem ewigen Leben bzw. zur ewigen Verdammnis. Das Geschehen im einzelnen bis zu diesem essentiellen Ziel war dem Heilsplan Gottes vorbehalten. Daß dies im großen und ganzen das, was heute unter Zukunft verstanden wird, im Ungewissen ließ, war für gläubige Menschen kein prinzipielles Problem, wenn sie sich nur in die Hand Gottes begaben und von ihren vollbrachten Taten und Werken behaupten konnten, daß sie gottgefällig seien.

2. An diesem Punkt setzten die Aufklärer im 18. Jh. an: Sie ersetzten den in unvorhersehbarer Weise täglich lenkend eingreifenden Gott durch das Bild eines Gottes, der zum Zeitpunkt der Schaffung der Erde und des Menschen Natur und Mensch ein System natürlicher Gesetze beigab, die fortan das Geschehen lenkten. Es kam in der Aufklärung darauf an, diese Gesetze genau zu erkennen, mit der Folge, daß Gott als Lenker der Zukunft durch den Menschen als Gestalter der Zukunft ersetzt wurde. Montesquieu hatte dies in „Vom Geist der Gesetze" (1748) paradigmatisch formuliert: alle Beziehungen zwischen Materie, Mensch, Gott und Universum seien durch unveränderliche Gesetze geregelt. Gott sei der Urheber all dieser Gesetze, aber er habe gewollt, daß sie invariabel seien, und so halte er sich selber an diese invariablen Gesetze. Das war die Chance der menschlichen Vernunft: Gesetzeserkenntnis. Montesquieu setzte diese Überlegungen ganz an den Anfang seines epochemachenden Werks (Buch 1, Kap. 1). Infolge dieser essentiellen Erkenntnis, die die Aufklärung allgemein kennzeichnete, entstand das, was uns heute unverändert vertraut erscheint: die Erarbeitung geschriebener Verfassungen, mit denen, so glaubte man, die politische und soziale Zukunft zum allgemeinen Besten gewissermaßen vorweggenommen werden konnte. Auch wenn der Glaube des 18. und 19. Jh.s an die Unfehlbarkeit von Verfassungen inzwischen weitgehend entfallen ist, wird doch immer noch auf das aufklärerische

Denkmuster, das die Verfassung an den Anfang von Gesellschaft und Staat stellt, zurückgegriffen. Dies zielt nicht auf die osteuropäischen Nationalstaaten, die ihre Verfassungen seit 1989 demokratisiert haben bzw. die sich wie Slowenien, Kroatien, Bosnien-Herzegowina, Mazedonien, die Slowakei und Moldavien neu gegründet haben. Nationalstaat und aufklärerisches Denkmuster bildeten auch in den sozialistischen Verfassungen die gemeinsame, nicht trennbare Grundlage. Es ist in bezug auf den Nationalstaat in der Tat nicht sinnvoll, sie trennen zu wollen. Vorstehendes zielt auf das unfertige Gebilde der EU.

3. Bei aufmerksamer Beobachtung zeigt sich, daß seit geraumer Zeit ein drittes Denkmuster aufgebaut wird. Kern dieses Denkmusters ist das Prinzip der Flexibilität, das sich je nach Anwendungsbereich als Multifunktionalität äußern kann. Die Neuartigkeit dieses Denkmusters kann man sich leicht an Hand der Philosophie technischer Geräte klarmachen: Jahrtausende lang wurden technische Geräte für einen ganz bestimmten Zweck konzipiert; wenn sie für ganz andere als die konzipierten Zwecke verwendet wurden, dann, weil jedes Gerät die Möglichkeit zu einer zweckfremden Verwendung gewiß in sich trägt, aber nicht weil sie vorbedacht worden wäre. Seit Jahrzehnten wird aus dieser prinzipiellen Möglichkeit, deren Einlösung im konkreten Fall aber nicht vorhersagbar war, ein kalkuliertes Funktionsprinzip gemacht: Das einzelne technische Gerät soll bewußt für möglichst viele Zwecke von vornherein konstruiert sein, es soll multifunktional sein, es soll den Nutzer nicht festlegen, sondern seinen zukünftigen individuellen Entscheidungen von vornherein dienlich sein. Das Beispiel, an dem sich dieses Denkmuster der Multifunktionalität in extenso zeigen läßt, ist der Multimedia-Computer. Man könnte aber auch die an vielen Stellen einsetzbare Modulbauweise nennen u. a. m. Multifunktionalität oder Flexibilität rechtfertigt sich nur in der Zukunftsperspektive. Sie beruht auf der Erkenntnis, daß die Zukunft nicht im Detail vorhersehbar ist, aber daß es eine begrenzte Menge sehr wahrscheinlicher Standardsituationen geben wird, auf die hin die Multifunktionalität, die Flexibilität konzipiert wird. Das Denkmuster der Multifunktionalität und der Flexibilität wirkt nicht nur im technischen, sondern auch im politischen Bereich. Man könnte als Beispiel die unabgeschlossenen Reformen der Renten- und Sozialsysteme nennen, wo über flexible Modulbauweisen nachgedacht wird.

Für die EU trifft das Prinzip der Modulbauweise zu. Ziele und Institutionen werden so gefaßt, daß das Gebilde für Beitritte anderer Länder und neue Institutionen offen bleibt. Die Modulbauweise vermeidet allzu strikte Festlegungen, die die weitere Entwicklung der EU in Richtung auf einen Bundesstaat zwingen könnten. So wäre es denkbar, das EP zu stärken und den Ministerrat durch eine Zweite Kammer zu ersetzen, die die Nationalstaaten als Mitglieder der EU repräsentiert. Die

Kommission würde zur europäischen Regierung werden. Ein solches Modell folgt den Verfassungsmodellen, die für Nationalstaaten geschaffen wurden, egal, ob es sich um Bundesstaaten oder zentralistisch organisierte Staaten handelt. Aber Europa ist keine Nation, und es ist fraglich, ob es eine Nation werden muß oder soll. Diese Frage wird letztlich aber nicht politisch oder auf dem Wege der Verfassungsgebung entschieden, sondern hängt vom Gang der kulturellen Integration ab.

▮ Quellenzitate: *Brüsseler Pakt:* Jahr 1948: http://www.weu.int/eng/docu/d480317a.htm; Jahr 1954: http://www.weu.int/eng/docu/d541023a.htm [Homepage der WEU]; *EGKS-Vertrag:* http://europa.eu.int/abc/obj/treaties/de/detr30a.htm#Artikel_1; *Einheitliche Europäische Akte:* Auszug in Brückner u. a. 1993, S. 369 ff.; *EURATOM-Vertrag:* www.europa.eu.int/abc/obj/treaties/de/detr39a.htm; *Hoffman, Paul:* Rede vor der OEEC in Paris am 31. Oktober 1949 (publiziert von: Leiden University. Historical Institute: http://www.let.leidenuniv.nl/history/rtg/res1/hoffman.htm); *Krägenau, Henry/ Wetter, Wolfgang:* Europäische Wirtschafts- und Währungsunion. Vom Werner-Plan zum Vertrag von Maastricht. Analysen und Dokumentation, Baden-Baden 1993; *Lübbe, Hermann:* Abschied vom Superstaat. Vereinigte Staaten von Europa wird es nicht geben, Berlin 1994; *Malvestiti, Piero:* „Eine Hoffnung geht durch Europa". Ansprachen anlässlich der Einsetzung der Hohen Behörde der Europäischen Gemeinschaft für Kohle und Stahl, 16.–23. September 1959, Veröffentlichungsdienst der Europ. Gemeinschaften 2292/1/59/1; *Siegler, Heinrich (Hg.):* Europäische politische Einigung 1949–1968. Dokumentation von Vorschlägen und Stellungnahmen, Bonn 1968. Die Verträge von Maastricht und Amsterdam können über die EU-Homepage abgerufen werden.

▮ Literatur: *Berding, Helmut (Hg.):* Wirtschaftliche und politische Integration in Europa im 19. und 20. Jh., Göttingen 1984; *Bitsch, Marie-Thérèse*: Histoire de la construction européenne de 1945 à nos jours, Paris 1996; *Bogdandy, Arnim von (Hg.):* Die europäische Option. Eine interdisziplinäre Analyse über Herkunft, Stand und Perspektiven der europäischen Integration, Baden-Baden 1993; *Dedman, Martin J.:* The Origins and Development of the European Union 1945–95. A History of European Integration, London 1996; *Europa-Ploetz (Brückner, Michael/Maier, Roland/Przyklenk, Andrea):* Der Europa-Ploetz. Basiswissen über das Europa von heute, Freiburg 1993; *Gerbet, Pierre*: La Construction de l'Europe, Paris 1983; *Gehler, Michael/Kaiser, Wolfram/Wohnout, Helmut:* Christdemokratie in Europa im 20. Jahrhundert, Wien 2000; *Gehler, Michael/Steininger, Rolf:* Die Neutralen und die europäische Integration 1945 bis 1995, Wien 2000; *Greschat, Martin/Loth, Wilfried (Hg.):* Die Christen und die Entstehung der Europäischen Gemeinschaft, Stuttgart 1994; *Haberl, Othmar N./Niethammer, Lutz (Hg.):* Der Marshall-Plan und die europäische Linke, Frankfurt 1986; *Herbst, Ludolf:* Die zeitgenössische Integrationstheorie und die Anfänge der europäischen Einigung 1947–1950, in: Vierteljahreshefte für Zeitgeschichte 34 (1986), S. 161–205; *Kaiser, Wolfram:* A Better Europe? EFTA, the EFTA secretariat, and the European identities of the „outer Seven", 1958–72, in: M.-T. Bitsch/W. Loth/R. Poidevin (Hg.), Institutions européennes et identités européennes, S. 165–184, Brüssel 1998; *Laumulin, Murat T.:* Die EU als Modell für die zentralasiatische Integration, Bonn 1999; *Loth, Wilfried:* Der Weg nach Europa. Geschichte der europäischen Integration 1939–1957, Göttingen ²1996; *Loth, Wilfried:* Sozialismus und Internationalismus. Die französischen Sozialisten und die Nachkriegsordnung Europas 1940–1950, Stuttgart 1977; *Milward, Alan S.:* The Reconstruction of Western Europe 1945–51, London 1984; *Olivi, Bino*: L'Europe difficile. Histoire politique de la Communauté européenne, Paris 1998; *Schwabe, Klaus (Hg.):* Die Anfänge des Schuman-Plans 1950/51, Baden-Baden 1988; *Trausch, Gilbert (Hg.):* Die europäische Integration vom Schuman-Plan bis zu den Verträgen von Rom: Pläne und Initiativen, Enttäuschungen und Mißerfolge, Baden-Baden 1993; *Tsatsos, Dimitris Th./Deinzer, Gerold (Hg.):* Europäische Politische Parteien. Dokumentation einer Hoffnung. Baden-Baden 1998; *Welz, Christian/Engel, Christian:* Traditionsbestände politikwissenschaftlicher Integrationstheorien: Die Europäische Gemeinschaft im Spannungsfeld von Integration und Kooperation, in: A.v. Bogdandy (Hg.): Die europäische Option. Eine interdisziplinäre Analyse über Herkunft, Stand und Perspektiven der europäischen Integration, 129–169, Baden-Baden 1993.

Europa kulturell integrieren: Geschichte der kulturellen Integration seit dem Zweiten Weltkrieg

10.1 Europaikonographie in der Nachkriegszeit: Der Marshallplan

Der Marshallplan war nicht nur ein entscheidendes Element der wirtschaftlichen Integration Europas (s. Kapitel 9.2), sondern auch ein Mittel, Europa zu visualisieren. In eher verhaltener Form geschah dies in Broschüren, die in verschiedenen Ländern Europas verteilt wurden. Solche Broschüren sollten mittels einer Kombination aus lustigen Bildchen und Texten Vorurteile gegenüber den USA abbauen und gleichzeitig sehr konkret die positiven Auswirkungen auf die Wirtschaft und direkt auf die Menschen selber vermitteln. Im Vordergrund stand das betreffende Land, für das die Broschüre gedacht war. In den Niederlanden wurde erstmals im November 1949 ein entsprechendes Heftchen in Umlauf gebracht. Es war auf Englisch verfaßt

10.1 All our colours to the mast: Werbemotiv für den Marshallplan.

und war unter Arbeitgebern und -nehmern, anderen Berufsgruppen, Lehrern und Studenten verteilt worden. Ein im Archiv der Marshall Foundation in Lexington/ Virgina aufbewahrtes Exemplar gibt darüber hinaus an, daß 2,5 Millionen Leserinnen und Leser bei einer gesamtniederländischen Bevölkerung von 10 Millionen erreicht worden seien. Ungefähr in der Mitte der Broschüre findet sich eine Europakarte mit 12 eingezeichneten Dollarpflastern mit der Unterschrift: „… to help patch up old Europe." In der französischen Broschüre (Paris, Ende 1950 gedruckt; Exemplar der Marshall Foundation) überwiegt das Anliegen, Vorurteile gegenüber den USA abzubauen und die Segnungen des Marshallplanes humorvoll, manchmal auch selbstironisch, ebenfalls mit Hilfe kleiner Bildchen und Bildgeschichten zu vermitteln. Europa

wird am Schluß als im Bau befindliches Haus visualisiert. Überwiegend weibliche Gestalten repräsentieren die an der OEEC beteiligten Nationen, der deutsche Michel
kriecht in der oberen rechten Bildecke mit dem Kopf unter dem Bauzaun wie ein
Maulwurf vor und schaut auf die Baustelle. In der erwähnten niederländischen Broschüre werden zu Beginn in vergleichbarer Stereotypentechnik 18 Männerköpfe (die
16 OEEC-Mitgliedsländer, zuzüglich 1 Kopf für die drei westdeutschen Zonen und
1 Kopf für Triest, das zwischen 1947 und 1954 Freie Stadt war, bevor es 1954 an Italien
kam), die jeweils eine Nation (Triest kann freilich nicht als Nation gewertet werden)
klischeehaft repräsentieren. Beide Heftchen visualisieren die Idee vom Europa der
Nationen. Das niederländische Exemplar schließt im übrigen mit folgendem Bild: Die
die Nationen repräsentierenden Männerfiguren stapfen in einer Reihe hintereinander
durch hohe Sanddünen. Jeder der Männer faßt mit der Linken an ein Seil, dessen lan-
ges Ende wie ein Schweif hinterhergezogen wird und das mit dem Schriftzug
„European Cooperation" ausläuft.

Eine österreichische Wandkarte (Abb. 10.2) zum Marshallplan verzichtet hingegen auf einen offensichtlichen Europabezug. Sie verbindet vielmehr die amerikanischen Sterne mit der österreichischen Flagge.

Besonderer Beachtung bedarf der „Europazug", ein weiteres Werbemittel für den

10.2 Österreich, Wandkarte zum Marshallplan.

Marshallplan. Die Idee dazu ging von der amerikanischen Planverwaltungsbehörde aus, die einen „Europazug" auf die Räder setzen ließ. Der Zug steuerte zwischen 1951 und 1953 Stationen in Deutschland, West-Berlin, Dänemark, Schweden, Norwegen, Frankreich, Österreich, Italien und Belgien an. Über die Zugwaggons verteilt war eine Ausstellung zu Themen wie „Europäische Zusammenarbeit", OEEC und anderes mehr. Der Zug selbst war schwarz-weiß lackiert und trug außen die Aufschrift „Europazug". Stefan Leonards zufolge wurde die Zugausstellung von sechs Millionen Menschen besucht. Die Ausstellung zielte weit über rein wirtschaftliche Aspekte hinaus: „Kulturelle Zusammenarbeit sollten Fotos europäischer Gesichter und Zeichnungen europäischer Baustile und Kulturdenkmäler veranschaulichen. (…) Carlo Schmid, Eugen Kogon und andere prominente Persönlichkeiten gaben auf den Tonbändern des Europatelefons Auskunft über europäische Perspektiven" (Leonards 1997: 63).

10.2 Europasymbolik

Europa und der Stier haben mannigfache Konkurrenz erhalten. Coudenhove-Kalergi hatte als Begründer der Paneuropa-Union 1923 ein erstes Symbol entworfen: ein rotes Kreuz im goldenen Kreis auf blauem Grund. Nach dem Zweiten Weltkrieg wurde von verschiedenen Seiten eine zunächst wenig koordinierte Symbolik geschaffen. Auf dem Kongreß der Europäischen Bewegung in Den Haag im Juni 1948 wurde ein rotes „E" auf weißem Grund als Symbol benutzt, im Februar 1949 wechselte man jedoch zur Farbe grün als Farbe der Hoffnung auf Vorschlag von Duncan Sandys, dem Präsidenten des Internationalen Komitees der Europäischen Bewegung. Dieses grüne „E" diente dann der Beratenden Versammlung des Europarates bei ihrem ersten Zusammentreten im August 1949 in Straßburg, aber auch die Paneuropäische Bewegung warb parallel dazu für

Das rote Kreuz ist das Symbol der supranationalen Nächstenliebe und die goldene Scheibe das Symbol der Sonne, des Lichtes und des Geistes. Dieses Emblem gibt auf einem blauen Grund, der den Himmel symbolisiert, eine schöne und einfache Flagge ab. (…) Es vereint die Symbole der griechisch-lateinischen und der christlichen Zivilisation, die die Hauptpfeiler des modernen Europa bilden. Die Sonne ist das ewige Symbol des Lichtes, des Geistes, des Fortschritts, des Glücks und der Wahrheit. Das rote Kreuz ist in der ganzen Welt bekannt als Symbol der internationalen Nächstenliebe und der menschlichen Brüderlichkeit. Das Kreuz ist seit dem Zusammenfall des Römischen Reiches das große Symbol der moralischen Einheit Europas. (…) Der blaue Himmel, natürlicher Hintergrund der Sonne, ist ein Symbol des Friedens. Nur die blaue Farbe kommt als Grundfarbe der Europaflagge in Frage (…). Das rote Kreuz im Zentrum der Flagge repräsentiert unbestreitbar die älteste Flagge Europas, kreiert in der Epoche der Kreuzfahrer.

Graf Richard Coudenhove-Kalergi als Generalsekretär der Europäischen Parlamentarier-Union: Memorandum (zum Europasymbol) für den Europarat, Juli 1950 ihr Zeichen. Die – kritischen – Diskussionen um ein Europasymbol reichten bis in die hohe Politik und waren natürlich auch ein Thema der Printmedien. Bevor der Europarat einen offiziellen Beschluß gefaßt hatte, war vielfach das grüne „E" als offizielles Symbol interpretiert worden – was das Interesse der Öffentlichkeit an dieser Frage sehr gut dokumentiert. Das schließlich von der Beratenden Versammlung des Europarats am 25. September 1953 angenommene Symbol von 15 Sternen auf blauem Grund hatte letztlich mehrere Urheber, darunter auch den spanischen Schriftsteller Salvador de Madariaga. Der Beschluß wurde durch eine offizielle Deutung ergänzt: „Vor dem blauen Himmel stellen die Sterne die in der beratenden Versammlung vertretenen Nationen dar. Der Kreis ist ein Zeichen der Einheit" (Göldner 1988: 66). Der zwischen „Stern" und „Nation" hergestellte Bezug geriet jedoch zum Politikum, so daß es weiterer langwieriger Beratungen und Gutachten bedurfte, bis die Zahl der Sterne von 15 auf 12 heruntergesetzt wurde. Im Herbst 1955 entschieden sich Beratende Versammlung und Ministerkomitee für das noch heute gültige Emblem. Die Zahl 12 wurde als Symbol der „Vollkommenheit und Ganzheit" begründet. Daß die Zahl 12 gewählt wurde, mag mit den biblisch-sakralen Traditionen dieser Zahl zu tun haben, sie wurde aber von den Urhebern nicht als bewußte Symbolisierung etwa der 12 Apostel usw. verstanden. Das neue Emblem mußte sich mühsam gegen das inzwischen weit, z. B. über Europa-Briefmarken verbreitete grüne E erst durchsetzen. Von Anfang an aber versuchte der Europarat, andere europäische Institutionen wie die EGKS zur Übernahme des Emblems zu motivieren.

Der Erfolg war bescheiden. Die Europäische Kommission beispielsweise setzte auf ihre Drucksachen eine Art Karte der sechs Mitgliedsländer. Nach der Erweiterung 1972 wurde ein Wettbewerb für GraphikerInnen ausgeschrieben, mit dem Ziel, ein neues Symbol zu schaffen. 2.200 TeilnehmerInnen lieferten 6.300 Entwürfe ab! Keiner wurde übernommen. Das Europäische Parlament benutzte ein eigenes Emblem – kurz, es herrschte Vielfalt und eine gewisse Verwirrung. Die spätere Entscheidung der EG, die Europaratsflagge zu übernehmen, spiegelt durchaus einen Integrationsfortschritt in Westeuropa wider. In den knappen Worten der aktuellen (Mai 2000) Homepage der EU: „Seit 1986 wird die Flagge des Europarats auch als Flagge der Europäischen Union verwendet. Sie besteht aus einem Kreis mit zwölf gelben Sternen auf blauem Hintergrund (die Zahl zwölf ist Sinnbild für Vollkommenheit und Einheit)" (http://www.europa.eu.int/abc/symbols/index_de.htm).

Daneben existiert der 9. Mai als Europatag zur Erinnerung an den 9. Mai 1950 und den Schuman-Plan, Beethovens „Hymne an die Freude" aus der 9. Symphonie wird als Europahymne gespielt. Auch hier war der Europarat 1972 Vorreiter. Der Europäische Paß wäre ebenfalls zu nennen. Zu Beginn des Jahres 2000 wurde ein Schulwettbewerb mit dem Ziel gestartet, ein Europamotto zu finden. Das Problem einer europäischen Symbolik und Emblematik hat mehr Menschen bewegt und beschäftigt, als im allgemeinen bekannt ist. Während in jüngerer Zeit bei der Gestaltung des Euro die breite Öffentlichkeit eigentlich nur als Publikum beteiligt wurde, setzte die Symbolikfrage in den ersten Jahren der europäischen Integration sehr viel mehr öffentliche Energien in Bewegung. Man mag aus der Verschiebung positiv ein zur Selbstverständlichkeit gewordenes Europagefühl herauslesen.

Als Kontinuität seit der Antike verbleibt die blaue Farbe. In der Mythoserzählung des Moschos taucht die blaue Farbe im goldenen Blumenkörbchen der Europa auf, dessen Ikonographie Europas Schicksal vorausbedeutete. Reste blauer Farbe fanden sich auf antiken Terrakottafiguren, die den Europamythos darstellten. Die Bedeutung der Farbe Blau variierte im Lauf der Zeiten. Blau war in den Augen der Römer die Farbe der Barbaren, also nicht gerade ein Kompliment. Erst im 12./13. Jh. eroberte sich Blau allmählich den ersten Platz unter den Farben in Europa, Blau wurde die Farbe der Christen in den Augen der Muslime bzw. die Farbe der Europäer (z. B. in den Augen der Japaner). Pierre de Coubertin wählte Blau für den europäischen Ring in den fünf olympischen Ringen, seit dem Ende des 18. Jh.s fand sich das Blau in zwei Drittel aller Wappen in Europa (Pastoureau/Schmitt 1990). Blau, wenn auch nicht jedes Blau, beruhigt, hat also eine bestimmte psychologische Wirkung, seine Verbreitung und Valenz in Europa garantiert Wiedererkennung und Verbundenheit. Blau suggeriert Ruhe und Frieden. So abstrakt die goldfarbenen Sterne auf blauem Grund im ersten Augenblick erscheinen mögen, so sehr sind sie zeitgemäß. Das Europaemblem, das das ganze Europa repräsentieren kann oder soll, kann nicht mehr wie früher an ganz bestimmte Eigenschaften der Europäer, es kann nur an die Psychologie des Gemeinschaftssinns appellieren.

Die Allgegenwart der vermehrten Europaembleme von der Streichholzschachtel über die Zeitungen, die Werbung bis hin zur Briefmarke und zur Anstecknadel oder zur Stadtarchitektur (Wiesbaden; Straßburg; Brüssel; Wien – Abb. 10.3/10.4/10.5)

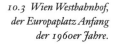

10.3 Wien Westbahnhof, der Europaplatz Anfang der 1960er Jahre.

EINEM APPELL DES EUROPA
RATES FOLGEND UND ALS
BEKENNTNIS ZUR IDEE DER
EINHEIT EUROPAS GIBT DIE
BUNDESHAUPTSTADT WIEN
DIESEM PLATZ DEN NAMEN
EUROPAPLATZ   21.6.1958

10.4 Wien Westbahnhof, Europaplatz: Gedenktafel 1958.

setzt die Bevölkerung Europas einer Art Identifizierungshypnose aus. Die Wirkung ereignet sich im Unterbewußten.

Während in den ersten Nachkriegsjahrzehnten vor allem Um- oder Neubenennungen von Straßen und Plätzen, Cafés oder Restaurants usw. für eine Präsenz des Namens Europas sorgten, trat sehr bald über den Europarat und dann die EWG/EG/EU auch die Architektur der

10.5 „Europa" kulinarisch vermittelt und als EURO-Installation, Wien, Mai 2000.
(Von links oben nach rechts unten: Café Europaplatz am Westbahnhof; Würstelstand am Südbahnhof; Café de l'Europe, Wiens erstes Europa-Café, nach der Wiedereröffnung; EURO-Installation vom Mai 2000 am Schwarzenbergplatz vor dem Sowjetischen Kriegerdenkmal).

Gebäude, die europäische Institutionen beherbergen, in den Vordergrund (Abbildungen: http://www.coe.fr/fr/present/pic1.htm und folgende Seiten). In Straßburg bildet das Europaratsgebäude schon lange einen architektonischen Anziehungspunkt, dem in jüngerer Zeit das Gebäude des Menschenrechtsgerichtshofes hinzugesellt wurde. In den Gebäuden der EU-Kommission, des Europäischen Parlaments, der Europäischen Zentralbank (EZB), des Europäischen Hochschulinstituts bei Florenz, des Brügge-Kollegs, des Robert-Schuman-Zentrums (Luxemburg) usw. manifestiert sich Europa visuell jenseits der nationalen Symboliken und Ikonographien.

10.3 Europa im Geldbeutel

Der antike Europamythos hat sich in der sehr verknappten Form der auf dem Stier sitzenden Europa im gesamten 20. Jh. gehalten, er hat offensichtlich sogar an Verbreitung gewonnen. Die Grafik bezieht sich in der Rubrik „20. Jh." lediglich auf die bildende Kunst bis in die Mitte der 1980er Jahre und nicht auf die Literatur. Die absolute Zahl der Belege ist in Wirklichkeit also weit höher. Trotzdem ist gut zu sehen, wie populär die Visualisierung Europas durch den Mythos im Vergleich zu früheren Jahrhun-

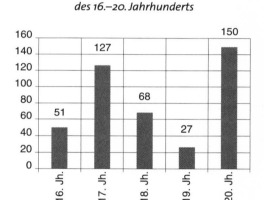

Europamythos in der Kunst des 16.–20. Jahrhunderts

derten wurde. Neuerdings scheinen damit auch wieder Aussagen über europäische Eigenschaften getroffen zu werden, zumal sich in der modernen Werbung die erotischen Implikationen des Mythos besonders gut nutzen lassen. Die Erotisierung des Europa-Stier-Motivs wird heute dazu eingesetzt, um Aufmerksamkeit für ein Europathema zu erzielen, weil Erotik ein gängiger Aufreißer ist. Dahinter steckt aber keinerlei Appell an die Fruchtbarkeit der Europäer, an die Prokreation von Nachkommen, wie das beim antiken und frühneuzeitlichen Europamythos intendiert sein konnte, wenn die Entführung der Europa nach Art einer Hochzeit ikonographisch inszeniert wurde. Immerhin, die Präsenz des Motivs in den für uns heute wichtigen Kommunikationsmedien ist wiederum ziemlich umfassend. Mehr als uns vermutlich tatsächlich bewußt ist, wurde und wird jeder Europäismus durch die begleitende Ikonographie seit der Antike im Bewußtsein und kulturellen Gedächtnis verankert.

10.6 Europamythos-Motiv der Werbeagentur Scholz & Friends (Berlin-Dresden) vom November 1996.

Um die Einführung des Euro psychologisch vorzubereiten, schaltete der Bundes-verband deutscher Banken im November 1996 in überregionalen Zeitungen eine Anzeige, die eine halbe Zeitungsseite belegte. Mit der Ausführung wurde die Werbeagentur Scholz & Friends Dresden GmbH/Berlin beauftragt (Abb. 10.6). Links in der Anzeige ist eine moderne fotografische Variante des Motivs „Europa und der Stier" zu sehen, rechts steht ein Text, der die Überschrift „Sie kennen den Vater des Wirtschaftswunders. Hier ist die Mutter" trägt. Den Deutschen, die so sehr an ihrer harten D-Mark hingen, sollte der Euro schmackhaft gemacht werden. Die Anzeige wurde in „meinungsbildenden" Titeln wie Spiegel, F.A.Z., GEO veröffent-licht. Damit sollte erreicht werden, „daß sich die Kampagne bei wirtschaftlich, als auch gesellschaftlich und kulturell interessierten Lesern durchsetzt".

Die Werbung arbeitet mit einfachen und klaren Gegenüberstellungen. Das Bild, im Inserat links angeordnet, also in der Lese- und Blickrichtung an erster Stelle, soll Emotionen auslösen und irritieren, um die Aufmerksamkeit auf die Werbung zu len-ken. Der Text rechts liefert ‚rationale' Erklärungen. Die Frau alias Europa ist auf den

SIE KENNEN DEN VATER

DES WIRTSCHAFTSWUNDERS.

HIER IST DIE MUTTER.

Ludwig Erhard gilt als der Vater des größten Erfolgs in der deutschen Wirtschaftsgeschichte. Er setzte die soziale Marktwirtschaft durch und ermöglichte das weltweit bestaunte Wirtschaftswunder. Nicht ganz so bekannt ist die
Mutter des Erfolgs: Europa. Denn durch den erleichterten Warenaustausch mit unseren
Nachbarn konnte sich unsere Wirtschaft entfalten und Wohlstand für alle mehren.

Der wirtschaftliche Aufstieg der Bundesrepublik nach dem Krieg ging einher mit der europäischen Integration. Mit jedem Schritt zum vereinten Europa steigerte sich der Nutzen für die Bundesrepublik; ohne die sich immer weiter öffnenden Märkte unserer Nachbarn wäre das Wirtschaftswunder unmöglich geblieben. Heute liefern wir fast sechzig Prozent unserer Exporte in Länder der Europäischen Union. Mit dem Euro, der einheitlichen Europa-Währung, vergrößern sich noch einmal die Chancen für Made in Germany, für den freien Fluß von Waren und Dienstleistungen. Dabei sind die wirtschaftlichen Vorteile nur ein Aspekt. Je enger die Staaten der EU zusammenwachsen, desto unwahrscheinlicher sind gewaltsame Konflikte und um so größer ist Europas Gewicht in der Welt. Europa bedeutet Wohlstand und Sicherheit. Darum unterstützen die Banken die Europäische Währungsunion und die harte Euro-Währung.

Ihre Banken

WEITERE INFORMATIONEN ERHALTEN SIE BEIM BUNDESVERBAND DEUTSCHER BANKEN, KATTENBUG 1, 50667 KÖLN

allerersten, zumeist flüchtigen Blick, zu jung und schön, um sofort die Assoziation „Mutter", von der im Text die Rede ist, auszulösen – insoweit ein Irritationseffekt, der sich erst im zweiten Moment auflöst, wenn der Mythos von Europa und dem Stier in der Erinnerung wach wird. (Nach ihrer Entführung gebar Europa dem Zeus drei Söhne.) Der Wortteil der Anzeige hebt hervor, daß das deutsche Wirtschaftswunder nicht nur Ludwig Erhard (dem „Vater") zuzuschreiben sei, sondern gleichermaßen Europa (der „Mutter"), also der europäischen Integration, von der die deutsche Wirtschaft entscheidend profitiert habe. Die mit „Mutter" im Text korrelierten Werte sind vor allem „Wohlstand" und „Sicherheit".

Zur Gestaltung der Anzeige erläutert die Werbeagentur: „Der Europa-Idee mangelt es im allgemeinen an einer starken, positiven Aufladung. Insofern kam uns eine mythologische Aufladung der Europa-Idee sehr entgegen. Die Abbildung einer jungen Frau, dazu auf einem schönen weißen Stier, wird wahrscheinlich mehr Emotionen beim Betrachter auslösen als die des bekannteren europäischen ‚Sternenbanners'."

10.7 Karikatur in „Der Standard",
Wien 26./27. Februar 2000.

Um diesen Emotionen auf die Sprünge zu helfen, senden Augen- und Mundhaltung der jungen Frau erotische Signale aus; sie trägt ein weißes Kleid, so daß in der Fotomontage das weiße Stierfell und der weiße Kleiderstoff kontrastlos ineinander übergehen und eine Verschmelzung der beiden Körper andeuten. Zugleich schmiegt sich die Europa liebevoll an den Stier und signalisiert „Liebe".

Die Fotomontage rekurriert auf Mythos, Erotik und Liebe. Der Text spiegelt das Bild in modifizierter Form durch die textuelle Gesellung von „Vater" und „Mutter". Der „Vater" bezeichnet eine konkrete Person, Ludwig Erhard (1897 bis 1977), in gewisser Hinsicht eine Art männlicher Personifizierung der deutschen Nation der Nachkriegszeit. Die Mutter personifiziert das Europa der EU. Beider Kind ist das deutsche Wirtschaftswunder. Die Mutter ermöglicht den „freien Fluß von Waren und Dienstleistungen". Als Wortallegorie verkörpert sie, einer ganz traditionellen Verwendung der Allegorie folgend, hohe oder absolute Werte bzw. Wahrheiten: Wohlstand und Sicherheit. Die Zuordnung des Wertes „Wohlstand" zur ‚Mutter Europa' rekurriert auf eine Bedeutungskorrelation, die schon in der Antike bei bildlichen Reproduktionen des Europa-Mythos aufscheint, während die Zuordnung von „Sicherheit" sich prinzipiell von der modernen Vorstellung Europas als Friedensordnung ableitet, als Suggestion (Mutter + Sicherheit) aber das Bild von der Schutzmadonna (s. u.) beinhaltet. Auch dies folgt einer Tradition, die ins 14./15. Jh. zurückreicht. Ob den Macher/inne/n vollständig bewußt oder nicht, die Werbeanzeige knüpft an komplexe historische Wahrnehmungsmuster an, wiederbelebt sie und fügt ihnen aktuelle Elemente hinzu.

10.8 Flugzettel der Paneuropa-Bewegung; ECU-Vorderseite; Belgischer ECU (5 ECU) von 1987.

Die von Scholz & Friends gestaltete Werbeanzeige erweist sich als ausgesprochen kenntnisreich und subtil und stellt insoweit eher eine Ausnahme dar. Aber das Motiv der Europa mit bzw. auf dem Stier in Gestalt der Reproduktion einer griechischen Vasenmalerei wurde beispielsweise im November 1999 erneut in einer Zeitungsanzeige verwendet, in der für die fünfte Auflage eines Euro-Guides geworben wurde. Sicher macht das Mythos-Motiv dem Sternenbanner oder kartographischen Repräsentationen Europas (oft nur des EU-Europas) (noch) nicht wirklich Konkurrenz, aber es hat offenbar einen Popularitätsgewinn zu verzeichnen, der es aus dem Feld der bildenden Kunst und Literatur mit seinem begrenzten Rezeptionspotential herausführt (Schmale 2000). Wie schon im 19. Jh. eignet es sich für das Genre der Karikatur (Abb. 10.7), zumal „Europa" und „Stier" sehr gut getrennt verwendet werden können. Als 1989/1990 die Mauer in Berlin fiel, wurde ein Bild mit dem Stier auf der Mauer verbreitet.

Um Geld kommt niemand herum, und deshalb wird die Europaikonographie am wirksamsten über die gemeinsame Währung, den Euro, verbreitet werden. Deshalb ist die Kombination aus Werbung für den Euro mit dem antiken Mythos in ihrer Wirkung nicht zu unterschätzen. Vor dem Euro gab es jedoch schon die oder auch den ECU (European Currency Unit), prinzipiell eine Verrechnungseinheit, die aber beispielsweise in Belgien auch als Münze in Umlauf gesetzt wurde. Die ECU war ein Kind des Europäischen Währungssystems, das im März 1979 geschaffen wurde und als erster Schritt zur Währungsunion gedacht war. Belgien ließ 1987 zur Dreißigjahrfeier der Römischen Verträge als symbolischen Akt eine Goldmünze im Wert von 50 ECU und eine Silbermünze im Wert von 5 ECU prägen. Diese Münzen galten als offizielles Zahlungsmittel. Die Paneuropa-Union (deutscher Jugendverband) verteilte als Flugblatt einen 100-ECU-Geldschein. Der belgische ECU trug als Kennzeichen die 12 Sterne, der Paneuropa-Geldschein zeigte inmitten des 12-Sternen-Kranzes das Paneuropa-Kreuz. Die Vorderseite der belgischen Münzen lehnte sich jedoch an den alten Carolustaler an (Brügge 1540 bis 1548) und spielte damit auf die unter dem Schlagwort der Universalmonarchie faßbare Europakonzeption Karls und einiger seiner Ratgeber an (Abb. 10.8).

Die Gestaltung des Euro (offizielle Abbildungen der Euro-Banknoten der Europäischen Zentralbank sind unter http://www.ecb.int/ zu finden) wurde im Zuge eines Wettbewerbs in Angriff genommen, den das Europäische Währungsinstitut im Februar 1996 lancierte (bis Mitte September 1996): „In December 1996 the EMI Council selected a single design series, taking particular account of the advice of an international jury of renowned experts in marketing, design and art history and the results of a public consultation exercise carried out in 14 Member States. The design sketches were subsequently updated. The euro banknotes depict the architectural styles of seven periods in Europe's cultural history – Classical, Romanesque, Gothic, Renaissance, Baroque and Rococo, the age of iron and glass architecture and modern 20th century architecture – and emphasise three main architectural elements: windows, gateways and bridges." (http://www.ecb.int/). Hinzu kommt die kartographische Darstellung Europas. Das endgültige Design wurde schließlich 1998 von der EZB festgelegt, seit Juli 1999 wurden die Euro-Banknoten gedruckt. Zumindest als Schokoladetäfelchen waren sie gleich verfügbar.

Die Euro-Banknoten bestärken eine Vorstellung vom kulturellen Europa, die allmählich kanonisiert wird: Bestimmte (Stil-)Epochen symbolisieren suggestiv die kulturelle Einheit Europas. Aber die Antike, Romanik, Gotik oder der Barock weisen geographische Zentren auf, denen gegenüber ein nicht geringer Teil Europas als Peripherie oder ausgeschlossener Teil erscheinen muß. Doch jede Stilepoche umgriff ein Stück mehr Europas als die vorhergehende (Abb. 10.9 bis 10.11). Dennoch: Erst seit den architektonischen Eisenkonstruktionen des 19. Jh.s erfassen diese Stilmerkmale ein geographisches Gesamteuropa.

Die derzeitige Visualisierung Europas ist nur in den sechs Ländern der EGKS und dann der EWG besonders dicht. Sie befindet sich ohne Zweifel auch im Osten davon auf dem Vormarsch, aber exaktere Vergleichsstudien würden sich sicher lohnen. Der Euro bringt das visualisierte Europa in den Geldbeutel – näher dran geht es nicht. Aber dies wird ikonographisch zu einer neuen Zweiteilung führen, solange nicht alle europäischen Staaten an der Währungsunion teilnehmen.

ROMANISCHE KUNST
Wichtigste Monumente

500 km

1 Worms
2 Vignory
3 Saulieu
4 La Charité
5 Chauvigny
6 Le Dorat
7 Nohant Vic
8 St. Junien
9 Solignac
10 Paray le Monial
11 Semur en Brionnais
12 Charlieu
13 Beaulieu
14 Carennac
15 Lescar
16 St. Bertrand de C.
17 St Guilhem le D.
18 St. Gilles du Gard
19 St. Nectaire
20 Orcival
21 Côme
22 Galliano
23 Murbach

Trondheim

Ørnes (Urnes)

Borgund

Oslo

Rogslösa

Visby

Gotland

Raasted

Blyth
Durham
Viborg
Ribe
Lund
Østerlars

Stow
Stonegrave
Roskilde
Bornholm

Cashel
Lincoln
Barton upon Humber

Wittering
Southwell
Peterborough
Norwich

Hereford
Ely

Deerhurst
Exeter
Romsey
St. Albans

Vreden
Soest
Hildesheim
Paderborn

Winchester
Tournai
Maastricht
Köln

Hersfeld

Jumièges
Caen
St. M. de
Boscherville
Münstereifel
Maria Laach

Lessay
Triere
Mainz

Bernay
St. Loup
de Naud
Reims
Lorsch

Loctudy
Cerisy-la-F.
Chartres
Châlons-s/-M.
Speyer
Oberstenfeld

Tours
St. Benoit s/L
Châtillon-
s/-S.
St. Dié
Marmoutier
Andlau

Poitiers
Tavant
Vézelay
Ottmarsheim
Reichenau
Zsámbék

St. Savin s/ G.
5 Nevers
3 Dijon
Basel
Ják

Charroux
7
Autun
Romainmôtier

Aulnay de Saintonge
Chapaize
Payerne

Saintes
Cl. Fd. 11
10
Tournus
Coire
Pécs

Santiago de
Compostella
Santillane
del Mar
Angoulême
9
13 19
8
Cluny
12
Lyon
Issoire
St. Maurice
Sion
Civate
21
Almenno S. Bartolomeo
Torcello

Perigueux
14
Brioude
22
Mailand
Verona

Bordeaux
Le Puy
St. Jean de
Maurienne
Pavia

Cervatos
Souillac
Conques
Moirax
Vaison la R.
Parma
Modena
Pomposa
Ferrara
Sta. Maria di
Portonova

León
La Sauve
Toulouse
Moissac
18
Avignon
Lucca
Pistoia
Firenze
Trogir

Sahagún
Pamplona
Jaca 16
St. Michel
de Cuxa
17
Montmajour
Pisa
St. Florent
Arezzo
Split

Frómista
S. Salvador
de Leyre
Arles
Sta. M. di Rambona
de Pollenza

Sto. Doimingo de Silos
Uncastillo
Tahull
St. Martin du Canigou

Salamanca
Cardona
Elne
Murato
Rom
Bari

Ávila
S. Juan de
la Peña
S. Pedro de Roda
La Canonica
Sant Angelo
in Formis

Segovia
S. Jaime
de Frontanyà
St. Genis des Fontaines
Montefiascone
Ravello
Salerno

Terrasa
Gerona

Ripoll

Monreale
Marina di
Catanzaro

Cefalù

OGS-Grafik

● Anfänge romanischer Kunst
● Mitte 11. bis 12. Jahrhundert

10.9 Die Verbreitung der Romanik.

10.10 Die Verbreitung der Gotik.

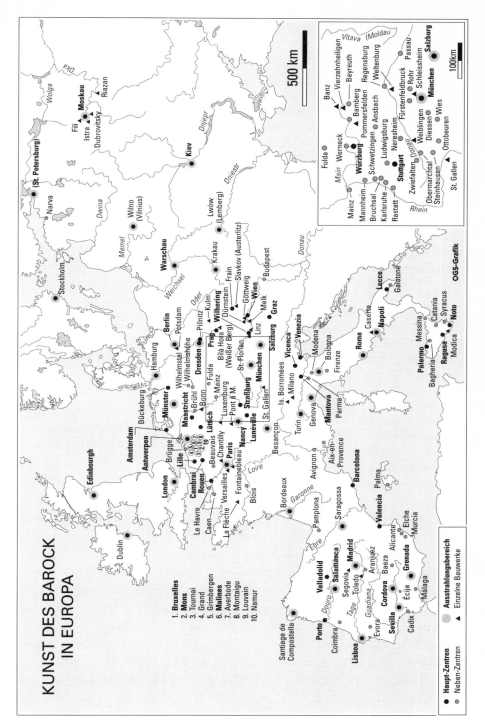

10.11 Die Verbreitung des Barock.

10.4 Identitätskonstruktionen

Welche Eigenschaften kennzeichnen den europäischen Menschen? (…) In der Tat hat nichts anderes aus einer Halbinsel Asiens den Kontinent Europa werden lassen, als jener immerwährende Aufstand gegen den Anspruch der Natur und der Geschichte, den Menschen schlechthin determinieren zu können; nichts anderes, denn jene immerwährende Weigerung, sich innerhalb der Schöpfungsordnung mit der Rolle eines Wesens, das nur erleidet, zufrieden zu geben. (…) Odysseus (…) will statt eines bloßen Geschöpfes selber Schöpfer werden und er will dies nicht durch Übertragung fremder Schöpferkraft sein, sondern schlicht dadurch, daß er sein Menschenrecht geltend macht. Daraus hat der Mensch Europas sein Glück aufgerichtet; daraus hat er auch fast all sein Leiden geschaffen. (…) Zwar muß er (…) die Last der Geschichte tragen, aber er will es wissend tun, und darüber hinaus will er in jedem Augenblick imstande sein, das Joch der Vergangenheit, die er selber schuf, abzuschütteln! Denn so gut der Mensch Europas auch weiß, daß die Wirkungen notwendig den Ursachen entspringen, so will er doch nichtsdestoweniger sein Leben so führen, als könne er je und je von einer jungfräulichen Gegenwart aus aufbrechen. In den glücklicheren Augenblicken seiner Geschichte vermochte er sich das Gesetz des Maßes aufzuerlegen; diese glückhaften Zeiten nennen wir die klassischen Epochen Europas.

Carlo Schmid 1950

Der Zweite Weltkrieg scheint alle Versuche einer anthropologischen Konstruktion europäischer Identität unterbrochen zu haben, allerdings klafft hier eine Forschungslücke. Der Begriff des „europäischen Menschen" begegnete jedoch weiterhin, z. B. bei Carlo Schmid. Er besaß aber keine rassistische Komponente mehr, sondern verstand sich kulturell. Nicht wenige historische Schriften, die nach dem Krieg erschienen wie jene von de Rougemont, Barraclough, Dawson oder Halecki, um nur wenige zu nennen, charakterisieren die Suche nach einer europäischen Identität, die der europäischen Integration letztlich auf die Sprünge helfen sollte. Gegenwärtig erscheint es leichter als früher zu sagen, was Europa sei. Allenthalben wird in mündlichen Statements oder schriftlichen Ausführungen wissenschaftlicher und nichtwissenschaftlicher Natur eine Art Kulturlitanei gebetet. Europa sei eine Mischung aus antiker griechisch-römischer, aus jüdischer und christlicher Kultur, Epochen wie die der Karolinger, die Renaissance und die Aufklärung hätten die kulturelle Einheit Europas in der neueren Geschichte bewirkt, Europa bilde eine Wertegemeinschaft, worunter vor allem die Grundlegung des politischen Europa durch die Grund- und Menschenrechte verstanden wird. Die Frage, ob das richtig oder falsch ist, kann zunächst unberücksichtigt bleiben: Je öfter solche Ansichten quer durch Europa wiederholt werden, desto mehr scheinen sie wahr zu sein. Sie wirken zweifelsohne bewußtseinsbildend. Man gewöhnt sich daran, vom „kulturellen Erbe Europas" zu sprechen und die genannten Bestandteile dieses Erbes als schon immer gemeineuropäische anzusehen. Was gemeineuropäisches Erbe, was gemeineuropäische Geschichte ist, wird zumeist nicht nach wissenschaftlichen Methoden und Kriterien ermittelt, es beruht auf Konventionen, die beispielsweise in dem Buchmarkterfolg „Das europäische Geschichtsbuch" (Delouche 1992/1998) sedimentiert werden. Europa wird zunehmend als die Summe eines kollektiv zu erinnernden kulturellen und geschichtlichen Erbes verstanden. Teilweise wird im Rückblick die Teilhabe an einer vermeintlich gemeineuropäischen Geschichte konstruiert, teilweise wird wesentlich subtiler die Teilhabe an einer gemeinsamen kulturellen Erinnerung provoziert. In der Tat kann man niemandem verwehren, die griechisch-römische Antike als kulturelles Erbe ganz Europas anzusehen, obwohl sie sich unmittelbar nur auf einige Teile Europas auswirkte und häufig erst sehr spät über viele Mittlerebenen im 19. und 20. Jh. im Zuge sich verallgemeinernder Bildungsvorstellungen in ganz Europa rezipiert wurde.

Am 25. Januar 1999 hielt der Züricher Philosoph Hermann Lübbe einen Vortrag zu dem Thema „Politische Aspekte einer europäischen Identität". Sein erster Satz lautete: „Identität – das ist die Antwort auf die Frage, wer wir sind. Einigermaßen vollständig gegeben hat diese Antwort stets die erzählte Geschichte." Globalisierungsprozesse – Lübbe bezeichnet deren Ergebnis als „herkunftsindifferente Zivilisationsökumene" – und Integrationsprozesse, wie sie sich derzeit in Europa ereignen, werden häufig als Bedrohung von Identitäten verstanden. Von daher kann es nicht erstaunen, wenn eine selten eingehender analysierte geschichtliche „europäische Kultur" zur „europäischen Identität" erklärt wird. „Bei europäischen Feiertagsreden wird unter den Gründen fälliger Einigung gern die kulturelle oder auch die religiöse Herkunftseinheit Europas beschworen" (Lübbe 1999).

Seit Jahren läßt sich beobachten, daß „Europäische Geschichte" alias „Europäische Kultur" – das wird häufig nicht differenziert – als gewissermaßen fertiges Konsumprodukt immer stärker nachgefragt wird. Für eine Wissenschaft scheint es immer erfreulich, wenn ein öffentlicher Bedarf an ihr manifest wird. Und so erklärte der namhafte französische Historiker Jacques Le Goff als Gesamtherausgeber der in mehreren Ländern Europas gleichzeitig erscheinenden Buchreihe „Europa bauen": „Wir setzen unseren ganzen Ehrgeiz darein, all denen, die am Aufbau und Ausbau Europas beteiligt sind (…), Bausteine zur Beantwortung der fundamentalen Frage ‚Wer sind wir? Woher kommen wir? Wohin gehen wir?' zu liefern." Michael Mitterauer bemerkt zu Le Goff: „Wer den Baumeistern Europas Bausteine zutragen will, sollte sich wohl doch Gedanken darüber machen, um welchen Bau es hier eigentlich geht. Die Allgemeinheit der Formulierung läßt zunächst nur erkennen, daß Historiker sich wieder einmal politisch in Dienst nehmen lassen. Sie bauen mit, mit welchem Ziel auch immer" (Mitterauer 1999: 23).

Werfen wir einen Blick in das jüngste Buch von Michael Salewski (Salewski 2000). Es trägt den Titel „Geschichte Europas. Staaten und Nationen von der Antike bis zur Gegenwart". Es wird nicht verborgen, daß es sich im Kern um eine politische Geschichte Europas handelt. Der Klappentext des Verlages führt aus: „Vor allem aber macht die spannende Lektüre seines Buches bewußt, was Europa eigentlich ist: die

Summe seiner Geschichte, das Ergebnis einer mehr als dreitausendjährigen Vergangenheit." Autor und Verlag sind zu beneiden: Sie wissen was Europa ist!

Es soll niemandem die zitierte Selbstsicherheit verwehrt sein, auch wenn dadurch politische Instrumentalisierungen, womöglich politische Mythenbildungen erleichtert werden. Salewski schreibt in seinem Vorwort: „Dies ist eine Geschichte Europas, nicht eine des Europagedankens, denn nicht Theoreme haben das heutige Europa entstehen lassen, es sind langwährende Prozesse. Diese Geschichte ist abgründig und grausam, auch davon wird hier die Rede sein, manchmal *cum ira et studio*. Dennoch hoffe ich, daß am Ende auch etwas von dem Stolz zu verspüren ist, der diese Geschichte Europas auch durchzieht. ‚Civis romanus sum' durchschallte es lange Jahrhunderte der Antike; ‚ich bin Bürger Europas!' könnte im 3. Jahrtausend das Echo sein." Kann die Frage nach der Geschichte Europas eine Frage des Stolzes sein? Sicher nicht, auch nicht in der universalgeschichtlichen Perspektive, in die Salewski seine Wertungen stellt. Der erste Satz seines Vorwortes lautet: „Dies ist die Geschichte eines kleinen Kontinents, der die große Welt über Tausende von Jahren wesentlich geprägt und sie zu dem gemacht hat, was sie heute ist." Klingt da nicht das Motiv von David und Goliath an? Die These, daß Europa die Welt zu dem gemacht habe, was sie heute sei, ist weit verbreitet, aber das stellt keine Gewähr dafür dar, daß sie richtig ist. Seit Tausenden von Jahren? Das dürfte schwer zu beweisen sein.

Im Kontext der Erforschung der europäischen Expansion wurde das Thema der europäischen „Einzigartigkeit", des europäischen „Wunders" stark gemacht. So knüpft etwa Hubert Kiesewetter mit seinem Buch „Das einzigartige Europa" von 1996 im Grunde an Denkrichtungen der Vorkriegszeit an. Mit Europas Einzigartigkeit ist die industrielle Revolution des 19. Jh.s gemeint, deren Voraussetzungen nach Kiesewetter mit der europäischen Expansion geschaffen wurden: „Vor etwa 500 Jahren begann in Europa nicht nur eine unmenschliche Eroberung großer Teile der Neuen Welt, sondern auch eine ethische und materielle Revolution. 100.000 Jahre Menschheitsgeschichte seit dem *Homo sapiens* wurden in wenigen Jahrhunderten völlig verändert. Dieser gesellschaftliche und ökonomische Modernisierungsprozeß erfaßte im 19. Jahrhundert eine Reihe westeuropäischer Staaten, ein Phänomen, das in vielerlei Hinsicht einzigartig war und ist" (S. 9). Weiter heißt es bei Kiesewetter: „Die ‚Einzigartigkeit' Europas ist inzwischen von vielen Staaten – etwa den USA, Japan, Australien, Südkorea oder Taiwan – auf andere Weise »nachgeahmt« worden. Sie ist also nicht nur in Europa verlorengegangen, sondern sie scheint endgültig vorbei zu sein. Wenn Europa nicht noch mehr von seinem relativ großen Wohlstand verlieren will, dann muß es sich auf seine wirtschaftlichen und moralischen Ursprünge zurückbesinnen. Zu dieser Rückbesinnung möchte das vorliegende Buch einen Beitrag leisten" (S. 10).

Kiesewetter empfiehlt eine historische Rückbesinnung. Dahinter scheint die Überlegung zu stehen, daß die historische Rückbesinnung Leitideen für die

Zukunftsgestaltung liefern kann. „Zukunftsgestaltung" – das Wort fällt bei Kiesewetter nicht – nimmt sich bei ihm sehr defensiv aus: in Europa „nicht noch mehr von
seinem relativ großen Wohlstand verlieren".

Als „Gegenstimme" sei Mario Vargas Llosa zitiert. In einem Vortrag vom
11. April 1992, gehalten an der Universität Frankfurt/Oder, zeichnete der Perua-
nische Schriftsteller, der viele Jahre seines Lebens in Europa zugebracht hat und
zubringt, ein Bild von Europa, das sehr schmeichelhaft erscheint. Vargas Llosa nimmt
nicht direkt Bezug auf Max Weber, aber manches liest sich so, als knüpfe er unmittelbar an Weber an: „Die westliche Kultur ist zu einem Synonym für Moderne geworden, und wer teilhaben will an den fortgeschrittensten Äußerungen der Wissenschaft,
Technologie und Kultur unserer Zeit, muß auf irgendeine Weise Europa seinen
Tribut zollen und wird mit Europa identifiziert." Vargas Llosa warnt vor einer nai-
ven Identifizierung mit europäischer Kultur, weil diese auch die totalitären Ideologien
des 20. Jh.s hervorgebracht habe, hebt dann aber wieder hervor: „Doch werden mit
okzidentaler Kultur auch die industrielle Revolution, die Demokratie und die von
beiden nicht zu trennende Kultur der Freiheit gleichgesetzt, welche die Entfaltung
der Wissenschaften, der Technologie, der Märkte, des Unternehmertums bestimmt
und schließlich das geschaffen haben, was wir die Moderne nennen. Jedes Land, jede
Kultur kann natürlich dieser Moderne ein gewisses lokales Kolorit, eine Nuance eigener Erfahrung hinzufügen (…), aber kein Land kann heute wirklich zur Entwicklung
vordringen, ohne sich zu verwestlichen. Das heißt, ohne sich zu europäisieren, so wie
man vor achtzehnhundert oder zweitausend Jahren nicht modern sein konnte, ohne
sich zu romanisieren oder latinisieren."

Noch optimistischer fährt der Schriftsteller fort: „Wenn Jugend sich auszeichnet
durch Bewegung und Wandlung, durch die Fähigkeit zur Selbsterneuerung, dann ist
das Europa unserer Tage der jüngste Kontinent der Welt. Auf keinem anderen haben
sich in den letzten Jahren so tiefgreifende und zugleich so weit in die Zukunft der
Menschen hinüberführende gesellschaftliche, politische und soziale Umwandlungen
vollzogen wie in Europa" (Vargas Llosa 1992).

Die ersten Gedanken beziehen sich auf denselben Sachverhalt, den auch Kiesewetter meint, aber die Perspektive ist hier eindeutig gegenwartsbezogen und
zukunftgerichtet. Vargas Llosa geht von der Lebendigkeit des als Modernisierung/
Moderne beschriebenen historischen Prozesses aus, von einer in Europa gelungenen
Aktualisierung dieses Prozesses.

Kiesewetter wie Vargas Llosa stellen und beantworten die Identitätsfrage, wobei
sich ihre Blickwinkel und der Tenor der Antworten deutlich unterscheiden. Beide
sind hinsichtlich der Unterschiede für die heute möglichen Grundhaltungen durchaus repräsentativ. Eine große Zahl von EU-Repräsentanten, Politikern, aber auch
Wissenschaftlern versteht europäische Identität vorwiegend, um Hermann Lübbes

Ausdruck zu gebrauchen, als „Herkunftsidentität". Dem europäischen Einigungswerk wird damit eine historische Legitimation verschafft, als institutionelle Einigung spiegelt es gewissermaßen die ja sowieso vorhandene europäische Identität lediglich wider. Manches daran ist verständlich, manches sollte aber auch daraufhin geprüft werden, inwieweit es einer politischen Mythenbildung dient, die bereits von den Nationen des 19. Jh.s her bekannt ist.

So wie die Herkunftsidentität wird auch die europäische Vielfalt und ihr Erhalt regelmäßig beschworen. Der frühere britische EU-Kommissar Leon Brittan versuchte einmal die Ängste, die die Brüsseler Eurokratie (im Sinne eines negativen Emblems für die Kehrseiten der europäischen Einigung) auslöste, zu entschärfen: „Selbst der eingefleischteste Anhänger Orwellscher Visionen dürfte wohl kaum davon ausgehen, daß in den Geschäftsstraßen von Kopenhagen der Mutterlaut des Dänischen von irgendeinem amorphen ‚Euro-speak' (oder gar vom Englischen) verdrängt werden wird; daß die Deutschen ihr Bier warm aus randvoll gezapften ‚one-pint'-Gläsern trinken; (…) Geschichte, geographische Lage, anthropologische Faktoren, Ernährungsgewohnheiten und Wetterbedingungen haben die Europäer unwiderruflich verschieden gemacht. Brüssel hat weder die Absicht noch überhaupt die Möglichkeit, sie alle zu einer einzigen Rasse, Kultureinheit oder Nation zu verrühren" (zit. bei Schmierer 1996: 156).

Es sind vermutlich die angedeuteten Lebensgewohnheiten, die am längsten überleben werden, auch wenn man im kürzlichen EU-Verbot der Verwendung von Holztellern/Holzbesteck in Gastwirtschaften einen kulturellen Angriff auf regionale Spezifitäten argwöhnen kann … Zutreffend ist allerdings, daß durch die Rechtsetzungskompetenz der EU eine relative kulturelle Einheitlichkeit im EU-Europa und bei den Beitrittskandidaten herbeigeführt wird. Ebenso muß man sich die Frage stellen, wie sich die Bildung transnationaler Fraktionen im EP auf die nationalen Parteienlandschaften und damit auf die nationalen politischen Kulturen auswirken wird. Das Problem der kulturellen Integration ist aus verschiedenen Blickwinkeln zu betrachten:

- die kulturelle Integration wird erzwungen, soweit sie eine Folge der europäischen Gesetzgebung darstellt;
- sie ist ein Ergebnis der Freiheiten, die die Verwirklichung des Binnenmarktes mit sich bringt;
- sie entsteht aus der Angleichung der Lebensverhältnisse und Mentalitäten in den europäischen Ländern;
- sie wird politisch gesteuert, um kulturelle Integration und kulturelle Vielfalt, die als Wesensmerkmal Europas angesehen wird, miteinander zu vereinbaren, um kulturelle Gleichmacherei zu verhindern, die als Verlust gedeutet wird.

Allen, die den Verlust der kulturellen Vielfalt in Europa befürchten, kann Trost gespendet werden: Die neuen Freizügigkeiten und Freiheiten, die den Fluß materieller und immaterieller Güter im EU-Raum begünstigen, führen zwar oft zu statistisch nachweisbaren Verhaltensveränderungen bei der Bevölkerung, aber nicht automatisch zu Verhaltensangleichungen oder etwa zu einer völligen Identität der Werte. Die durch die Integration gewonnenen Freiheiten und Freizügigkeiten fördern durchaus eine neue Vielfalt. Zu den globalen Hauptentwicklungstendenzen gehört die Individualisierung der Lebensverhältnisse. Das gilt auch für die EU. Gerade die Individualisierung ist aber ein Garant für Vielfalt, für die Entstehung neuer, vielfältiger kultureller Merkmale in Europa. Die Individualisierung der Lebensverhältnisse hat auch zur Ausbildung neuer kollektiver Strukturen geführt. Die Tendenz zur Kleinstfamilie, bestehend aus einem alleinerziehenden Elternteil und meist einem Kind, verweist keineswegs auf eine Atomisierung der Gesellschaft, sondern führt vielmehr zur Ausbildung neuer sozialer oder zur Stärkung verwandtschaftlicher Netzwerke.

Zu den fundamentalen Veränderungen europäischer Gesellschaften gehört die fortschreitende Individualisierung. Dies betrifft die Frage der Identitäten. Auch diese individualisieren sich, scheinen weniger stabil und weniger beständig als früher. Man spricht von Dezentrierung und Fragmentierung. Henri Mendras stellt in diesem Zusammenhang fest, daß die Ausprägungsformen von Individualismus durchaus nationalspezifische Züge tragen: In Italien bestehe die Tendenz, aus der subjektiven Sicht die anderen als Gegner einzuschätzen und sich dagegen über die Bildung von Klientelnetzwerken abzusichern. In Deutschland müsse sich der Individualismus immer in einer Gruppe Gleicher manifestieren, der einzelne trenne sich schwer von „seiner" Gruppe und suche in der Regel sehr schnell eine neue. In Frankreich sei der Hauptzug des Individualismus, gegen den Staat und die Machtinstitutionen des Staats zu kämpfen. In England werde das Verhältnis zwischen Individuum und Gruppe durch die Vorstellung und Praxis des Vertrags gesteuert. Das Individuum läßt sich einschränken, vorausgesetzt, es wurde vertraglich vereinbart (Mendras 1997). Ob dies im einzelnen so zutrifft, mag dahingestellt bleiben, es gibt aber sicher unterschiedliche Positionsbestimmungen zwischen Individuum und Kollektiv, die nationalen Eigenheiten zu gehorchen scheinen.

Zweifellos existiert einen Vielzahl allgemeiner Trends innerhalb der EU, aber die dabei fortbestehenden Unterschiede zwischen den einzelnen Ländern sind nicht zu unterschätzen, vor allem erweisen sie sich als äußerst hartnäckig. Mentalitäten, das bestätigt sich immer wieder von neuem, ändern sich relativ langsam (Todd 1990/ 1996). Das Europa der Nationen ist nicht nur staatspolitisch, sondern auch mentalitätsgeschichtlich äußerst real.

10.5 Das Europa der Regionen: Desintegration?

1. Im Sinne dieser Charta versteht man unter Region ein Gebiet, das aus geographischer Sicht eine deutliche Einheit bildet, oder aber ein gleichartiger Komplex (sic!) von Gebieten, die ein in sich geschlossenes Gefüge darstellen und deren Bevölkerung durch bestimmte gemeinsame Elemente gekennzeichnet ist, die die daraus resultierenden Einheiten bewahren und weiterentwickeln möchte, um den kulturellen, sozialen und wirtschaftlichen Fortschritt voranzutreiben. 2. Unter „gemeinsamen Elementen" einer bestimmten Bevölkerung versteht man gemeinsame Merkmale hinsichtlich der Sprache, der Kultur, der geschichtlichen Tradition und der Interessen im Bereich der Wirtschaft und des Verkehrswesens. Es ist nicht unbedingt erforderlich, daß alle diese Elemente immer vereint sind. 3. Die verschiedenen Bezeichnungen und die rechtlich-politische Stellung, die diese Einheiten in den verschiedenen Staaten haben können (Autonome Gemeinschaften, Länder, Nationalitäten, usw.) schließen sie nicht aus den in dieser Charta niedergelegten Überlegungen aus.

Gemeinschaftscharta der Regionalisierung
des EP vom Dezember 1988
(zit. bei Hrbek/Weyand 1994, S. 177 f.)

Die EU befördert heute selbst ganz entschieden das sog. Europa der Regionen. Was im ersten Augenblick durchaus einsichtig klingt, wird bei näherem Hinsehen weniger einsichtig, denn ebenso wie Nation nicht gleich Nation ist, versteckt sich hinter dem Regionsbegriff eine Vielzahl ins Visier genommener Wirklichkeiten. Das EP verabschiedete am 18. November 1988 eine Entschließung zur Regionalpolitik und zur Rolle der Regionen, veröffentlicht im Amtsblatt der EG C 326 vom 19. 12. 1988. Zu dieser Entschließung existiert eine erläuternde Anlage, die „Gemeinschaftscharta der Regionalisierung", deren Kapitel I sich um „Definition, Institutionalisierung und Grenzen der Regionen" bemüht (s. Quellenzitat). Ein wahrhaft heroisches Unterfangen, dem die Geschichtswissenschaft nur mit Respekt begegnen kann, hat sie doch selbst allergrößte Mühe, solche Definitionen hervorzubringen.

EP und die Versammlung der Regionen Europas (VRE) plädieren für eine direkte Interaktion zwischen EU und Regionen, aus der, so scheint es manchmal, die Nation als Zwischenebene bereits ausgeschieden ist. Faktisch ist sie es nicht, weil sie etwa im Ministerrat der EU ihre Wirkung entfaltet. In der Resolution der VRE zur institutionellen Beteiligung der regionalen Ebene am Entscheidungsprozeß der EG vom 6. September 1990 heißt es u. a.: „Das Subsidiaritätsprinzip ist ein unverzichtbares Element zur Garantie regionaler Frei- und Gestaltungsräume sowie zur Erhaltung der regionalen Vielfalt in einer Europäischen Union. Es ist notwendiger Bestandteil einer dezentralen und föderalen Ordnung mit einer eigenständigen regionalen Ebene. Seine Verankerung in den Gemeinschaftsverträgen als allgemeiner Verfassungsgrundsatz ist daher dringend geboten. Das Subsidiaritätsprinzip muß als Richtschnur für die vertragliche Festlegung der Befugnisse der Gemeinschaft dienen" (zit. bei Hrbek/Weyand 1994: 184 f.).

Der Vertrag von Maastricht („Vertrag über die Europäische Union", 7. Februar 1992) greift dieses Subsidiaritätsprinzip auf. In Art. 198a wird ein beratender

„Ausschuß der Regionen" eingesetzt. Damit liegt bereits eine Antwort auf die Frage, ob „Region" zu den Gegenkräften Europas gehört, vor, sie lautet „nein". „Region" gehört im Sinn der EU zu den gestaltenden und kulturell integrierenden Kräften Europas. Faktisch geht die EU dabei aber von Regionen als politisch verfaßten Einheiten und nicht von historisch entwickelten Identitäten aus.

Das Europa der Regionen ist allerdings keine heile Welt, selbst wenn das Gebiet des früheren Jugoslawien außer acht gelassen wird. Zwar machen z. Zt. im wesentlichen nur noch zwei Regionen durch terroristische Separatistenbewegungen regelmäßig im Sinne der Desintegration auf sich aufmerksam, nämlich Korsika und das Baskenland, aber die Entwicklung in Nordirland ist nach wie vor nicht vorhersagbar, wie überhaupt die europäische Geschichte durch Konjunkturen des Regionsbewußtseins gekennzeichnet wird und mit überraschenden Entwicklungen immer zu rechnen ist. Der Gegensatz zwischen dem städtischen Nord- und Oberitalien und dem armen Mezzogiorno ist alles andere als neu, das war schon zu Zeiten des Kulturmodells Italien so, aber durch die Aktivitäten der Lega Nord erhält er einen sezessionistischen Charakter, der die im 19. Jh. erbaute Einheit Italiens in Frage stellt.

Eine ganze Reihe europäischer Staaten hat im Zuge der Dezentralisierung von politischer Macht Regionen als Gebietskörperschaften eingerichtet, die eine Vielzahl von Aufgaben wahrnehmen. Das verfassungsmäßige Statut der Regionen schwankt dabei erheblich. Während die Verfassung der BRD grundsätzlich föderativ und eine Abschaffung der Länder, sprich des föderativen Prinzips unmöglich ist, können die in Frankreich geschaffenen Regionen rein rechtlich gesehen auch wieder per Gesetz abgeschafft werden. In Italien kommt eine Unterscheidung zwischen 15 ordentlichen Regionen einerseits und solchen mit Sonderstatut andererseits hinzu: Sizilien, Sardinien, Trient-Oberetsch, Friaul-Julisch-Venetien und Aosta-Tal. Das Sonderstatut sieht in manchen Fällen eine ausschließliche Gesetzgebungskompetenz der Region vor. Der Beitritt Österreichs, Schwedens und Finnlands stärkte das regionale Element in den Verfassungen der der EU angehörenden Staaten. Da dieser Tatsache der Maastrichter Vertrag Rechnung trägt, scheint eine der Forderungen der europäischen Widerstandsbewegungen allmählich in Erfüllung zu gehen, nämlich die nach dezentralen Strukturen und föderativen Verfassungen auf der europäischen Ebene ebenso wie auf der Ebene der Einzelstaaten. Von Föderativverfassungen im Sinne der deutschen oder österreichischen kann freilich längst nicht allgemein gesprochen werden.

Der mit dem Maastrichter Vertrag eingerichtete Ausschuß der Regionen (AdR) ist noch kein eigentliches Organ der EU, sondern hat den Status eines beratenden Gremiums. Es liegt also sehr viel an der Art und Weise, wie der AdR seine Rolle wahrnimmt, ob sich daraus ein europapolitisches Gewicht entwickeln wird. Der AdR versammelt nicht nur Vertreter von Regionen, sondern auch von Kommunen. Die Mitglieder sind wie in der EU üblich nach dem Größenproporz der Mitgliedsländer verteilt, sie werden von den Mitgliedsländern für 4 Jahre nach einem Modus ernannt, den jedes Mitgliedsland selbst finden muß. Die BRD etwa hat 24 Sitze, davon werden 21 durch die Länder besetzt und drei durch die kommunalen Spitzenverbände (Deutscher Städtetag, Deutscher Landkreistag, Deutscher Städte- und Gemeindebund). Die Niederlande haben 12 Sitze, von denen die Gemeinden immerhin die Hälfte besetzen, für Irland sind es ausschließlich kommunale Vertreter (9). Insgesamt halten sich Vertreter der Regionen und der Kommunen in etwa die Waage. Diese Feststellung ist deshalb wichtig, weil damit abgeschätzt werden kann, wie heterogen die Interessenlage im AdR ist. Der AdR tritt zusammen, wenn er es selber will sowie auf Antrag des Rates und der Kommission der EU, er wird von seinem Präsidenten einberufen. Stellungnahmen kann er prinzipiell zu allen Themen und Fragen abgeben, wo er es für nötig erachtet. Rat oder Kommission müssen den AdR in einigen Fällen obligatorisch zu Rate ziehen: bei Fördermaßnahmen in Bereichen wie Bildung, Jugend, Kultur, Gesundheitswesen, also den klassischen Aufgabenfeldern der Regionen, Länder, Gemeinschaften. Weitere Felder sind Hauptziele und Organisation der Strukturfonds; der zum Jahresende 1993 eingerichtete Kohäsionsfonds (Umwelt, Transeuropäische Netze).

Der AdR stellt aber nur eine Mitwirkungsmöglichkeit der Regionen dar und bezieht sich konkret auf die EU, die bekanntermaßen nicht das ganze Europa repräsentiert. Der größte Dachverband von Regionen ist die „Versammlung der Regionen Europas" (VRE), die 1985 als „Rat der Regionen Europas" gegründet wurde. „Die [VRE] (…) war zunächst als Dachverband von neun interregionalen Organisationen gegründet worden, nämlich von der Arbeitsgemeinschaft Europäischer Grenzeregionen (AGEG), von der Konferenz peripherer Küstenregionen (CPMR), der Arbeitsgemeinschaft Westalpen (COTRAO), der ARGE Alp, der Alpen Adria, der Arbeitsgemeinschaft der Pyrenäen, der Arbeitsgemeinschaft des Jura, der Arbeitsgemeinschaft traditioneller Industrieregionen (RETI) und der Union der Hauptstadtregionen (URCCE)" (Hrbek/Weyand 1994: 103). Die VRE hat sich in Artikel 2 ihrer Satzung u. a. folgende Ziele gesteckt: „1. den gemeinsamen Dialog, die gemeinsame Abstimmung, die gemeinsame Forschung und das gemeinsame Handeln der Regionen in Europa zu organisieren und weiterzuentwickeln, unter Beachtung der Verträge und Verfassungen der jeweiligen Staaten; 2. die Vertretung der Regionen bei den europäischen Institutionen zu verstärken und ihre Beteiligung am Aufbau Europas sowie am Entscheidungsprozeß auf Ebene der Gemeinschaft in allen ihren Belangen zu erleichtern (…)" (zit. bei Hrbek/Weyand 1994: 104).

Gegenüber dem Europarat arbeitet die VRE auf die Einrichtung eines „Senates der Regionen" hin. Bezüglich der EU hatte sich die VRE bei der Vorbereitung der Maastrichter Vereinbarungen als Forum für die Regionen der EU bewährt. Die VRE wurde beispielsweise mit der Ausarbeitung einer Geschäftsordnung für den AdR betraut. Die Attraktivität der VRE belegen die steigenden Mitgliederzahlen: 1987 (96), 1990 (über 160), März 1994 (rd. 250 Regionen). Neben der VRE funktionieren die erwähnten diversen Arbeitsgemeinschaften weiter. Ihre geographischen Schwerpunkte sind das Alpen- und Pyrenäengebiet sowie der Ober- und Niederrhein, dazwischen der SaarLorLux-Raum. Es sei en passant darauf hingewiesen, daß eben diese Grenzräume schon in der Geschichte immer eine besondere Rolle gespielt haben, insoweit die Bevölkerung durchaus mit doppelten Loyalitäten lebte (Bellabarba/ Stauber 1998). Die Grenzen hatten dort schon immer etwas verbindendes, was offensichtlich bis heute fortwirkt.

Nicht in allen, aber in einigen Fällen bieten diese interregionalen Zusammenschlüsse die Möglichkeit neuer Identitäten. Am weitesten fortgeschritten sind die Regionen diesseits und jenseits des Rheins. Vielleicht geht hier aber auch manches leichter, weil alte historische Loyalitäten nie völlig verschwunden sind. Es handelt sich überwiegend um Regionen, die einmal zum Verband des Heiligen Römischen Reichs bzw. zu dessen direkter Peripherie gehört hatten und die durch grenzüberschreitende Kontakte schon immer charakterisiert waren. Vergleichbares gilt jedoch auch für den Raum der ARGE ALP, d. h., es würde sich lohnen, wirtschaftliche, kulturelle, verkehrsinfrastrukturelle, soziale, evtl. politische und andere Indikatoren von Integration in diesen Räumen historisch miteinander zu vergleichen. Die Ergebnisse solcher vergleichender Studien könnten dabei helfen, die Entwicklung besser zu beurteilen, die dieses Europa der Regionen möglicherweise nehmen wird.

Die sich über einen Zeitraum von mehr als 20 Jahren hinziehende Gründungszeit der regionalen Zusammenschlüsse fällt z. T. zusammen mit der betonten Hervorkehrung regionaler Identitäten bis hin zu separatistischen Bestrebungen. Die Schaffung regionaler Politik- und Verwaltungsebenen in Frankreich (régions), in Italien und in Spanien muß z. T. als Antwort auf dieses Aufbegehren der Regionen gewertet werden, selbst wenn die französischen *régions* nicht so ohne weiteres mit historischen Regionen zusammenfallen. Zwei französische Autoren, Solange und Christian Gras, haben 1982 ein Buch unter dem Titel „La révolte des régions" veröffentlicht, die Revolte oder das Aufbegehren der Regionen, das den Zeitraum von 1916 bis zum Ende der 70er Jahre behandelt und sich geographisch auf Westeuropa bezieht. In seinem Vorwort stellt der Historiker Roland Mousnier dieses Aufbegehren in einen über 1000jährigen historischen Zusammenhang: Um das Jahr 1000 noch bot sich die politische Landkarte Europas wie ein Puzzle mit Hunderten von politischen Einheiten mit Hunderten von lokalen Potentaten dar. Danach setzte die Restrukturierung dieser politischen Landkarte an, an deren Ende die Schaffung der Nationalstaaten stand. Mousnier bezeichnet die Regionen, die um 1000 noch sehr viel politische Eigenständigkeit besaßen, als „eingeschrumpfte und eingeschlafene Nationen", deren Erwachen mit der Krise des Nationalstaats im 20. Jh.

zusammenhänge. Nun erwachen nicht einfach wieder frühere Nationen, selbst wenn festzustellen ist, daß der Begriff „Vaterland" in der Frühen Neuzeit etwa auch auf Regionen angewandt wurde (ebenso wie auf Europa als Ganzes, wie es bei Enea Silvio Piccolomini 1454 zu beobachten gewesen war).

Vor allem das 19. Jh. hat an der Konstruktion regionaler Identitäten zur Unterscheidung von der Nation gearbeitet. Es beginnt mit der Sprache. 1789 stellten die Revolutionäre in Frankreich mit einigem Erschrecken fest, wie sehr eine Vielzahl von Dialekten mit Französisch konkurrierten, wie wenig im Grunde Französisch eine Nationalsprache im Sinne von „nation", d. h. dem einigen Volk, darstellte. Es bedarf keiner neuen Nachweise, wie sehr die Nationswerdung mit einer gemeinsamen Sprache zu tun hat. Nun begnügten sich die Vordenker der Nationen nicht mit den vorgefundenen Hochsprachen, sondern schufen Instrumentarien für die Vereinheitlichung der Sprache. Das fing bei der Durchsetzung der Volksschulpflicht an und hörte bei einer vereinheitlichten Rechtschreibung sowie bei einem Korpus „nationaler Texte" auf, die jeder Franzose, jeder Deutsche usw. im muttersprachlichen Unterricht kennenlernte. Demgegenüber behaupteten sich die regionalen Sprachen wie das Provenzalische und Okzitanische, Bretonische, Gälische, Katalanische, Niederdeutsche usf.

Die Arbeit der Nationsdenker war insoweit erfolgreich, als heute manche Sprachen nur noch von einem sehr geringen Prozentsatz der Bevölkerung gesprochen werden, Kinder sie in der Regel nicht mehr lernen. Dem steht eine Vielzahl konservierender Maßnahmen entgegen. Gerade im 20. Jh. wurden für eine ganze Reihe der alten regionalen Sprachen Grammatiken und Wörterbücher erstellt, im deutschen Bereich etwa für das Alemannische, das Bayerische, für das Plattdeutsche, für das Österreichische. Die mundartliche Dichtung und Literatur hat überall Konjunktur. Das Okzitanische beispielsweise war im 19. Jh. sehr stark französiert; der Dichter Frédéric Mistral (1830–1914) und andere machten sich an eine Bereinigung dieser Sprache, aber erst 1935 erschien eine Grammatik und 1966 ein Wörterbuch des Okzitanischen. Zugleich wurde damit Okzitanisch vereinheitlicht im Vergleich zur Vielfalt der Ausprägungen, die es noch im Spätmittelalter gegeben hatte. Ähnlich verlief es mit dem Katalanischen, das im 19. Jh. in ein Schriftkatalanisch der Gebildeten und ein umgangssprachliches mit starken kastilischen, vulgo spanischen, Worteinschlägen zerfiel. Pompeu Fabra (1868–1948) schuf daraus das moderne Katalanisch, das heute offizielle Sprache des autonomen Katalonien im spanischen Staat ist. 1898 veröffentlichte er eine katalanische Grammatik, 1932 ein Wörterbuch. Ähnliche Chronologien finden sich bezüglich der keltischen Sprachen.

Die verschiedenen Bemühungen, die sich auf regionalsprachliche Zeitungen, Radiosendungen usw. beziehen, zeitigen durchaus Erfolge. In der Republik Irland sprachen 1901 nur noch 14% der Bevölkerung Gälisch, während es 60 Jahre später wieder 26% waren. Einer der Mitbegründer 1945 der Akademie des Friaulischen war der später weltberühmt gewordene Regisseur Pier Paolo Pasolini. Der provenzalische Dichter Mistral wurde Träger des Nobelpreises für Literatur. Mit anderen Worten, was der französischen Nation und Sprache Victor Hugo, ist Mistral der provenzalisch-okzitanischen Sprache und Nation. Und so hat jede Regionalsprache im 19. oder 20. Jh. ihren Victor Hugo oder Shakespeare hervorgebracht. Die kulturellen Muster der regionalen Identität verlaufen durchaus parallel zu denen der nationalen Identität. Zu Sprache und Literatur gesellt sich die Wiederentdeckung der Regionsgeschichte, in der sich meistens ein Goldenes Zeitalter findet, z. B. für das Elsaß die Renaissance mit Straßburg und Kolmar als kulturellen Zentren. Schließlich spielt bis in die jüngste Zeit die Frage der Konfession eine Rolle, zu denken ist an Nordirland, zu verweisen wäre auf Bosnien, Serbien, den Kosovo usw. Bestimmte Spiele, Trachten, bestimmte Feiern, Künstler, die sich bewußt mit regionalen Traditionen identifizieren, Speisen, Getränke und Rezepte ergänzen im kulturellen Bereich die Liste der Faktoren, die die Region zur kulturellen Einheit bringen und bewußt dazu eingesetzt werden.

Die kulturellen Faktoren werden zumeist am deutlichsten wahrgenommen, aber ebenso spielen sozio-ökonomische eine wichtige Rolle. Keineswegs sind es nur ärmere Regionen, die eine eigene Identität hervorkehren, weil der Nationalstaat seine Versprechungen nicht eingelöst hat, sondern auch die reicheren, die nicht den Zahlmeister der Nation spielen wollen. In diesem Zusammenhang wurde dem Nationalstaat „innere Kolonisation" vorgeworfen. Reichtum respektive Armut resultieren zumeist aus einer Konstellation spezifischer Faktoren, die zum einheitlichen Erscheinungsbild einer Region beitragen. Im südlichen Europa agrarische Regionen, mit extrem ungleichen Besitzverhältnissen und anderen gesellschaftlichen Normen als in den industrialisierten Regionen, die Regionen mit seinerzeit einseitiger Montanwirtschaft, die sich bezeichnenderweise in der RETI zusammengeschlossen haben, usw.

Politisch ist es mit der bisher verwendeten einfachen Opposition Region versus Nation nicht getan. Vielfach läßt sich eine Entwicklung feststellen: Regionalismus im 19. Jh., der nicht unbedingt eine Ablehnung des Nationalstaats beinhaltet; dann Entwicklung zum regionalen Nationalismus, gipfelnd im Terror, oder zum Autonomiestreben, das den Nationalstaat nicht grundsätzlich in Frage stellt. Regionaler Nationalismus bzw. Autonomiestreben treten auch in umgekehrter Reihenfolge auf wie im korsischen Fall.

10.6 Integration durch Recht

Die Datenschutzrichtlinie der Europäischen Gemeinschaft [Richtlinie 95/46 EG v. 24.10.1995] (…) verpflichtet (…) die Verantwortlichen in Staat und Wirtschaft, sich bei der Datenverarbeitung an den Grundrechten der betroffenen Bürger zu orientieren und alle erforderlichen Vorkehrungen zu treffen, um sie auch international zu gewährleisten. Es handelt sich dabei um einen ersten, deutlich sichtbaren Schritt hin zum grundrechtlichen Schutz von Privatheit, zur Handlungs- und Partizipationsfähigkeit des einzelnen im Rahmen des Binnenmarktes. Nicht zufällig bezeichnete Spiros Simitis damals die Richtlinie als Aufbruch vom „Markt zur Polis". Er sprach damit die Bedeutung der Menschenrechte und politischen Institutionen für den demokratischen Menschen und die demokratische Lebensweise an. (…) Die Datenschutzrichtlinie der Europäischen Gemeinschaft bezieht die Rechtstraditionen der Mitgliedstaaten ein und läßt ihnen bei der Umsetzung in nationales Recht einen Spielraum. Das informationelle „Regelwerk" kann daher als Ausdruck eines kulturellen Aufbruchs in der Europäischen Union angesehen werden (…) Mit dieser Richtlinie wird zugleich die europäische Verfassungs- und Rechtskultur greifbar, wie sie in der Europäischen Menschenrechtskonvention (EMRK) aus dem Jahre 1950 zum Ausdruck kommt.

Marie-Theres Tinnefeld 1998

Die oben am Ende von Abschnitt 10.4 angesprochenen Tendenzen der Individualisierung stehen neben einer Reihe von Vereinheitlichungstendenzen, unter denen das gemeinsame Recht zu den wichtigsten zählt. Vereinheitlichung wird am sichtbarsten im Bereich des materiellen Wohlstands erreicht – das entspricht immer noch den ursprünglichen Zielen der EWG.

Hinsichtlich der fundamentalen politischen Werte haben sich die Europäer seit dem Zweiten Weltkrieg sehr angenähert, Demokratie ist mittlerweile die allgemein verbreitete Staats- und Regierungsform, selbst wenn die Konkretisierungen deutlich nationalen Ausprägungen folgen. Zusammen mit der Demokratie wurden Rechtsstaatlichkeit und Menschenrechte zum allgemeingültigen Prinzip gemacht. Die Menschenrechte gelten als europäische „Erfindung", als Ausweis europäischer Kultur. Das ist zu Recht mehrfach in Frage gestellt worden. Diese Infragestellung ist umso berechtigter, je genauer man sich die letzten 200 Jahre in Europa anschaut. Die Geschichte der Grund- und Menschenrechte in Europa ist bisher nur im Ansatz erforscht, wenn an eine umfassende kulturgeschichtliche Aufarbeitung gedacht wird. Das gilt ganz besonders für das 19. und 20. Jh. Einiges läßt sich dennoch wenigstens skizzieren.

Die vor 1789 bestehenden proto-nationalen Rechtssysteme wurden durch die Verfestigung des Nationalstaatsprinzips im 19. Jh. zu nationalen Rechtssystemen ausgebildet (de Baecque 1991). Offen muß bleiben, wie tiefgreifend Grund- und Menschenrechte als positives Recht die Rechtssysteme strukturierten. Wurde überall das Strafrecht mit grund- und menschenrechtlichen Prinzipien in Einklang gebracht? Es gab dezidiert rückbildende „Entwicklungen", wie es Gerald Stourzh mit der Ethnisierung des Rechts in der k. k. Monarchie um 1900 gezeigt hat (Stourzh 1999).

Die Pervertierung vieler nationaler Rechtssysteme sukzessive durch Bolschewismus, Faschismus, Falangismus und Nationalsozialismus nach dem Ersten Weltkrieg vertiefte die Gräben zwischen den nationalen Rechtssystemen. An diesem Punkt ist ernsthaft zu fragen, ob es für diese historische Phase noch sinnvoll ist, von europäischer Rechtskultur zu sprechen, selbst wenn es in Italien wie Spanien wie Deutschland genug Menschen gab, die die gemeineuropäischen Ideale nicht aufgegeben hatten. Die Spaltung des Kontinents am Ende des Zweiten Weltkriegs hat zu einem weiteren Auseinanderdriften der Rechtssysteme geführt, nicht nur zwischen West und Ost, sondern zusätzlich zwischen Mittelosteuropa und der Sowjetunion. Sind sozialistische Rechtssysteme und westeuropäisch-demokratische Rechtssysteme noch unter dem Oberbegriff „europäische Rechtskultur mit verschiedenen Rechtssystemen" zu subsumieren? Selbst wenn das bejaht werden sollte, weil auch die sozialistischen Rechtssysteme ihre Wurzeln in den rechtsphilosophischen Debatten der Aufklärung des 18. Jh.s und noch mehr der Revolutionsepoche gegen Ende jenes Jahrhunderts hatten, sind die Differenzen zwischen den Rechtssystemen größer denn je in der europäischen Geschichte gewesen.

Nach 1945 wurden einerseits durch den Aufbau der westeuropäisch-demokratischen bzw. sozialistischen Rechtssysteme die Differenzen vergrößert, andererseits wurden von der Europäischen Menschenrechtskonvention 1950 über die KSZE-Schlußakte von 1975 bis hin zur Revolution von 1989 entscheidende Voraussetzungen für eine spätere Integration der Rechtssysteme nicht nur innerhalb der Europäischen Union, sondern im ganzen europäischen Raum geschaffen. Besonderes Gewicht ist jener Integration der Rechtssysteme beizumessen, die von der Europäischen Union seit einigen Jahren ausgeht. Diese ist nicht ganz Europa, aber sie bedeutet den Motor auch von Integrationsprozessen in Nichtmitgliedsstaaten, weil sich diese auf einen Beitritt zu einem früheren oder späteren Zeitpunkt einrichten. Die nationalen Rechtssysteme in Polen, Tschechien, Ungarn und weiteren Ländern werden schon jetzt durch die sukzessive Übernahme europäischen Rechts modifiziert. Die Existenz permanenter europäischer Institutionen macht einen gewaltigen Unterschied gegenüber früheren historischen Epochen aus. Nationale Rechtssysteme wird es noch sehr lange geben und mit ihnen entsprechende Differenzen in der europäischen Rechtskultur, aber das werdende europäische Recht verlangt Grund- und Menschenrechte als verbindliche und gemeinsame Basis der nationalen Rechtssysteme. Die essentielle Charakterisierung der einzelnen Rechtssysteme durch Grund- und Menschenrechte hängt damit nicht mehr so sehr von den Wechselfällen der Geschichte wie bis weit in das 20. Jh. hinein ab, sondern ist europäisch gewollt, entspricht einem gemeinsamen Programm, für dessen Umsetzung es Institutionen gibt. Damit wird später oder früher aus dem Flickenteppich der Grund- und Menschenrechtskultur vor 1789 allmählich ein mehr oder weniger gleichmäßig gewebter Rechtsteppich. Das europäische Menschenrechtswebmuster leitet sich aus der Konvergenz von nationalem Recht und europäischem Primärrecht ab. Dieses Recht ist im Gegensatz zu den meisten Rechtsdokumenten der Vereinten Nationen verbindliches Recht, dessen Verletzung Sanktionen durch den Europäischen Rat, das EU-Parlament, die EU-Kommission oder Klagen vor dem Europäischen Gerichtshof nach sich ziehen kann. Im Blick auf Grund- und Menschenrechte wird durch diese auf Europa bezogene institutionelle und ideelle Verdichtung die Ausbildung eines europäischen Menschenrechts-Rechtskreises gefördert. Dahinter stehen ganz pragmatische Motive, weil dies als der beste Weg erscheint, aus Idealen Wirklichkeit werden zu lassen.

Zugleich wird aber die Differenz zwischen der Integration der europäischen Rechtssysteme in der Perspektive der Grund- und Menschenrechte einerseits und der außerhalb dieses Integrationsprozesses stehenden Länder, insbesondere nichteuropäischen Ländern, immer größer – trotz UNO. Die Ausbildung eines europäischen Menschenrechts-Rechtskreises zeichnet sich sowohl durch Integration wie Ausschließung, durch die Parallelität unterschiedlicher Verhaltensweisen, je nachdem, ob sie auf den Integrationsraum oder nicht gerichtet sind, aus. Sami Aldeeb hat diesen Ausschlußcharakter einmal kritisch hervorgehoben (Aldeeb 1993). Es ist zu erwarten, daß sich daraus ein spezifisch europäisches Menschenrechtsverständnis entwickelt, das sich von der seit 1789 oft missionarisch vorgetragenen Universalität der Menschenrechte durch seine europäische Spezifität unterscheiden wird. Der Prozeß zeitigt einen durchaus ambivalenten Charakter. Die These lautet nicht, daß die Ausbildung eines europäischen Menschenrechts-Rechtskreises willentlich, bewußt herbeigeführt wird; das wäre erst zu beweisen. Die These lautet lediglich, daß ein entsprechender Prozeß im Gange ist, der neben dem positiven Aspekt der Förderung der europäischen Integration, neben seinen pragmatischen Motiven, auch Anlaß zu kritischen Fragen und Anlaß zu Sorgen geben kann. Anlaß zur Sorge geben Entwicklungen, die das Schlagwort „Festung Europa" meint. Ein Merkmal dieser „Festung" ist das werdende „europäische Asylrecht". Zwar fällt das Asylrecht bisher noch wesentlich in die nationalstaatliche Kompetenz, insofern gibt es kein „europäisches Asylrecht", aber die nationalstaatlichen Standards werden seit einigen Jahren in gegenseitiger Abstimmung nach unten verschoben. Die Berichte über die Bedingungen in den Sonderzonen an Flughäfen oder in der Abschiebehaft sowie über den Tod von Schubhäftlingen (1999) während des Vollzugs von Abschiebungen verstärken den Eindruck, daß hier die Prinzipien der Menschenrechte und der Rechtsstaatlichkeit vor aller Augen außer Kraft gesetzt werden. Wenn sich diese Zustände verfestigen, wird dies zu einer europaspezifischen Einschränkung der Menschenrechtsidee führen. Die faktische Ausbildung eines europäischen Menschenrechts-Rechtskreises bedeutet nicht nur eine stärkere Beachtung von Menschenrechtsprinzipien in der Rechtspraxis und in der Politik, sondern u. U. auch die Verstetigung eines minimierten Menschenrechtsverständnisses, eines Menschenrechtskonsenses auf einem kleinen gemeinsamen Nenner.

Im folgenden sollen nun auf der institutionellen Ebene einige Aspekte angesprochen werden, die den entstehenden europäischen Menschenrechts-Rechtskreis charakterisieren. Die Existenz bestimmter Institutionen oder institutionalisierter Verhaltensweisen ist nicht gleichzusetzen mit der Menschenrechtspraxis, aber notwendige Voraussetzung für eine kontrollierbare Integration der europäischen Rechtssysteme. Mit dem Vertrag von Amsterdam hat die EU deutlicher als mit dem Vertrag von Maastricht Grund- und Menschenrechte zur Grundlage der EU-Politik gemacht. Um Mißverständnissen vorzubeugen: Es geht dabei zunächst um die Schaffung einer juristisch verläßlichen und verbindlichen Grundlage innerhalb der EU, nicht um das Prinzip der Anerkennung von Grund- und Menschenrechten, das als solches unstrittig ist. Diese werden von den Verfassungen der Mitgliedsstaaten anerkannt, außerdem gilt die EMRK, kann der Europäische Gerichtshof für Menschenrechte angerufen werden. Mit Blick auf diese Verhältnisse, in denen ausreichende Garantien für die Anerkennung von Grund- und Menschenrechten als Grundlage einer europäischen Rechtskultur gesehen wurden, hat es bisher keine besonderen EU-Vereinbarungen hinsichtlich der Menschenrechte gegeben. Ein geschlossener Beitritt der EU-Mitgliedsstaaten als EU zur EMRK ist bisher aus juristischen Gründen gescheitert, es gibt dazu eine Entscheidung des Luxemburger Gerichtshofes vom 26. März 1996. Schon im Maastrichter Vertrag existierte ein Artikel, der mit Erweiterungen in den Amsterdamer Vertrag übernommen wurde, „in dem die Grundrechte, wie sie in der Europäischen Menschenrechtskonvention gewährleistet sind und wie sie sich aus den gemeinsamen Verfassungsüberlieferungen der Mitgliedsstaaten ergeben, als allgemeine Grundsätze des Gemeinschaftsrechts vorgestellt werden". Im Amsterdamer Vertrag wurde hinzugesetzt, „daß die Aussetzung der Mitgliedschaft in der Union im Falle einer ‚schwerwiegenden und anhaltenden' Verletzung der Grundsätze, zu denen sich die Union bekennt (u. a. die Achtung der Menschenrechte), möglich ist. Dieser Artikel ist auch eingeführt worden, damit die Achtung der Menschenrechte in jenen europäischen Staaten sichergestellt werden kann, die nach der Mitgliedschaft in der Union streben". Der Vertrag erlaubt dem Europäischen Rat, zur Förderung der Nichtdiskriminierung „eine Angleichung der Rechts- und Verwaltungsvorschriften der Mitgliedsstaaten anzustreben, die hinsichtlich des zu erreichenden Ziels verbindlich, nicht jedoch unmittelbar wirksam sein müssen. Ein solcher Beschluß soll Diskriminierungen wegen des Geschlechts, der Rasse, der ethnischen Zugehörigkeit, der Religion oder des Glaubens, einer Behinderung, des Alters oder der sexuellen Orientierung bekämpfen". Der Amsterdamer Vertrag soll, so resümiert van der Klaauw (1998), darüber hinaus die Gleichstellung von Frauen und Männern, „ein hohes Beschäftigungsniveau, ein hohes Maß an sozialem Schutz und sozialem Zusammenhalt sowie die Solidarität zwischen den Mitgliedsstaaten" in der EU fördern. Van der Klaauw stellt fest, daß es „im Vertrag keine Hinweise auf soziale und wirtschaftliche Rechte, die direkt einklagbar sind, (gibt), wenn auch ein neuer Absatz in der Präambel auf die sozialen Grundrechte Bezug nimmt, die in der Europäischen Sozialcharta von 1961 und in der Gemeinschaftscharta der sozialen Grundrechte der Arbeitnehmer von 1989 festgelegt sind".

In der EU-Außenpolitik zeichnen sich seit einiger Zeit die Grundlinien einer Menschenrechtspolitik ab. Dazu gehört u. a. „die Aufnahme von Menschenrechtsklauseln in Verträgen und Abkommen mit Drittländern, beispielsweise mit den mittel- und osteuropäischen Ländern. So werden die Achtung der Menschenrechte und die Wahrung der Grundsätze der Demokratie jetzt als wesentlicher Bestandteil eines Abkommens qualifiziert und systematisch in alle neuen Verträge aufgenommen. Derartige Klauseln werden ergänzt um Artikel, die im Falle einer erheblichen Verletzung wesentlicher Vertragsbestimmungen – wie den Menschenrechtsklauseln – die völlige oder teilweise Aussetzung des Abkommens ermöglichen" (Klaauw 1998).

Das sind einige institutionelle Voraussetzungen, die, wenn sie tatsächlich genutzt werden, die Integration von Rechtssystemen bewirken. Vielleicht sollte hinzugefügt werden, daß das nur funktioniert, wenn auch die langjährigen EU-Mitglieder die aufgestellten Ansprüche an sich selber überprüfen. Die institutionellen EU-seitigen Voraussetzungen sind mit denen des Europarates sowie der KSZE/OSZE zu kombinieren, ohne das hier im Detail auszuführen. Dieter Senghaas sah in den KSZE-Dokumenten von 1990 – Dokument des Kopenhagener KSZE-Treffens über die Menschliche Dimension vom 29. Juni 1990; Pariser Charta für ein neues Europa vom 21. November 1990 – die grundsätzliche Möglichkeit zur Entstehung eines „homogenen Rechtsraumes" in Europa begriffen (Senghaas 1992/1996: 18). Die EMRK wird der Feststellung von Alfred Grosser (1998) zufolge zunehmend auch unmittelbar in der nationalen Rechtsprechung berücksichtigt, also nicht mehr nur im Zuge einer Klage vor dem Europäischen Gerichtshof für Menschenrechte. Dies alles und mehr trägt zu einer europäischen Rechtskultur bei, die unter dem Gesichtspunkt der Menschenrechte im universalen Maßstab einem europäischen Menschenrechts-Rechtskreis gleichkommt.

10.7 Europäische Integration und Gedächtnisorte

Zu den Elementen einer gleichgerichteten kulturellen Entwicklung gehört die Kennzeichnung der europäischen Staaten als Wohlfahrtsstaaten. Die Summe der Sozialtransfers in Prozent des BIP lag in den europäischen Mitgliedsstaaten der OECD 1990 mit 17,4% deutlich höher als in den USA mit 10,8 und Japan mit 11,5%. Im Vergleich zu 1960 hat sich die Schere allerdings tendenziell geschlossen, damals betrug der entsprechende Anteil am BIP im OECD-Europa 9,5%, in den USA 5% und in Japan 3,8%. Dennoch erweist sich an den Zahlen von 1990 ein tiefgreifender qualitativer Unterschied: das Wohlfahrtsstaatsprinzip kennzeichnet immer noch eher Europa als Nordamerika oder Japan. Trotz eines in Europa selber oft als sehr schmerzhaft empfundenen strukturellen Wandels von der industriellen zur sog. postindustriellen Gesellschaft betrug der Beschäftigtenanteil in der Industrie in OECD-Europa 1990 noch knapp 31%, gegenüber gut 26% in den USA und gut 34% in Japan. Dieser Anteil ist seitdem weiter zurückgegangen. Damit verbunden ist ein struktureller Wandel der politischen Milieus: Immer weniger identifizieren sich die sozialdemokratischen und sozialistischen Parteien mit Arbeiter, Industrie und Arbeitergewerkschaft, und umgekehrt. Dieser Umstrukturierungsprozeß hat vor allem in den allerletzten Jahren an Tempo gewonnen. Dennoch bleibt vorerst Europa kulturell-industriell geprägt, was besagt, daß das Zweiklassenschema Arbeiter/Bürger immer noch *spürbar* ist. Politisch und militärisch ist Europa, sei es als EU, sei als Nato-Europa, sei es als OSZE-Europa, ein Zwerg, wirtschaftlich jedoch auf dem Weg zum Riesen. Das veranlaßt Göran Therborn zu der Überlegung, ob nicht Europa in der Welt gewissermaßen die Rolle spielen wird, die einmal Skandinavien in Europa spielte: politisch und militärisch eher zwergenhaft, dafür fortschrittlich als Wohlfahrtsstaaten mit einer wettbewerbsfähigen Wirtschaft (Therborn 1997).

Eine Reihe gleichartiger gesellschaftlicher Verhaltensänderungen in Europa geht nicht in jedem Fall auf eine gemeinsame Ursache zurück oder folgt einem klaren Diffusionsmodell. Oft entstehen diese Verhaltensänderungen gleichzeitig an mehreren Stellen aus unterschiedlichen Ursachen. Das gilt beispielsweise für die Ausbreitung nicht-ehelicher Lebensgemeinschaften oder den Anstieg nicht-ehelicher Kinder an der Geburtenzahl. Zum Vergleich: Die Aufklärungsepoche brachte einem erheblichen Teil Europas einen Individualisierungsschub, aber nirgendwo verlief die Individualisierung wirklich gleich, so daß noch heute die oben angedeuteten unterschiedlichen Formen des Individualismus zu beobachten sind.

Macht man die Rede von der europäischen Geschichte davon abhängig, daß das Bewußtsein von Europa ein Massenphänomen ist und von persönlicher relativ häufiger Erfahrung getragen wird, dann beginnt europäische Geschichte eigentlich erst in unserer Zeit. Hartmut Kaelble stellt fest: „Bis ungefähr zur Mitte des 20. Jahr-

hunderts reichte der geographische Raum der Masse der Europäer in den Alltags-
erfahrungen normalerweise nicht über das eigene Land, oft sogar nicht einmal über
die eigene Region hinaus." Wenn doch, so gehörten die betreffenden Personen entweder einer jener in der Tat europäischen Sozialgruppen an, die es immer gegeben
hat (bestimmte Kaufleute, bestimmte Adlige, bestimmte Reisende etc.), oder sie
machten die Erfahrungen als Soldaten, also im Krieg. Dabei handelte es sich um sehr
spezifische Europaerfahrungen, von denen sich die gegenwärtigen der Friedenszeit
sehr unterscheiden. „In den vergangenen Jahrzehnten lernte dagegen die Masse der
Europäer andere Länder kennen. Die Masse der Reisen, der Auslandsausbildung, der
Geschäftsreisen und beruflichen Auslandsaufenthalte, der Heiraten mit Ausländern,
des Auslandstourismus und der Auslandsruhesitze, der Städtepartnerschaften blieben
dabei im europäischen Rahmen. Unter den jungen Europäern in der Europäischen
Gemeinschaft hatte 1990 nur noch eine Minderheit eines starken Viertels noch nie
ein anderes Land besucht. Auslandserfahrung wurde zumindest in Westeuropa auch
in den lange Zeit vom übrigen Europa isolierten Ländern wie Spanien oder Portugal
Standard. Die ostmitteleuropäischen Länder und Ostdeutschland werden sicher rasch
nachziehen" (Kaelble 1997: 56).

Die kulturelle Integration erfolgt schließlich über gemeinsame *lieux de mémoire*,
ein Aspekt, den Heinz Duchhardt ausgehend vom Westfälischen Frieden 1648 auch
als generellen Aspekt in die Debatten eingebracht hat (Duchhardt 1999). Gemeint
ist damit in erster Linie gemeinsam erinnerte Geschichte, sei es zerlegt in einzelne
Ereignisse (wie im Fall des Westfälischen Friedens) oder bezogen auf ganze Epochen
wie die Französische Revolution, oder bezogen auf Personen und Orte. Spätestens
seit der Französischen Revolution hat es immer mehr Ereignisse, Personen und Orte
gegeben, über die ein bestimmtes Wissen quer durch Europa, immer öfter in zeitlich
engem Konnex verbreitet wurde. Es spielt, was die grundsätzliche Feststellung
angeht, dabei keine Rolle, ob es sich um positiv oder negativ konnotierte Phänomene
handelt. Auch der Nationalsozialismus ist ein europäischer *lieu de mémoire*. Herkunftsidentität entsteht gegenwärtig zweifelsohne auch über den Mechanismus der
Gedächtnisorte. Dabei ist es nicht entscheidend, ob beispielsweise der Westfälische
Friede von 1648 im selben Jahr oder kurz darauf auch in der Walachei – das ist ein
sehr willkürliches Beispiel – wahrgenommen wurde oder nicht, sondern ob dieser in
West- und Mitteleuropa schnell zum Gedächtnisort gewordene Frieden, der in den
internationalen Beziehungen etwa des 18. Jh.s eben gerade als Gedächtnisort seine
Wirkung weiter entfaltete, irgendwann später als europarelevanter Gedächtnisort
übernommen wurde. Man könnte zahllose Beispiele aufführen: Karl der Große, die
Revolution(en) von 1848 usw., usw. Der erste Band der schon einmal erwähnten
Trilogie „L'Esprit de l'Europe" ist solchen Ereignissen, Orten und Personen gewid-
met, die als Grundgerüst einer heute gemeinsam erinnerten Geschichte gelten kön-

nen. Die Liste reicht von der Schlacht von Salamis (480 v. Chr.) über die Große Pest (1347/48) und das Erdbeben von Lissabon (1755) bis zum Jahr 1989, und versteht sich selbstverständlich nur als eine Auswahl (Compagnon/Seebacher 1993). Entscheidend für das Wort von den europäischen *lieux de mémoire* ist also nicht unbedingt das gleichzeitige Miterleben, sondern die Teilhabe an einer Erinnerung, am historischen Gedächtnis. Es spielt in dieser Beziehung (in anderer Beziehung natürlich schon) keine Rolle, ob die Teilhabe an dieser Erinnerung z. B. 200 Jahre nach dem Ereignis zustande kommt. In Kapitel 7.1 wurde Germaine de Staël zitiert. Sie hatte bei ihrem Grenzübertritt nach Deutschland geklagt: „Man begegnet keinem, der uns von der Vergangenheit etwas sagen könnte, keinem, der imstande wäre, die Identität verlebter Tage mit den gegenwärtigen zu bezeugen (…)" Würde sie ihre damalige Reise heute wieder unternehmen, würde sie mit Rücksicht auf die entstandenen und entstehenden europäischen *lieux de mémoire* vermutlich andere Worte finden müssen.

Nur langsam dringt die Geschichte Ostmittel- und Osteuropas in das historische Gedächtnis des Westens ein. Daß die Perspektive immer noch stark von West nach Ost verläuft und die diskursive Konstitution Europas „westlastig" ist, hat nicht zuletzt den Grund, daß beispielsweise im Kontext des Zerfalls des Osmanischen Reichs viele Standards im Westen gesetzt worden waren und es auch aus südosteuropäischer Sicht darum ging, diese Standards zu übernehmen, um Teil dieser westeuropäischen Kultur zu werden. Nach 1945 kam es zu einer strukturell vergleichbaren Situation, nach 1989 wurde wiederum eine Akkulturation Ost- und Südosteuropas nach westlichem Vorbild eingeleitet (Heppner 1996).

Doch vieles, was im westlichen Gedächtnis seinen festen Platz hat, hat es nicht im Osten, und kann es dort auch nicht haben. Die nach dem Krieg begonnene Arbeit z. B. an Karl d. Gr. als europäischem Mythos wird hieran scheitern. Der zu Beginn des Kapitels kritisch besprochene Versuch, der europäischen Integration eine historisch begründete Identität einzuimpfen, mag verständlich sein. Er funktioniert aber nur, wenn die gewaltigen historischen Brüche zwischen den Großregionen Europas überdeckt werden – und das heißt in der Praxis, daß eine Art Imperialismus des historischen Gedächtnisses aus Richtung Westen nach Osten ausgeübt wird. Nicht nur die politische, sondern auch die kulturelle Integration Europas unabhängig von der Ausdehnung der EU, beinhaltet nur zum einen Teil Fragen an die Geschichte; zum anderen Teil hängt sie vom Wollen, von zukunftsgerichteten Entscheidungen ab, die politisch und ggf. moralisch, nicht aber geschichtlich zu begründen sind.

10.8 Europas österreichische Krise im Jahr 2000

*10.12 Titelfoto „Der Standard", 21. Februar 2000, Kundgebung gegen die ÖVP/FPÖ-Regierung
(Foto: Matthias Cremer).*

Als sich im Januar/Februar 2000 die Österreichische Volkspartei (ÖVP) mit der Freiheitlichen Partei (FPÖ) auf die Bildung einer Regierungskoalition einigte, verhängten die anderen 14 EU-Mitgliedsstaaten sogenannte Sanktionen oder besser: begrenzte Boykottmaßnahmen. Es handelte sich nicht um eine EU-Maßnahme, sondern um eine unter den EU-Mitgliedern (ohne Österreich) konzertierte Aktion. Juristisch ist die häufige Kurzbezeichnung „EU-Sanktionen" falsch. Es sollte damit hauptsächlich dagegen protestiert werden, daß in einem EU-Mitgliedsland eine Partei in die Regierung geholt wurde, der man vorwarf, daß sie seit Jahren mit ausländerfeindlichen und antisemitischen Äußerungen von sich reden mache und gegenüber dem Nationalsozialismus keine unmißverständliche Position einnehme. In Frankreich beispielsweise wurde die FPÖ als „extrême droite populiste" (Le Monde vom 2. Februar 2000, Titelseite) eingestuft. Die ergriffenen Maßnahmen, die eher an den Gebrauch distinguierenden Zeremoniells erinnern, wie es in früheren Jahrhunderten an den Fürstenhöfen Europas üblich war (keine Wahl von ÖsterreicherInnen in führende EU-Positionen; Kontakte mit den österreichischen Botschaftern nur noch auf Beamtenebene etc.), trafen auf geteilte Meinungen und hatten sehr unterschiedliche Konsequenzen. Die österreichische Regierung lehnte die Maßnahmen als

Einmischung in die nationale Souveränität ab und rief zum „nationalen Schulterschluß" auf. Sie legte damit ein beredtes Zeugnis für die Vitalität nationaler Mentalitäten ab, wobei sie sich der Zustimmung lediglich eines Teils der österreichischen Bevölkerung sicher sein konnte. Der andere Teil symbolisierte eher die Existenz einer europäischen Zivilgesellschaft: Das Argument, es handle sich um eine Einmischung in innere Angelegenheiten, wurde zurückgewiesen; die Kritikpunkte, die die Boykottmaßnahmen ausgelöst hatten, betrafen den Kern dessen, was als europäische Wertegemeinschaft bezeichnet wird: Menschenrechte, Humanität, Toleranz, Demokratie und eine unmißverständliche Distanzierung von Faschismus und vom Nationalsozialismus, der zur Shoah geführt hatte, um einige wesentliche Elemente aufzuzählen. Shoah, Nationalsozialismus und Faschismus gehören ohne jeden Zweifel zu den historischen europäischen *lieux de mémoire*, deren Erinnerungsstruktur sich gefestigt hat: Die moralischen und Werturteile stehen fest sowie die daraus zu ziehenden Konsequenzen; am Verhältnis zu diesen Urteilen und zu den Konsequenzen zeigt sich die Teilhabe oder nicht am historischen europäischen Gedächtnis (Abb. 10.13). (In bezug auf den osteuropäischen und sowjetischen Sozialismus ist die Entwicklung noch nicht abgeschlossen.) Nicht die Boykottmaßnahmen selber – dazu sind sie zu unüberlegt, zu spontan, zu emotional gewesen –, aber deren Motiv erklärt sich aus dem Verhältnis der Akteure zum europäischen historischen Gedächtnis. Motivisch handelten die 14 im Einklang mit dem europäischen historischen Gedächtnis.

10.13 Jüdische Studierende in Straßburg, Foto AFP (Standard 26.–27. 2. 2000).

Das gilt aber nur für die motivische Ebene. Besonders Belgien und Frankreich – in der Tat: nicht nur die Regierungen, sondern auch bestimmte Teile der Gesellschaft – legten gleichfalls beredtes Zeugnis für die Vitalität nationaler Mentalitäten ab. Die Absage von Schüler- und Studentenaustauschprogrammen, die Boykottierung wissenschaftlicher Kongresse oder die öffentlich kundgemachte Weigerung, in Österreich weiterhin Urlaub zu machen, richteten sich nicht gegen die österreichische Regierung, sondern gegen die österreichische Gesellschaft. Das bezeugte nicht nur nationale Mentalitäten, sondern auch die Weigerung, an der europäischen Zivilgesellschaft mitzuarbeiten – denn genau dem dienen Austauschprogramme, internationale wissenschaftliche Veranstaltungen, und im übrigen auch der Tourismus, wie es der oben zitierte Hartmut Kaelble belegt hat.

Von Anfang an war nicht zu verkennen, daß alle 14 Länder in der Praxis nicht eine, sondern 14 Meinungen vertraten, aus 14 und mehr verschiedenen Motiven. So gesehen erhellten die Boykottmaßnahmen in erster Linie die Existenz eines Europas der Nationen, das allgemeine Unbehagen und die Debatten über die Maßnahmen machten jedoch deutlich, daß seit Januar/Februar 2000 erstmals ernsthaft geprüft werden mußte, wie weit die Europäisierung Europas schon vorangekommen war. In diesem Sinn handelt es sich um Europas österreichische Krise. Die meisten der 14 Länder haben in unterschiedlichem Ausmaß mit rechtsradikalen Parteien zu kämpfen. Deren Erfolg beruht darauf, daß sie als nationalistische, antieuropäische und antidemokratische Parteien für andere „Werte" eintreten als die, die zur europäischen Wertegemeinschaft zählen, und daß sie an einem anderen historischen Gedächtnis arbeiten: Verharmlosung oder gar Verherrlichung von Gewaltregimen. Das ist der Kern des Konflikts. Die Erfahrung von Faschismus und Nationalsozialismus, die Shoah sind als europäische *lieux de mémoire* konstitutiv für die europäische Demokratie: Nie wieder! Mit kritischem Blick auf die Beitrittskandidaten östlich der jetzigen EU wird gefragt, ob die dortigen Gesellschaften diese Position teilen, wird nach der Struktur ihres historischen Gedächtnisses gefragt. Was Sorge macht, ist weniger das Verhältnis zur sozialistischen Vergangenheit, als die wachsende Bedeutung rechter, antisemitischer und rechtsradikaler Parteien. Auch das zählt zur Krise Europas, die diese Fundamentalproblematik ans Licht gebracht hat.

* * *

Europa als Ergebnis performativer Akte, als diskursive Konstitution und Europa im Sinne allgemeiner Strukturelemente war Gegenstand dieses Buches. Von Zeit zu Zeit führen die diskursiven Konstitutionen zu Sedimentierungen, zu einer weit verbreiteten, wenn auch nicht von allen geteilten Vorstellung von Europa. Die sedimentierten Vorstellungen wirken auf die Gestaltung Europas durch die handelnden Menschen zurück. Zu Beginn der Frühen Neuzeit war dies die weibliche Form Europas, seit der Zeit um 1800 die Vorstellung von Europa als Kultur, und gegenwärtig scheint „demokratische Identität" eine neuerliche Sedimentierung der Europavorstellung anzudeuten. Sie ist noch nicht zum Abschluß gekommen – und sie ist gefährdet.

■ QUELLENZITATE: *Barraclough, Geoffrey:* Die Einheit Europas als Gedanke und Tat, Göttingen 1964; *Brittan, Leon:* Die europäische Herausforderung. Strategien für den Aufbruch ins nächste Jahrtausend, Bergisch-Gladbach 1995; *Compagnon, Antoine/Seebacher, Jacques (Hg.):* L'Esprit de l'Europe, 3 Bände, Paris 1993; *Dawson, Christopher:* Europa. Idee und Wirklichkeit, München 1953; *Halecki, Oskar:* Europa. Grenzen und Gliederung seiner Geschichte [1950], Darmstadt 1957; *Delouche, Frédéric (Hg.):* Das Europäische Geschichtsbuch. Von den Anfängen bis heute, Stuttgart 1992; 2. Aufl. 1998; *Schmid, Carlo:* Über den europäischen Menschen, in: Die Neue Rundschau 1950, abgedruckt in: D. de Rougemont, Europa – Vom Mythos zur Wirklichkeit, München 1962, S. 361–364; *Tinnefeld, Marie-Theres:* Globalisierung und informationelle Rechtskultur in Europa – einführende Betrachtungen, in: Lamnek, Siegfried/Tinnefeld, Marie-Theres (Hg.): Globalisierung und informationelle Rechtskultur in Europa. Informationelle Teilhabe und weltweite Solidarität, Baden-Baden 1998, S. 17 ff.; *Vargas Llosa, Mario:* Europa von außen gesehen – Bilanz und Hoffnung, in: Axel R. Bunz/Klaus Faber/Michael Grüning/Peter Liebers (Hg.), Nachdenken über Europa, S. 111–130, Berlin 1992.

■ LITERATUR: *Aldeeb, Sami A.:* Muslims and Human Rights: Challenges and Perspectives, in: W. Schmale (Hg.), Human Rights and Cultural Diversity. Europe – Arabic-Islamic World – Africa – China, S. 239–268, Goldbach 1993; *Baecque, Antoine de (Hg.):* Une histoire de la démocratie en Europe, Paris 1991; *Bellabarba, Marco/Stauber, Reinhard (Hg.):* Identità territoriali e cultura politica nella prima età moderna/Territoriale Identität und politische Kultur in der Frühen Neuzeit, Bologna/Berlin 1998; *Brunn, Gerhard/Schmitt-Egner, Peter (Hg.):* Grenzüberschreitende Zusammenarbeit in Europa. Theorie – Empirie – Praxis, Baden-Baden 1998; *Duchhardt, Heinz:* La Paix de Westphalie: de l'événement européen au lieu de mémoire européen? Stuttgart 1999; *Göldner, Markus:* Politische Symbole der europäischen Integration. Fahne, Hymne, Hauptstadt, Paß, Briefmarke, Auszeichnungen, Frankfurt 1988; *Gras, Solange* und *Christian:* La révolte des régions d'Europe occidentale de 1916 à nos jours, Paris 1982; *Grosser, Alfred:* Menschenrechte in der Architektur des „gemeinsamen Hauses" Europa: Fundament oder Zierrat?, in: Hutter, Franz-Josef/Speer, Heidrun/Tessmer, Carsten (Hg.), Das gemeinsame Haus Europa. Menschenrechte zwischen Atlantik und Ural, S. 237–243, Baden-Baden 1998; *Heppner, Harald:* Die gesellschaftliche Entwicklung und der Europa-Gedanke, in: ders./G. Larentzakis (Hg.), Das Europa-Verständnis im orthodoxen Südosteuropa, S. 35–47, Graz 1996; *Hrbek, Rudolf/Weyand, Sabine:* betrifft: Das Europa der Regionen. Fakten, Probleme, Perspektiven, München 1994; *Kaelble, Hartmut:* Europäische Vielfalt und der Weg zu einer europäischen Gesellschaft, in: S. Hradil/S. Immerfall (Hg.), Die westeuropäischen Gesellschaften im Vergleich, Opladen 1997, S. 27–68; *Kiesewetter, Hubert:* Das einzigartige Europa. Zufällige und notwendige Faktoren der Industrialisierung, Göttingen 1996; *Klaauw, Johannes van der:* Gibt es eine eigenständige Menschenrechtspolitik der Europäischen Union? in: Hutter, Franz-Josef/Speer, Heidrun/Tessmer, Carsten (Hg.), Das gemeinsame Haus Europa. Menschenrechte zwischen Atlantik und Ural, S. 45–55, Baden-Baden 1998, Zitate S. 46; *Lange, Niels:* Zwischen Regionalismus und europäischer Integration. Wirtschaftsinteressen in regionalistischen Konflikten, Baden-Baden 1998; *Leonards, Stefan:* Der Europazug – Informationen über den Marshall-Plan, in: Haus der Geschichte der Bundesrepublik Deutschland (Hg.), Markt oder Plan. Wirtschaftsordnungen in Deutschland 1945–1961, S. 62–63, Frankfurt 1997; *Lottes, Günther (Hg.):* Region – Nation – Europa. Historische Determinanten der Neugliederung eines Kontinents, Heidelberg 1992; *Lübbe, Hermann:* Politische Aspekte einer europäischen Identität, in: Stiftung Haus der Geschichte der Bundesrepublik Deutschland (Hg.), Europäische

Geschichtskultur im 21. Jh., S. 35–40, Bonn 1999; *Mendras, Henri:* L'Europe des Européens. Sociologie de l'Europe occidentale, Paris 1997; *Mitterauer, Michael:* Die Entwicklung Europas – ein Sonderweg? Legitimationsideologien und die Diskussion der Wissenschaft, Wien 1999; *Pastoureau, Michel/Schmitt, Jean-Claude:* Europe. Mémoire et emblèmes, Paris 1990; *Salewski, Michael:* Geschichte Europas. Staaten und Nationen von der Antike bis zur Gegenwart, München 2000; *Schmierer, Joscha:* Mein Name sei Europa. Einigung ohne Mythos und Utopie, Frankfurt 1996; *Senghaas, Dieter:* Friedensprojekt Europa, Frankfurt, 1. Aufl. 1992, 2. Aufl. 1996; *Stourzh, Gerald:* Ethnisierung der Politik in Altösterreich, in: Wiener Journal Nr. 228, September 1999, S. 35–40 (Festvortrag anläßlich der Verleihung des Anton Gindely-Preises an den Autor), Wien 1999; *Straub, Peter/Hrbek, Rudolf (Hg.):* Die europapolitische Rolle der Landes- und Regionalparlamente in der EU, Baden-Baden 1998; *Therborn, Göran:* Europas künftige Stellung – Das Skandinavien der Welt?, in: S. Hradil/S. Immerfall (Hg.), Die westeuropäischen Gesellschaften im Vergleich, Opladen 1997, S. 573–600; *Todd, Emmanuel:* L'invention de l'Europe [1990], Paris 1996.

Dank

Ein besonderer Dank geht an Frau und Herrn Mag. Pfundner vom Bildarchiv des Österreichischen Instituts für Zeitgeschichte der Universität Wien, die mich bei der Recherchierung von Bilddokumenten für das 20. Jahrhundert außerordentlich unterstützt haben. Die Abb. 5.12 geht auf einen Hinweis von Herrn stud. cand. phil. Daniel Spichtinger zurück. Die in Kapitel 10.1 besprochenen niederländischen und französischen Broschüren bezüglich des Marshallplans wurden von Frau Mag. Anette Neff (Darmstadt) in der Marshall-Foundation entdeckt und mir zur Durchsicht zur Verfügung gestellt. Viele Kolleginnen und Kollegen sowie Studierende haben mir im Lauf der Jahre Anregungen gegeben und mit mir diskutiert. Ich bin ihnen allen aufrichtig verbunden.

Dem Böhlau Verlag Wien danke ich für die vorzügliche Betreuung, namentlich Frau Dr. Eva Reinhold-Weisz, Herrn Dr. Peter Rauch, Frau Ulrike Dietmayer und Frau Stefanie Kovacic.

Nachweis der Abbildungen

Kapitel 1

1.1   Ausbreitung der römischen Kunst in Europa, aus: Georges Duby (Hg.): Atlas Historique Larousse, Paris 1978, S. 29.

1.2   Ausbreitung des Christentums bis ins 11. Jahrhundert n. Chr., aus: Jean-Baptiste Duroselle: Europa. Eine Geschichte seiner Völker, Gütersloh 1990, S. 71.

Kapitel 2

2.1   Die Welt nach Herodot um 450 v. Chr., aus: Wido Sieberer: Das Bild Europas in den Historien. Studien zu Herodots Geographie und Ethnographie Europas und seiner Schilderung der persischen Feldzüge, Innsbruck 1994, S. 324.

2.2   Die Kelten in Europa, aus: Jean-Baptiste Duroselle: Europa. Eine Geschichte seiner Völker, Gütersloh 1990, S. 42.

2.3   Europa mit entblößter Brust, Pompejanisches Fresko (Ausschnitt), aus: Jean-Baptiste Duroselle: Europa. Eine Geschichte seiner Völker, Gütersloh 1990, S. 12.

2.4   Europamythos in der Antike: Zahl der archäologischen Funde nach Zahn 1983. Grafik: Wolfgang Schmale.

2.5   Das karolingische Europa – ein Teileuropa. Karte aus: Das europäische Geschichtsbuch. Von den Anfängen bis heute, Stuttgart 2. Aufl. 1998, S. 109.

2.6   Die Handelsverbindungen in Europa um 1500 und ihre Ausdünnung im Osten im Bereich des werdenden europäischen Teils des Osmanischen Reichs. Karte aus: Das europäische Geschichtsbuch. Von den Anfängen bis heute, Stuttgart 2. Aufl. 1998, S. 161.

2.7   Europa und der Stier aus Franz von Retz, Defensorium virginitatis beatae Mariae, Gotha 1471, aus: Heinz R. Hanke: Die Entführung der Europa. Die Fabel Ovids in der europäischen Kunst, Berlin 1967, Abb 4.

2.8   Europa und Jupiter-Illustration aus Giovanni Boccaccio, De claris mulieribus, Holzschnitt von Johann Zainer 1473/74, aus: Boccaccio, Giovanni: De claris mulieribus – Die großen Frauen. Lat.–Dt., Stuttgart 1995, S. 37.

2.9   Weltkarte des Hans Rüst (Augsburg, ca. 1490), Ausschnitt; in der linken unteren Hälfte „europa iabet land". Aus: Kupčík, Ivan: Alte Landkarten. Von der Antike bis zum Ende des 19. Jh., Prag 1980, Abb. 13, S. 45.

2.10   Das Teil-Europa der Universitäten bis zum Ende des 15. Jahrhunderts, aus: F. W. Putzger: Historischer Weltatlas, Bielefeld, 86. Aufl., 1965, S. 58, Karte II.

Kapitel 3

3.1   Europakarte von Matthaeus Merian: Theatrum Europaeum, Band 1 [1635], Ausg. Frankfurt a. Main 1643. Aufnahme: Herzog August-Bibliothek Wolfenbüttel.

3.2   Die russische Expansion in der Frühen Neuzeit, aus: F. W. Putzger: Historischer Weltatlas, Bielefeld, 86. Aufl., 1965, S. 76 (Ausschnitt).

3.3   Humoristische Karte von Europa im Jahre 1914 (Exemplar des Bildarchivs des Instituts für Zeitgeschichte der Universität Wien). Vorbild der Karte von 1914: Alfred Neumann, Humoristische Karte von Europa im Jahre 1870, Berlin 1870 (Vgl. German. Nationalmuseum Nürnberg, HB 13342, Kapsel 1322).

3.4   Tafel III „Weltkarte" aus: Richard Coudenhove-Kalergi: Paneuropa, Wien 1923; Aufnahme Bildarchiv des Instituts für Zeitgeschichte der Universität Wien.

Kapitel 4

4.1   Noachs Trunkenheit. Federzeichnung aus : Lob des Kreuzes. Regensburg/Prüfening, letztes Viertel 12. Jh. (Bay. Staatsbibliothek München), Ausschnitt aus Abb. 529 in: Württembergisches Landesmuseum Stuttgart: Die Zeit der Staufer (Ausstellungskatalog), Band 2, Stuttgart, 4. Aufl. 1977.

4.2   Europa prima pars terrae in forma virginis, Heinrich Bünting. Itinerarium sacrae scripturae, Magdeburg 1589. Mit freundlicher Genehmigung der Österreichischen Nationalbibliothek Wien.

4.3   Frontispiz von Matthaeus Merian, Theatrum Europaeum, Band 1 (Ausgabe Frankfurt/Main 1643). Aufnahme: Herzog August-Bibliothek Wolfenbüttel.

4.4   Rembrandt, Der Raub der Europa, 1632. Malibu, The J. Paul Getty Museum. Mit freundlicher Genehmigung.

4.5   Auswertung der Einträge zu „Europa" in Pigler 1974, Grafik: Wolfgang Schmale.

4.6   Peter Paul Rubens, Die Vier Weltteile (um 1615). Wien, Kunsthistorisches Museum. Mit freundlicher Genehmigung.

4.7   Europamythos in der Kunst des 19. und 20. Jh., Grafik: Wolfgang Schmale.
Ausgewertet wurde der Katalog bei Salzmann (Hg.), Mythos Europa. Schwerpunkt des Katalogs bilden deutschsprachiger Raum und Frankreich. Aufgenommen sind nur solche Darstellungen bis 1987, die die Motive „Europa" als weibliche Figur und „Stier" verwenden, ggf. auch nur eine der beiden Figuren, wenn die Anspielung auf den Mythos erkennbar ist.

4.8   Johann Heinrich Ramberg, Europe pouilleuse, Feder, um 1815 (Hannover, Niedersächsisches Landesmuseum).

Kapitel 5

5.1   Grafik: Wolfgang Schmale; performative Sprachmittel, diachrone und synchrone Skizze.

5.2   Sully, Großer Plan, kartographische Umsetzung, aus: Derek Heater: The Idea of European Unity, Leicester 1992, S. 29.

5.3   Napoleon: Der Universalmonarch (anonym), 1814, aus: Scheffler, Sabine/Scheffler, Ernst/Unverfehrt, Gerd (Mitarb.): So zerstieben getraeumte Weltreiche: Napoleon I. in der deutschen Karikatur, Stuttgart 1995, Abb. 32, S. 121.

5.4   Titelseite der Wiener „Arbeiter=Zeitung" vom 18. Mai 1930 mit dem Bericht über das Briand-Memorandum. Bildarchiv des Instituts für Zeitgeschichte der Universität Wien.

5.5   Richard N. Coudenhove-Kalergi, Das Pan-europäische Manifest, 1923. Bildarchiv des Instituts für Zeitgeschichte der Universität Wien.

5.6   Eröffnungssitzung der Paneuropäischen Wirtschaftskonferenz am 22. November 1934 in Wien im Parlament. Coudenhove-Kalergi links neben dem Sprecher (österr. Finanzminister). Bildarchiv des Instituts für Zeitgeschichte der Universität Wien.

5.7   Gründungsveranstaltung des Europäischen Jugendverbandes im „Gauhaus" Wien, 16. September 1942. Im Hintergrund als Emblem „Europa und der Stier". Bildarchiv des Instituts für Zeitgeschichte der Universität Wien.

5.8   Europa und der Stier im „Gauhaus" Wien zur Gründungsveranstaltung des Europäischen Jugendverbandes im „Gauhaus" Wien, 16. September 1942. Bildarchiv des Instituts für Zeitgeschichte der Universität Wien.

5.9   Kundgebung am 18. Januar 1941 in einem Berliner Bildungswerk. Ansprache des Gauleiters
        Vogt. Bildarchiv des Instituts für Zeitgeschichte der Universität Wien.

5.10   Reichsappell der Deutschen Arbeiterfront in Berlin, Ansprache des Leiters der DAF Robert
        Ley am 3. Mai 1943. Bildarchiv des Instituts für Zeitgeschichte der Universität Wien.

5.11   Plakatwand „Europa kämpft gegen den Bolschewismus" in Wien, ca. 1941 (Fotograf:
        Rudolf Spiegel). Bildarchiv des Instituts für Zeitgeschichte der Universität Wien.

5.12   Plakatwand „Europa kämpft gegen den Bolschewismus" in Marburg, abgebildet in „Wiener
        Illustrierte" vom 22. Oktober 1941, S. 4. Bildarchiv des Instituts für Zeitgeschichte der Uni-
        versität Wien.

Kapitel 7

7.1   Diffusion der Megalithkultur, aus: Jean-Baptiste Duroselle: Europa. Eine Geschichte sei-
        ner Völker, Gütersloh 1990, S. 27.

7.2   Beispiel für die Aufteilung Europas in drei historische Regionen unter Zugrundelegung
        struktureller Merkmale (hier: politisch-ökonomische Strukturmerkmale um 1500), aus:
        Dodgshon, R. A.: The Socio-Political Map of Europe, 400–1500, in: R.A. Butlin/R.A.
        Dodgshon (Hg.), An Historical Geography of Europe, S. 54–72, Oxford 1998, S. 68.

7.3   Schloßbauten in Europa, für die Versailles als Modell diente, aus: Louis Réau, L'Europe
        française au siècle des Lumières, Paris 1938, S. 239).

Kapitel 8

8.1   „Völkertafel", Ölgemälde, anonym, Steiermark, zirka 1720/1730. Österr. Museum für
        Volkskunde, Wien.

8.2   Infrastrukturen der Wissensverbreitung in der Renaissance (Druckereien, Universitäten,
        Zentren der Gelehrsamkeit), aus: Georges Duby (Hg.): Atlas Historique Larousse, Paris
        1978, Karte A S. 59.

8.3   Die europäische Expansion im 16. Jh. im Überblick, aus: Jean-Baptiste Duroselle: Europa.
        Eine Geschichte seiner Völker, Gütersloh 1990, S. 196–197.

8.4   Die Große Pest (1347–1350), aus: Jean-Baptiste Duroselle: Europa. Eine Geschichte sei-
        ner Völker, Gütersloh 1990, S. 173.

8.5   Die Hanse im 14./15. Jahrhundert, aus: Das europäische Geschichtsbuch. Von den An-
        fängen bis heute, Stuttgart 2. Aufl. 1998, S. 163 (Karte 3).

8.6   Das europäische Weltwirtschaftssystem und die Handelsströme um 1750, aus: Das europäi-
        sche Geschichtsbuch. Von den Anfängen bis heute, Stuttgart 2. Aufl. 1998, S. 215 (Karte 4).

8.7   Vergleich der Industrialisierung in Europa nach Stichjahren (1800, 1860, 1913, 1980). Karte
        aus: S. Pollard, Industrialization, 1740 to the Present, in: R.A. Butlin/R.A. Dodgshon (Hg.),
        An Historical Geography of Europe, S. 54–72, Oxford 1998, S. 282 (Karte 13.1).

Kapitel 10

10.1   All our colours to the mast: Werbemotiv für den Marshallplan. Haus der Geschichte der
        Bundesrepublik Deutschland.

10.2   Österreich, Wandkarte zum Marshallplan. Bildarchiv des Instituts für Zeitgeschichte,
        Universität Wien.

10.3   Wien Westbahnhof, der Europaplatz Anfang der 1960er Jahre. Bildarchiv des Instituts für
        Zeitgeschichte, Universität Wien.

10.4   Wien Westbahnhof, Europaplatz: Gedenktafel von 1958 (Foto: Wolfgang Schmale, 2000).

10.5   „Europa" kulinarisch vermittelt und als EURO-Installation, Wien, Mai 2000 (Fotos: Wolf-gang Schmale) (von links oben nach rechts unten: Café Europaplatz am Westbahnhof; Würstelstand am Südbahnhof; Café de l'Europe, Wiens erstes Europa-Café, nach der Wiedereröffnung; EURO-Installation vom Mai 2000 am Schwarzenbergplatz vor dem Sowjetischen Kriegerdenkmal).

10.6   Europamythos-Motiv der Werbeagentur Scholz & Friends (Berlin-Dresden) vom November 1996. Copyright: Scholz & Friends, mit freundlicher Genehmigung.

10.7   Karikatur in „Der Standard", Wien 26./27. Februar 2000.

10.8   Flugzettel der Paneuropabewegung; ECU-Vorderseite; Belgischer ECU (5 ECU) von 1987; aus: Zeitschrift der Österreich Paneuropa (Oesterreich Konservativ) 12. Jg., Heft 5/1987, S. 11–12. Bildarchiv des Instituts für Zeitgeschichte der Universität Wien.

10.9   Die Verbreitung der Romanik, aus: Georges Duby (Hg.): Atlas Historique Larousse, Paris 1978, Karte S. 44.

10.10   Die Verbreitung der Gotik, aus: Georges Duby (Hg.): Atlas Historique Larousse, Paris 1978, Karte S. 45.

10.11   Die Verbreitung des Barock, aus: Georges Duby (Hg.): Atlas Historique Larousse, Paris 1978, Karte S. 63.

10.12   Titelfoto „Der Standard", 21. Februar 2000 (Foto: Matthias Cremer).

10.13   Jüdische Studierende in Straßburg, Foto AFP (Standard 26.–27. Februar 2000).

Chronologische Übersicht über die Vorstudien des Verfassers, in denen die konzeptionellen, methodischen und inhaltlichen Grundlagen der „Geschichte Europas" erarbeitet wurden:

Allgemeine Einleitung: Revolution des Wissens? Versuch eines Problemaufrisses über Europa und seine Schulen im Zeitalter der Aufklärung, in: W. Schmale/N. Dodde (Hg.), Revolution des Wissens? …, Bochum 1991, S. 1–46.

Europäische Geschichte schreiben …, in: Comparativ. Leipziger Beiträge zur Universalgeschichte und vergleichenden Gesellschaftsforschung 3 (1993), Heft 4, S. 40–48.

Europese identiteit en geschiedenis, in: Luciënne Tomesen/Guy Vossen (Hg.), Denken over cultuur in Europa, S. 23–38, Houten 1994.

Das 17. Jahrhundert und die neuere europäische Geschichte, in: Historische Zeitschrift 264 (1997), S. 587–611.

Scheitert Europa an seinem Mythendefizit? Bochum 1997.

Europäische Geschichte als historische Disziplin. Überlegungen zu einer Europäistik, in: Zeitschrift für Geschichtswissenschaft 46 (1998), S. 389–405.

Historische Komparatistik und Kulturtransfer. Europageschichtliche Perspektiven für die Landesgeschichte. Eine Einführung unter besonderer Berücksichtigung der Sächsischen Landesgeschichte, Bochum 1998.

Aufklärung und Nation (Vortrag 1998, 9. November, 4. Wiener Kulturkongreß „Civis europaeus sum"; Teile des Vortrags wurden verwendet).

Das Wahrnehmungsmuster „Grenze" in französischen Blicken auf „Deutschland" (Vortrag 1999, 24. April, Leipzig, Frankreichzentrum; Teile des Vortrags wurden verwendet; eine Druckfassung des gesamten Vortrages ist in Vorbereitung).

Menschenrechte in verschiedenen Rechtssystemen: Formale Differenzen und kulturelle Affinitäten (Vortrag 1999, 24. September, Universität Freiburg, Tagung für Rechtsvergleichung; Teile des Vortrags wurden verwendet; eine Druckfassung des gesamten Vortrages ist in Vorbereitung).

Um 1789: Zeit der Umbrüche, in: A. Völker–Rasor (Hg.), Oldenbourg Geschichte Lehrbuch – Frühe Neuzeit, S. 53–68, München 2000.

Was heißt europäische Geschichte? Eine körper- und geschlechtergeschichtliche Antwort (Vortrag 2000, 25. Januar, Wien, Institut für die Wissenschaft vom Menschen [IWM]; Teile des Vortrags wurden verwendet).

Europa – die weibliche Form (Aufsatzmanuskript; erscheint in: L'Homme. Zeitschrift für feministische Geschichtswissenschaft, Heft 2, Herbst 2000; Teile des Textes wurden verwendet).

Personen-, Orts- und Sachregister

bóhlau Wien neu

Wolfgang Schmale
Schreib-Guide Geschichte
Schritt für Schritt wissenschaftliches Schreiben lernen.
Aus dem Engl. von Birgit Flos.
1999. 13,5 x 21 cm, 250 Seiten, 7 Graf., Brosch.
ISBN 3-205-99038-8

Im Laufe des Geschichtsstudiums müssen viele wissenschaftliche Arbeiten verfaßt werden. Ohne sie gibt es keine Zeugnisse und Diplome. Doch eine professionelle Anleitung zum Schreiben im Fach Geschichte gab es bisher nicht. Der Schreib-Guide Geschichte führt Studierende lustvoll in das wissenschaftliche Schreiben im Geschichtsstudium ein. Schritt für Schritt wird das Verfassen von Referaten, Buchrezensionen, Filmbesprechungen, Interviews, Bibliographien, wissenschaftlichen Journalen, Seminararbeiten u. ä. vermittelt. Dazu gibt es konkrete Schreibübungen und Anregungen zu Lektürekarten, Mapping und Redigieren. Außerdem erklärt das Buch die wichtigsten Recherchetechniken, zeigt den Umgang mit wissenschaftlicher Literatur und stellt Katalogisierungssysteme und Bibliographien vor. Die Übersetzung des amerikanischen "Writer's Guide History" wurde für die Verwendung an deutschsprachigen Universitäten umgearbeitet und mit neuen Kapiteln zu Bibliotheks- und Internet-Recherche und Studieren mit dem Computer ergänzt.

bóhlauWien

Erhältlich in Ihrer Buchhandlung!

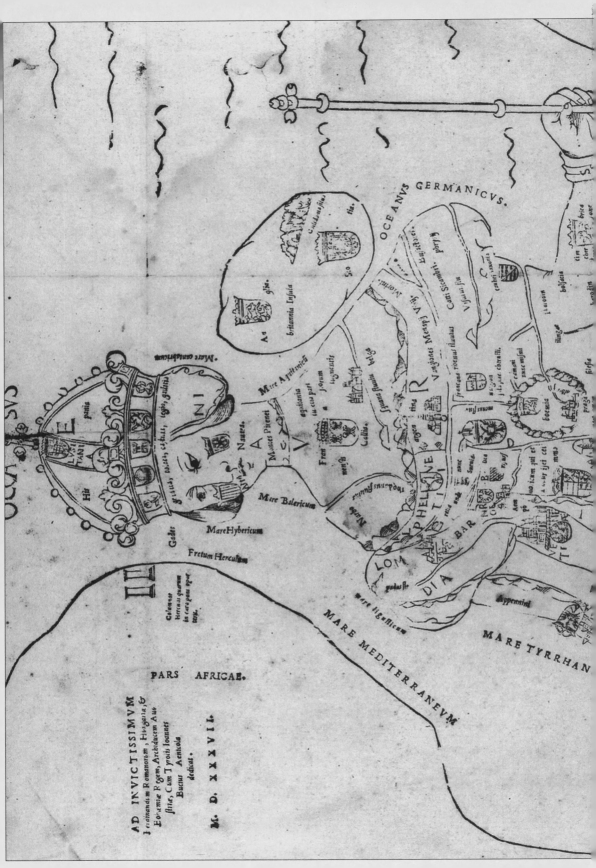

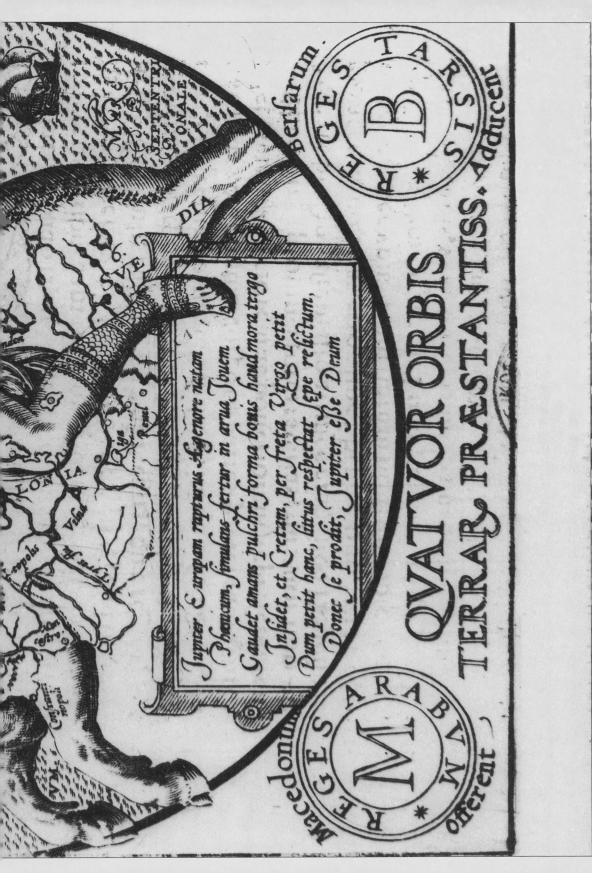